聚焦课堂，引领中小学老师在学本
教学中找到回家的路。

——龚雄飞

· 教育家成长丛书 ·

龚雄飞
与学本教学

GONGXIONGFEI YU XUEBEN JIAOXUE

中国教育报刊社·人民教育家研究院 组编

龚雄飞 著

北京师范大学出版集团
BEIJING NORMAL UNIVERSITY PUBLISHING GROUP
北京师范大学出版社

图书在版编目（CIP）数据

龚雄飞与学本教学/龚雄飞著；中国教育报刊社人民教育家研究院组编. —北京：北京师范大学出版社，2016.6（2023.5 重印）
（教育家成长丛书）
ISBN 978-7-303-20700-8

Ⅰ.①龚… Ⅱ.①龚… ②中… Ⅲ.①中学教育－教学研究
Ⅳ.①G632.0

中国版本图书馆 CIP 数据核字（2016）第 119732 号

图 书 意 见 反 馈	gaozhifk@bnupg.com 010-58805079
营 销 中 心 电 话	010-58802135 010-58802786
北师大出版社教师教育分社微信公众号	京师教师教育

出版发行：北京师范大学出版社　www.bnup.com
　　　　　北京市西城区新街口外大街 12-3 号
　　　　　邮政编码：100088
印　　刷：唐山玺诚印务有限公司
经　　销：全国新华书店
开　　本：787 mm×1092 mm　1/16
印　　张：22.75
字　　数：360 千字
版　　次：2016 年 6 月第 1 版
印　　次：2023 年 5 月第 15 次印刷
定　　价：70.00 元

策划编辑：倪　花　　责任编辑：陈佳宵
美术编辑：焦　丽　　装帧设计：焦　丽
责任校对：陈　民　　责任印制：赵　龙

教育家成长丛书

编委会名单

总　顾　问：柳　斌　顾明远

顾　　　问：叶　澜　田慧生　林崇德　陈玉琨

编委会主任：杨春茂

编　　　委：（按姓氏笔画为序）

于　漪	王瑜琨	方展画	田慧生
成尚荣	任　勇	刘可钦	齐林泉
孙双金	李吉林	杨九俊	杨春茂
吴正宪	汪瑞林	张志勇	张新洲
陈雨亭	郑国民	施久铭	徐启建
唐江澎	陶继新	龚春燕	程红兵
赖配根	鲍东明	窦桂梅	魏书生

主　　　编：张新洲

副 主 编：赖配根　王瑜琨　汪瑞林

总　序

　　教育是国家发展的基石，教师是基石的奠基者。古人云："国将兴，必贵师而重傅。"兴国必先强教，强教必先重师。党中央、国务院高度重视教师队伍建设。2013年教师节，习近平总书记在给全国广大教师的慰问信中指出："百年大计，教育为本。教师是立教之本、兴教之源，承担着让每个孩子健康成长、办好人民满意教育的重任。"2014年，在第30个教师节前夕，习总书记到北京师范大学视察并发表重要讲话，指出："一个人遇到好老师是人生的幸运，一个学校拥有好老师是学校的光荣，一个民族源源不断涌现出一批又一批好老师则是民族的希望。"《国家中长期教育改革和发展规划纲要（2010—2020年）》也明确提出，"有好的教师，才有好的教育"，要"努力造就一支师德高尚、业务精湛、结构合理、充满活力的高素质专业化教师队伍"。"倡导教育家办学"，要创造有利条件，鼓励教师和校长在实践中大胆探索，创新教育思想、教育模式和教育方法，形成教学特色和办学风格，造就一批教育家。"两个一百年"奋斗目标的实现、中华民族伟大复兴中国梦的实现，归根结底要靠人才、靠教育，而支撑起教育光荣梦想的，是千百万的教师。

　　时代呼唤好老师。有一流的教师，才有一流的教育；有一流的教育，才有一流的国家。出名师、育英才、成伟业，是时代赋予我们教育战线的神圣使命。"所谓大学者，非谓有大楼之谓也，有大师之谓也。"好学校、好教育的最重要标准，就是要有好老师。一所学校、一个地区，乃至一个国家，如果教师有理想、有爱心、有学识、有高超的教育艺术，那么即使硬件设施有些简陋，家长、学生也会心向往之。教师是中国梦的奠基者。教师的重要使命，就是为每个孩子播种梦想、点燃梦想，并帮助他们实现梦想。每一间平凡的教室，每一节朴实的课，都不仅是知识的传递，而且是人类文明精神的接续、人生梦想的起航。正是有亿万个孩子梦想的放飞、绽放，中国梦才更加光彩夺目。如果说中国梦最坚实的土壤是学校，那么教师就是最伟大的"筑梦师"，他们用默默无闻、孜孜不倦的智慧劳动，让每一颗年轻的心灵都与中国梦激情相拥。

倡导教育家办学，造就一批好老师，首先要尊重、珍惜我们的本土智慧、本土创造。教育家不是凭空产生的，而是扎根于自己的民族文化土壤，同时吸收人类文明成果，从而创造出独特而生动的教育实践、教育智慧和教育文明。五千年源远流长的中华文明，不但形成了有我们民族特色的教育理论体系，而且涌现出了千千万万优秀的教育家，有被推崇为"大成至圣先师""万世师表"的孔子，有"匹夫而为百世师，一言而为天下法"的韩愈，有"捧着一颗心来，不带半根草去"的人民教育家陶行知，等等。改革开放40年来，随着教育改革的不断深入，教育战线涌现出了一大批杰出教师。他们痴情于教育事业，坚守理想信念和教育良知，在三尺讲台上默默耕耘、刻苦钻研，同时以敢为天下先的精神大胆创新，不断进取、不断超越，形成了各具特色的教育思想和教学风格。正是他们的成功探索和实践，创造了具有中国风格的教育经验，丰富了具有中国特色的教育理论宝库。原由教育部师范教育司组织编写，现由中国教育报刊社人民教育家研究院组织编写的"教育家成长丛书"，就是要向这些宝贵的本土创造性的教育经验致敬。

当前，教育领域综合改革正在深入推进，考试招生制度改革的大幕已经拉开，立德树人、培育和践行社会主义核心价值观成为大中小学教育的头等任务。可以预见，中国教育将发生深刻的变革，将从"中国制造"向"中国创造"转变。"没有革命的理论，就没有革命的运动。"没有适合中国土壤、具有中国智慧的教育理论，就不可能为未来的中国教育改革提供有效的指导。我们的教育要向"中国创造"飞跃，必然要首先创造属于我们自己的教育理论，而不是"言必称希腊"或者老是贩卖欧美的教育理论。170多年前，美国思想家、诗人爱默生发表了著名演说《美国学者》，号召美国知识界："我们依赖旁人的日子，我们师从他国的长期学徒期时代即将结束。在我们周围，有成百上千万的青年正在走向生活，他们不能老是依赖外国学识的残余来获得营养。"由此，美国迈入精神立国阶段。

如今，我们也面临与爱默生同样的情形。随着我国GDP已从世界第二向第一迈进，我们要自觉养成强烈的"中国意识"，独立的中国文化品格，并由此去环视世界，去改造本土实践，去创造属于我们自己的精神养料——这在教育界显得尤为紧迫。"教育家成长丛书"，旨在把我们本土教育实践中蕴含的中国智慧提炼出来，从而形成具有时代意义的中国特色的教育话语体系，再以此去观照、引领、改造中国的教育实践，为伟大的教育改革提供经验、理论支持，也为未来的教育家提供丰富、可资借鉴的精神养料。

让我们为中国教育的伟大未来一起努力吧！

2018 年 3 月 9 日

前　言

　　见证着中国基础教育半个世纪的春华秋实，代表着中国基础教育教学成果的最高成就——"首届基础教育国家级教学成果奖"，闪耀着李吉林、窦桂梅、吴正宪、张思明、洪宗礼、唐江澎、邱学华、于永正、孙双金、薄俊生、龚春燕等一大批优秀教师的名字。而上述这些教师杰出代表恰恰都是《人民教育》"名师人生"栏目中最受读者喜爱的名师，都是"教育家成长丛书"的作者。

　　"教育家成长丛书"（以下简称"丛书"），是在第 20 个教师节前夕，为了研究、总结、宣传和推广我国众多优秀中小学教师的先进教育思想和鲜活宝贵的教育教学经验，培养造就一大批德才兼备的优秀教师和杰出的教育家，促进教师队伍整体素质的提高，根据教育部党组安排，由师范教育司组织编写的一套凝聚着一大批教育家成长智慧的大型教育丛书。

　　"丛书"自 2006 年问世以来，不但得到国务院和教育部领导同志的高度重视，而且先后印刷多次尚不能满足广大读者的需求。这其中的奥秘何在？

　　当你翻开"丛书"，每一部著作都讲述着一位教育家成长的故事。这些著作主要从"成长历程""思想概述""课堂实录"和"社会反响"等方面全景式反映其教育思想、教育智慧、专业精神和专业人格的形成过程与教学实践过程。这是教育家成长的基本素质所在。

　　当你沿着教育家成长的足迹走近他们的时候，你会融入这些带有"草根色彩"、扎根中华教育实践大地、充满田野芳香的真实感人的教育故事中。

当你从"丛书"中，从这些当年和自己一样的普通教师，成长为今天受人尊敬的教育家的成长过程中受到启迪，当你触摸着自己的心，把学生的成长和祖国的未来紧紧连在一起的时候，你会真切地感受到教育家离我们并不遥远。

当你用整个身心蘸着自己的生活积累去品味"丛书"中的每一部著作的"成长历程"时，在一位位名师不断学习、不断超越自我、不断超越学科教学的求索足迹中，你会读懂"教育是事业，其意义在于奉献"的丰富内涵。

当你研读"丛书"中的每一部著作的"思想概述"，和每一位名师展开心灵对话的时候，都会深深地感受到，一名教师对教育独立的理解与执着的追求有多么重要。从一名普通的教师成长为受人尊敬的教育家的过程中，你会读懂"教育是科学，其价值在于求真"的深刻含义。透过"丛书"，你会看到一代代教师用爱与智慧塑造民族未来的教育理想。

随着我们从"知识核心时代"走向"核心素养时代"，教师教育教学活动的视野已拓展到人的生存与发展的方方面面。教师要结合自己的教学实践去感悟"教育理念是指导教育行为的思想观念和精神追求"，应该把爱化为自己的教育行为，让爱充盈课堂，触摸到一个个灵动的生命，让爱产生智慧，让爱与智慧在学生心中留下岁月抹不去的美好回忆，让教育者和受教育者都感受到教育的幸福。这是"丛书"给我们的启示，也是每位教师应有的胸怀和视野。

时代呼唤教育家。为了进一步把我们本土教育实践中蕴含的中国智慧提炼出来，从而形成具有时代意义的中国特色的教育话语体系，以此去观照、引领、创新中国的教育实践并在更大范围加以推广，"丛书"将由中国教育报刊社人民教育家研究院继续组织编写，希望能够在更广大教师的心田中播种教育家成长的智慧，从而出更多的名师，育更多的英才，成就中华民族复兴的伟业。这是时代赋予广大教育工作者的神圣使命。如果广大教师能在每位教育家成长、探索教育智慧的过程中受到启迪，形成自己的教育智慧，则实现了我们编辑这套"丛书"的初衷。

"教育家成长丛书"
编 委 会
2018 年 3 月

目 录
CONTENTS

龚雄飞与学本教学

第三章　走进学本教学

第四章　学本教学评说

第一章 学本教育寻梦

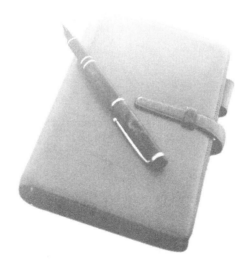

　　我对教育的思考与我的成长经历和教育实践密切相关。从母亲最初点燃我学习的热望到我尝试着去激发万千学子学习的潜能，我的全部思考和实践都是对蒙童时体验到的这种教育本真的坚定捍卫。当我梳理自己的前尘往事时，我仿佛感到是在进行一段寻梦之旅。而我所探寻的，既是"学本教学"之根，也是我的"教育思想"之源。

　　顺着思绪，我从山城重庆的不惑之年，回首南海之滨的而立时光，追寻汨罗江畔的青春岁月，乃至"前教育时期"的童年往事，历历如在眼前。"众里寻他千百度"，我理想中的教育最后定格为"学本教育"，主要通过"学本教学"形态予以呈现。它一直都在召唤着我，从朦胧会意到逐步清晰，以至豁然开朗，自由建构，直到融进了我的血肉，化作了我生命的一部分。它犹如一个不灭的火把，照亮我前行的路。正如英国作家恰普曼（Chapman）所言："无论是美女的歌声，还是鬣狗的狂吠，无论是鳄鱼的眼泪，还是恶狼的嚎叫，都不会使我动摇。"

第一节　城南旧事

　　童年对我来说就像一朵白莲花，在幽暗的岁月中从来不觉得孤单甚至贫苦，朦胧中仿佛在内心积淀着一种力量，觉得没有什么能够阻挡我对自由学习的向往。

　　我出生在湖南省湘阴县一个叫做城南乡的地方。父母有四个孩子，两个姐姐，一个哥哥，我是最小的，俗称"满崽"。皇帝疼长子，百姓爱满崽。自然，我受到百般宠爱。

　　也许那时候房子很旧，冬天冷风会嗖嗖地钻进来。

　　也许那时候饭菜普通，兄弟姐妹们常常举着筷子望着盘里为数不多的菜你让我，我让你。

　　但是，童年却是我无比美好的记忆，充满了野花芬芳的味道，充满了五彩斑斓的色彩，充满了声声喧嚣的欢喜。

　　对我影响最深的是我的母亲。在那个年代一个会读书识字的女人已经很了不得了。恰好我的母亲就是，虽然识字并不多，但是足够使我的童年流光溢彩。

　　那时候我还很小，没有启蒙读物。母亲劳累一天之后，并没有躺着休息，而是躺在木板床上给我讲故事，或者在煤油灯下给我念连环画《武松打虎》。她讲得绘声绘色，念得声情并茂，这些故事使我的童年充满缤纷色彩，至今还历历在目。母亲是我第一位老师，虽然她并不懂得什么是教育，但她用丰富的语言给我开启了一扇门，透过这扇门，我发现了一个有着无穷无尽奥秘的世界，她唤起了我对世界无限的遐想。

教育其实就是唤醒。

我读小学时，印象中，母亲的笑容总是因我而起。她并不是不爱笑，生活的重担总是让她忽略了笑容的美好。父亲常年在外奔波，家里的所有事情都落在母亲的肩膀上，一个女人顶起了一片天，一个人扛起了全家大半的生活重担。

母亲很能吃苦。我们那个地方属于洞庭湖区的丘陵地带，既要每年两季在水田里种植水稻；还要在坡地上种红薯、油菜、花生等作物。因为母亲"成分"不好，生产队出工时经常遭人歧视。但母亲不服输，也不辩解，经常和男人们一起，水里一脚、泥里一脚地劳作。

我的童年基本上是缺少父爱的，但母亲柔弱身体下男人一般坚韧的性格不断给我的精神"补钙"。我从母亲的人生字典里懂得了吃苦是一笔财富，只有坦然面对生活的苦难，才能有更果敢坚毅的人生。母亲还用她的言传身教告诉我，行动总是胜于雄辩，事实才最具有说服力，遇到问题和质疑的时候，与其花大量的时间来辩解，不如花更多的行动来证明。

我从小记忆力特别好，一个故事我听过一遍就能原样复述，一篇课文可以过目不忘，因此学习成绩特别好。从小学一直读到中学，我从来都是考全校第一名，没有考过第二名，家里破旧的墙壁上全贴着我获得的奖状。因此，当时我们附近十里八村的乡邻们都认为我将来一定会大有出息。

我成为母亲和当时我们那个小村子淳朴农人们的骄傲。每一次考试我得了第一名，我都会铆足劲儿一路小跑，恨不得立刻长翅膀飞回家，献宝一样把成绩单呈到母亲面前。我不是要炫耀什么，真的也没有什么值得炫耀的，我是希望看见母亲疲惫的脸上浮现出来的满足的笑意。每当这个时候，母亲无论多忙碌，总会停下来，手在衣襟上反复擦拭几遍，这才小心翼翼地接过我的成绩单，仔仔细细地从头到尾看几遍，不知不觉中，一抹笑容浮现上来，仿佛春天初升的太阳，盈盈的，柔柔的，把母亲沧桑的脸映照得分外美丽。

这是母亲给我的第一份奖赏；母亲给我的第二份奖赏，就是每次吃饭时，都会在我的饭底下打一个荷包蛋。在那个贫穷的年代，平常日子要吃一个鸡蛋也不是那么容易的。我咬一口，荷包蛋的香味顿时溢满唇齿间，久久不散。

那真是世界上最美的笑容，那真是世界上最美的佳肴。

三十年后，我开始研究教育评价，当我阅读柯尔伯格三水平六阶段道德认知发展理论对奖励的启示时，我才恍然领悟，其实母亲对我实施了最好的奖励。

奖励行为发生，涉及奖励行为的实施者、被奖励者和奖励物。奖励者为了让被奖励者做出符合自己意愿的行为，用奖励物激励被奖励者。例如，教师对学生的奖励，学生为迎合教师的目的，做出符合教师意愿的学习行为，从而获得奖励物。从中不难发现，教师和学生的动机发生了错位：教师指向学习，而学生指向奖励物。这种奖励，仅是把学生引向带有投机性的、短时间的、外

我的母亲，我人生的第一位教育启蒙的导师

在被动的迎合行为而已，真正意义上的学习意愿并未被激发和唤醒。

母亲不是这样。母亲的奖励更关注奖励物的精神价值，有意无意中淡化着其物质价值。我当然爱吃母亲做的荷包蛋，但家里经常缺盐少油，一个荷包蛋背后蕴含着多少心酸的期待；尤其是母亲苦难中绽开的微笑，一下子触动我幼小而敏感的心灵，唤起我情感共鸣，引起我内心震撼，一辈子都激励着我精神的成长。

其实，这正是"学本教学"评价改革中的核心理念。

我喜欢我的小学时期。我的启蒙学校是个村小，属于中国最基层的教学点之一，教室破旧不堪，典型的D级危房。只有几个老师，唯一一个公办教师就是女校长谭细群，其余的都是民办或者代课教师，半种田半教书。老师教学水平普遍都不高，因此很多课文都不教，要求我们自己读，自己背，老师只管考试检测。老师一般都不留家庭作业，因为老师没有时间批改；老师一般也不留学生补课，因为老师没有

精力，放学后还要急匆匆赶回家下地种田，步履甚至比我们一路小跑还要快。因此，我小学记忆最深刻的就是学校给孩子们很多自由，我有大把大把的时间来做自己喜欢做的事情。

即便如此，那时候我们偶尔还要逃学，孩子们热爱自由的天性就是如此强烈。我是孩子头头，我们有时逃到江边游泳，一个猛子扎下去，就变成了一条条摇曳的鱼，在水里自由自在地穿梭；我们有时候跑到漫山遍野的油菜花地里躲起来，在油菜花上肆意打滚，弄得眉毛头发全是金黄色，张开嘴笑了，笑容也是金黄色。累了，我就枕着金灿灿的油菜花给小伙伴讲故事，或者给他们讲课文。我给他们讲解课文的时候，小伙伴们甚至比在教室里上课还要专注。后来，我才知道这其实有点相当于"学本教学"中的"展学"，也是一种学习方式，和陶行知先生倡导的"小先生制"几乎是异曲同工。

我们最喜欢的课文是鲁迅的《少年闰土》、《社戏》，因此讲得最多的也是鲁迅的文章，其中很多优美的语段我都要求小伙伴们努力做到倒背如流，对其余的课文似乎都不大感兴趣。现在新课程教材改版，很多版本开始删减鲁迅，这使我很不理解。鲁迅的有一些文章确实需要调整，比如什么《"丧家的"资本家的"乏"走狗》这样的杂文，简直就是赤裸裸的泼妇骂街，理当去除，但先生很多的小说或者散文却在那个年代实实在在温暖过我们童年的岁月，回忆起来至今仍感觉到每一个文字都馨香四溢。

也许是因为母亲最初的唤醒和激励，再加上小学时的自由和敞放，我特别喜欢自由的阅读。那时正是农村改革时期，大集体解体，实行家庭联产承包制。我家里七口人，分了三亩左右的水田，几户人家共分一头水牛。农忙季节，我每天的任务就是放牛。牛对农村人来说特别重要，耕田犁地离不了它。我是个野孩子，平时就漫山遍野跑，什么地方草好，什么草牛爱吃，什么地方既有草又有水，全都了如指掌。放牛时，我把它牵到草肥水美的地方，牛就会心满意足地冲着我叫几声，然后埋头吃草。我带着一个小板凳，把系牛鼻子的绳子松得很长很长，一头紧紧地系在凳子腿上。然后，就一屁股坐在小板凳上，捧着随身携带的书看起来。

阳光下，牛缓慢地移动脚步，慢慢地咀嚼着脚下的青草，时不时地抬起头来"哞"一声，没有鞭子的抽打，它也快乐自在，尾巴有节奏地甩动着，如同指挥一支圆舞曲，邀请着苍蝇们跳一曲充满原野风情的舞蹈。

牛鼻子一旦系上绳子，牛就只能围着我转悠。我在大自然的怀抱中，呼吸着花草的香味，呼吸着泥土的芬芳，专心于阅读，早已沉浸到另外一个世界，忘记了炊烟，忘记了斜阳。我慢慢地成为一个圆点，长长的牛绳成为一条半径，划出各种不规则的圆圈。牛吃掉的是一圈圈的青草，我"吃掉"的是一本本厚厚的书籍。它吃完了凳子周围的草，我再牵着它重新换一个领地，在和风中，我们各取所需，快乐地共享着美好的时光。

除了放牛的时间，几乎所有的夜晚也都是我阅读的最佳的时间段。

湘北的夏夜酷热难当，而冬夜则寒冷无比，但这都不要紧。盛夏之夜，即使在床上躺着一动不动，也会汗如雨下。蚊子更是嚣张，整个晚上锲而不舍地围着你轰炸。为了创造一个躲避蚊子袭扰的阅读环境，我就把蚊帐四面放下来，床上放一个小板凳，凳子上放一盏煤油灯，把书摊开，整个人就趴在煤油灯下看书。小山村的夜晚平静如水，而我的心却随着书里面的内容波澜起伏，几乎就是胸有激雷。煤油灯光很微弱，所以我从不敢用扇子，汗不停地往外冒，头发不知道湿透了多少次，也浑然不觉；时常汗水湿透了手心，我也不知道那是因为炎热，还是因为内心的激动。现在回想起来，多半是因为幸福。

冬天的晚上，我们一家人围在火炉旁聊天。我一如既往地捧着一本书看，和书里的人物交流，时常会看得忘记时间。万籁俱寂的时候，听着炉火跳动的声音，闻着书香的味道，冷也变成了一种沁人心脾的感觉。

全家人都熟悉我的嗜好，对我无比地宽容，父亲甚至不惜花钱给我买回来"四大名著"。小学的时候，我就开始如饥似渴地阅读了许多大部头的书籍，《水浒传》、《西游记》、《三国演义》、《说岳全传》、《隋唐演义》、《林海雪原》、《呼兰河传》、《青春之歌》、《红岩》、《一千零一夜》……都是我在小学读完的。读书对我来说是世界上最幸福的事情，现在回想起来，那完全是儿童期一段自主阅读的经历，自己选择感兴趣的内容，并在兴趣的激发下快乐阅读，虽然不求甚解，但兴味盎然。

阅读对我来说就像阳光、空气和水，是每日生活必不可少的元素，我在童年时期就养成了热爱读书的习惯。这一切，源自母亲最初的启蒙，源自小学时有许多自由和放纵的时光，也源自儿童身上固有的学习的天性和学习热望。顾明远先生说："没有兴趣就没有教育。"教育其实只要轻轻唤醒儿童身上沉潜的学习天性，激发儿童心底蓬勃的学习热望，学习其实就开始了。教育最该做的事情，其实不是传授多少知识，而是要保护好儿童这种天性并使之充分发挥，尤其是在儿童发展的早期。

2007 年 4 月 15 日，登华山"读书处"

　　从童年开始被激发的阅读兴趣一直伴随着我的成长。现在，无论每天有多忙，我都会在睡觉之前翻一翻书，让心灵与心灵对话，让思维与思维交锋，让思想与思想融合。到任何一个地方，我都会到书店走走看看，感受着熟悉的油墨传递着的那种浓郁的生命气息，犹如猎人一般寻找自己最中意的猎物。无论电子阅读发展多么迅速，我始终喜欢将一本真实的书册捧在手心的感觉。清风明月之夜，一卷在手，纸页沙沙，书香缕缕，兴起而读，兴尽而止，自由自在，荡涤情怀，那感觉岂一个"美"字所能表达？

　　中学的记忆有些暗淡。只觉得作业的量突然多起来，课外书籍要悄悄藏起来，每天天还没有亮就起床，翻过一些高高低低的山丘，赶到学校去上早自习。有时候是走路时睡眼蒙眬，有时候是一边赶路一边记英语单词。

　　自由敞放的童年随着中学的开始戛然而止。

　　如果要搜索特别的记忆，我就会回忆起我初三时的班主任兼语文老师易若荃老人。很多年后的今天，我都依然记得那一幅画面，镶嵌在时光的墙壁上，让我念念不忘。

那时候，我还是初三的孩子，上进，积极，却也有着懵懂和对未来的困惑。易若荃老师已经 60 多岁了。据说她是大家闺秀，饱读诗书，在阶级斗争的年代屡经摧残和折磨，后来政府给她平反了，落实政策后返聘回中学任教。

易若荃老师严厉而又很慈祥，很像我们的奶奶，那种对我们的爱是发自灵魂深处的。我们当地的方言把奶奶叫娭毑，学生们就都叫她易娭毑。岁月的积淀形成她深厚的内涵，举手投足中总有一种独特的韵味。我记得她总是喜欢一个人独来独往，仿佛有一层透明的东西时常会把她和周围的环境隔离开来。她喜欢沉浸在自己的世界中独自美好，却又和周围的青山碧水融为一体。

有一次，易娭毑上语文课，突然让我们这帮青涩的孩子对对联。

她给出上联：绿水青山皆画意。

我们心里都很期待发言，却又很忐忑。后来有几个胆大一点的同学起来回答，基本上都不符合要求。易娭毑看看这个孩子，又看看那个孩子。她在心里挑选着她满意的学生。

说句实在的话，这样的对联是难不倒我的。因为平时读书比较多，我已经对出了下联，并为此扬扬得意。我迟迟不肯举手，不过是在等待一个更合适表现的机会而已。

易娭毑突然叫我了，我对出的下联是：红梅白雪满诗情。

我自认为这是一个"绝对"——"绿水青山"对"红梅白雪"，"皆画意"对"满诗情"，句式多么工整，意境多么和谐与美妙。

易娭毑将她的上联和我的下联写到黑板上，站在讲台上沉吟有顷。刚刚她还笑意盈盈地看着我，忽然一下子，却进入了另外一种沉思的状态。

"这样吧，"易娭毑回过身来，满意地看着我，开口道，"我帮你改一个字，把'满'换做'尽'吧，红梅白雪尽诗情"。

我觉得易娭毑的声音那么柔美，一字一字缓缓地，用的是平时少见的那种抑扬顿挫的调子念的，尤其把"尽"字尾音拖得很长。

真是点睛之笔。我原觉得这个"满"字可以抒发出内心无限的情意，很是得意。但在易娭毑帮我修改完的那一瞬间，我顿时觉得中国的古诗词有说不出的玄妙。每一个字都让人回味无穷。

"满"是一种充盈的状态，"尽"也是一种充盈状态。但是，很明显，"尽"这个字，在"满"的基础上提升了一个高度，淋漓尽致地彰显出一种豪放不羁的创新气质，一种洒脱的、遣词造句自由翱翔的气质。

那是一个晴天，日光透过缝隙钻进来，斑驳撒在墙壁上。易娭毑就静静地站在木窗边，看着窗外的青山。但那一刻，我的内心被一种难以名状的东西击中了。她的身影看起来那么美，清风徐来，她的斑白头发仿佛成为一种岁月无声的吟唱，与轻风一唱一和，婉转飞扬。

《礼记·学记》中曰："善教者使人继其志。"善于教授别人的人，使别人能继承他的志向。那真是一种赏心悦目的启迪。我想，它不早不晚地出现在我即将对自己人生做出初步规划时，冥冥中一定是有定数的，一定是有意义的。

我朦胧中仿佛一下子找到了人生扬帆的方向。我甚至有点想象易娭毑那样成为一名老师，用自己的智慧去启迪孩子们的智慧，用自己的热情点燃更多人的生命热情，我想这样的存在充满了巨大的意义，我开始希望成为一个那样的人。于是，一颗信念的种子在我的心里悄然种下，静悄悄地积蓄着一股力量生根，并蓬勃地开始发芽。

第二节　汨罗江边

我真正的教育旅程，应该说是从湖南汨罗开始的。点击岁月的鼠标，我记忆的荧屏上瞬间就会呈现出一幕特别的画面。20年前，1995年，我在湖南汨罗市一中任教高中语文。

汨罗是历史文化名城，它和爱国诗人屈原有着无法割舍的关系。它的厚重久远来自它的平和蓄力，当力量积蓄到一定程度，爆发就成为必然之势。那时，汨罗率先大面积推行素质教育的一系列做法已经引起了全国广泛的关注。10月的一天，学校领导通知我，第二天有教育专家指名要到我的班上跟踪听课。初出茅庐的我在喜悦中夹杂着一丝紧张，接受了任务。教学内容是文言文《石钟山记》，课已经备好了，当时教学设计的开放与大胆，连我自己都没有把握，不过再改也已经来不及了。

第二天，听课者如约而至，他们是《人民教育》记者梁友君、《湖南教育》杂志社社长胡宏文、记者龚鹏飞等一行人。我硬着头皮上，在引导学生整体感知的前提下，鼓励学生自己去发现和质疑，等于把课堂还给了学生——这样的课堂更关注动态的生成，因而也就更不好"控制"，这在当时简直犯了"大忌"。我将全文中心句"事不目见耳闻而臆断其有无，可乎?"大大地书写在黑板上；然后指着这个句子问："大家对作者的观点有何评论?"

这一"问"不要紧，整个课堂"开花"了。

一位学生来了个"快速反应"："作者强调目见耳闻当然不无道理，但凡是非要目见耳闻才能判断其有无吗? 比如其他星球上有没有生物，这是无法目见耳闻的，难道就不能通过其他途径证实其有无吗?"

接着便有学生表示支持："是的，对事物的认识不一定都要目见耳闻。比如化学、物理学中的很多微观世界就不能目见耳闻。再说，有很多目见耳闻得不到的科学发现，却可以凭借想象力得到，苏老夫子当作何解释?"

这时有人出来反驳了："请注意，作者措辞是不能'臆断'其有无。什么是'臆断'? 没有根据的判断。当时科技落后，苏轼能够'知道'的根据只有目见耳闻。现在我们不需目见耳闻就可以通过高新技术判断外星球有没有生物，或验证科学发现——想象力成果也需要验证——而这些高新技术不正是目见耳闻的发展和延伸吗? 所以作者的观点从本质上说是站得住脚的。"

这位同学的表述似乎无懈可击了，哪知有人又从另一个角度挑起了"是非"："在作者看来，目见耳闻是最靠得住的。那么，'太阳围绕地球转'的结论，正是人们天天看到太阳东升西落这一现象之后而得出的，但这是个极大的错误。目见耳闻就可断其有无吗?"

......

整个课堂，就像电视中播放的大学生辩论会一样，"正方"与"反方"激烈交锋，老师则起一些点拨、引导、归纳的作用。

课后，《人民教育》记者梁友君采访了我，问我为什么要设计这样一种教法。

"这位叫龚雄飞的年轻教师告诉我们，与传统教法相比，这种教法至少有两点优势：第一是从'深度'上看，这种教法挑动了学生的'疑问神经'，要质疑、解疑，就得斟词酌句抠字眼。老师'告诉'他，他不见得'听进去'了；他自己去'钻'，往往更有力、更深。第二是从'广度'看，传统教法中老师讲学生听，有的学生'听进去'了，也有的学生没'听进去'，有的只听了一半。现在以'疑'激'思'，发言的不发言的都被吸引到这场辩论中来，都在动脑筋，钻问题。从这个意义上说，我们'面向全体学生'的目标，首先从教法上就落实了。"

这段故事就记载在 1996 年 2 月《人民教育》和《湖南教育》同时推出的 5 万字长篇通讯《大面积推行素质教育的探索——湖南汨罗市中小学教育改革 12 年写真》里。这篇通讯对中国教育有着深远的影响，连当时主管教育工作的国务院副总理李岚清也因此到汨罗考察和指导，在全国掀起素质教育的新高潮。

湖南汨罗也因此被称为中国素质教育的"发源地"。

我就是在这里开始自己的教育探索的。一转眼快 20 年了。这 20 年间，我从湖南走到海南，从海南来到大西南，岁月流逝，可梦想依旧。我一直追问着自己：现代课堂的特质究竟是什么？课堂的特质代表着教育的本质，课堂是彰显教育本质的靓丽窗口，追问课堂其实就是在追问教育。

我越来越理性地意识到，真正的课堂——

不是教师表演的大舞台，而是学生学习的主阵地；

不是个体学习的训练所，而是合作探索的主战场；

不是静态知识的解剖室，而是活动展学的自由区；

不是应试训练的主渠道，而是智慧生成的孵化器。

真正的课堂一定是学生的"活动场"、"情感场"和"思维场"，共同构成学习者的"生命发展场"。因此，我提出"学本教学"的基本主张，坚持课堂从"教师中心、讲授中心"转向"学生中心、学习中心"的改革方向，以"先学后教、互助展评"为基本模式，比较系统地探索了"自学"、"互学"、"展学"的技术路径，并且在重庆市沙坪坝区开展了区域性的大面积的改革实验，激活思维，诱导自学，先学后教，不教而教，把课堂还给学生，让课堂变成阳光灿烂、灵性生长、青春洋溢的舞台。

这样的课堂改革几乎就等于拉开了一场"教育新文化运动"的序幕，是以课堂变革为突破口的课程的整体改革的前战，体现了教育的发展趋势与理念高度。在我看来，教育精神、教育理念与教育特色正是通过课堂来表达的，当精神和理念表面的芳香散落后，学校真正的内涵就作为文化的根留在课堂上。

作为一名普通的教育工作者，我常常感叹个人的力量是有限的。但从 20 多年的经历来看，只要有一种坚定的信念，还是可以从改变一个班级到改变一所学校，从改变一所学校到改变一个区域，甚至从改变一个区域到改变许许多多的点线面上的

2007 年 11 月在曲阜

教育生态。为此，十年来我不知疲倦地奔走，在全国讲学近 400 场，为教育改革传播智慧和正能量。

如今，我正在重庆沙坪坝区大力倡导并大面积推行"学本教学"。看到身边发生的种种改变，我似乎感觉到冰河解冻、禾苗分蘖的气息，又似乎聆听到孩子们迎着阳光快乐成长的拔节的声音。这一切，会使我遥想起当年在湖南汨罗的工作经历。正是汨罗教育的滋养和培育，奠定了我教育思想的基础，形成我教育主张的基因，并给予我跃马扬鞭追求教育本真的精神力量。

汨罗，是我教育人生的起点，也是我教育追梦的开始。

在我的成长经历中，有一个人不得不提，他就是我的老师徐龙。我一直认为，在人的一生中，不同时期遇到什么人，就像冥冥中上天注定的一样。这个人出现在你的生命中，必然会留下一些与众不同的故事。

最开始认识他，是在师范读书时期。他是我的语文老师，一个儒雅的中年男人，看上去并无多少特别之处，但他只要一踏上讲台，顿时便光芒四射，在一大群师范教师中简直是鹤立鸡群。在他的课堂上，我犹如一尾自由自在的鱼游进了大海，尽情享受着语文的乐趣。

　　20 世纪 80 年代末 90 年代初，作家和诗人是一代年轻人的王冠和梦想，我和另外两个同学刘银芝、余良伟就悄悄地做着这样不切实际的梦。徐老师却不断给我们鼓励，他认识作家韩少功，就给我们介绍韩少功的作品。韩少功的《西望茅草地》、《飞过蓝天》、《风吹唢呐声》这些作品，我都是在徐老师的推荐下阅读的；尤其是韩少功后期的"寻根文学"对我影响至深。徐龙老师特别喜欢我写的作文，常常会把我的作文当作范文在课堂上抑扬顿挫地朗读，无数个有徐龙老师的课堂时光因此而显得无比美好。

　　师范毕业后，我回到母校，成为湖南湘阴县城南乡中学的一名老师，任教初中语文。小山村的夜晚寂静而深远，于是，我把年轻的骚动和故土的情怀变成文字，一发不可收地写了许多中短篇小说，其中一篇《达老倌》发表在《当代作家》1990 年第 3 期，另一篇《河东河西》发表在《芙蓉》1991 年第 6 期。我都把作品给徐龙老师寄过去了。此后文学创作一直是我的业余爱好，我后来也被吸收加入湖南省作家协会。

　　徐龙老师并没有因为我毕业而减少对我的关注，他一直都在关心着我的发展。1992 年 5 月，我收到徐龙老师的一封信，他因为家在汨罗，已经回到汨罗市一中工作，希望我也到汨罗市一中任教，并反复叮嘱我一定要带上我发表的作品。

　　我在徐老师引荐下很快见到了汨罗市一中的校长罗林祥。罗校长以前是汨罗市文化局的局长，后调入汨罗市一中担任校长，系北师大中文系毕业。因为有了徐老师的推荐和发表的两篇小说为媒介，我们俩一见面即相谈甚欢。他看完小说非常惊讶，说不相信那么老练的文笔和那么老成的文化思考会出自一个二十出头的年轻人之手，当即决定让我试教。

　　试教的准备时间非常少，中午备课，下午正式上课。我试教的课文是高中文言文《劝学》。我平时就比较喜欢文言文，尤其喜欢中国的诗词歌赋，算是打下了比较强的古文功底。这一篇《劝学》我几乎不费多少气力，一下子就理清了文章的思路并形成教案的立体框架。课堂上，我和学生们分享了《劝学》的基本思想，把核心问题留给学生讨论，随着和学生交流的渐入佳境，我竟然忘记自己是在试教。就这样，我被破格调入三湘名校汨罗市一中任教高中语文，和徐老师同在一个办公室，可以继续向徐老师学习。

　　刚到汨罗市一中的时候，我担任高一年级一个班的班主任，并任教两个班的高中语文。当时高一计划招生八个班，从 175 班到 182 班，四个重点班四个普通班。但最后由于很多学生都想挤进这所高质量的学校，不得不临时增设一个班级，这就是特殊的 183 班，我成了这个班的班主任。说这个班有点特殊性，是因为这个班级是普通班里后进生相对集中的一个班级，基础差的学生多，调皮的学生多，不容易管理。《吕氏春秋·孟夏纪·劝学》中曰："师必胜理、行义，然后尊。"意思是，教师为人师表，必须要有渊博的知识和高尚的德行，才能得到别人由衷的尊敬。我比学生年龄大不了几岁，既没有渊博的知识和高尚的德行，更没有显赫的资历和丰富的经验，不能依靠权威去管理学生，就干脆和学生一起商量怎么治理班级，制定了一套班级自治公约。我什么事情都和学生讨论，甚至周六的晚上怎么玩，学生想看什么电影，都和学生商量，和学生一起度过。可以说，我后来的"学本管理"思想在我对教育懵懵懂懂的时候就开始了朦朦胧胧地实践起来，难道这真是一种宿命吗？没有想到的是，当我把学生当成班级管理的主体时，学生主人翁的责任感被激发出来，班级的发展蓬勃向上，以至于两年后，183 班各方面的发展都排在五个普通班的首位，几乎快赶上前面的重点班了。学校领导非常惊讶。在高三文理分班的时候，年级主任周俊发老师直接将我调到一个重点班（178 班）当班主任，同时教高三年级一文一理两个重点班的语文。据说，这样的安排在学校历史上是非常罕见的。一年后，我任教的学生参加高考，其中文科班语文教育质量评价排名汨罗市第一。此后，从 1995 年到 1999 年，我任教的语文科连续 5 年获得汨罗市教育质量评价第一名，我被人戏称为"冠军专业户"。

　　在这一过程中，徐龙老师对我的帮助和指导起了很大的作用。我很佩服徐老师的语文功力，他的语文课堂指导，常常显得高屋建瓴，着眼点很高而落脚点很低，既能做到知识当堂过手，更能在立德树人的追求中弥漫着浓郁的文化气息。一向枯燥乏味的语文课，在他神奇的点染下，常常充满了艺术的灵光。20 年后，我见过全国不少的语文名师和教育大家，说句实在话，单论课堂教学水平，能够比得上徐龙老师的，我还没遇见几个。尽管他身上没有诸多的荣誉和头衔，但在我的眼里，他就是真正的"无冕之王"。他把我的教学起点一下子提高了很多，遇到他，是我的荣幸。

　　在徐老师的指导下，我开始尝试进行语文教学改革。在古老的汨罗江边，我执拗地以涛声为桨，驶向语文教育浩渺的水域，去苦苦寻找语言的生机。我一面窥知

我的恩师徐龙先生

到语文作为一种文化本体飞翔的轨迹，一面又尝试去破译语言与生命对应的密码。我逐渐认识到，语言不仅是一种重要的交际工具，更是一种特殊的生命现象，语言是人的文化心理结构的外化和社会化的手段，语言活动是人类丰富自身生命的内在需要；并开始尝试建立起一种基于"语言·思维·思想"三位一体的"焦点式"教学操作范式。在探索中努力去追求理论的高度，而理论又指导我更进一步延伸实践的触角，二者形成了一个奇异的互动过程。

1998年，我参加岳阳市"素质教育课堂模式建构"教学竞赛。在徐老师的指导下，我运用"焦点式"教学方式，以主问题为线索，鼓励学生自主探索，全班交流，充分激活了学生的思维，改变了学生被动的学习状态，受到岳阳市教科所高中语文教研员李真微老师的好评，获得全市一等奖。成功就像一个永无止境的阶梯，只有走好第一步，才能走向第二步。2000年10月，我又代表岳阳市参加湖南省首届高中青年教师优质课竞赛，地点在张家界市一中。我选择的课文是鲁迅先生的中篇小说《阿Q正传》，是一篇难度比较大的长文。我的思路是：以问题为主线，以学习为主轴，以思维为主攻，引导学生展开争鸣和探讨。在面对某些观点的时候，我不是以一种高高在上的权威者姿态来决定谁对谁错，而是进行适当的穿针引线，引导学生自己来决定。课堂上，学生的观点发生剧烈碰撞，学生们各抒己见，激烈交锋。我则退到一边，把课堂的中心交给学生。这样的课堂设计在当时是比较大胆的，我最终获得全省一等奖。

我的语文教学改革之路没有走偏，完全得益于徐老师的领航导向。在语文教学的本体论和方法论两个层面，他都指导我作了比较开放的思考，比较自觉地摒弃了在那个年代几乎被视为"正宗"的"传授式课堂"，颇有一点离经叛道的味道。记者梁友军曾经把我执教的文言文《石钟山记》写进1996年《人民教育》的第二期，即使现在回头去看20年前的这个课例，你依然会觉得它前卫与大胆。现在回忆起来，那其实就是"学本教学"理念萌芽和初步探索的阶段，虽然当时我的认识和思考还不是十分清晰，但对生根于本质主义的传统的教学文化，对热衷于标准知识、统一思维且总是以知识、技能的学习为旨归的课堂价值，对典型的师传生受的单向性传递方法，进行自觉地远离和变革。这一路上，徐龙老师都陪伴着我且行且思。

几年前，徐老师退休了。我每一次回湖南看望自己的父母，也都去汨罗看望徐老师。每一次见面，都觉得徐老师似乎老得更多了一点。这个当年儒雅智慧的男人显得颇有些沧桑和落寞。如果在大街上和徐老师擦身而过，他就像一个路人，丝毫不会引起你任何关注。他毫不起眼，淡定从容，普通到骨子里去。他没有与众不同的气质，没有奢华的装扮，看不到他身上灼灼闪烁的光环……但他对我来说，却带来弥足珍贵的温暖，犹如静水深深地流淌着，低调、婉转、默默地陪伴在我的左右。

我非常幸运。这一路上走来，遇到很多欣赏我，认可我，帮助我的人，他们都是我生命中的贵人。譬如当时汨罗市教育局的局长黄泽南。黄泽南局长是湖南慈利人，一口特别的湘西口音，说话时声如洪钟，斩钉截铁，底气十足。他仿佛一团熊熊燃烧的火焰，常常会照亮许多夜行者的眼睛，让人精神为之一振。

因为他威信比较高，我们都叫他黄爹，并不叫他黄局长。在我的心目中，黄爹是一个大气磅礴的局长，也是一个坚持操守的教育家。20世纪八九十年代，应试教育理念泛滥成灾，在这种片面追求升学率的教育势力的重重围困之下，黄爹并没有让汨罗的教育随波逐流，而是举起一杆素质教育的大旗，勇往直前。

记得刚调到汨罗工作的那一年，湖南省文理两科高考状元都出在汨罗市一中。这个精彩的故事一下子吸引了媒体和全社会的眼球。重庆国光集团借机炒作，到汨罗来重奖高考状元。在很多人看来，这是件大好事，免费宣传汨罗教育，何乐不为？可是，这件事情却在黄爹那里碰壁了。他不赞成以任何方式来炒作高考状元，担心这样做会扰乱教育思想，误导社会舆论。9月初的一天晚上，国光集团在汨罗市影剧院举行高考状元颁奖晚会，邀请了国内一些影视歌星表演，还邀请了一些政府领导参加，导致小县城万人空巷。但黄爹无论如何拒绝出席，即使有人三顾茅庐，他也不为所动。他非常清楚自己内心深处坚守的是什么，其执拗的性格和傲岸的人格由此可见一斑。

　　这样的性格、这样的人品，注定了黄爹推进教育改革的坚定与顽强。无论遇到什么阻力，他都迎难而上，甚至面临被"罢官"的危险也毫无惧色，以破釜沉舟的决心孤独前行。这是成功者共有的某种特质。

2015年11月，浙江余姚市举办的为期两天的龚雄飞教育报告会

　　在汨罗工作的时候，我感受最深的是，教育系统建立起了一套公平的机制。比如高中教师的教育质量评价，全市就建立起了一个统一的考评制度。每年教师节前夕，都要举行一次全市高中教学质量总结表彰大会。1995年，我教的首届高三文科班高考评价获得全市第一。教育局通知我在大会上作典型发言。我已经不记得自己讲了什么，只记得黄爹亲自为我颁奖的场面。他神情肃穆地看着我，充满了期望和勉励，说：如果明年还拿第一，我继续为你颁奖。也许这不过是黄爹一句戏语，但却让我受宠若惊。于是我继续努力，第二年又登上领奖台，接受黄爹的亲自颁奖。

我连续考了五年全市第一，黄爹就给我颁了五年奖，成为我教育生涯中的一段精彩故事。我因此和黄爹深深结缘，他从最初对我的了解，到熟悉，到欣赏，到最后成为事业上的知己。

在这样的教育机制下，无需送礼和人情关系，我逐渐脱颖而出。首先在职称评定上连连破格，从中学二级、中学一级一直破到中学高级，一路绿灯各种荣誉接踵而至，1996年，我被评选为湖南汨罗市"十佳青年"；1997年被评选为湖南省青年骨干教师；1998年被评为全国优秀语文教师；1999年被评为湖南汨罗市"十佳教师"；2000年被评选为湖南汨罗市"模范教师"；2001年，当我被教育部、人事部评选为全国模范教师时，刚到而立之年，成为当时湖南省最年轻的教育系统劳动模范。《中小学素质教育》杂志以《擦亮夜的眼睛——记全国模范教师、汨罗市一中副校长龚雄飞》为题，以逾万字的篇幅专题报道过我教书育人的有关事迹。

其实，黄爹给予我最多的，还不是这些东西。他对我影响最大的，是对教育的理解、认识和坚忍不拔的追求，是对教育的真诚、坚守和无怨无悔的付出。他系统设计教育大格局，面向每一类教育，面向每一所学校，面向每一个学生，面向学生发展的每一个方面，从而充分突出人的发展的公平性，构建、发展和张扬人的主体性、独立性和创造性。他认为，教育的价值是关注人的成长、幸福、快乐，本质上是通过各种方式和途径，为一个人认识其生命的崇高与独特价值提供一种有效的建构，进而使其达到自我顿悟，最终能够赋予他的生命以使命感。他以自己二十年的改革实践诠释了一个道理：追求教育的真理需要有信徒和殉道者的精神；特别需要与疏远人性、脱离生命和缺乏诗意的种种弊端抗争，需要激活理性思维和狂放的生命力量；选择教育，就是选择一种使命、一种永恒的姿势、一种默默无闻的光明磊落的情怀、一种"捧着一颗心来，不带半根草去"的傲岸人格。

这些教育思想和人格魅力都潜移默化地影响着我。当拍岸而来的改革大潮把我推上湖南汨罗市一中主管教学的副校长位置时，我竟然也可以胆大妄为地对很多积弊和传统势力开刀，一点也没有犹豫。我在实践工作中感悟到，靠教学上的掠夺式开采和纯生源优势来打造和支撑一所学校的品牌算不了教育的高境界。我认为教育首先关注的应该是"人"的本身，而不是被异化了的符号、工具和考试机器，高考升学只不过是"人的发展"中的一种自然结果，我把这种思想写成了一篇论文，题目叫《关于全面实施素质教育与高考升学问题的思考》，发表于《中国教育学刊》1998年第

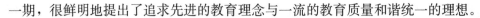

一期，很鲜明地提出了追求先进的教育理念与一流的教育质量和谐统一的理想。

"教育即解放"，这是联合国教科文组织1972年在《学会生存》这个报告中提出的一个著名的观点。为了构建一种解放学生的良性机制，我设计出台了学校教育改革的"三大工程"，即构建了"讲练互动，分层递进，整体优化"的课堂教学模式，构建了"自由选择，自主活动，自我评价"的校本课程模式，构建了"以学为纲，动态为主，综合为本"的质量评价模式。尽管在实施的过程中还需要不断地优化和完善，但三大模式的确立实际上是初步构建起了一个学校教育教学改革的系统工程。

我和黄爹的教育思想比较契合，认为教育改革的核心是课程改革，课程改革的核心是课堂变革，把课堂变革视为教育改革的突破口。我反感教师高高在上的传道式的讲解，在这样的文化浸染下的课堂里，学生成了被驯服的工具，成了对知识行跪拜礼的教徒。而"讲练互动、教学共生"新的教学文化就是旗帜鲜明地把学生的发展、学生的自主学习放在中心位置，体现人的自然生长性与尊严感，既尊重教师的"导"，又要摆脱教师的"控"，追求"激扬"的文化，重点体现主体性意识的张扬程度和阳光程度，其最终的目的就是张扬学生的个性，培养学生的批判精神、创新能力，在学习中建构，在建构中新生。我主持的这样一场教学改革，大面积提高了教育质量，课题《运用现代教育技术，构建"讲练互动、分层递进、整体优化"的素质教育课堂教学模式》2002年荣获湖南省教育厅科研成果一等奖。黄爹很支持我的改革。这一阶段，我其实已经开始了"学本教学"在一所高中学校的初步实践，尽管依然是模糊和经验式的探索，但一切都在努力中循序渐进地进行着。

夜深人静的时候，我常常会告诫自己，不要因为已经获得的一些成绩而忘乎所以，不要因为得到一些荣誉而眼高手低，要远离焦躁，远离偏执，远离自命不凡。我给自己写了一句话：前山之路是儒，授我以使命，教我在社会人格中自我实现，以身践行；后水之舟是道，授我以忠告，让我在自然精神中自我修养，用心体悟。

第三节　海南潮涌

人生的每一个阶段都是一种修行。2004年，我突然调到海南省海口市工作。因为其时，中国的大地上正刮起一场改革的旋风。教育部在四个省（区）进行高中新课程改革的试点，这四个省（区）是——广东省、山东省、海南省和宁夏回族自治区。我已经在汨罗进行了一些比较肤浅的改革，我想我应该到中国教育改革的最前沿去，去学习，去实践，去创造。当时珠海和深圳也希望我去工作，海南的工资待遇并不高，远远无法和深圳、珠海相比，但我最后选择了海南。因为当时海口市主管教育的副市长黄行光接待了我，让我过来之后，具体负责主抓海口市的高中新课程改革，这是我最愿意去做的事情。

2005年上半年，我带着一批高中校长和主任们去山东和宁夏考察和学习高中新课程改革的经验。穿越茫茫的戈壁黄沙，我们像一群寻觅梦想的幽灵，悄悄栖落在古西夏王陵边的这座城市；然后又回转身，飞向山东，考察了青岛、威海、济南三个地市。回来后，我彻夜不眠，写了一篇考察报告，比较客观地描述了这两个省（区）改革中的艰难和希望。比如，在很多高中学校，我们听到的大多是面对课程改革的迷惘与悲歌，很多学校强调"积极稳妥"，但实质上"积极"只是一种修饰，各项改革动作不大；"稳妥"才是关键，各个地区、各所学校似乎都在"比赛"，但比的是谁更保守、谁走得更慢，仿佛越走在改革的后面则越显得光荣，"改革者"似乎反成

2005年4月山东青岛留影

了被舆论讥讽的对象。这就是 2005 年高中课改的真实状况。再比如，教师、校长与新课程究竟谁该适应谁？由当时的情况分析，教师之于教学，其最大障碍有五条：一是课时偏紧与教材内容偏多的矛盾难以统一；二是三维目标与课堂教学中的整合失衡；三是以模块为特征的教材体系与施教中的不适应，教师缺乏对教材的整合与"二次开发"能力；四是基于大班额教学环境中的师生互动难以有效展开；五是课堂教学中如何整合教师、学生、教科书三者互为主体的关系。这是现阶段所呈现的问题。以后，随着选修课的开设、校本课程的开发、发展性评价的实施、研究性学习的开展，还会产生许多新的困惑。从这个意义上讲，课程改革的实际意义，课程改革的本质所在，就是攻克基于高目标所遇到的阻力与问题；课程改革的艰难，也正在于问题重重，需要像跨栏一样一一跨越。

我把这篇考察报告提供给了海口市教育局和海南省教育厅的领导，以做决策之参考。不久，这篇考察报告传至教育部，教育部几乎在第一时间了解到高中课程改革试点省（区）的真实情况，当时教育部课程教材发展中心主任助理刘坚教授看了非常赞赏，这是教育部基教司的领导第一次知道我的名字。

在这样艰难的情况下，我主抓的高中课程改革并没有停滞，相反，我们把困难当成前进的动力，一项一项工作扎实推进，一个一个难点切实解决。我的工作思路是，先到学校进行问题的调研，然后提出改进问题的对策，然后组织现场观摩，由此推动改革向纵深发展。2005—2006 年这段时间，在大量调研的基础上，我主笔写成《海口市校本课程的开发和建设指导意见》、《海口市普通高中综合实践活动建构式评价指导意见》、《海口市普通高中学分制管理实施意见》、《海口市中小学校本研训指导意见》、《海口市普通高中学生选课实施指导意见》等专业性比较强的一批文件，由海口市教育局下发，瞄准高中新课程改革中的难点问题，让区域普通高中改革有章可循，有据可依，有法可学。可以说，在国家高中新课程的制度框架下，我们做了大量本土化的制度设计，做了大量比较实在的工作，使海口高中课程改革顺利推进，受到教育部的肯定。我所主研的课题《海口市普通高中综合实践活动建构式评价》也获得教育部基础教育课程改革教学研究成果三等奖；2007 年，我还被海南省教育厅评为"海南省课程改革先进个人"。

时间飞逝，很快三年过去了，普通高中新课程改革进行了一个轮次。2007 年 6 月，是全国首次新课程背景下的高考，全中国都在关注新课程实施后高考怎么考，可谓万众瞩目。当时海南和宁夏回族自治区两省（区）语文学科是考全国卷，那一年高考结束后，教育部相关部门来海南进行新课程和新高考调研。很多参与座谈的领导和老师均反映本次高考取得巨大的成功，而我觉得这一次高考总的来看令人满意，但问题亦无法掩盖，尤以语文学科为甚。我以作文题为例予以说明，作文题如下：

"法国化学博士别涅迪克做实验时，有一个烧瓶掉在地上裂而不碎。他很好奇又一时找不到答案，就将烧瓶贴上标签，注明问题，保存起来。一天，他偶然看见报道说，有两辆客车相撞，司机和乘客都被挡风玻璃碎片划伤。他立刻联想到那个烧瓶，经过化验，发现烧瓶曾盛过硝酸纤维素溶液，这种溶液蒸发后留下一层无色透明的薄膜，牢牢地黏附在瓶壁上，所以对碎片有固定作用。'如果将这种溶液用到汽车玻璃上，车里的人不是更安全吗？'因为这个意外的发现，别涅迪克博士获得20世纪法国科学界突出贡献奖。对此，有人评论说，创造需要机遇，更需要执著的追求。也有人说，创造并不像我们想象的那么困难，那么崎岖，那么遥远。要求选择一个角度构思作文，自主确定立意，确定标题；不要脱离材料内容及含义作文，不要套作，不要抄袭。"

从专业角度看，这个高考作文命题基本上是失败的，理由有若干，主要有两点。第一，高考作文命题要导向学生真实的表达。高考作文材料的内容和话题要尽量贴近学生的生活，引导学生从书本世界回归生活世界，回归真实的感受和体验，说真话，写真情，明真理。这个材料原本想让学生写一个创新的话题，可是高中学生平时创新的经历和体验甚少，这就等于切断了学生抵达他们真实生活的通道。从海南考生表现的情况看，很多考生只能回避真实的生活，胡编乱造地写创造的重要，然后搜肠刮肚地引用科学家的例子加以印证。由于学生掌握的科学家创新的案例实在有限，就那么几个人和几件事，于是造成大量的作文雷同。一位高考改卷的老师总结，大约80％学生列举的材料无非是：爱因斯坦、爱迪生、居里夫人、袁隆平、牛顿、毕昇、瓦特，还有鲁班与霍金。导致学生作文严重的模式化和同质化。

第二，高水平的高考作文命题应引导不同层次的学生真实反映他们的水平和能力，这是考试公平性与有效性的要求。可是这个作文等于把学生的思路统统禁锢起来，甚至连文体都被锁定于议论文，这让许多有才情的学生无以发挥他们的优势，具有较强审美水平与语言灵性的考生简直无法施展身手。这对高考来说意味着结果的失真和效度的降低。

　　在座谈会上，四周是一片对本次高考的赞美之声。我坚持自己的意见，表达了自己不同的思考，成为当时座谈会的一个"异类"。这也许使教育部的相关领导第二次记住我的名字了。我不是为了标新立异，无论是作为一个特级教师还是作为海口市主管高中课程改革的副院长，我都觉得应该对教育负责，对历史负责。有领导提醒我不要过于较真。是的，对待我热爱的教育事业，我是比较较真的一个人，这既是我的缺点也可能正是我的优点，这既是一个专业工作者不思变通的"偏执"，也是一个教育者傲岸人格的写真。但是很有意思，教育部的相关领导没有对我产生不好的印象，相反，此后又有许多次会议，都邀请我去参加并让我发言。

2008 年 12 月参加教育部基教司在海南博鳌召开的"深化推进普通高中课程改革研讨会"

　　会议之后，我把我的思考写成一篇文章，题目就叫做《迷失与错位》，发表在上海《语文学习》第 7、8 期。我甚至用了这样直接的语言表达我的忧思——

　　"一个谈创新的命题恰恰是如此限制了学生作文的创新，一个在命题要求中明确提出不要套作的原始初衷恰恰引出了如此多的套作文章，一个强调张扬个性的新课程背景恰恰因为这样的误导而使学生缺乏个性化的体验与表达，一个可以说真话的时代恰恰让学生无真话可说，这种方向性的迷失和错位确实应该引起我们的重视并尽快予以矫正，否则，这种导向是不利于新课程纵深推进的。"

　　说句实在话，这道高考作文题的问题症结，主要出在命题者的思维视角上——没有坚持"学本立场"是命题者最大的思维局限。站在学生的立场来教学、命题和评价，应该成为新课程背景下教育者的工作原则和文化自觉。

　　2005 年下半年，我被海口市教育局推荐参与海南省特级教师的评选。我们被封闭在海口市的大同宾馆，先是备课和上课，然后是论文写作和现场答辩。我写作的论文题目是《论中学语文教学中创新能力的培养》。这一时期，我一共听了 200 多节中小学的语文课，可以说是"胸有成竹"。我挥笔疾书，两个多小时写了将近 6000 字，我几乎忘记了这是考场，只是在淋漓尽致地表达自己的思考和思想。据特级教师评审专家组的副组长吴益告诉我，当时这篇论文轰动了评审组，被作为"范文"在所有的评委中传阅。因为我刚来海南，熟悉我的人不多，这一次参与特级教师评选，我的名字被海南省教育厅很多领导和专家记住了，并参与了省教育厅和省教育研究培训院的很多科研项目。

　　我以排名第一的成绩顺利通过海南省特级教师评选，成为当时海南省最年轻的中学特级教师。这是个小小的殊荣，更是个崭新的开始。在这个时期，我开始形成了自己比较系统的语文教育思想，并提出了"语根教学论"，认为思维是语言之母，思想是语言之根，文化是语言之魂。

2008 年 7 月被评为海口市专业技术拔尖人才时留影

　　第一，语体之根——语言的物态元素。

第二，语意之根——语言的思维胚芽。

第三，语慧之根——语言的思想蓓蕾。

我由此提出"语根教学"的方法论——构建"语言、思维、思想"三位一体的"焦点教学"操作方法，基本操作范式就是"语言聚焦"与"思维沉潜"，把语文教学提高到了文化构建和生命构建的高度。我的一系列关于语文教学改革的论文就是在这一时期写成的。

2006年11月，我被中国教育学会中学语文教学专业委员会评为"全国中学语文教学与研究先进工作者"；2008年7月，我被中共海口市委、海口市人民政府授予"海口市专业技术拔尖人才"称号；2008年12月，我当选为海南省中语会第五届理事会副理事长。几乎海南省中学语文界的每一次大型的教研活动，我都做了主题性的学术报告，或者承担大赛最后的评课任务，产生了一定的影响。2009年教师节，海口市教育局从2万多中小学教师中推出4名教育界的优秀代表号召全市教师学习，并在《海口晚报》上开辟"为师尊者，人之楷模"专版，其中就以《教研和课改实验的先锋》为题推介了我的改革事迹。

这一期间，随着研究的深入，我开始系统地梳理高中课程改革中的问题，并积极寻找解决问题的对策。许多个夜晚，我都是在彻夜不眠地思考和写作，出版教育专著四部——《高中新课程教学改革问题与对策》、《高中新课程选课实施问题与对策》、《高中新课程评价改革问题与对策》、《新课程高考走向与学生评价改革》，并主编了《高中新课程语文案例与评析》一书。

由于对高中新课程改革有一些自己的实践性思考和经验性提炼，许多省市的教育厅（局）和大学开始邀请我去讲学，我得以有机会和中国课程改革中的许多顶级专家，如刘坚教授、余文森教授、张华教授、崔永漷教授、石鸥教授等一起，为中国的新课程改革传播智慧和正能量，并从中学到许多深刻的东西。可以说，我是在一边传播着思想一边又在吸纳着智慧，不断地充实和丰富着自己。2007年，应陕西师范大学培训学院院长张迎春的邀请，我去为西北国家级骨干教师讲学，由于学员特别喜欢我的报告，于是连续讲了5次。2009年7月4日，应国家教育行政学院邀请，为国家级校长班讲课，并将两个专题报告《中小学有效教学与校长课程领导力培养》（之一和之二）在国家教育行政学院录制成视频课程，共分为7集，成为"中国教育干部培训网"上的视频课程资源；应邀去内蒙古包头市讲学，被包头市教育局聘为全市高中课程改革的首席专家。

2007 年 6 月在陕西师范大学给"国家级骨干教师"讲学时与张迎春院长合影

　　印象比较深的是和教育部基教司的李明处长一起去乌鲁木齐讲学的经历。2008 年 7 月 8 日那天，我们晚上抵达乌市，没有吃饭，乌市教育局教研室主任林子华就带我和李明处长去吃夜市，全都是牛杂和羊杂类的烧烤，我们就坐在烟雾和腥味腾腾缭绕的摊子前，边吃边聊。我告诉李明处长，因开发新疆彪炳史册的左宗棠也是湖南湘阴人，离我出生的小村子大约十公里，我从小就是听着左公的传奇故事长大的。据说当年左公率领大军一路前进一路种树，所到之处，杨柳依依，春风荡漾，边陲仿佛江南，所种榆柳人称"左公柳"。光绪五年（1879 年），即将继任陕甘总督的杨昌浚应左宗棠之邀，越陇西行，见道旁行行柳树，不胜感慨，即景赋诗赞之："大将筹边尚未还，湖湘子弟满天山。新栽杨柳三千里，引得春风度玉关。"

　　李处长半开玩笑半认真地说，课程改革也许就是第二次新疆开发，树木和树人一样，都是在撒播种子和希望，我们要以对历史负责任的态度把教育改革的种子种在人们的心里面，由此去改变这个区域的教育生态，这是我们这一代人的使命。我的心中陡然升腾起一股特别的温暖感和崇高感：我对教育部基于这样的历史担当所做出的改革决策深表理解和支持，尽管这场改革并不是尽善尽美的；我对一切为课程改革上下求索、负重前行的有良知的教育者表示深深的敬意，尽管他们也不是完美无缺的。尽管改革者还有许多的缺陷，还有许多的怯懦和许多的不完美，但正如鲁迅所说的那样："有缺陷的战士终究是战士，再完美的苍蝇终究不过是苍蝇。"

报告结束之后，李明处长因为忙，匆匆飞回北京。我是第一次到新疆，遂留出一点时间去新疆的天池看看。进入天山，戈壁滩上的炎热顿时被远远地抛在身后，湖光山色中，近处是微风轻轻吹拂下波光粼粼的碧绿水面，远处是层峦叠嶂的青山，雪山的寒气隐隐约约随着风吹来，立刻能感到秋天般的凉爽。蔚蓝的天空映衬着远处隐隐约约矗立着的巨大雪峰。

白云飘浮在空中，和雪峰相映生辉，云影投射在雪峰上，犹如雪白的绸缎上绣上了几朵银灰色的暗花，无比美丽。白雪皑皑的群峰脚下是连绵不断的翠绿的原始森林，密密的塔松像似戍边的甲士庄严傲立，阳光透过层层叠叠的枝丫，在湖面上投下无数旖旎的历史光斑。

尽管当时推进高中课程改革面临无比尴尬的局面，但我从未放弃过成功的信念。感受着天池的绮丽景色，我借景抒怀，以古喻今，作七律一首以明心志：

游天山咏怀

万里驱驰过天山，瑶池浪涌千顷蓝。

苍松八千持戈啸，雪峰六月映日寒。

大爱纯纯心似海，铁骑茫茫情入藩。

当年左公魂何在？春风随我度玉关。

特别最后一句，豪迈，孤傲，虽不敢和左公相比，但亦表达了教育改革者的自信、坚韧，透射出一种理想主义情怀和孤胆英雄式的精神气质。

在讲学过程中，我还有幸结识了中国基础教育界许多著名的校长和特级教师，像冯恩洪、刘京海、陈红兵、李金池、崔其升、秦培元、李志刚、李大圣等，他们都是我的良师益友。记得 2008 年 8 月 1 日，江西省吉安市教育局邀请我去讲学，讲学的会场就设在著名风景区井冈山，其间偶遇江苏苏州的高万祥校长。我们一起讲学，一见如故，相谈甚欢，临别互有依依不舍之情。我即兴作七律一首相赠：

游井冈山并致高万祥校长

罗霄一脉过赣江，引我乘风上井冈。

十万雄兵藏丘壑，八千烽火入梦乡。

教育无枪闹革命，书生有笔写沧桑。

邀望五峰竞天秀，重重迷雾锁深峦。

　　高万祥校长是中国新时期第一批入选教育部"教育家成长丛书"的著名校长，他回去后，给我寄来了他的专著《高万祥与人文教育》，他的成长经历和教育思想给了我很深的启迪。我后来又带领海口市的一批中小学校长去考察苏州的教育，请高校长作了一个报告，受到高校长的热情接待和指导。

　　还有一次，我在讲学中遇到了赵谦翔老师。赵老师也是第一批入选教育部"教育家成长丛书"的著名特级教师，他写的《赵谦翔与绿色语文》我认真读过，很赞赏其中的许多观点和做法。当时我已经到重庆工作，刚刚从重庆市凤鸣山中学校长岗位调任沙坪坝区教师进修学院院长，于是我把刚刚写成的新词《长相思》赠与赵老师。

长相思

下海南，奔渝南，千里烟尘此关山，昨夜战犹酣。

山一环，水一环，山水连天几道弯？扬鞭再上鞍。

　　（两年前盛夏，余自海南调重庆，履职凤鸣山中学校长。其间，兴改革，除积弊，群凤和鸣。今夏，再调沙坪坝进修学院，改任院长之职。履新肇始，感怀颇多，作小令以记之。）

　　赵老师文言功底十分了得，很快就写成《十六字令二首》相和：

《十六字令二首》答《长相思》

赵谦翔

山，倒海翻江蜀道难，擎天手，既倒挽狂澜。

山，刺破青天锷未残，十年砺，双刃试杏坛。

　　正是因为认识了全国这么多著名的教授、校长和特级教师，这对优质的培训资源非常贫乏的海南来说，简直是如获至宝。特别是在我担任海口市教育研究培训院副院长期间，我把他们中的许多人都邀请到海口，相当于调动全国最优质的教师教育资源为我所用，举办了大量高规格的中小学校长和教师培训班。用海南省教育研究培训院主管教师培训的副院长周纪昀先生的话说，是开创了"海口师资培训的鼎盛时期"。

也就在这一时期，我国悄然启动了一场规模宏大的中小学教师"国培计划"。"国培计划"全称为"中小学教师国家级培训计划"，是教育部、财政部于2010年开始实施的旨在提高中小学教师队伍整体素质的重要举措。通过层层选拔，我有幸被教育部遴选为"国培计划"专家库首批专家，后来在重庆又成为"国培计划"第二批专家库成员。专著《高中新课程选课实施问题和对策》（修订版）经由内蒙古师范大学推荐，被列入了教育部"国培计划"资源库首批推荐课程资源目录。无数个夜深人静的时刻，这些带着书香的果实片刻就驱散了我的疲惫，让我的内心充盈着喜悦与幸福感。

2007年11月广州讲学时和刘坚教授合影

第四节　重庆瞭望

2010年8月，我转战山城接任重庆市重点中学——凤鸣山中学校长。有时候，生活就像一种循环，看似相似，却有着千差万别，仿佛命运的安排，谁也无法抗拒。此时，凤鸣山中学正发生着两件大事：一件是投资近4个亿的新校区建设正紧锣密鼓地推进，火热的建设中蕴涵着学校新的发展机遇；另一件事则是重庆市正式进入高中新课程实验阶段，凤鸣山中学被确定为全市高中课程改革的"样本学校"，需要学校不辱使命、奋发有为地推进改革。

我 8 月初来到学校后，顶着 40 多摄氏度的高温，逐一找学校的教职员工谈话，了解学校发展的优势和问题，梳理治校的思路和方略。我一共找了 211 位教师谈话，谈话记录写满了 8 个笔记本。最后，明确了学校发展的基本思路：从文化入手，一手抓环境文化建设，在新学校的建设中融入文化元素，打造高品位的学校景观文化；一手启动课程改革，在教师心中树立新的教育道德，打造高质量的课程教学文化。

学校文化这一概念是由美国社会学家华勒最早提出的。1932 年，他在其《教学社会学》(*The Sociology of Teaching*) 一书中首次使用了"学校文化"(School Culture)这一表述。今天，我们进行学校文化建设的目的就在于通过这样一个建设过程，把学校建成"在心灵上团结之信任者的社区"，使人们在其中是"忠诚的、有承诺的，且工作在一起，以追求更佳的事物"。重新确立师生对自己学校的认同感，使学校成为一个值得信任与骄傲的家园与乐园。

学校文化是一个多层面构成的系统。一般来看，其中的内核是精神文化，它一般表现为教师群体的价值文化和理念追求；向外表现为两种形态：一是表现为静态的学校环境文化；二是表现为动态的教师教学文化。环境文化和教学文化都是文化系统中的核心——精神文化和理念文化的集中表达和外在显现，其中学校环境文化指向对师生精神的陶冶，课程教学文化即通过教师的教学行为由内而外渗透出来的教育内涵和品味。

可以说，学校文化建设是学校深层次、高品位的建设，因为学校不仅仅只是一个建筑群，更是一个有历史内涵、有主流价值、有发展目标且充满自豪感的组织。这就需要对学校历史进行重新发掘和梳理，对现实和未来进行战略性的思考和定位。学校建设的过程往深层次讲其实就是一个文化建设的过程，目标是让每一幢建筑物的背后都有思想和灵魂，使每一个教职员工都有归属感和荣誉感。

学校所在的区域叫做凤鸣山地区。凤是中国文化中的祥瑞之物，也是凤鸣山中学的精神符号和文化图腾。基于此，学校文化建设的定位就基本找准了：依托凤的精神，打造一所特色化、精品化的凤文化主题名校，极力呈现其内在文化价值。

我首先对学校的文化精神进行梳理和提炼，形成如下的理念系统——

办学理念：群凤和鸣，铸魂育人。
学校精神：凤翔九天，志存高远。
育人目标：丹心雅意，雏凤清声。
课程文化：天高地阔，凤举鸾翔。

理念文化如何实现物态化的转换，从而外显为学校的标识文化和环境景观文化？这是一个需要进行高层次创意和设计的工程。我聘请了西南大学美术学院的教授，把我的思考变成可视化的物态形象。经历无数个不眠之夜，初步设计出一系列我自己还算比较满意的标识符号和景观系统。

凤鸣山中学 LOGO

这是学校的 LOGO 设计（如图），它由三只首尾相连，相互依偎却又自由舞动的凤组成。我们想通过它表达三层意思：其一，三只凤首尾相依，不分彼此，凝聚成一个整体，体现出同心同德、同向同行的合作精神，是"群凤和鸣，铸魂育人"的办学理念的形象彰显；其二，三只飞凤，像三股激流，又像三股旋风，象征着一股一往无前的进取精神和改革突破的力量，是"凤翔九天，志存高远"的学校精神的最佳表达；其三，三凤组成一个"品"字形状，隐含着我们对品质教育、品味教师和品牌学校的梦想和追求，是学校的发展高度和办学理想的高度浓缩。

学校共有两个报告厅，分别取名励凤报告厅和吟凤报告厅。励凤报告厅为主报告厅，设计的主题由主席台上的文化墙和报告厅两侧的窗格体现出来。主席台上文化墙的中央，是一幅由重庆地图幻化变形而来的金凤，奋展凌云之志，腾空万里之外。巴渝金凤，九天梦想，其寓意为：重庆山水孕育了凤鸣山中学这只金色凤凰，今天，这只金色凤凰又在孕育着一个志在九天的金色梦想。其设计思路正是从"凤翔九天，志存高远"的学校精神开始的，是学校精神的形象诠释。相传天分九重，九天者，天之最高层也。九天寥廓，浩瀚无垠。凤翔九天，喻高远之志向与宏大之目标，以此激励凤中学子追求理想，大展宏图。故两侧窗格造型，就是依据"凤翔九天"四个字组合变形而成的，由"九"字和"天"字变形成一个象形的"凤"字，其外形仿佛就是一只振翅欲飞之凤，构图与表达的主题浑然天成，妙不可言。

另一个报告厅为吟凤报告厅。吟者，风之鸣唱也，它就是根据"群凤和鸣，铸魂育人"的办学理念来进行设计的。主席台正中的文化墙上，三只金凤围绕一个金色的太阳，回环翻飞，翩翩起舞，比喻同频共振、步调协同的群体合作文化。朗朗乾坤，熠熠朝阳，鸾凤回翔，云翼蔽空，画面的构思就是根据学校的Logo变化而来的。故窗格饰以"群凤和鸣"的标识，突出主题，以达到内外兼修、神形合一之境界。

吟凤报告厅

凤鸣高冈壁画

学校的壁画设计，以凤馨大道为中轴，右则垒石为山，峰峦叠嶂，左则浮雕悬墙，山形嵯峨，构成"凤鸣高冈"之艺术整体。石壁上，一只凤展翅翱翔，踏着祥云，沐浴着太阳的光芒蹁跹起舞，舞到兴起，仰天鸣叫，不喧嚣，不自大，不自恋，是高冈上一曲和着清风的舞蹈、一支响彻天际

吟凤报告厅

的歌谣。"凤鸣高冈"语出《诗经·大雅》:"凤凰鸣矣,于彼高冈;梧桐生矣,于彼朝阳。"左侧是一幅大型壁画,精选古今中外文化名人二十位,其中中国的文化名人有老子、庄子、孔子、张衡、司马迁、蔡伦、李白、李时珍、齐白石、鲁迅;外国文化名人有柏拉图、亚里士多德、毕达哥拉斯、达·芬奇、莎士比亚、牛顿、达尔文、歌德、贝多芬、居里夫妇。整幅壁画肃穆古朴,典雅隽永,群凤聚首,翩翩起舞,可谓中西合璧,博古通今,每一位学界巨人就是一座"文化高峰"。其中唯独没有王侯将相,没有政治达人,它暗示着凤鸣山中学以培养文人学士、学界精英为己任。文化巨匠,人中凤凰,嘉德懿行,智慧高冈,故壁画名曰"人中凤子,智慧高冈",意在启迪凤中学人,集凤凰之灵秀,承先贤之文脉,登智慧之高冈,成人中之凤子也。

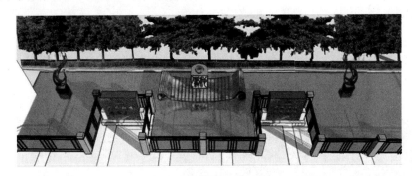

凤池

初中部凤鸣楼一侧,有一个水池,原本看上去普普通通,毫无深意。经过我们进一步地挖掘和升华,立刻透露出不一样的气质,将水的"柔"和"韧"彰显得淋漓尽致。水池中央,设计了一个铺开的竹简,上面端放着一枚篆刻印章,印章上镌刻着"凤池"二字。"凤池"原本是古时最著名的砚台,比喻最有文脉的地方。竹简上书明朝解缙的诗句:"斫削群才到凤池,良工良器两相资。他年好携朝天去,夺取蟾宫第一枝。"以此激励凤中学子奋发踔厉,蟾宫折桂,携手进取。

我们还设计了三款雕塑。

一是"群凤和鸣"雕塑,位于凤鸣山中学的行政办公楼

"群凤和鸣"雕塑

前。它表达的内涵有三点:其一,三只飞凤羽翼齐开,霓裳起舞,引颈长鸣,嘤嘤

成韵，象喻合力凝聚，正是学校"群凤和鸣，铸魂育人"的办学理念的象征；其二，中间两只主凤首喙相亲，此起彼伏，首尾之间拱卫成一个"心形"的空间图案，比如爱心与奉献的情感，苏霍姆林斯基说"没有爱就没有教育"，寄予着学校对高尚师德的追求；其三，三只飞凤翩翩起舞，熠熠朝阳，它们高高扬起的尾翼，如同飞扬的青春，如同烂漫的岁月，如同火红的理想，象征着纯洁与理想、烂漫与活力，是对青春的激扬与礼赞，夸美纽斯在《大教学论》中说："找出一种教育方法，使教师因此可以少教，但是学生可以多学；使学校可以因此少些喧嚣、厌恶和无益的劳苦，独具闲暇、快乐及坚实的进步。"正是学校的追求目标和境界。

"凤凰涅槃"雕塑

二是"凤凰涅槃"雕塑，它位于凤鸣山中学高中部凤翔楼中庭。此雕塑气韵飞动，火光熊熊中，一只金凤奋翼赴火，义无反顾，既可感知凤凰自焚之挣扎煎熬，亦可感知其寂灭再生之豪迈自信。烈火激情四射地跳动着，澎湃着，张扬着，肆无忌惮地燃烧着，在理想的天空下，火红的凤凰如同旭日朝阳般冉冉升起，苍茫大地顿生辉煌，它是凤举，它是鸾翔，它是凌空飞起的乐章。这是一种精神和意志的象征，奉此涅槃之精神，磨砺意志，精进学养，境界高远，破茧成蝶。

三是"逐凤青天"雕塑，它位于凤鸣山中学初中部凤鸣楼中庭。其寓意有二：其一，火红的金凤昂首向天，仿佛奋力去追逐一个志在九霄的梦想，正是"凤翔九天，志存高远"的学校精神的形象概括；其二，此雕塑构思既古典而又现代，奋飞的金凤变形为一道无尽的天梯，变形为一个现代的导弹发射架，其间老者托举中年人，中年人推升少年，双足锥地，鼓翼如云，壮思奋飞，蟾宫折桂，因合力之凝聚，得薪火之传承，在奋力托举中攀登生命之巅，郑板桥诗云"新竹高于旧竹枝，全凭老干为扶持。下年再有新生者，十丈龙孙绕凤池"。正是学校"群凤和鸣，铸魂育人"的办学理念的另一种表现。

"逐凤青天"雕塑

学校环境文化是学校文化建设中的一个重要的方面，它更具有极其特殊的文化表达及育人功能。一般来看，学校环境文化具有激励功能、熏陶功能、益智功能、凝聚功能。学校环境文化建设的核心是树立师生群体的共同价值观，通过它的影响力在全体师生中形成一种无形的向心力和凝聚力，把师生行为系于一个共同的理想信念和价值追求之上，陶冶健康向上的审美情趣和文化品格。

如果说教师和学生是教育教学活动的主角，那么学校环境文化好比是他们活动的舞台，师生们在舞台上多姿多彩，被文化影响着，并成为文化永恒的一部分。离开了高雅的学校环境文化，就犹如能歌善舞的人缺少了舞台，无论舞姿多么迷人，师生活动就失去了依托，并将直接影响教育教学活动的进程和效果。

学校文化建设要树立教育的整体观，以系统思维来规划学校发展蓝图，站在师生发展、教育发展和社会发展的结合点上来设计学校的发展路径和文化工程，基本的思路是：系统设计、分步实施、整体优化。我在对学校环境文化进行设计的同时，花了更多的时间和精力对学校的课程和教学文化进行深度思考。我首先凝练和提出了学校的校训——至雅至慧，兼善兼真，并以校训为总纲设计出了"雅行教育"和"慧学课堂"的学校整体改革思路。

"雅行教育"旨在关注学生知识与精神的同步成长，关注孩子智慧与人格的同步发育，从而提升学校德育的功能。"雅行教育"分为"行为规范的养成教育、举止文雅的涵养教育、情趣高雅的心灵教育"三个层次，着力培养师生"文雅的言谈举止、儒雅的礼仪形象、优雅的行为方式"。

"慧学课堂"旨在改变传统讲授型课堂的低效和死板，着力于把课堂还给学生，着力于在课堂上培养学生的智慧，让智慧进一步滋养课堂文化。我始终相信学生是"天生的学习者"，要求教师教学以"一切为了学生、高度尊重学生、全面依靠学生"为根本宗旨，学生在教师的引导下自由开放地学习，自主合作地学习，让学生在合适的闲暇的氛围中，追求课堂学习中快乐的感受和体验，让学生在与知识的"相遇"中，把知识融入生命；让教师在"点化"学生的精神生命中也"点化"自己，让师生在课堂中共同提升生命质量。

为了引导教师完成从教学理念到教学行为的转化，我设计了重庆市凤鸣山中学"四环导学魅力课堂"教学模式，并把教学步骤与理念文化进行巧妙的融合。我个人认为，大规模推行教学改革必须要建构一整套完备的教学模式与体系，帮助教师克服教学行为的随意性。但教学模式的灵魂却是模式背后的理念的深度和对教育规律的实践性理解。"四环导学魅力课堂"的核心理念是教学改革的学本取向，把课堂变成学生快乐学习、激情展示的学堂，把课堂变成师生追求幸福、实现生命意义的殿堂。学生在展示、质疑、对抗中，知识的广博度和理解的深刻度相互作用，在分享同伴学习成果的同时，每个学生心里又充满了对知识的渴求，课堂就变成一个引力巨大的学习场，体现出教学的无限魅力。

这一教学范式分成四个环节：

第一步：情境自学——雏凤清声。"雏凤清声"源自李商隐的诗句："桐花万里丹山路，雏凤清于老凤声。"比喻培养才华出众、成就卓著、超越前贤、后来居上的优秀学子。由此可见，我们把学生的"自学"设计为课堂教学的起点，并把它作为培养优秀学子的第一步。

第二步：合作互学——群凤和鸣。"群凤和鸣"的办学理念本身就折射出对这样一种合作共享的课堂文化的追求，或者说有这样的办学理念必有这样的学习行为：凤而成群，鸣而相和，在合作互助中解决问题，在相互砥砺中建构知识，这是教学的第二步。

第三步：展示激学——凤举鸾翔。"展学"是指合作互学中的成果交流与问题研讨，是全班学生参与下的互动对话与思维碰撞，把课堂变成一个学生充分展示才华和学习成果的大舞台，犹如有群凤奋飞，各竞其高；犹如鸾凤争鸣，各竞其美，正是"凤举鸾翔"的课程文化的表现，彰显出人才辈出之磅礴气象，是"学本教学"的关键环节。

第四步：提升领学——凤翔九天。学生经历对知识的个体化学习和群体性建构之后，需要形成结构化的知识，因此，提升总结，把握规律，防止碎片化的理解，提升认识的高度，是教学最后需要达到的目标。《庄子·逍遥游》云："鹏之徙于南溟也，水击三千里，抟扶摇而上者九万里。"故凤之飞翔，乃驭风而起，振翅高飞，奋翼垂天，直上九霄，比喻追求教育的高度。

模式设计的四个步骤都定位于学生的"学"而不是老师的"教"，要求每一位教师都依据"先学后教，学生主教；先练后讲，学生主讲"的操作要领，既要循规蹈矩遵循模式又要灵活变通超越模式，致力于"提高课堂学力、激发学习活力、增强教学魅力"。

什么是文化？学者冯大鸣说：文化是一套是非标准、一套荣辱标准，其核心是团队中的个体面对相同事情时行动具有一致性。因此，从校长对课程领导的角度来说，文化建设的最高境界就是让师生员工能够在心中建立和遵守一套共同的教育价值准则和行为秩序。

这样一套基于新课程"学本教学"价值准则和行为秩序的建立是殊为不易的。改革的过程充满了艰辛，因为任何一种新理念的实践都有一个困难的过程，课程改革能否顺利推行，关键是要看学校这块"土壤"能否为新课程提供合适的生长环境。从这个意义上说，课程改革同时也是学校文化的转型，是对学校"文化土壤"的改造。学校文化的重塑是课程改革顺利实施的基石。

我主要采取了三条举措来推进这场改革。

一是教育思想启蒙。为了实施这场变革，从 2010 年秋季开始，伴随着高中新课程的推进，我在学校开辟"凤鸣大讲堂"，每月 2 期，邀请全国一流的大学教授、教育专家和著名校长来学校对教师进行指导。我们提出的目标是"校本培训，国家水准"，让当代中国最优秀的教育流派在这里汇聚，最先进的教育思想在这里流淌，把"凤鸣大讲堂"打造成为先进的教育思想、教育智慧、教育经验汇聚并芳香四溢的高端文化视窗，引导全体教师站在巨人的肩膀上思考教育，眺望远方。

我个人以为，要启动这样一场高端改革，必须要锤炼一支志向崇高的教师队伍。教师的专业伦理和职业理想是决定这场改革的关键，有高度的改革必须要由有高度的教师群体来实施，这是我在推进这场改革中最真切的感受。富兰（Fullan，M.）在《变革的力量：透视教育改革》一书中认为，学校改进的三个最基本的驱动力是：人们的道德目标、能量建构和对变革过程的理解。学者斯托尔（stoll，M.）也指出，内部能量是使教师热衷于学习的力量，是实现学校改进所需的一系列条件。"凤鸣大讲堂"启动后，教师的道德目标被大大提升，热衷于学习的力量被大大激发，对变革过程的理解大大增强。深埋在地底下的那股改革和进取的力量在教师身上被逐渐地唤醒、激发、聚集、燃烧，像长江的波涛奔腾不息，慢慢显示出一往无前的重庆性格……

要顺利推进"学本教学"变革，我的基本经验是九个字——"停不得、快不得、慢不得"，需要把握好推进改革的时机与力度。之所以"停不得"，是因为课程改革体现了国家意志与时代要求，实乃大势所趋。可是，虽然课程改革乃是大势所趋，但却不一定是人心所向，我们必须要开展一场"教育启蒙运动"，以此提升和改造教师的

荣获 2013 年沙坪坝区首届"富民兴区贡献奖"

思想；当"教育启蒙运动"没有完成就贸然推进改革，必然遭到广大教师抵制和反对，欲速则不达，所以"快不得"。然而，当教师思想和观念有所触动，教育启蒙产生影响后，就应该抓住机会，暴风骤雨式地推进改革，决不能错失良机，这就是"慢不得"的理由。

2011 年 3 月 12 日，学校举行了八千多家长和学生参加的教学变革启动仪式，吹响了教育改革的强劲号角。按照原来的设计，我们准备让高一和初一两个年级 26 个班级进入改革，分 3 年逐步到位。但改革启动后，高二和初二、高三和初三全部老师亦提出参与改革的要求，所以我们大胆决定全校整体进入改革的行列，学校近 80 个班级整体进入改革，打响了凤鸣山中学历史上教育改革的"淮海战役"。

启动仪式

　　二是教学经验共享。与别处不同的是，凤鸣山中学的学本教学变革不是小范围的尝试，而是近80个班级的整体性变革，犹如千军万马奔赴战场，就连高三、初三这样被公认的"禁区"都参与其中。在变革的过程中，老师们对"四环导学"模式的理解和运用，对方法的选择与活化，对过程的优化与反思，特别是模式共性与学科特性的渗透融合，就成为实践中的关键。

　　引导教师在教学过程中不断进行反思是重构教学实践、解决具体问题的需要。为此，我们在走进学本教学变革以后，迅速举办了另一个深受教师喜爱的论坛——"凤鸣教学论坛"，由对改革有自己创造性实践的教师来谈自己的经验，也包括困惑和体会，引导全体教师站在同伴的肩膀上不断攀升。我们的理念是——我总结我的教训，人人多了一个教训；你奉献你的成功，人人多了一分成功。

　　富兰在其关于学校改革的研究中发现，学校文化是教育成功与否的关键因素。在对诸多失败的教育改革考察的基础上，他认为失败的根本原因，就在于在教育改革过程中"没有找准正确的事情——课程和教学的文化核心"。通过实践，富兰看到，在教育改革过程中，"最难打开的内核就是学习的内核——教学实践的变革和教学精神的变革"。同时他们还发现，"在结构的变革和思想的变革之间有一种相互关系，当教师和行政人员开始用新的方式工作时，不料却发现学校的文化结构不符合新的发展趋势而必须改变，然而这种文化结构却非常强有力"。此时，所需要做的就是重新认识学校的文化，建立适应教育变革的新的学习型文化。从某种意义上来说，"凤鸣教学论坛"其实就搭建起一个教师们相互学习的平台，是新的学习型文化建设的开始，我们希望通过新的学习型文化建设，努力推动学校成为一个文化的高地和一盏文明的灯塔。

　　同时，我带着学校领导班子全体成员，不断深入改革的第一线，和老师们一起摸爬滚打，一起学习和反思，一起品尝改革中的酸甜苦辣。我每年听课达到两百多节，每一节课都逐一和老师们进行分析和改进，引导教师们在学习中反思，在反思中变革，在变革中成长。每天早晨7：00，我总是准时出现在校门口，迎接师生，风雨无阻；每天晚上23：00过后，直到学生们睡下，我才离开学校，同样风雨无阻。我每天坚持巡视校园，沉入课堂，召开会议，畅谈改革。老师们说我办公室的灯总是亮得最早，熄得最晚的。在我的感召下，凤鸣山中学人心凝聚，政通人和，全体教师紧紧追赶改革的步伐，不断突破一个个难点，取得一个个成功，改革之火渐成燎原之势。

　　三是教育评价激励。为了激励改革，弘扬正气，追求卓越，我们同步建立了一套教育变革的评价激励机制。从 2011 年 3 月开始，我们发起评选"月度课改精英"的活动。每月一次，由教研组或者班级学生推选本月内在教学变革方面取得明显成效的老师，经校长会复评和确认，就可以当选本月度的改革人物。"月度课改精英"的照片及其推荐词在学校的宣传橱窗大幅展出，成为每月校园中一道亮丽风景。

　　这是给高中骨干教师徐江涛的"月度课改精英"推荐词：

　　他潜心钻研业务，创新教学模式，是课程改革的排头兵。"四环导学魅力课堂"是他的试验田，承载着他几多梦想，几多希望。他辛勤耕耘，播下的改革种子，已渐始长出新绿一片。他参与"新课改下学科教学有效性研究"，以课题研究深化课程改革；他勤于思考，善于总结，面对困难和问题，积极寻求破解良方。"凤鸣教学论坛"精彩亮相，改革经验全员分享。他说，教师就是生命的牧者，教师的使命就是在广袤无垠的原野上放牧生命，于是，他把"四环导学魅力课堂"激发得阳光融融、水草青青。

"课改精英"月度人物

　　这是给初中骨干教师王小梅的"月度课改精英"推荐词：

　　她是一位勇于创新、敢于担当的女性，虽任教毕业班，但并不因循守旧。她投身于课改的滚滚洪流，"到中流击水，浪遏飞舟"。她说，初三的课堂也不能春风不度，杨柳不青。课堂变革，不只是拉拉桌子，动动身子，王小梅真正把课堂还给了学生，让学生成为学习的主人。她大胆实践，引领历史备课组，成为年级进步最大的学科。改革之路无限延伸，自信而勇敢的王小梅老师迈着坚实的步伐，行走在求索的路上。

2011年教师节，我们举行了隆重的"课改精英"颁奖典礼，对月度改革先锋进行集中表彰。我们邀请了区教委、区教师进修学院的领导，给学校勇于变革的教师们颁奖，激励他们大胆变革，披荆斩棘，努力去追求课堂的开放，教育的解放。当获奖教师登上领奖台的时候，他们的嘴角浮现出最动人的笑容，眼角却泪意斑斑。"凤凰鸣矣，于彼高冈；梧桐生矣，于彼朝阳。"几位老师在发表获奖感言的时候，激动得当场落泪。这对于他们来说，是一份日夜煎熬后的真情释放，是一份艰辛探索后的价值认可，更是一份自我超越后的内心喜悦。

恩格斯认为，在一切方法的背后，要有一种生气勃勃的精神，如果没有这种精神，再好的方法也不过是一堆笨拙的工具。课程改革尤其如此。我们希望通过一场"真刀真枪"的改革，引导全体教师"从事有道德的教育，打造有魅力的课堂，追求有良知的高效，创建有文化的学校"。什么是有道德的教育？我的理解是，关注学生当下的幸福，并给予学生未来希望的教育；也就是既要关心学生现在的快乐与幸福，也要给他们的人生发展奠基，用现在的幸福创造未来的幸福的教育。这是一份多么美好的教育期许。

我真切地感受到，学校课程改革的实质是为学校改进建构内部能量。要实现课程的变革，就要分享学校的发展愿景、发展目标以及教师对学生的期待，促进教师专业发展，变革学校管理结构，建立高效能的学校领导。有意思的是，当我们大力度推动一场旨在"冲击高端"的课程改革的时候，特别是这场教育改革成为全体教师认同的价值目标的时候，我们突然发现，学校一切需要改变的要素开始不断地聚集和优化，甚至许多原有的深层次矛盾也开始慢慢地化解于无形。比如教学管理的优化、学校德育的实效性与学生自主管理的能动性、学校特色的形成与课程建设、学校文化的培育与教师群体主流精神文化的彰显，再比如教师的专业发展，诸多方面皆有提升，改革推行以来，不仅教师个体的专业发展得到极大提升，而且骨干教师开始带动身边的教师，使校内越来越多的教师投入到教学变革中，进行反思性专业探究，形成信任、协作的文化。

改革两年来，课堂不断被激活并焕发出无限生机。"从教育的意义上看，教师和学生处于一个平等地位。教学双方均可自由地思索……这是苏格拉底的'催产式'的教育原则。也就是说唤醒学生的潜在力，促使学生从内部产生一种自动的力量，而不是从外部施加压力"（[德]雅斯贝尔斯），这正是我们追求的目标与重点，课堂开始真正彰显出"学生中心、学习中心、发展中心"的特点与风貌。课堂被激活的同时，教育质量也不断提高，高中 2011 级重点本科的升学人数比上年提高 80％，高中 2012 级重点本科上线人数比 2011 级继续提高 48％。更为重要的是，在这样的课堂中，学生不仅真正进入智慧学习的境地，而且其综合能力得到发展。2011 年 7 月，我被教育部中国教师发展基金会评为"全国教育科研先进工作者"；课题"新课程四环导学魅力课堂的理论与实践研究"2013 年被评为重庆市人民政府基础教育成果一等奖。在推进"学本教学"建设的过程中，学校开始形成自己独特的办学理想和价值追求，并由此生成有自己特色的办事方式和进步状态，这才是殊为重要的。

　　2012 年夏，我接受组织任命，走上了重庆市沙坪坝区教师进修学院院长的岗位。自抗战时期以来，沙坪坝区一直是重庆市文化教育大区。作为沙坪坝区基础教育教师研修和专业指导机构，沙区教师进修学院多年来一直在重庆基础教育界占有较高席位。我刚一到任，正赶上学院接受"全国示范性区级教师培训机构"评估。因为我的前任多年来带领学院一班人打下了扎实基础，加上大家齐心协力做好各种准备，不久就入选为"全国示范性区级教师培训机构"。这对我来说，算是一个开门红。

2015 年 4 月在西南大学为长乐市中小学校长作专题报告

　　但是，全区全面深化课程改革的大幕才徐徐拉开。7 月 16 日，重庆市教委发布了《重庆市义务教育"卓越课堂"五年行动计划》。这不啻是一道改革的号令。受区教委委托，我和同事们开始着手谋划沙坪坝区的改革大计，把所有普通高中一并纳入课程改革的轨道，制定《沙坪坝区中小学"学本式"卓越课堂五年行动计划》，开启新一轮以课堂教学改革为突破口的基础教育课程的整体变革。

10月9日，沙坪坝区"卓越课堂"五年行动计划启动大会在教师进修学院隆重召开。重庆市教委副主任钟燕和基教处、师范处、体卫艺处负责人，市教科院主要负责人，西南大学原常务副校长宋乃庆教授，沙坪坝区委、区政府相关领导出席了会议，主城九区和渝西片区的区县教委分管领导、教研机构负责人，市教委9所直属中小学校长，以及沙坪坝区教委全体领导和机关科室负责人，中小学校长等300余人参加了会议。

在区教委主任肖长树代表教育行政部门就沙坪坝区"学本式"卓越课堂五年行动计划做出总体部署之后，我对"卓越课堂"做了开宗明义的阐述：一直以来，缔造"卓越课堂"是教育研究与实践者们梦寐以求的美好愿景，从夸美纽斯的班级授课制到赫尔巴特的"四段教学法"，从泰勒的"课程与教学的基本原理"到佐藤学的"静悄悄的革命"，几乎所有的教育学者都试图破解课堂教学的奥秘。究竟什么是"卓越课堂"？"卓越"一词的含义是——"卓而不同，越而胜己"，这其实是一个描绘理想的词语，所谓"卓越课堂"其实等于是追求一个理想的课堂。这样一个"卓越"和"理想"的课堂具有何种的特质呢？我的理解是：

卓越课堂＝过程的优化＋结果的优质化

改革其实就是改变过程，通过对教学过程的关键要素及其相互关系的最优化组合，改变教学过程，自然达到优质化的教学结果。

教学过程如何优化？核心问题是坚持"教为中心"还是坚持"学为中心"。从课程改革的本质性要求看，教学过程的优化必须坚持从"教为中心"向"学为中心"实行战略大转移。

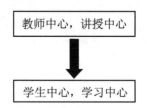

这样的一场变革，就被美国教育家杜威比喻为课堂教学中的"哥白尼式的革命"。由此，我明确提出"学本教学"这一核心概念。所谓"学本"，就是在方法上"以学生学习为本"，在目标上"以学生发展为本"。这是改革的核心理念，是中小学教师必须坚

守并坚持的价值取向。两个"为本"的理念，锁定了课堂教学改革的基本方向。"卓越课堂"虽千姿百态，但"学本"乃是万变不离其宗的根本立足点，一旦偏离"学本"，课堂改革必然迷失方向。

在传统意义的课堂上，教师成了课堂的主宰者，扮演的是知识"二传手"的角色。这种角色的错位，往往导致灌输式、填鸭式的被动学习。正是这种教师角色的错位，才导致了教师的教学观和学生的学习观被异化，造成了师生关系的扭曲和变异。学本教学的构建，要求教师尽快完成教师自身角色的重新审视，尽快完成师生关系的重新定位，重构起"平等、尊重、信任、民主"的师生关系，彰显教学的四大特征，即主体性、生命性、互动性、生成性，进一步提升教师和学生的生活质量和学习质量。这就要求教师必须把课堂还给学生，把学习的自主权还给学生：通过实施"自学、互学、展学"三种学习方式，来实现课堂教学的重建，提升每一堂课的学习质量。

这样的一场变革其实就是一场深刻的"教学转型"。2012年，山东省教育厅副厅长张志勇先生在"全国目标教学研讨会"上指出，"我国教育改革和发展正在进入一个新阶段，这个新阶段的根本特质就是两个字——转型"。我认为教师至少必须完成四个转变：教师变导师、教室变学室、教材变学材、教案变学案（即教学目标变学习目标，教学过程变学习过程，教学方法变成学习方法，教学进度变学习进度，教学质量变学习质量）。站在学生的立场上来思考教学，这是"学本教学"的本质要求。

2015年在沙坪坝区富力南开小学举行专题报告会

这样的一场"课堂转型"应该说已经不是对传统课堂的修修补补，它是课堂教学的革命性变革。要启动这样一场高端改革，使改革为全区域教师所接受并顺利推进，其难度之大超乎想象。因为它意味着所有教师对传统教学习以为常的行为模式的摒弃。恩格斯说过：要改变一种习惯，有时候比战胜千百万资产阶级敌人还要艰难。可以预料这样的改革首先将导致教师行为方式上的无所适从，继而将是心灵上难以言说的"隐痛"。

经验一再告诉我：能迅速适应改革的人往往只是少数，对改革的不适应反而是一种常态。因此，退缩、抱怨、飞短流长、明修栈道暗度陈仓等表现都不足为怪。关键在于，作为改革的发起者，千万不能以退缩应对退缩，以抱怨应对抱怨。基于此，我选择了孜孜不倦地晓之以理，坚持不懈地动之以情，乐此不疲地率先垂范，找出问题解决的策略，推出成功的实践样本，不断为改革者创造安全感，想方设法把越来越多的人争取过来，同心协力将课程改革推向深入。

我常说世上不存在真正的坏人，因为我对人性充满了乐观主义的积极解读。但这并不意味着所有人都能做到绝对的"一条心"。比如说，改革的阻力往往来自身边：他们可能是最亲密的朋友，可能是最忠诚的下属，但由于各自的人生经历、处世哲学、工作经验、行为模式等的不同，他们有时会自觉不自觉地站在你所倡导的改革的对立面。除非你有足够的自信和定力，有超强的领导力和感召力，你才能逐步在积极的方面同化他们，而不是在消极的方面被同化。

学本教学行动计划实施不久，我就有一种强烈的感受：学院的教研、科研、培训等还不能适应全面推进"课堂转型"的需要，各中小学的校本研修更是需要大力度的调整与重构。于是，我提出"研修转型"的基本观点：以教学转型促进教研转型，以教研转型引领教学转型，在教学转型与教研转型的良性互动中深入推动区域课程改革。

为什么提出研修转型呢？因为在教学转型的大背景下，我们的研修必须要适应改革并要有更大的作为。我认为，从科研与教研的关系来看，中小学科研是群众性研究活动，主要目的是运用理论而非构建理论，故科研、教研可并称为教研，简称为"研"。从教研与培训的关系来看，教研是分散式培训，培训是集中式教研，二者都是促进教师发展的手段，可并称研修；我用"研修"替代"研训"，虽仅一字之差，却更能体现教师主动发展的意蕴，简称为"修"。而教师参与研修活动所获得的发展，主要体现在行为改进而非知识增多，重在于"行"。基于以上认识，我提出构建"研修行一体化"研修文化，以此引领研修的整体转型。

2014 年 9 月在进修学院第 30 个教师节上给教研员颁奖

为了打造研修转型与教学转型的良性互动局面，我和我的同事们致力于从内部和外部进行系统性改革，采取了一揽子举措，整体设计研修转型范式。

第一，研修内容从研教向研学转型。我要求全体教研员明确研修方向，从过去重点研究"教师怎么教"转向重点研究"学生怎么学"、"教师怎么导"。这样的转型主要是基于两点思考：一方面是文化取向，只有研究"学本"，唤醒学生的主体意识和自由意志，才能促进学本教学文化的自觉，从而完成课堂转型的任务；另一方面是专业取向，只有把研修定位于"学本"，促进学生在自学、互学、探究中主动发展，才能有效解决教师苦教、学生苦学的现象，促进教师角色新的转换和教研员专业新的发展。

第二，研修方式从单研向群研过渡。"独乐乐不如众乐乐"，我们通过多维组合，建设互助共进的研修文化。主要体现在两个方面：一方面是建设校际共同体，我们将全区 86 所中小学组成 13 个组内异质、组间同质的校际共同体，要求每月召开一次联席会，研究解决行动中的问题；另一方面是建设共同体中心组，每个校际共同体组建学科中心组和班主任中心组，发挥市区骨干教师和教研员的引领作用，提升研修的实效。其中，教研员都采取"包片"的方式参与并引领共同体和中心组发展，从"权威式"的研究转变为"共同体式"的研究。我还牵头制定并实施校际发展共同体、教师学科中心组等指导意见，组织实施专项评估，结果纳入校际共同体、学校工作绩效考核，不断增强干部教师的"群研"式文化自觉。

第三，研修方法从经验向实证转型。以市级课题"区域构建学本式卓越课堂的实践研究"为龙头，下设区级 31 个规划课题、16 个专项课题、500 多个成长课题，引导教师探索自学、互学、展学操作技术。在科研视域下，倡导基于事实和数据的分析研究，借以摆脱纯经验的感知和无理性的研究，让中小学教研具有实证和事实的依据。

第四，研修手段从传统向现代发展。学院自筹经费 50 多万元，为教研员人手配备了一台数字摄像机，鼓励运用摄像等媒体技术，以视频案例为载体进行"微格分析"：打破"言语说教"式的研修，以视频片段呈现教学现场，进行案例点评，为教师行为改进提供更直观、更鲜活和更专业的教育引领。我还力主改变以前教职工年度工作总结的形式和内容，要求每个教研员从只需简单呈现年度工作成效，到重点转向课程与教学改革中的问题与改进策略，呈现至少 3 段视频案例，以期推进区级研修工作的信息化水平。

第五，研修机制从规范向创新发展。本着继承与创新相结合的原则，我提出了"文化立院，研修育人"的办院理念和"进德修业，革故鼎新"的院训，创建新的研修机制，持续强化全体员工的改革创新意识，不断营造敢闯敢试、开放包容、宽容失败、诚实守信的文化氛围，鼓励各部门及其成员要把握教育教学改革新形势，主动增强改革创新意识，切实解决自身工作的弊端和短板，力争取得工作理念和方法的新突破。

第六，研修成效从求知向笃行延伸。锁定技术路径，研究学本教学"自学"、"互学"、"展学"的具体策略与技术，聚焦行为改进，以行为改进为聚焦点，以适切任务为启动器，以课题研究为引力场，以集中培训为加油站，以系列教研为蓄电池，优化教师发展的动力系统。围绕行为改进和教学策略问题，组织各类专题培训，倡导体验式、活动式、拓展式培训，三年来，共利用寒假、暑假开展各类研修班 130 多个，培训一线教师和校长万余人次。

第七，研修领域从教学向课程拓展。为促进课堂从"怎么学"到"学什么"的深入变革，我们牵头制定了《沙坪坝区中小学课程建设指导意见》，组织全区 83 所中小学根据学校办学理念与育人目标，制定学校课程建设方案，致力于实现基础型课程校本化、拓展型课程多元化、研究型课程自主化的中小学课程体系。在这个过程中，我们要求教研员打破单一学科视野，具有资源的综合利用和课程的综合开发的指导能力，以便更好地服务中小学课程改革。

我个人认为，有了这样一个研修的整体变革，才能将区域课程改革引向深入。反过来，区域教学改革的全面深入推进，必然不断暴露区域研修与之不相适应之处，从而引起区域研修内容与方式的不断优化。在二者的良性互动中，区域课程改革才能够充满自信地行走在"深水区"之中。

作为一个教师研修机构，贵在"活力"与"合力"。上述一系列举措，好比是整形美容医师在基本"无痛"状态下所实施的一系列"微创手术"，逐步完成了学院形象的重塑，使教研员自觉成为立德树人的引导者、教育改革的先行者、课程建设的研究者、学本教学的指导者、教学研究的示范者、专业发展的引领者、绿色评价的践行者，从而使得教师研修机构的"活力"与"合力"越来越充分地显现了出来，并开始带动中小学校本研修、共同体研修的转型增效。于是，这艘区域基础教育的"航母"带动着全区的课程与教学改革走向理想的未来。

2011 年在江西省教研员省级培训班做报告并合影留念

我所倡导的"研修转型"，最终的目标是要引导全体进修学院人努力去创新研修文化并影响全区的教育文化，努力去创造幸福的教育人生。作家毕淑敏说："幸福一定存在于精神世界里，跟文化有关，跟情怀有关，跟成长有关，说到底幸福是长久的有意义的快乐，是灵魂的成就……"因此，用文化去确立"研修愿景"，去催生新的"研修文化"的认同感，去培育教育情怀，去建构共同的研修价值和研修理想，用文化去激活研修者的精气神，用文化去凝聚改革者的正能量，是"研修文化"的目标。文化是一种力量，它催生着人性的光芒，滋润着心灵的成长，传递着希望与梦想。

《沙坪坝区中小学"学本式卓越课堂"五年行动计划》制订了六大行动计划，即学校课程建设行动、教学方式变革行动、课程能力提升行动、教学研究引领行动、教育技术助推行动、学校工作评估行动。我们采取"3＋2"推进步骤，即前 3 年转型升级，全面达标；后 2 年巩固提高，再上台阶。我们注重校际差异，把学本教学课堂分为规范课堂、高效课堂、精品课堂三个层次，目标是：前三年 100％达到"规范课堂"标准，后两年 60％达到"高效课堂"标准、20％达到"精品课堂"标准。

改革的顶层设计不能不说是系统而且科学的。问题是，我们如何来落实这些"行动计划"并最终达成"改革目标"？哲学家黑格尔说："最大的天才尽管朝朝暮暮躺在青草地上，让微风吹来，眼望着天空，温柔的灵感也始终不会光顾他。"因此，尽管有了科学的"顶层设计"，但如果缺乏真抓实干的行动，一切依然只会是空中楼阁。

我们的工作策略是，构建"六结合"的区域性工作机制，加快推进"学本教学"建设，主要措施：一是顶层设计与下位实施结合，二是全域推进与典型培育结合，三是规定要求与自选动作结合，四是思想引领与难点突破结合，五是过程监测与结果评价结合，六是行政推动与专业指导结合。

我感觉最能够为改革注入动力的是"学校工作评估行动"这一工作举措。由区人民政府教育督导室牵头。一是注重过程评价。学期初制发评估方案，评价内容分解到区教委每月下发的重点工作之中（每月一次推进会、每月几项重点工作、每月一场"学本教学大讲堂"，体现思想引领与难点突破结合的工作特点），采用实地查看、网络评价等方式，通过专题评估与资源网向各共同体和学校及时反馈情况。二是注重结果评价。我们对全区 13 个校际共同体、26 所中学、54 所小学进行结果评价，把评价分数与等级、特色与问题编印成全区"学本教学"评估报告，将其反馈到每一所学校，并将评价结果纳入学校年度工作考核内容。既注重过程评价的反馈矫正，又强化结果评价的激励导向，让评价产生强大的驱动功能。

再比如说，我们制定的"学本教学"课堂改革目标：前三年全区中小学课堂

100%达到"规范课堂"标准，后两年60%达到"高效课堂"标准、20%达到"精品课堂"标准，如何才能实现？除了管理、研训、评价等多管齐下之外，需要有更强有力的举措和机制。我们的过硬策略是：以三年为一个周期：第一年"树样板"，举行优质课竞赛；后两年"补短板"，举行过关课展评，过关课展评考核不合格，则下岗接受培训再考核。按照三年整体计划：2013年为全区各学科的优质课比赛；2014年为语数外三科之外的各门学科教师"学本教学"课堂展评过关考核；2015年为语数外三门学科的教师"学本教学"课堂的展评过关考核。如此反复循环，这其实就是在建立一个区域教师发展的运行机制：教师参与任何一次孤立的研修活动所获得的发展，远没有亲身参与一场"真刀真枪"的教育教学改革更加有效。

按照第一年"树样板"的要求，从2013年9月至12月，我们举行了为期4个月的"学本教学"优质课竞赛活动。赛课活动，分校级初赛、校际共同体复赛和区级决赛三个层次，参赛学科41个，涵盖普教系列小学至高中所有科目和职教系列全部文化学科；参赛学校91所，包括86所普通中小学和5所职教学校（含4所民办校）；初赛选手2215人，复赛选手743人，决赛选手354人，三级赛课均为团队作战，实际参与面之广几乎覆盖了沙区全体中小学教师。参加区级决赛的选手中，既有功成名就的市、区骨干教师，也有已走上管理岗位的主任、副校长。其中不少选手已获得过市级赛课一等奖，有的还在全国赛课中获奖或在全国性会议上多次献课，他们在区学本教学赛场上再次亮相，起到了榜样示范作用。

本次赛课活动在沙区教育史上创造了时间跨度最长、参赛学科最齐、参与学校最全、参加人次最多、观课频率最高五个"最"。在三级赛课中，我们前期所研制的《学本教学评课标准》得到了广泛应用与检验。基于大量课例的校本研修、校际共同体研修和区级学科共同体研修空前活跃。许多学校各学科均以"1+2+N"（一个参赛教师，两个辅导老师，N个青年骨干教师共同参与备课全过程）的赛、培方式备战，把校本研修、校际共同体研修和区级学科共同体研修提升到一个新水平。而网络视频直播打破了时空界限，为中小学教师观课议课带来极大便利。许多教师进入"空中课堂"观摩学习，许多学校安排教师收看赛课网络直播后召开研讨会，大家对"课堂到底是谁的？""老师在课堂上的角色到底是什么？""学生到底该在课堂上得到什么？""小组合作学习机制建立的核心要素是什么？"等问题进行了广泛而有效的探讨。

这次赛课活动为全区中小学高品质学本教学课堂的创生和合作共赢文化的形成

打下坚实基础。一大批学本教学骨干脱颖而出：区级决赛共评出一等奖 145 名，二等奖 211 名，同时评出优秀校际共同体一等奖 5 名，二等奖 8 名。590 名教师获得了指导奖。区教委为此召开了隆重的表彰大会，给每名获奖者颁发了一枚特制的水晶奖杯，共计发放奖金 50 多万元。我在大会上对本次赛课活动进行了全面回顾与总结，细数三级赛课中典型的人和事，让参会的数百名学校领导和教师代表深受感动。学科赛课给全区中小学各学科推进学本教学树立了标杆，也初步建立起了全区学本教学人才库。在 2014 年至 2015 年重庆市和全国性各类赛课中，沙坪坝区选手屡创佳绩。

没有均衡发展的教师队伍，就不会有均衡发展的教育。因此，我们不满足于"优中选优"的传统赛课模式，着手建立一个旨在"补短板，促均衡"的教学展评机制，为发展相对滞后地区的教师提供以课例为载体的专业能力提升机会。

2014 年在沙坪坝区教育工作会上做首届"卓越杯"学本教学优质课比赛总结报告

按照后两年"补短板"的要求，从 2014 年 9 月至 12 月，我们举行了首批次为期 4 个月的"学本教学"过关课展评考核活动。我们划定参加本次过关课展评考核教师的范围和要求：一是语文、数学、英语教师暂不参加，这三个学科教师的考核时间放在 2015 年；二是近五年（2008 年 9 月 1 日以来）获得过区级二等奖及其以上等级赛课奖励的教师暂不参加，其余教师全部参加。全区共有 1317 名教师符合上述条件，因此都必须接受课堂过关考核。

过关展评课活动仍分"学校磨课—校际共同体指导—区级展评考核"三个层次进

行。这 1317 名教师(含中职的基础学科)全部报名并参加了校内和校际共同体"练兵"及展评活动,从中以随机抽样的方式抽取 35％的教师,约 471 名教师参加了共计 36 个科次的区级现场过关课展评考核。数据统计显示,在参加区级过关课展评考核的 471 名教师中,教龄 25 年及以上的教师 113 人,占 24％;教龄 3 年以下的职初教师 74 人,占 15.7％。举行这次过关课展评考核活动的直接目的,是为了实现"人人能上规范课"的目标。那么,什么样的课堂叫做"规范课堂"?"教本教学"与"学本教学"对此存在迥然不同的价值判断。在"教本课堂"看来,能够"教得正确、讲得清楚、听得明白"的课堂就是"规范课堂",但在"学本教学"看来,这几点虽然在很多时候仍有必要,但却远远不够,而必须以学生的学为出发点和归宿,做到让学生"学得有趣、学得有法、学得有效"。因此课堂教学的"新常态"应该是:以学生自学为起点,以小组互学为基础,以活动展学为重点。所谓"课堂转型",主要就是指教与学方式的转型。我们因此举行了大量的通识培训和分学科的操作技能培训,把学本理念及其操作要领贯彻到了每所学校和每个学科。

但是,过关课展评考核活动仍然给每一位参加者提出了极大挑战。很多中小学教师从理智上认同这样的变革,但真正要颠覆自己已经习惯了的"讲授式"教学,并且要接受过关考核,内心依然感到无比的焦虑甚至恐惧。对于大多数接受考核的教师来说,这既是希望的春天,也是寒冷的冬季,正如英国作家狄更斯在《双城记》里描述的:"这是最好的时代,这是最坏的时代;这是智慧的时代,这是愚蠢的时代;这是信仰的时期,这是怀疑的时期;这是光明的季节,这是黑暗的季节;这是希望之春,这是失望之冬……"

这其中的典型案例不胜枚举。大学城一中的卢永杰老师被抽到参加高中综合实践活动过关课展评之后,找到校长说,这次活动既然已经公布了,我会认真准备,但是下学期能否安排我从事非教学工作?在教研员和教研组的帮助下,除了参加区级教研活动以外,学校专门安排卢老师举行了 6 次校级展示课,每一次展示课后进行专题教研活动,并指定上一年度区学本教学赛课一等奖获得者黎卿涛老师一对一帮扶。一次次磨课,使卢老师逐步加深对学本理念的认识,提高组织学生自学、互学、展学的能力,充分展现了自己的潜力。在学科展评课赛场,卢永杰老师的课被所有评委一致推选为"优良"。赛后卢永杰老师深有感触地说:"这一学期让我真正体味到上课快乐的滋味,有那么多人来帮助我,使我体味到不断成长的快乐。接下来

2016 年寒假在鄂尔多斯市东胜区举办龚雄飞"学本教学"专题报告会

我想向校长请示，明年我还要上课，而且要把学本教学课上得更好，把我们这门'豆芽学科'培养成参天大树。"

随着展评活动的落幕，在 471 名参加区级展评课的教师中，106 名教师最终获得了"优良"等次，363 名教师获得"合格"等次，合格率 99.15％。仅有两名教师的分数没有达到"合格"线。区教委对获得组织奖一、二等奖的校际共同体和获得"优良"等次的教师给予了通报表彰和奖励，奖励经费一共约 80 万元。

学本教学对很多教师来说是一个挑战，是一次痛苦的蜕变，是一种破茧成蝶的挣扎，是一种否定之否定的建构。其中，我们听到各种不同的声音：有义无反顾积极反思的主流声音，有风雨兼程疲于奔命的沉重喘息，有困惑无助充满期待的呼唤，再加上基于不同价值或利益追求的混杂声音，组成了这个阶段特有的交响曲。这其中，不可避免地会产生一些刺耳的"杂音"。有一封匿名信写给市教委，反对沙坪坝区"搞过关课展评"，甚至提出再继续下去可能影响"社会稳定"。

在这个过程中，市教委给予了沙坪坝区坚定的支持，区委区政府给予了区教委坚定的支持，尤其是主管教育的宣传部部长林平和副区长蔡道静，更是课程改革的坚强后盾。在政府对教育的支持上，在全国我还没有看到过像重庆市沙坪坝区这样的力度，连当年的湖南汨罗市也无法企及。特别令人倍感敬佩的是区教育党工委书记彭刚和区教委主任肖长树，他们都是具有强烈的事业心、使命感和教育情怀的行政领导。他们深知，作为重庆市教育强区和教育高地的沙坪坝，靠"保"是"保不住"的，法国著名文学理论家莫里斯·哈布瓦赫有一句名言："过去不是被保留下来的，而是在现在的基础上被重新建构的。"唯有教育改革才能确保教育的优势并创造新的时代。他们敢于担当，勇于负责，坚韧不拔，百折不挠，顶住压力继续大刀阔斧地推进改革，使我想起了当年湖南汨罗市教育局的黄泽南局长。

2016年寒假在鄂尔多斯市乌审旗举办了为期两天的"龚雄飞与学本教学"专题报告会

　　五年前，我因为一个偶然的机缘遇到了重庆市沙坪坝区的蔡道静副区长和肖长树主任，他们真情邀请我加入他们的团队，到沙坪坝区来一起干事创业。在一个物欲横流的时代，我被这样两位追求事业胜于追求名利的领导所折服，追随他们来到这里当校长。五年后，当我们风生水起地推进区域改革时，我庆幸自己做出了人生中一个最为正确的决定。人生在世，生命苦短，在有限的年华中做一点真正有利于教育发展的事情，不愧对自己的生命良知和教育道德，何其之幸也。

　　2015年元旦，我们几乎零差错地完成了首次全区过关课展评考核活动，顿感一身轻松和惬意，这份轻松和惬意只有在紧张和繁忙的工作之后你才能体会到。我连夜赶回湖南去看老娘。飞机刚刚降落长沙，我收到重庆六十八中学校长张克运的短信，他给我发了一首仿辛弃疾《青玉案·元夕》的词，作为对我的新年祝福。

> 数日暖阳欺冬树，心花放、关不住。
> 欢声笑语香满路。祝福声起，祈愿流转，正凭东风舞。
> 惬意年华寄高楼，软语殷殷暗香去。
> 心儿寻他万千度。此际回首，温暖总在，藏记忆深处。

我能读懂他的心声，能读懂沙坪坝区校长们的心思。在区域性大面积推进以"学本教学"为突破口的课程改革的过程中，一大批中小学校长身体力行，向保守和顽固宣战，屹立于改革的风口浪尖，去追寻理想的教育。"心儿寻他万千度"，"他"指代什么？是非常耐人寻味的——也许是指代我们追求的事业？是指代我们对学本教学、理想学校和卓越教育的追求？是倚靠在岁月边缘的一份回眸与眺望？如果说，"回眸"是面向昨天的教育寻根，那么"眺望"则是一种面向未来的战略构思。

我对此感触良多，作七律一首回复：

> 七律　元旦
> 沧桑一年辛劳透，
> 往事悠悠无遗漏。
> 夜寒料峭伴人归，
> 春色婀娜迎柳秀。
> 倾囊只觉酒中苦，
> 低眉但见人空瘦。
> 几处徘徊觅相知，
> 只与东君偏故旧。

回顾这一年来，我与许多校长在改革中建立了深厚的友谊。改革虽然辛苦，仆仆风尘，满身疲惫，甚至遭遇诸多误解与诽谤，我整个人都瘦了一圈。但反思这些困惑和争论，说到底是对课程价值的争论。不同的价值追求决定不同的伦理判断和行为选择。改革因不同声音而艰难，也因不同声音而精彩。

　　在我办公室的一侧，有一个小小的行军床，小得仅仅能容得下一个人躺着。很多时候我会躺在这里，静静思考过往：人的一生真是非常的短暂，存在是一种真理，也是一种虚无，也许是我选择了教育，又或许是教育选择了我。虽然，我只是整个沙坪坝教育发展和进化的链条上一个偶然出现的人，但我却可以更好地成为"教育的头脑"，去创造更多的意义，以此奉献给沙坪坝教育。也许这就是一种缘分。因为沙坪坝是一片教育的沃土，历来有吐故纳新、改革自强的文化惯性，培育了沙坪坝教育人志在一流的骨气和性格。当学本教学在改革中不断被强化，开始成为一种具有广泛认同的目标和价值观，并不断催生出校长和教师们的责任感和道德感时，校长和老师们的创造力、凝聚力和战斗力就被大大激发出来，开始自觉地抱团前行，冲击高端。这其实就孕育着新的解放：当校长和教师群体的创造意识被挑战与波澜激发和唤醒后，那种生命的迸发才是教育最美的风景。

第二章　学本教育主张

　　教育的本质是促进人类生命个体健康成长，实现生命个体由自然人向社会人的高度转化。教育实践应将社会要求与个体需要结合起来，把受教育者培养成为具有主体性人格的社会人。"学本"立场下的教育坚持"以学生学习为本、以学生发展为本"的基本价值，主张把学习与发展的自由还给学生，以自学、互学、展学为主要路径，致力于追求教育过程的品质化和教育结果的优质化，不断促进学生的主动学习和充分发展。本章从学本教育理念、学本教学内涵、学本教学模式、学本教学策略四个维度，系统阐述我的学本教育主张。

第一节　学本教育理念

　　教育理念是教育方法思考的理性前提。教育理念在教育思维结构中处于基础地位，在很大程度上决定着教育思维，进而会影响教育实践。一般来看，教育理念是指人们对教育这一事物以及它与其他事物关系的看法。具体而言，教育理念是人们对教育对象、教育内容、教育方法以及教育者等教育要素及其相互关系的认识，以及由此派生出的对教育的作用、功能、目的等的看法。简言之，教育理念是关于教育的世界观和方法论。

　　教育理念是教育的逻辑起点，属于历史范畴。从不同的视角对教育特质进行描述，就会产生不同的教育理念。如果把教育理念放进世界历史的文化长河中去考察，就会发现在传统至现代的道路上，先后出现了传统教育理念、现代教育理念和后现代教育理念。在传统教育理念中，德性的人是教育所关注的核心，教育活动都侧重利用知识对个人进行德性培养，如古希腊智者学派的教育，柏拉图、亚里士多德的教育，以及中国的儒家教育，都是如此。[1] 进入现代社会后，传统教育理念单一的局面逐渐被多元化的教育理念所打破，行为主义、实用主义、科学主义、人本主义

---

　　① 陆小兵：《教育思潮的演进及其困境初探——基于三种教育理念的比较研究》，载《高教发展与评估》，2013(6)。

等现代教育理念等蜂拥而出。① 强调理性和知识的客观性、教师的权威性是现代教育理念的共同特征。如夸美纽斯"把一切知识教给一切人"的泛智主义、黑格尔的塑造具有普遍心灵的"理性人"、康德的"理性自由人"都是以理性人的价值追求为旨趣。② 进步主义教育提倡自然教育，主张"教育必须把儿童真正作为儿童，教育必须围绕这样的儿童观建立起来"。其代表人物美国实用主义哲学家杜威提出"生活即教育"、"学校即社会"的观点，主张"从做中学"。20 世纪后期，随着后工业社会的到来，形成了后现代主义教育理念。这种理念以培养能够遵循社会发展规律，与自然、与社会、与自我和谐共生、协调进化的社会人为皈依，以提升人的内在素质，完善人格发展为落脚点。代表人物有亨利·吉鲁（Henry A. Giroux）、迈克尔·阿普尔（Michael W. Apple）、斯坦利·埃罗诺威兹（Stanley Aronowitz）等。③

自 2002 年国家基础教育新课程实施以来，吸收了现代与后现代先进教育理念的新课程核心理念——"一切为了每一个学生的发展"，这也逐渐成为教育实践界的普遍共识和行动指南。沙坪坝区于 2012 年提出"以学生学习为本、以学生发展为本"为核心内涵的学本教育理念，旨在全面破解课改深水区的教育发展之道。我们认为，学本教育是遵循现代先进教育理念，尊重学生个体生命，相信学生学习潜能，依靠学生主动学习，实现学生充分发展的一种教育理想和信念。学本教育理念的提出，对于进一步转变干部教师教育观念、推进学校课程整合、加快教学方式变革、促进研修方式转型、推动教育管理创新、实现学生主动充分发展等，具有重要的导向功能。

学本教育理念主要包括对教育对象、教育内容、教育方法、教育者四个基本要素的基本认识，其他理念可由这些要素有机组合而来。基于此，我重点阐述学本立场下的四点认识：即关于教育对象的基本认识——学本儿童观、关于教育内容的基本认识——学本课程观、关于教育方法的基本认识——学本教学观、关于教育者的

①　陆小兵：《教育思潮的演进及其困境初探——基于三种教育理念的比较研究》，载《高教发展与评估》，2013(6)。

②　刘炎，欣陈婷：《从"理性人"到"理性生态人"——论教育理念的后现代性转向及重构》，载《华东师范大学学报》（教育科学版），2013(9)。

③　陆小兵：《教育思潮的演进及其困境初探——基于三种教育理念的比较研究》，载《高教发展与评估》，2013(6)。

基本认识——学本教师观。

一、学本儿童观

对待儿童的态度直接影响到教师的教育教学行为，关乎每一位儿童的发展。美国教育学家帕森认为："儿童的特征必须被详尽地说明。"对此，苏霍姆林斯基说："每一个儿童都是一个珍贵的生命，每一个学生都是一幅生动的画卷。"1959 年联合国大会通过《儿童权利宣言》，奠定了关于"儿童权力的巩固的道德基础"；1989 年联合国又通过了《儿童权利公约》，鲜明地阐述了保护儿童权利的基本原则；1990 年联合国又召开了"世界儿童首脑会议"，各国首脑签署了有关保护儿童权利的"宣言和行动计划"，重申了"儿童至上"原则和"一切为了儿童"的新道德观。从一定程度上讲，如何对待儿童这一个个鲜活的生命个体，最能够反映一个教育者最基本的教育态度。我认为，学本立场下的儿童观，理应包含如下要义：

儿童是一个完整的人。在日常生活和学习活动中，儿童都是以一个"整体"出现，并没有单一的认知行为或其他行为。认知活动总是伴随着人的情感、态度等心理因素，仅仅依据儿童的分数来定位儿童是一种错误。中国历来都是个讲求师道尊严的国家，儿童必须绝对服从教师，似乎才能体现师者风范。虽然同龄学生在成长过程中具有一些共同特点，但他们却是具有独立人格的人。因此，绝不能因片面追求共性要求而抹杀个性需要。正如苏霍姆林斯基所说："有 300 名学生就会有 300 种不同的兴趣和爱好。"合作教育学也指出："儿童每天来到学校，并不是以纯粹的学生——致力于学习的人的面貌出现。他们是以形形色色的个性展现在我们面前的，每一个学生来到学校，除了怀有获得知识的愿望外还带来了他自己的情感世界。"正因为如此，更应该重视儿童的独立个性和人格，主张学生与教师之间相互平等的关系。

儿童是一个发展的人。瑞士心理学家皮亚杰认为，儿童从出生到成人的整个发展过程中，智慧不是平滑发展的。作为发展的人，也就是一个正在成长的人，是不完善的、不成熟的。但在教育实践中，我们往往容易忽视儿童的这个特点，要求他们十全十美，对其求全责备。这是和儿童发展观相对立的。正因为儿童是一个个不成熟的个体，教育的根本任务就应该是最大限度地开发他们的内在潜能。我们应该

2015 年 11 月，在山西乡宁举办的为期两天的龚雄飞教育报告会，近 2000 名校长和骨干教师参加

把儿童作为一个发展的人来对待，要容忍他们身上存在的不足，允许他们犯各种错误。当然，我们还需要耐心帮助儿童认识错误和改正错误，促进其不断发展。

儿童是一个独立的人。由于遗传、环境、教育等条件的不同，儿童之间存在个体差异。所以，我们应该以多元的观点去评价每一个儿童。首先，要全面了解每一个儿童，因材施教，分类教学，促进学生的全面发展。要秉持让每一个儿童都快乐成长、让每一个学生都可以成材的思想，把品德培养、知识学习、能力提升和素质提高作为衡量儿童发展的主要标准，让每一个儿童在学习中都能找到快乐，都能感觉到自己的成长。只有全面了解个体，才能全面要求个体。不能因为学生某一方面的薄弱，而把儿童看"扁"。当然也不能由于某一方面的素质较好，而忽视对其他素质的要求。其次，应面向整个儿童群体，对所有儿童一视同仁。要承认儿童间的差异，用多把尺子衡量儿童，多一把尺子就多一批好学生。把爱心和信任给予每一个儿童，让每一个学生都感到被关心和被信任，这样无形之中就会给学生激励、动力，就有可能形成良好的、和谐的学习气氛。正如赫尔巴特认为，"教育者要为儿童的未来着想。因此，学生将来作为成年人本身所要确立的目的，是教育者当前必须关心的，他必须为使孩子顺利地达到这些目的而事先使其做好心理准备"。

二、学本课程观

课程观是对课程的各种认识和看法的总称，包括对课程的概念、课程的编制、课程的实施、课程的评价等方面的认识。在不同时代，甚至在同一时代，都存在着不同的甚至是相对立的课程观。从现实上看，课程观的形成与发展，受政治、经济、文化因素的制约。从历史视角看，课程观随知识观的发展变化而不断演进，即有什么样的知识观，就有什么样的课程观。

知识观是人们对知识的来源、知识的进化模式、知识的性质与社会功能、知识的种类、知识的获得与传播方式等内容的总看法。从古至今，对于知识的理解，可谓众说纷纭，莫衷一是。从历史视角上看，知识观可分为传统知识观和现代知识观。传统知识观认为知识是独立于认识主体之外的客观实在，如柏拉图认为人的知识是先天固有的，并不需要从实践中获得；笛卡尔主张使用普遍怀疑的方法来清除一切稍有疑窦的东西，把所有可疑的知识排除出去，寻找不证自明无可置疑的基础；培根提出了研究百科全书式知识的理想，认为"知识就是力量"，他尤其强调自然科学知识的价值，是为了给解释自然的科学知识提供工具和帮助。现代知识观则主张知识是个体经验的产物，如培根在反对经院哲学和一切谬误的斗争中建立了自己的唯物主义经验论认识原则，着重探讨了科学认识的对象、任务、过程和方法等问题；杜威认为知识是与现实生活相联系的，是系统化的、相互联系的，是要加以思考、修正和补充的；皮亚杰认为知识是一个建构的过程，是个体通过与环境相互作用后同化、顺应的结果。总体而言，现代知识观认为知识不是对封闭的、稳定的意义系统的客观反映，而是对开放的、复杂多变的现实的解释；知识并非终极真理，是在学习者与环境相互作用的过程中发展而来的；知识不再具有绝对的客观性，而是依存于知识掌握者；知识不再单纯是社会历史认识的产物，而是个人经验的统合。

从知识来源的视角上看，课程观可分为基于知识的课程观、基于经验的课程观、基于生活的课程观三类。基于知识的课程观认为，课程或是预定学科知识内容的综合，或是预定的教学计划，或是预期的学习结果；课程以"知识"为本位，注重书本

2015 年 11 月，在山西乡宁举办的龚雄飞教育报告会，近 2000 名校长和骨干教师参加

知识或间接经验的获取，注重系统的、公共的知识的学习；无论是课程内容还是课程活动，都是封闭的、固定的，课程是预成性的，以结果或产品形态存在。我们所见的传统学科课程，就是这种课程观的集中体现。基于经验的课程观主张，课程即学习者从学习活动中获得的一切学习经验或体验；课程以学习者的"经验"为本位，注重活生生地直接经验或体验的获取，注重个人知识、实践知识的学习；无论是课程内容还是课程活动，都是开放的、运动着的，并在某种程度上是不可预期的，课程是生成性的，以过程或活动形态存在。杜威等所主张的活动课程或经验课程就是这种课程观的突出代表。基于生活的课程观认为，课程即生活，生活也是课程。简言之，课程是教育者提供给受教育者的"跑道"，有什么样的课程就有什么样的生活，有什么样的生活就有什么样的课程。如著名教育家陶行知倡导的"生活即教育，社会即学校，教学做合一"、杜威的"教育即生活，学校即社会，做中学"等，都强调教育应从生活出发，反对教师"死教书、教死书、教书死"和学生"死读书、读死书、读书死"。

学本立场的课程观主张课程不只是特定的知识体系的载体，更重要的是学生主动探究知识的过程。在知识探究过程中，教师以指导者、协调者的身份出现，不再是知识权威的代言人；学生是课程发展的积极参与者，不再是知识的被动接受者。

具体而言，课程目标可根据实际情况在课程实施过程中不断调整，而不再是完全预定、不可更改的；课程内容可在学生探索新知的过程中不断完善，而不是固定不变的；课程组织向跨学科和综合化的方向发展，不再囿于学科界限。概言之，学本课程是教育者为学生提供的基于学生个体生活经验、依靠学生主动建构、为了学生充分发展的教育生活。学本课程观要求围绕学生的主动学习、充分发展需求去建设、实施课程体系，注重基础课程、拓展课程、探究课程的关联性、科学性与可操作性，倡导以自学、互学、展学为主要学习方式去建构知识、提升能力、发展情智，主张课程评价的多元性、开放性、发展性，不断实现课程与人的高度融合。

三、学本教学观

教学观是人们对教与学关系的基本认识。魏斯和达琳·哈蒙德把人们对教学的认识归纳为四种：即教学是一种劳动(labor)，教学是一种工艺(craft)，教学是一种专业(profession)，教学是一种艺术(art)。如果把教学看成是一种劳动，教师的工作就是按照预先设定好的程序和常规进行，是一种程序性工作；如果把教学看作是一种工艺，并假设教学的实施有些具体的技术，意味着教学需要一系列特殊的技术和知识，以及如何运用这些技术的知识；如果把教学看作是一种专业，教师就不仅需要具备一系列的技能，而且还要有判断这些技能的经验；如果把教学看作是一种艺术，教学的技术程序就是个性化的，教学情境就是无法预测的，它经常要求教师做出与固定原则和技术有所偏离的独立判断。[①] 可见，从不同的角度去看待教学，就会得出不同的结论。而在浩如烟海的文献中，古今中外的教育家也都提出了自己的教学观点。

瑞士心理学家皮亚杰最主要的学生美国哈佛大学教授爱莉诺·达克沃斯认为："课堂教学必须基于每一个学生的独特性之上，而学生的独特性集中体现在每一个学生的独特性中，教学的目的就是帮助学生在原有观念的基础上产生新的、更精彩的观念"。爱莉诺·达克沃斯对教学的这一表述至少有这样两层含义：其一，教学活动

---

① 蔡永红：《新教学观与教师评价》，载《北京师范大学学报》（社会科学版），2007(1)。

的目的是让儿童产生精彩观念，这里的精彩观念正是儿童智力的核心，教学是为了培养和发展学生的创新素养，这是实现课堂卓越的标志；其二，教学"必须基于每一个学生的独特性之上"，这是实现课堂卓越的条件。夸美纽斯说："找出一种教育方法，使教师少教，学生多学。"我认为，这其实就是学本立场的教学观。

学本立场的教学观强调教学既不是师本的教学，也不是短期行为的、考本的教学，而是促进学生主动学习和充分发展的教学。教学就是在教师的支持下，激起、强化、优化学生自主学习和充分发展的过程。教学最大的资源是学生本身，只有当他们的潜能真正被充分激发，学习效率才可能真正提高。所谓的有效教学，就是"教"有效、"学"有效。"教"有效就是"以学定教"、"少教多学"、"先学后教"，最终实现"不教而教"；"学"有效就是学生以自主、合作、探究为主要学习方式进行学习，有效达成知识与能力、过程与方法、情感态度价值观的三维目标。

四、学本教师观

教师观是人们对教师职业特点、责任、角色以及科学履行职责所必须具备的基本素质的认识。孔子认为，教师要有"学而不厌，诲人不倦"的精神。教师必须先学好，然后才能教好。同时，只有教师能够"学而不厌"，才能激发学生的求知欲望。荀子在中国教育史上首次把教师与天、地、君、亲并提，并把能否做到尊师重傅提到关系国家兴衰的高度加以论述。法国自然主义教育家卢梭指出，"我们的第一位哲学老师就是自己的手脚和眼睛"。杜威把教育看作是一种合作的过程，身处于教育活动中的教师和学生称为一个团体、一个团队，教师也就是这一团队中最成熟的成员，他对社会团队中的各种生活负有独特的指导责任。

在传统教育背景下，教师往往本着"师道尊严"，自持"知识的代言人"，把学生视为"知识容器"，忽视学生的自主性和差异性，把自己的意志和书本知识强加给学生。这样的教育不但达不到预期效果，还容易恶化师生关系，使学生丧失主动学习的兴趣和持续发展的动力。在新课程背景下，教师是学生的学习伙伴，承担教育教学活动的组织者、引导者、参与者、评价者、呵护者和唤醒者的角色，要最大程度地调动学生自身的潜力，把他们从课堂上解放出来，让他们追寻自己内心的渴望，大胆地去探索世界，主动培养创新精神、实践能力和社会责任感。

学本立场下的教师观主张教师应成为立德树人的引导者、教育改革的先行者、课程建设的研究者、课堂教学的指导者、教学研究的参与者、专业发展的实践者、绿色评价的践行者。教师相信学生自己可以借助先天智慧通过自主学习获得知识，学生之间是彼此相互促进、共享学习欢乐的伙伴，师生之间是和谐与共发展、同享生命历程的生命共同体。教师的核心能力不是控制力、驾驭力、表现力，而是促进学生主动学习与充分发展的能力。教师的作用是构建良好的课堂人际关系，提出学习的主题与需要解决的问题，维持必要的教学秩序，给予学生恰到好处的引导，鼓励学生自己去主动建构知识和发展能力。教师的发展是分内之事，要在专家引领和同伴互助过程中，主动实现研究对象从以研究教师的教为主转变为从研究学生的学反观教师的教，研究领域从以学科教学为主转变为"学科课程、教学、评价"的综合研究，研究方法从基于经验的研究转变为验证与经验相结合的研究，研究空间从教育结果研究转变为过程和过程多维因素的研究、研究方式从"权威式"的研究转变为"共同体式"的研究，不断收获从教的尊严和幸福。

综上所述，我们主张的学本教育理念，既与当今主流文化所追求的公平和公正理念高度吻合，也与基础教育所追求的内涵发展和均衡发展价值取向上下贯通，更与中小学教育的价值与功能密切融合。作为以学本学生观、学本课程观、学本教学观和学本教师观及其相互关系构成的有机整体，学本教育理念已经成为沙坪坝区教育人关于"好教育"的共同理想和信念。行动无理念则盲，理念无行动则空。在学本教育理念下，我们正在建设学本课程体系，构建学本教学模式，优化学本教学策略，完善管理评价机制，致力于让师生过一种幸福完满的教育生活。

第二节　学本教学内涵

从价值哲学观点看，价值是客体满足主体需要的程度。可见，任何概念的提出，必然反映着主体的某种需求。从逻辑学角度看，概念是客观事物在人脑中的主观反映，包括内涵与外延两个方面。内涵是指某一事物区别于其他事物的特有属性，外延则指具有这一特有属性的所有事物的集合。因此，厘清了概念的内涵，就认识了概念所反映的事物。综合价值哲学和逻辑学两种观点可知，只要明确了概念的价值和内涵，就可以系统地把握客观事物。基于以上认识，本节从由来和界说两个方面阐述学本教学，并着重阐明学本教学的内涵。

一、学本教学由来

　　时光荏苒，我从教已近 23 年。其间，虽历经湖南汨罗、海南海口、重庆沙坪坝三地，扮演教师、校长、院长等不同角色，但追寻理想教育的痴心未改。尤其是在到重庆市沙坪坝工作的五年之间，承蒙领导厚爱和同事垂青，我先后担任重庆市凤鸣山中学校长和重庆市沙坪坝区教师进修学院院长，将所学知识与实践积淀有机结合，亲身经历了一所中学的"以学为中心的魅力课堂"和一个区域的"学本教学"破茧成蝶的过程。下面，我主要从现实依据、理论基础和探索历程三个方面，概要阐述学本教学的产生与发展历程。

(一)现实依据

　　1. 落实教育相关政策。《国家中长期教育改革和发展规划纲要(2010—2020 年)》指出："倡导启发式、探究式、讨论式、参与式教学，帮助学生学会学习。激发学生的好奇心，培养学生的兴趣爱好，营造独立思考、自由探索的良好环境。"《义务教育各学科课程标准(2011 年版)》要求："要引导广大教师严格依据课程标准组织教学，合理把握教学容量和难度要求，调整教学观念和教学行为，重视激发学生学习的主动性和积极性。"《重庆市教育委员会关于印发重庆市义务教育"卓越课堂"五年行动计划的通知》(渝教基〔2012〕53 号)指出："建立和完善课堂学习小组，引导学生在个体自学、小组讨论、大组交流和教师点评中有效进行自主、合作和探究学习。研究以学生为中心的新型课堂结构，构建具有鲜明特色的学科、学段及区域'卓越课堂'教学模式。"2012 年 7 月，组织上任命我为区教师进修学院院长。上任伊始我就告诫自己，作为区域教育行政部门决策参谋和中小学校服务机构的教师进修学院，一定要有主动落实教育政策的责任感，自觉成为区域推进课程改革的主力军。

　　2. 传承本土教改经验。沙坪坝区一直是重庆市科教文化中心区，素有以教学改革促进教育发展的传统。20世纪90年代开始启动的目标教学改革实验，前后持续10余年，提出的目标导教、目标导学、目标导管"三导合一"体系，在全国范围内产生了积极影响。新课改启动后，先后开展了以校本教研与教学优质化、中小学教师STM体系、特色学校建设、学校内涵发展等为主题的研究与实践，促进了国家课程的校本化实施和校本课程的开发与实施。2012年年初，我区"区域性推进义务教育内涵式均衡发展的实践研究"课题组专项调研显示"学生自主、合作、探究学习"指标A等所占百分比为61.7%，说明新课程理念在全区义务教育阶段中小学课堂得到体现。2010年，我刚从海南省海口市教师培训学院副院长调任重庆市凤鸣山中学校长，就抢抓沙坪坝区启动以"课堂教学方式变革"为重点的高中新课程实验契机，提出并实施了"以学为中心"的魅力课堂改革，短短两年间就实现了学生综合素质发展与高考升学双丰收。2012年，面对重庆市卓越课堂五年行动新任务，我和我的同事们决心充分发挥研修机构的研究、指导、服务功能，进一步传承、创新和发展全区30年来教学改革积累的宝贵经验，深入推进区域教育内涵式均衡发展。

3. 解决教学现实问题。2012年夏秋之交，区教委为制定区域教育内涵发展第二个三年规划，加快建设重庆市教育现代化强区，责成区教师进修学院牵头开展专题调研。通过近三个月的调研，我们基本掌握了中小学课堂教学存在的主要问题，具体表现在干部教师的课程规划能力、实施能力、评价能力整体水平不高，学校课程的系统规划不多、实施力度不够、评价机制不优、发展水平不一，课堂教学的校本管理制度滞后、研训机制陈旧、导学资源亏缺，致使不少常态课仍然存在教师讲授为主、学生被动接受的现象。尤其是新课程倡导的自主、合作、探究学习还没有得到足够重视，且缺乏操作技术与行为规范。站在新的历史起点，如何传承本土经验，借鉴区外成果，走出一条以教学改革为中心的课程改革新路，提高每一名教师的专业素质和业务能力，确保每一个学生的主动学习和健康成长，促进每一所学校的内涵发展和特色形成，成为当时亟待我们研究解决的重大问题。

4. 顺应教学发展趋势。我认为，我国的教学改革大致经历了四个发展阶段：一是传授型教学。传授型教学就是通常所说的以讲授为中心的课堂，学生主要通过听教师讲的方式进行学习，其基本模式是原苏联的"五环节"教学模式，显著特点是教师"满堂灌"和学生"满堂听"，这是一种新课改致力于改变的教学形态。二是导学型教学。导学型教学比传授型教学有所改进，由教师的单向灌输变为师生的双边互动。

但这种教学其实还是"以导定学"，学生没有获得真正意义上的学习自由和思维自由。三是学导型教学。这种教学的基本特点是"先学后教"，承认学生是知识的主动探索者和主动建构者，课堂已经拥有学生充分的"自学"和"展学"。如果鼓励学生充分"先学"，那么学生可能产生很多真实的问题，由于一个老师无法当堂解决全班学生的所有问题，致使老师只有依靠课外时空予以补救，不利于"减负提质"，因此，这种教学还需要继续变革与发展。四是学本型教学。在"先学后教"的条件下，基于学生学习问题当堂解决的需要，建立起大量的学生学习共同体，学生不但在教师的引导下通过"自学"、"展学"等学习方式主动学习，而且还要开展大量的"合作互学"，通过小组合作的方式引导学生相互解决问题，在合作互助的过程中一起成长。学本教学符合当今国际课堂教学由"教为中心"转向"学为中心"的变革趋势，是全区课堂教学的发展方向。基于以上认识，2012年9月，我们初步提出了"学本教学"概念，并牵头制订了《沙坪坝区中小学"学本式卓越课堂"五年行动计划》。2012年10月，区教委在重庆市率先启动了学本教学的实践探索。

(二)理论基础

1. 教学论。维果茨基的"最近发展区"理论指出，学生有两个发展水平，第一个是现有的发展水平，表现为学生能够独立地、自如地完成学习任务；第二个是潜在的发展水平，表现为学生不能独立地完成学习任务，而必须在教师的帮助下通过模仿和努力才能完成任务。这两个水平之间的幅度则为"最近发展区"。教学应着眼于学生的最近发展区，调动学生的积极性，超越其最近发展区。赞科夫在继承维果茨基的"最近发展区"学说基础上，提出了发展性教学理论，他认为，"一般发展"是教学的目的，包括学生智力因素和非智力因素的全面和谐发展；只有当教学任务落在"一般发展"的"最近发展区"，才能促进学生的"一般发展"。

2. 人本主义心理学理论。人本主义心理学家罗杰斯的"非指导性教学"理论认为，人人都有学习动力，都能确定自己的学习需要；教学必须以学生为中心；教师是帮助学生探索生活、学业的促进者；教学的最终目标是促进学生的个性发展。"非指导性教学"的八条教学原则是：教师与学生一起学习；教师提供的是"学习资源"；让学生独自或合作计划自己的学习；教师的主要职责是创造一种真诚、接受、理解的心理氛围；学生学习的重点是怎样学而不是学到什么；学生的训练是自我训练而不是外部指导的训练；学习评价主要是学生的自我评价；鼓励学生更快更深刻地学习。

3. 学习理论。布鲁诺的发现学习理论指出，学生的学习是主动发现的过程，而不是被动地接受知识。奥苏泊尔的有意义学习理论认为，学生能够自主学习，其自主性和能力随着年龄的增长不断增强。布鲁纳的发现学习理论提出，学生的认识过程是在教师的引导下，学生进行主动、积极的思考和探究，发现新问题，并自己提出解决问题的方案，得出新的结论。以皮亚杰为代表的建构主义学习理论认为，学习者对知识的学习与掌握不是通过教师的传授和机械的记忆得到的，而是学习者在一定的情境下，借助教师和同学的帮助，利用必要的学习资源，以先前的知识经验为基础，不断地学习新知识，通过意义建构将其内化为新的认知结构的过程。

4. 社会互赖理论。戴卫·约翰逊、荣·约翰逊兄弟的社会互赖理论认为，课堂教学中存在着合作、竞争与个人单干三种目标结构，并由此构成三种不同的教学情境。在合作的目标结构下，个人目标与群体目标是一致的，个人目标的实现取决于群体其他成员目标的实现，个人目标的实现与群体的合作相联系；在竞争的目标结构下，个人目标的实现与群体目标的实现是负相关，若某一成员实现了自己的目标，其他成员就不能实现自己的目标；在个人单干的目标结构下，个人的利益与他人没有关系，个人目标的实现不影响他人目标的实现。

（三）探索历程

1. 理念萌芽阶段。1992 年，我进入湖南汨罗一中任高中语文教师，在此期间，我提出了"焦点式"语文教学模式，该模式强调学生本位，以"疑"激"思"，引导他们围绕问题质疑解惑。运用这样的教学方法，我从 1994—1998 年连续 5 年获得汨罗市高中语文教学质量评价第一名；1996 年，我执教的完全以"学生为中心"的高中语文《石钟山记》被《人民教育》作为落实素质教育的典型课例予以推介；1998 年，我参加湖南省岳阳市举行的"素质教育课堂模式建构"优质课教学竞赛，获得全市一等奖；2000 年 10 月，我代表岳阳市参加湖南省首届高中青年教师优质课竞赛，获得全省一等奖。在这期间，我升任学校主管教学工作的副校长，开始引领全校所有学科彰显学生主体地位，探索构建"教学互动、分层递进、整体优化"教学模式，从而大面积提高了教育质量，课题研究成果于 2002 年获湖南省科研成果一等奖。2004 年，我被引进到海南海口任教育研究培训院副院长，继续强调学生立场，逐步形成了"语根教学论",提出了思维是语言之母、思想是语言之根、文化是语言之魂的观点,构建了"语言、思维、思想"三位一体的"焦点教学"操作方法和"语言聚焦思维沉潜"的操作范式。指导普通高中学校创造性地推进高中新课程改革,特别是指导不少普通高中学校开展以"学生为中心"的有效教学实验,取得了比较好的效果,相关经验写成了论著《普通高中新课程教学改革问题与对策》。在汨罗与海南近20年的教学改革经历,使我坚定了"学生本位"的教育立场。

2. 理念形成阶段。2010年,我到重庆沙坪坝任凤鸣山中学校长后,就自主设计并实施了涵盖全校80个班的"魅力课堂"改革。这次全校性的大规模改革与过去不同,我先做好改革的顶层设计,制定了《凤鸣山中学关于"魅力课堂"教学改革的指导意见》,然后再实施改革的工程。《指导意见》明确了"学习中心"的改革方向,形成了比较清晰的学本立场的改革理念,基本思路是从教师知识传授型向学生自主探究型课堂转变,即通过激活思维,诱导自学,先学后教,不教而教,让课堂回归学生的世界,让课堂变成阳光灿烂、灵性生长、青春飞扬的舞台。短短两年间,我和全校教职工以"一切为了学生、高度尊重学生、全面依靠学生"为根本宗旨,根据学校的"凤文化"办学理念,探索构建"情景自学——雏凤轻声;合作互学——群凤和鸣;展示激学——凤举鸾翔;提升领学——凤翔九天"教学模式,引导教师在"点化"学生的精神生命中"点化"自己,让学生在教师的引导下自由开放地、自主探究地学习,让师生在魅力课堂中共同提升生命质量,实现了学生高考成绩和素质发展的双丰收。2013年,其成果《重庆凤鸣山中学"四环导学"魅力课堂的理论和实践研究》获重庆市人民政府第二节基础教育教学成果奖一等奖。凤鸣山中学教学改革的成功经验,使我更加坚定了学本立场的教学主张。

3. 概念提出阶段。2012年上半年,我刚调入沙坪坝区教师进修学院任院长,就抢抓重庆市启动卓越课堂行动计划契机,和新同事们一起研判区域课堂教学改革方向。经过深入讨论,我们达成共识:从"以教为本"走向"以学为本",是当今课堂教学的共同价值取向。2012年9月,我们正式提出了"学本教学"概念,明确了其"以学生学习为本、以学生发展为本"的核心内涵,构建了"先学后教互助展评"的基本模式,引导全区各学校和各学科建设"学本式卓越课堂"。从2012年9月开始,我们先后以市级规划课题"区域性构建学本课堂的实践研究"、"学本课程构建的区域行动研究"为载体,引导中小学系统实施"导学资源开发"、"教学方式变革"、"课程能力提升"、"课堂教学评价"、"教学活动展评"、"研修文化重构"、"教学管理创新"等行动，努力探索学本教学的理念系统和操作技术。目前，全区中小学课堂普遍呈现自主、合作、探究的特征，相关改革经验 2014 年获得国家基础教育教学成果二等奖，并多次在市级及更高级别大会上做交流发言，出版《学本课堂案例分析与问题解决》《学本课堂问题导学模式研究》等论著，接待全国学习考察人数创历史最高频次，我本人讲学覆盖全国各省，并应邀在湖南长沙市、湖南湘潭市、陕西渭南市、陕西西安市、河北石家庄市等地举行"学本教学"专场报告会。

二、学本教学界说

所谓界说，就是对一种事物的本质特征或一个概念的内涵外延给予确切、简要的说明。从严格的学理意义上讲，准确定义一个概念，需要就该概念的内涵与外延、要素与结构、功能与作用、价值与目的做系统性阐释。这里选择用"界说"而不用"定义"，旨在对学本教学概念做出准确而又简明的解读。下面，我重点围绕主要内涵、基本结构、重要功能三个维度，具体阐述什么是学本教学。

（一）主要内涵

1. 定义视角。学本教学可以理解为一种"学本立场"的教学范式。"范式"一词最早由美国科学哲学家托马斯·库恩提出，意指一个科学共同体成员共享的一组假说、理论、准则和方法等的总和。在科学发展一定时期，当旧范式不能解释的"异例"积累到一定程度时，共同体成员会转而寻求更具包容性的新范式。范式学说与中国传统整体思维不谋而合，从 20 世纪 80 年代初引入国内后，很快被历史、经济、教育界广泛采用。新课改实施以来，学生在课堂教学中的主体地位越发得到彰显，课堂教学范式日益从以教师讲授为中心的"教本课堂"向以学生学习为中心的"学本课堂"转型。课堂教学是由教师、学生、教学内容、教学环境等基本要素及其相互关系组成的生命系统，只有推动课堂教学由"教本范式"向"学本范式"转型，才能既促进课堂教学内部要素及其相互关系的系统优化，又引发课堂教学外部队伍建设、管理优化、研修变革等的"链式反应"，从而加快推进学校乃至区域教育提档升级。

2. 内涵诠释。我们提出的学本教学，具有狭义和广义之分。从狭义的角度讲，学本教学是指学生在教师指导下主要通过自学、互学、展学等学习方式达成课时学习目标、养成终身发展能力的一种课堂形态，其核心内涵是"以学生学习为本、以学生发展为本"。其中，"以学生学习为本"，就是要充分相信学生的学习潜力，激发学生的学习动力，依靠学生的学习实践；"以学生发展为本"，就是要既关注学生当前的发展，又着眼学生长远的发展。作为一种教学范式，学本教学具有六个显著特征：一是在教学与发展的关系上，表现为以学生的自学、互学、展学为主要手段来实现主动发展、活泼发展、健康发展的目的；二是在教与学的关系上，表现为以学定教、先学后教、多学少教、因学活教；三是在教学结构上，表现为教师、学生、教学内容等教学要素及其相互关系的系统优化；四是在教学程序上，表现为学生的自学、互学、展学的有机组合与贯穿全程的教师导学的协调统一；五是在规范与自由关系上，表现为学校教学模式和学科教学模式在"学本立场"基础上的"和而不同"；六是在局部与整体的关系上，表现为以教学转型为中心的区域教育内部管理机制、研修文化等的系统变革。从广义的角度讲，学本教学是集课堂教学改革态度、过程、结果于一体的集合性概念，其核心内涵为"以师生学习为本、以师生发展为本"。换言之，师生都是课堂学习的主体，通过基于学习共同体基础上的自学、互学、展学，实现个体与团队的共同进化。概言之，学本教学不是一种教学流派，而是一种立足学本立场的课堂教学理想和追求。因此，凡是符合"学本立场"的课堂形态，都属于学本教学的范畴。

(二)基本结构

1. 教学原则。学本教学的教学原则是我们对课堂教学所持有的言行准则，主要包括如下五个方面：一是建构学习原则。师生都是课堂学习的主体，主体与他人建立学习共同体关系，通过个体自学与他人助学，有效实现知识建构、能力提升和情意培养。二是主体发展原则。师生都是有待发展的成长者，通过主要以问题为中心的课堂学习活动，实现师生知识建构、能力培养的学习目的。三是内容优化原则。以学生的核心素养发展为导向，创造性实施国家和地方课程，系列化开发校本课程，使学习内容尽可能契合学生的认知发展规律。四是方式灵活原则。根据学习内容要求，灵活选取与之匹配的自学、互学、展学等学习方式，提高课堂学习的有效性。五是人本评价原则。基于师生发展需要，采取以激励为主的对话交流方式相互帮助、相互指导、相互促进，以达成反省行为、提高认识、改进自我的目的。

2. 教学目标。学本教学的教学目标是以情感目标、学习能力目标、创新能力目标为主而知识目标为辅的多维目标，主要包括如下三个维度：一是具有良好的品德和健康的情感。如眷恋家庭，热爱国家；爱惜生命，乐观向上；憧憬未来，规划人生；善于交往，乐于助人；遵纪守法，崇尚道德；行为自觉，敢于担当。二是具备终身学习的意识与能力，如具有学习的意愿，清楚学习的价值；具备学习能力，掌握自主、合作、探究学习方法，养成自主学习、合作学习的学习习惯。三是具有创新精神和实践能力，如善于观察事物，具有发现问题的能力；勤于思考问题，能够举一反三；敢于批判前见，能够挑战固有知识；乐于动手实践，善于创新或创造，等等。

3. 教学程序。学本教学的教学程序是指师生在教学目标引领下针对教学内容在时间序列上的实施。教学程序的关键是教学方式方法的选择和安排。学本教学的基本模式是"先学后教互助展评"，根据学校、学科、学段、课型乃至学情的不同，可以创生百花齐放的变式，实施和而不同的教学程序。比如："问题导学型"学本教学，其基本程序为自学—互学—展学—固学。自学阶段：学生根据要求自主学习，独立思考，质疑问难，生成新知；互学阶段：以学习小组为单位进行问题交流讨论，协同解决自学中尚未解决的问题；展学阶段：以小组为单位在全班展示学习方法、学习结果、心得体会，其他组的学生仔细聆听、质疑反驳、评判优劣、纠错补漏、分享成果，教师及时纠正、适时点拨、合理评价；固学阶段：教师引导学生归纳整理所学知识，并根据学习目标需要进行必要的当堂检测和反馈矫正。同时，还可以根据具体的学习内容，合理安排自学、互学、展学的组合方式，如"自学＋互学"、"自学＋展学"、"互学＋展学"等，从而创生出和而不同的学本教学程序。

4. 实现条件。实现条件是指能使教学范式发挥效力的教师、学生、教学内容、教学手段、教学环境等各种条件因素。作为一种由教学理念、教学目标、教学程序、教学评价等构成的区域性教学范式，学本教学坚守"以学习为本，以发展为本"价值取向，反对以教学流派自我标榜，拒绝以教学程序故步自封，而是致力于追求开放、包容、以校为本、师生自为的区域教学文化。因此，只要主观上认同学本立场的区域、学校、学科乃至教师，均可开展学本教学的探索与实践。当然，如果要真正通达师生自觉、自为、自由的学本教学理想境界，还需要不断优化相关实现条件，力求教育生态包容、教育观念学本、课程内容可选、教学方式灵活、教学管理民主、教学评价多元、教学手段现代，等等。

5.教学评价。教学评价是指教学范式所特有的完成教学任务并达到教学目标的评价方法和标准等。我们从目标、过程、效果、特色四大维度，重点突出自学、互学、展学等学习方式，精心设置教与学行为规范要点，研发了全区性"学本教学评价指导标准"。各学科、各学校可以根据区域性指导标准，创造性构建"科标"、"校标"。上述三类教学评价标准"和而不同"，发挥各自激励、导向、督促功能，共同促进区域课堂教学整体转型。

(三)重要功能

1.落实课堂三维目标。按照新课改要求，在课前、课中、课后都要体现三维目标。学本教学范式，恰好深度落实了三维目标。一是课前，教师精心设计"导学精要"，为学生开展课堂学习搭建"脚手架"。导学精要包括学习目标、学习探究和学习检测三大部分。学习目标部分，依据学科课程标准、教材和学情，站在学生的角度予以表述，力求全面、明确、具体，可操作，可检测；学习探究部分，围绕学习目标和重难点知识，精心设计自主学习、合作学习的"少而精"的问题。问题设计对应现行教材，突出重难点知识，贯穿学习过程，注意学生层次，联系生活实际，体现思维深度，表述亲切自然，穿插学法点拨；学习检测部分，学习检测题的命制与学习目标保持一致，突出知识重难点，关注学生层次，体现难度区分。二是课中，学生根据导学精要进行自学、互学，聚焦重难点问题进行展学，有效实现三维目标要求。三是课后，学生对照学习目标要求，通过教师引领、同学帮助和自我反思，不断通达学会、会学、乐学的境界。

2.促进学生自主成长。学本教学强调自学、互学、展学等学习方式，注重培养学生自主合作探究的学习能力。如在导学资源开发时，紧紧围绕教学重难点，精心设计导学问题，引导学生自学、互学；在学习小组建设时，将自学、互学、展学规范纳入学生学习培训范围，要求以学习小组为单位开展周小结、月小结；课堂教学过程中，坚持学生能自学会的不互学，能互学会的不讲授；在教学评价标准中，制定学生自学、互学、展学规范，并将课堂表现纳入小组评价范围；在对教学质量进行监测时，将自学、互学、展学纳入对学生的学业水平测试范围。这些操作策略都围绕一个核心，即指导学生学会学习和自主发展。

3. 提高教师专业水平。学本教学强调建立学生学习共同体、师生成长共同体、教师研修共同体，一起共享生命的发展旅程。在从教本到学本、研教到研学、教学到课程的校本研修过程中，教师认真践行研修新文化理念，主动实现研究对象从以研究教师的教为主转变为从研究学生的学反观教师的教、研究领域从以学科教学为主转变为"学科课程、教学、评价"的综合研究、研究方法从基于经验的研究转变为验证与经验相结合的研究、研究空间从教育结果研究转变为过程和过程多维因素的研究、研究方式从"权威式"的研究转变为"共同体式"的研究，自觉成为立德树人引导者、教育改革先行者、课程建设研究者、课堂教学指导者、教学研究示范者、专业发展引领者、绿色评价践行者。

4. 推动教育内涵发展。学本教学是优化了"为什么教(学)"、"教(学)什么"、"怎么教(学)"、"教(学)得如何"等要素及其相互关系的课堂形态，关系到培养什么人、用什么来培养人、怎样培养人、是否培养了人等教育核心内涵。因此，学本教学变革不仅仅是教学转型问题，而且是以教学转型为中心的课程改革问题。从教学内部上看，建立"学本立场"的多元教学模式，倡导不同模式采用不同流程和多样策略，能够使课堂呈现多元开放的文化，有效推动课堂文化的深度变革。从教学外部上讲，这样的改革关联区域教育目标、内容、方法、手段、管理、评价等的系统改革，势必引发区域校本研修、课程开发、教学转型、队伍建设、教育管理、教育评价等的同步变革。由此可见，区域学本教学变革实际上具有"引爆"区域教育整体变革的重要功能。

第三节　学本教学模式

教学模式是教学理念与教学实践的中介或桥梁，是由教学理念、教学目标、教学程序、教学评价等构成的系统，具有完善理论和指导实践的双重功能。2012年，我区制定并下发了《沙坪坝区中小学"卓越课堂"五年行动计划》(沙教委发〔2012〕145号)，开始了在改革开放大背景下顺应时代发展的一场历史性的、颠覆性的课堂改革，致力于构建学本立场下的"和而不同"的学本教学模式。下面，我围绕学本教学建模的基本内容、主要思路、价值取向和中美课堂教学方式的比较反思四个方面，阐述我们在构建学本教学模式上的思考与认识。

一、学本教学建模的基本内容

学本教学建模是一个系统工程。它始于经过理论思考，进行教与学关系的调整；核心在于建构教学模式，在理论与实践中架设一座桥梁；实施关键在于建构教学标准，规范教学行为，从而逐步实现教学转型。

(一)教学关系调整

教师和学生的关系在课堂中主要体现为教和学的关系，处理好教和学的关系是优化教师和学生这两大要素的关键。学本教学模式的建立，源于教学关系的深度调整，或者说教学关系的改变是学本教学建模的前提。在学本教育主张下，教与学关系可用"以学定教"、"先学后教"、"多学少教"、"因学活教"加以概括。

所谓"以学定教"，是指教师根据学生的成长需求、学习准备、个性特点、发展潜能等设计和实施教学活动。我认为，"以学定教"是现代课堂的基本特征，而"以教定学"则是落后的、集权的、封建的人身依附关系在课堂中的体现。在教学实践中，"学"如何来定"教"呢？

首先，"学"决定"教"的先后，所以要"先学后教"。北京教科院资深研究员文喆的解释是："当学习者具有一定的阅读能力后，尽可能地用阅读学习在一定程度上取代'听讲'，在他们阅读的基础上开展教学活动，只就他们在阅读中提出的问题去讲解、答疑、讨论、实验、调查、探究……对他们没有提出问题的教学内容，除非其十分重要，且这里的'没有问题'，只是因为其认识缺陷而呈现的'假象'以外，教师都应坚决地摒除于教学计划之外，这就是所谓的'先学后教'模式的基本内涵。"[①]先学后教是对传统的"先教后练"教学模式的颠覆性改革。学生的自学成为一堂课的起点，是新型课堂教学模式的最大特色和亮点。

其次，"学"决定"教"的多少，所以要"多学少教"。成尚荣认为"多学少教"，"主

---

① 文喆：《有效教学及其实施策略》，载《人民教育》，2009(5)。

要是或者说更倡导教学时间的分配，学生多学，教师少教，以学生的学习为主"[1]。郭思乐教授曾把教学比喻成一只杯子，杯子的边就是教学的"体"，也就相当于教师的教；杯子盛水的空间就是教学的"用"，也就相当于学生的学。杯子的边薄，装的水才多。郭思乐将这个道理称为"杯子边上的智慧"[2]。许多校长和一线教师以为教师教得多学生就必然学得多，实际的情况可能并不是这样。老师虽然讲得非常辛苦，学生却并没有学习，当老师的"教"没有转化为学生的"学"的时候，一切的"教"都是没有意义的。所以我有一个标准，如何评价一个教师是否优秀，不是看这个教师"教了多少"，而是看他能否通过自己的"少教"调动学生"多学"，能够以"有限的教"唤起学生"无限的学"，这才是真正优秀的教师。

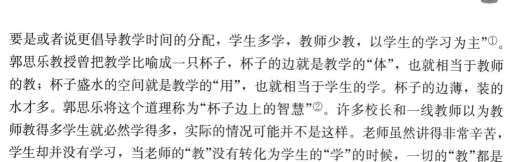

2016年寒假在鄂尔多斯东胜区举办为期三天的龚雄飞"学本教学"专题报告会

最后，"学"决定"教"的质量，所以要"因学活教"。判断一个教师的教学是否是高品质的，不能脱离学生的"学"孤立地分析教师的"教"，相反，正是要通过学生的"学"来评价教师的"教"。具体而言：一看老师的教学有没有瞄准学生的问题，是否具有针对性；二看老师教学有没有解决学生的困惑，是否具有实效性；三看老师的教是不是激发起了学生的兴趣，是否具有可持续性。凡是不瞄准学生问题、不解决学生困惑、不激发学生兴趣的"教"都是无意义的教，都是低效的教。根据这个标准，我们经常会看到，一些教师走进课堂，在不明白学生问题、不了解学生困惑的条件

---

① 成尚荣：《"以学为核心"与"不教之教"》，载《江苏教育宣传》，2013(4)。
② 郭思乐：《杯子边上的智慧》，载《人民教育》，2008(3-4)。

下，就开始自我陶醉式的大段大段的演讲，不论老师的演讲是多么的煽情和精彩，都是没有多少意义的。真正高品质的"教"是直指学生问题的精辟讲解。

随着教和学关系的调整，必然要求我们今天的中小学建立起一种新的课堂，即把过去"教师中心，讲授中心"课堂改变成为"学生中心，学习中心"的课堂。早在 20 世纪 70 年代，联合国教科文组织就已经指出："教学过程正逐步地被学习过程所取代，我们的课堂教学改革必须在让学生学会学习上发生根本的变革。"①广大教师需要切实转变观念，把过去以教师为中心、以教授为中心的课堂变成以学生为中心、以学习为中心的课堂，重新构建起一种"当堂自学、同伴助学、活动展学、互动评学、教师导学"的课堂形态，让"学"居于课堂的核心地位，课堂的一切活动是以"学"为主线展开的。这种以学生为中心、以学习为中心的课堂教学，我们把它叫做"学本教学"。

(二)教学模式建构

夸美纽斯在《大教学论》中提到"找出一种教育方法，使教师因此可以少教，但是学生可以多学；使学校可以因此少些喧嚣、厌恶和无益的劳苦，独具闲暇、快乐及坚实的进步。"②这正是我们追求的目标。

为了在沙坪坝区大面积推进"学本教学"改革，我们提出了用八个字概括的学本教学模式，即："先学后教互助展评"。这个教学模式是由四个"动词"组合描述的，其中三个动词描述了学生的"学"(实际上也就是提出了三种新的学习方式)，一个动词描述了教师的"教"，以期体现学本教学模式的四个特点：

一是"先学"。强调学生的前置学习，把学生的"先学"作为课堂的起点和教学的依据，为"后教"定向。我们把这种基于学生自主学习的方式简称为"自学"。

二是"互助"。强调学生的互助学习，学生在"自学"过程中难以解决的问题，通过小组互助的方式来予以解决，也就是倡导开展以互助为基本特征的合作学习，简称为"互学"。

三是"展评"。学生"互学"的成果需要在全班分享，或者"互学"的问题需要在全班解决，因此需要在全班学生互动交流与思维共振中深化认识，在学生展示和评价

---

①　韦钰：《学会生存——教育世界的今天与明天》，1 页，北京，教育科学出版社，2000。
②　[捷]夸美纽斯：《大教学论》，北京，教育科学出版社，1999。

的"生生互动"中"释疑解惑"与"达成共识"，我们把这样一种以展评为基本特征的学习方式叫做"展学"。

四是"后教"。在学本教学话语体系中，"教"有两层含义：第一层含义是指学生教学生，即所谓"先学后教，学生主教"。而"互助"与"展评"，就是学生教学生的方式，"互助"就是小组内部学生教学生，"展评"就是在全班范围内学生教学生，其实就是对陶行知先生所倡导的"小先生制"的创造性运用。第二层含义才是指老师教学生。老师要处理好教与不教的关系，有三种情况不教：第一，学生自学能够学懂的老师不教；第二，学生自学有困难，但通过合作互学能够解决的老师也不教；第三，自学有困难，通过互学依然有困难，但通过全班展学，已经解决了的问题，老师还是不教。老师只有在经过自学、互学、展学以后问题还是没有解决时才可以教。

这样，我们的课堂实际上就出现了四种学习方式：即自学、互学、展学、教(jiāo)学。前面的"三学"主要靠学生，后面的"一教"主要靠老师。这样就把过去单一的只有老师讲授的课堂变成学习方式更为丰富、更为多样化的课堂。其中，自学解决微小问题，互学解决中等问题，展学解决高等问题，教学解决超难问题。可见，四种学习方式是分层次和有着不同要求的。

教学建模在规范教师教学行为的同时，需要灵活运用，努力把模式"用活"。美国教学研究者乔以斯和韦尔于1972年出版《教学模式》一书，专门系统地研究了流行的各种教学模式。归纳国内外研究者所提出的一些定义，大致上可以分为两类：一类认为教学模式属于教学过程的范畴，它们或者提出教学模式就是教学过程的模式，或者认为教学模式是一种有关教学程序的"策略体系"或"教学样式"；另一类定义则认为教学模式属于教学结构的范畴。

什么是教学结构？在现代教学论中，实践意义上的教学结构包括纵横两个方面：纵向结构是指教学过程中各阶段、环节、步骤之间的相互联系，表现为一定的程序；横向结构则是指构成现实教学活动的各要素，即教学内容、教学目标、教学手段、教学方法等因素的相关联系，表现为影响教学目标达成的诸要素在一定时空结构内或某一教学环节中的组合方式。由此可见，教学模式是对教学结构的一种反映和再现。

建立学本教学模式关键是要把自学、互学、展学三种学习方式融合进去，构成一个新的模型。我们提出的"先学后教、互助展评"教学模式，其核心步骤是自学、互学、展学三种学习方式的灵活运用。因此，这种灵活运用就有两种情况：

第一种情况，从模式的纵向结构的要求来看，它指教学过程中各阶段、环节、步骤之间的相互联系，表现为一定的程序，因此自学、互学、展学构成课堂的三个主要环节或学习程序，也就是说，可以通过自学、互学、展学三个主环节完成一节课的设计。

第二种情况，从模式的横向结构来看，它表现为影响教学目标达成的诸要素（这里主要指三种学习方式）在一定时空结构内或某一教学环节中的组合方式，因此自学、互学、展学就成为课堂某一教学环节中（比如某一具体知识的学习或者某一具体问题的解决）灵活运用的三种学习方式或者三种解决问题的方法，在一节课中的多个问题里都可能用到自学、互学、展学三种学习方式。

一般来看，自学、互学、展学是三种学习方式，也是解决问题的三种基本方法，在学本教学中解决问题的基本程序是：先由个人尝试独立解决，个人解决不了就在小组解决，小组仍然解决不了就在全班解决。从技术上讲，教学模式是趋向稳定的，而模式运用的过程则是趋向灵动的。把握了自学、互学、展学的组合关系，课堂就会灵活多变，精彩纷呈。如："问题导学型"学本教学，其常态的操作流程见下图：

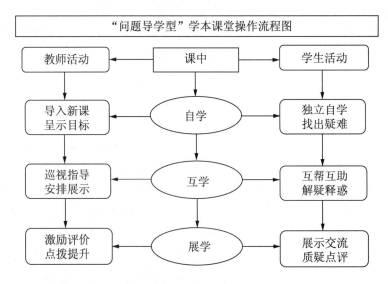

(三)教学标准研制

教学模式设计与方法运用的效果如何，需要有科学的评价标准。我们采取"通用标准＋学科标准"的架构开展学本课堂教学评价标准研制。从目标、过程、效果和特色四个维度，突出自学、互学和展学三种基本学习形式，从教的行为与学的行为两个方面共设置了 36 个评价要点，形成"通用标准"。各个学科在此基础上根据本学科特点和学段特征求同存异，研制出"学科标准"。这套新课堂评价标准一共有 25 个学科，从小学一年级到高中三年级，实现了所有学科的全覆盖。这套标准的科学性还有待进一步论证和完善，但实际上它已成为重庆市新课堂"最系统的一套本土化的评价标准"。

指标及权重			评价要点
发展指标	教学目标(5分)		1. 依据课程标准、教学内容、学生实际、社会需要并遵循整体性、可行性、可操作性、阶段性和科学性原则进行预设，站在学生角度进行表述并以恰当方式予以呈示；2. 预设的知识与技能目标简明、具体、易操作、可检测；3. 关注教学过程中的动态目标生成，并根据动态目标调整预设的教学思路和教学行为。
	教学过程	自学(10分)	生：1. 明确自学目标任务；2. 独立、专注、积极自学；3. 初步理解自学内容并标注所发现的问题；4. 自学时间充分。
			师：1. 创设具有真实性、趣味性、情感性的教学情境，设计有层次、有梯度、有思维含量的导学问题或学习活动，激发学生的求知欲、好奇心；2. 对自学进行学情调查、方法点拨和及时评价，确保学生能初步完成自学目标任务；3. 督促和指导学生标注所发现的问题；4. 合理调控自学时间。
		互助(20分)	生：1. 学习小组成员分工明确，关系融洽；2. 学习小组采用两人对学、组内互学、组间帮学等形式，协同解决自学中未解决的问题或完成小组共同的学习任务，并做好展学前的充分准备；3. 互学参与度高，无人做与学习无关的事(如出现每人次扣 1 分)。
			师：1. 对互学进行学情调查、方法点拨和及时评价，确保小组集体和组员个体尽可能完成学习目标任务；2. 督促和指导各学习小组做好展学内容、方式、时间等安排；3. 灵活调整预设的互学时间。

指标及权重			评价要点
发展指标	教学过程	展评（30分）	生：1. 围绕核心问题及重难点知识，至少有 2 个小组展示（不合此要求此项按最低档评分）；2. 小组展示观点鲜明，内容有价值、有深度、有拓展，形式多样；3. 学生展示分工明确，仪态大方，语言规范，声音洪亮；4. 展示组展示时，非展示组认真倾听，小组之间有质疑对抗，思维碰撞；5. 独立完成当堂检测，及时矫正错误问题；6. 认真参与课堂小结，主动构建知识结构。
			师：1. 适时追问、点拨、启发、评价，力争使展示小组和非展示组成员均处于积极学习状态，确保小组之间、生生之间、师生之间形成良好的思维互动；2. 根据必要性原则、围绕重难点进行自由展示，个人、对子或小组均可分享交流学习成果；3. 根据必要性原则、围绕知识和能力目标进行当堂检测，并及时反馈矫正，拓展学生思维的深度和广度；4. 指导学生归纳总结，形成知识结构。
	教学效果	表现（15分）	1. 教学过程体现"先学后导、互助展评"，结构合理，张弛有度；2. 师生关系民主和谐，教师教学方法灵活、适切、有效，学生主体作用发挥充分，课堂焕发出生命的活力；3. 教师教态自然大方，普通话规范生动，板书简明美观，多媒体、教具等教学手段使用恰当自然；4. 教师讲授时间原则上不超过 15 分钟。
		达标（20分）	1. 重难点知识落实到位，当堂检测或随机测评通过率高，有效达成知识与技能目标；2. 不同程度的学生在过程与方法以及情感、态度、价值观等方面都获得发展。
	教学特色（5分）		1. 互学参与度高，有效解决导学问题或难题，提出有价值的思路或方法，加 2 分；2. 有 3 个及其以上小组展示，展示规范、有效，教师追问及时、点拨到位，小组间有质疑对抗、思维碰撞，加 2 分；3. 课堂整体特色鲜明，优质高效，加 1 分。

按照这套评价标准，我们一般从四个维度来评课：教学目标、教学过程、教学效果和教学特色。

"评课，应从学生'学'的角度来审视课堂、考察课堂，以学生的'学'来检验教师的'教'，改进教师的'教'，这才是评课的科学思维，也是用评课发展课堂的理想状态。""评课应从以评教为主的师本模式转向以评学为主的生本模式。"①而过去评课的标准是从老师的角度评课，主要有四个标准：是否吃透教材；是否讲得清楚；是否吸引学生；学生是否掌握知识。这就是师本视角、教本视角的评课。而学本视角的评课就要看学生是否主动自学，乐于合作，勤于展学，获得发展。

学习的主体是学生，老师是学生学习的促进者。所以，评课的视角要从教本视角转变成学本视角，评价的重心也要从教师转变成学生。评价学生怎么学，重点看自学、互学、展学三种学习方式的运作状态。评教师，主要看教师是怎样为学生服务的，学生学的效果如何。比如在自学环节，学本教学要求学生独立专注、积极自学，老师要做组织者和管理者。这样学生学习行为和老师的管理行为便形成对接，教与学浑然天成。评价者要关注师生行为观察点，并及时记录下来，作为过程性评价的材料。同时，还要兼顾学校、学科、学段和课型特点，让被评价者明确教学目标在哪里、教学过程怎么实施、教学效果是否达到。

2016 年 2 月，在鄂尔多斯市准格尔旗、鄂托克前旗分别举行的"学本教学"专场报告会

评课从以评教为主的教本模式转向以评学为主的学本模式，意味着新的教研文化重构的开始。学本教学以"学本"理念为光源，现代学习理论为钥匙，打开了教学过程这个"黑箱"，揭示了自学、互学、展学三条基本路径和相应运行规律。

学本教学模式的创新与评课标准的确立，建立起了一套以学为本的创新教学策

---

① 张晓华：《评课：评教还是评学?》，载《天津教育报》，2009-03-04。

略体系，成为中小学进行课堂改革的基本依据。有了这个依据，"学本教学"再也不是无法落地的"概念"，而是让广大中小学老师"目中有人，手中有法"，从而大面积激活了课堂。

(四)教学资源开发

教学方式的变革必须与课程内容的开发同步。因为自学、互学与展学主要是围绕问题进行的，沙坪坝区为了整体推进以主问题为引领的课堂变革，分别由中小学各个学科教研员牵头，组织整个区域的优秀教师、特级教师、明星教师，组成几十个团队，从小学三年级一直到高中三年级，将每册教材，每个单元，每篇课文，每个核心知识点，逐一进行梳理，锁定好重点、难点之后，设计成为一个个核心问题，基本完成了全套导学案的开发，相当于提供了教科书之外的一套资源标准，给老师们备课提供依据，提供指南，故取名"导学精要"。

"导学精要"的功能，绝不是传统的练习册和检测题。它的价值在于给学生指引恰切的学习目标，并以问题为主线勾画出最简捷的"思维导图"，引领学生直奔重点和难点，迅即进入紧张有序的智力活动状态，为互学、展学做好充分准备。由于"导学精要"的主问题都集中锁定于核心知识的重点和难点，这样就把学生的学习活动引向围绕知识学习的重点和难点而进行的探究活动，也就是说，"导学精要"的支撑是学生自学、互学和展学有效展开并走向深化的条件，也成为教师备课的关键性的参考指南。

这是沙坪坝区矿山坡小学校长傅允给我发来的手机短信：

龚院长，向您表示感谢。老师们对"导学精要"的肯定度很高，它对备课起了很好的引导作用，尤其对年轻老师是特别好的教学指南。现在我们的老师在某种程度上相比教师用书和市面上的各种教案更依赖于"导学精要"，觉得"导学精要"真的体现了问题导学化、思维品质化。致敬！

"导学精要"是"国家课程学本化"的主要载体。我并不太赞成时下流行的所谓"国家课程校本化"的说法，在这样的幌子下，有一些学校随意增减课时和难度，随意改变课程标准……我比较赞成提"国家课程标准化"，中小学一定要基于课程标准教学，这是有效教学的前提；我还提出"国家课程学本化"这个观点，要求老师站在学生立场进行教学设计，把"教师教的课程"转化成为"学生学的课程"，为构建内外兼修的学本教学提供资源支持。

（五）质量评价创新

学本教学改革若不与学业质量评价挂钩，势必出现"两张皮"现象。单一的纸笔测试，知识立意的命题模式，"书本搬家式"的试题类型，必然导致"讲授教学"与"题海战术"盛行。如何让学生自学、互学、展学等学习能力与素养在学业质量评价中得到充分反映，就成为深化改革的关键。为了区域推进学本教学，我们在建立"四维三学"评价标准，改革对课堂本身的评价的同时，进一步改革了对学校学业质量的评价办法。

2013—2014学年度我们在全区选取了小学四年级数学学科、2014—2015学年度在全区选取小学五年级语文学科，按照平时课堂分组，每个班随机抽取2～3个学生组成学习小组，按纸笔测试占70%，实践能力测试占30%的比例开展学业质量抽测。其中，实践能力测试按以下程序进行：

第一步，独立解题。各学习小组抽取顺序号，抽到一号的小组首先开始，像平时在课堂上那样围坐桌旁，监测教师给每人分发一份提单，内容是一道开放性的试题。学生围绕本道试题先进行自学，自奋其力解决问题。试题难度为中等，基本能确保小组内优秀学生能解决，后进学生有难度，为第二步合作互学提供合适的材料。

第二步，互助解疑。在学生个体尝试解决问题的前提下，学生再带着疑难问题开展合作互学，力争在规定时间内通过"兵教兵"，通过优秀生帮助后进生，使人人都能解决问题并讲清解题思路，为第三步展学做准备。

第三步，展学释疑。以每个小组为单位，学生依次走上讲台进行个体展学：借助板书、投影仪等，讲解本道题的思考过程及答案。如果小组中每个学生都能准确展学，则表明第二步的合作互学是有效的；如果小组中学生个体展学有较大差异，则表明第二步合作互学效果不佳，学生合作学习能力不强，需要加以改进。小组的平均得分即为每个小组成员的得分。

以上全过程均在摄像机下完成，并在区教育城域网数字媒体中心进行视频同步直播。事后抽调教师被集中到阅卷机房，调取系统所保存的视频信号，根据评分标准分别评分，按30%比例计入每个学生总成绩，各校抽测平均成绩随之产生。

这一学业质量评价改革的导向、辐射作用很快显现出来。从小学数学、语文到小学各个学科，类似的测评方式在全区各小学迅速得到大面积推广。"自学—互学—展学"在全区小学课堂教学中已经落实，接下来要解决的问题就剩下怎样精细化组织好"自学—互学—展学"了。

在区教委和区政府教育督导室联合发布的《重庆市沙坪坝区中小学校内涵发展质量综合评价改革试点工作实施方案（试行）》中，新的学业质量评价已被纳入到评价指标体系之中。接下来，初中阶段也将全面实行改革后的学业质量评价办法。可以预见，"学本教学"又将成为全区初中学校课堂教学的新常态。

二、学本教学建模的主要思路

学本教学建模的主要思路可用 16 个字来概括，即"系统思考、规律把握、要素提炼、简约表达"。

下面通过分析对当今中国的中小学影响比较大的几个教学模式的结构特点，在系统思考、规律把握的基础上，进行要素提炼，寻找这些教学模式的普遍性特点。

1. 邱学华尝试教学模式——先学后教，先练后讲；

2. 韩立福卓越课堂模式——先学后导，问题评价；

3. 洋思中学教学模式——先学后教，当堂训练；

4. 杜郎口"336"教学模式——"六环节"指：预习交流、明确目标、分组合作、展示提升、穿插巩固、达标检测；

5. 昌乐二中"271"教学模式——"2"是课堂上老师讲不超过 10 分钟，"7"是学生学习（自学、讨论、展示）30 分钟："1"是 5 分钟反刍过关；

6. 精英中学"6+1"教学模式——"6"指教学的六环节，即：导（教学导入）、思（自学深思）、议（小组讨论）、展（展示质疑）、评（精讲评价）、检（检测补遗）；

7. 新绛中学"学案课堂"学习模式——自主课（自学＋互助形成学习报告）、展示课（根据学习报告展示交流）、反思课、训练课。

以上 7 个教学实践模式都坚持了"学习中心"的价值取向，既各具特色又拥有共同特征。把握了这些模式的共同特征，就等于提炼出这些模式的"核心要素"，我们就可以摆脱对单个教学模式"个体经验"的依赖，达到"去情境化"的效果，从而把握具有普遍性意义的教学规律。

通过对这 7 个教学实践模式的深度分析和要素提炼，我们发现它们在教学方法层面有三个共同的特征：

第一个特征，都坚持"先学后教"的教学程序，把"先学"作为教学的起点，倡导学生自主学习，我们简称"自学"。

第二个特征，都坚持"合作讨论"的教学方式，"自学"产生的问题，以合作互助的方式予以解决，倡导学生合作学习，我们简称"互学"。

第三个特征，都坚持"展示提升"的教学策略，既展示学习的成果，又交流解决"互学"中的疑难问题，在生生互动中大面积激活课堂，我们把这种学习策略叫做展评学习，简称"展学"。

也就是说，我们通过系统分析，发现这 7 大教学模式的核心要素有三点，主要体现为三种新的学习方式，即"自学"、"互学"、"展学"。这就为我们构建新的教学模式提供了策略的选择和思考的依据。

那么，为什么"自学"、"互学"、"展学"会成为高效教学中的三种主要学习方式？我们可以用"学习金字塔"（Learning Pyramid）原理（如右图）来加以分析和印证。"学习金字塔"是美国教育和培训界一个非常有名的实验，这幅图用数字形象显示了：采用不同的学习方式，学习者在两周以后还能记住的内容（平均学习保留率）有巨大的差异。在塔尖，是第一种学习方式——授受式的教学方式，即老师讲授，学生接受，这种我们最熟悉最

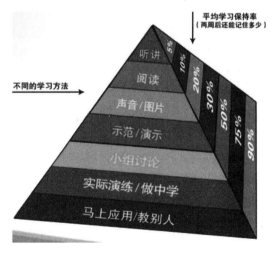

常用的教学方式，学习效果却是最低的，两周以后学习的内容只能留下 5％。从图上还可以看出：小组讨论（合作学习）是最有效的学习方式之一，学生在两周之后记忆率是 50％；学生通过自己实践（自学），即学生自己实验、学习、活动，两周以后学习的内容可以保留 70％；而学生"教别人"所保留的效果竟高达 95％。爱德加由此

提出，学习效果在 30％以下的几种传统方式，都是个人学习或被动学习。而学习效果在 50％以上的，主要集中在三种学习方式上：第一种学习方式，学生自己实践，做中学，相当于我们所提的"自学"；第二种学习方式，小组讨论，互助中学，就是我们所提的"互学"；第三种学习方式，学生教学生，相当于我们所提的"展学"。因此，以这三种教学学习方式为核心建立起来的教学模型所产生的教学效率更高。

要素提炼后，我们还需要对教学模式要进行科学表述。美国学者比尔和哈德格雷夫认为，模式是再现现实的一种理论性的、简化的形式。比尔和哈德格雷夫的定义有三个要点：第一，模式是现实的再现，也就是说，模式是现实的抽象概括，来源于现实，具有操作性；第二，模式是理论性的形式，也就是说，模式要有理论的根基，具有科学性；第三，模式是简化的形式，具有简约性。

根据这一原则，我们将学本教学模式简练表达为——"先学后教、互助展评"。也就是提出"一个教学模式和三种学习方式"：一个模式指"先学后教、互助展评"，三种学习方式则是"自学"、"互学"、"展学"。

我们认为，教学建模并不需要组合教学过程的全部元素，关键是对其核心要素进行结构化的组合与运用，而这个组合能够体现施教者的教育观念、教学行为与教学质量预期。学本教学的核心要素是"自学、互学、展学"，所以学本教学模型就必须包含这三个核心要素，也就是说，这三种学习方式作为三大核心要素，在教学模式的建构中是不能缺失的。

据此，我们来分析一个教学建模的案例。2014 年 7 月 22 日，我应邀在江西南昌讲学。之后，山东一位老师在我的邮箱里发了一条咨询的信息：

> 您好，龚院长，我是山东省滨州市授田英才学园的一名老师，是南昌之行让我领略了您的风采，也近距离地倾听到了专家的精彩报告。您对课堂的见地，我除了深深地佩服之外，还有一种知音的感觉，因为我校一直在进行课堂方面的研究，我们研发了"四环四学"课堂模式：独立自学—合作互学—点拨助学—反思悟学。如果够幸运的话，想让您给鉴定一下……
>
> 山东滨州授田英才学园索娜敬上
>
> 7 月 28 日

我认为这个教学模式的建构需要进一步改进。它的问题就出在第三步"点拨助学"，因为"点拨助学"是老师的启发行为，不能独立构成一个教学环节。学生"独立自学"的时候，老师需要"点拨"；学生"合作互学"的时候，老师需要"点拨"；学生"反思悟学"的时候，老师也需要"点拨"……"点拨助学"作为老师启发的方式，渗透在每一教学环节中间。改进的方法是：把第三步"点拨助学"改进为"活动展学"，因为它丢掉了一个核心要素——"展学"。课堂上如果没有展学，也就没有了沸腾的课堂，没有了高效的学习。

因此，学校在进行教学建模的时候，关键是保证自学、互学、展学三个核心要素齐备，然后再以"自学—互学—展学"为核心环节进行组合与添加。比如，可以在"独立自学"前加上"目标导学"就成了四环节，而在"活动展学"后面加上"检测评学"就成了五环节：目标导学—独立自学—合作互学—活动展学—检测评学。以此类推，如要变成六个环节，可在"检测评学"之后加上"反思悟学"。当然，并不是环节设计越多越好，如导入、目标、小结这些都不是学本教学的核心要素，是常规动作，可以设计成一个环节，也可以不设计成为一个环节。下面以重庆市凤鸣山中学的"四环导学"教学模式为例。

第一步"情境自学—雏凤清声"，第二步"合作互学—群凤和鸣"，第三步"展示激学—凤举鸾翔"，第四步"提升领学—凤翔九天"，就非常简明扼要，抓住核心要素关键点自学、互学、展学，直达机理，表意鲜明。

三、学本教学建模的价值追求

教学模式变革涉及教学主体、师生关系、结构流程、价值取向等一系列问题。不同模式所表达的教育思想、教学观点、教学技术是不一样的。

学本教学"以学为中心"的教学建模，定位于学生的"学"，主张课堂既要发挥教师的"主导"作用，又要摆脱教师的"控制"，要从教师知识灌输型课堂向学生自主探究型课堂转变。因而学本教学改革的根本目的，就是要让学生的"学"冲破教师"教"的约束，从内容到形式，从方法到思想，冲破牢笼，实现学习者真正意义上的"解放"。

1972年，联合国教科组织在《学会生存》这个报告中提出"教育即解放"的口号。与"解放"相对的是压抑、禁锢、灌输、奴役、摧残、践踏、束缚、钳制……这是两种相反向度的力量。是否能做到真正的解放，难就难在教学方式的变革上。重新构建一个以学生发展为中心、以学生学习为中心的新课堂，是教学改革的题中之意。

这样一种教学变革，实质就是把学习的权力还给学生，其实就是把课堂还给学生。把课堂还给学生，使我想起当年邓小平把土地还给农民的改革。课堂是什么？课堂不是教师演讲和作秀的地方，课堂就是学生耕种和收获的"土地"。

课堂究竟是以"教为中心"还是以"学为中心"，决定了教学模式的分野。传统课堂最大的特征是坚持"教为中心、以教定学"的价值取向，例如苏联教育学家凯洛夫的五环节教学模式，即复习旧知—导入新课—讲授新知—巩固练习—布置作业，其实就体现了"以教师为中心、以教材为中心、以讲授为中心"的集权主义教育思想。

从根本上看，教学模式其实就是育人模式。我们可以通过课堂的对比分析，清晰地看出"教本课堂"与"学本教学"背后不同的培养标准和育人质量。

2014年，北京师范大学中国教育创新研究院组织"全国课改杰出校长"和"杰出教师"评选。评选活动有一个环节是要求每个参评教师录两节录像课，再把录像中的精彩片段剪辑成20分钟的视频，让评委根据这两个教学视频进行评价，从教师的教学行为视角来审视他们的教学思想和教学智慧。

以下两个教学视频片段来自这次评比活动——

片段一：小学语文《烤鸭》

老师出示描写烤鸭制作过程的段落：

烤鸭不能用冷冻鸭，要用当天屠宰的鸭，去净鸭毛和内脏后，在皮与肉间吹进空气，在鸭外涂满麦芽糖浆，晾干。在进烤炉前，还要用滚烫的开水把鸭膛内烫一遍。烤鸭师傅用一根长长的烤杆，挑起肥鸭，放进炉膛，挂在炉梁上，其间还要有规律地转动鸭体。

（加点的动词：去净……吹进……涂满……晾干……烫……挑起……放进……挂在……转动……）

师问：这些加点的动词像不像一串串珍珠洒落在段落中间，让你觉得烤鸭的过程是怎样的？

生1答：我觉得烤鸭的过程非常地繁琐。

生2答：我觉得烤鸭的过程麻烦。

师：让你觉得这一系列的动作已经成为全聚德人的一种习惯啦。当然也就成为我们眼中的文化，就带着这样的感觉谁愿意来读一读？

一生朗读"烤鸭制作过程"段落。

师问：你的朗读让我们感受到了这些珍珠的存在。同学们再看这些烤鸭的动作，像不像一个个跳动的音符，让你觉得烤鸭的过程充满了什么？

生3答：我觉得烤鸭的过程充满了乐趣。

师问：还充满了什么？

生4答：还充满了美妙的旋律。

师：让我们觉得烤鸭的过程就是一种艺术了，就带着这种感觉，谁愿意来读一读这一段？

抽生朗读。

老师在本环节设置的教学目标是，希望学生能体会到烤鸭的过程是一种艺术。奔着这个目标，老师一开始就提问："这些加点的动词像不像一串串珍珠洒落在段落中间，让你觉得烤鸭的过程是怎样的？"

这个问法很有意思，它的前半部分是"这些加点的动词像不像一串串珍珠洒落在段落中间？"这表面看是一个问句，而实际上老师并不打算让学生思考、琢磨，进而做出自己的判断。也许在老师看来，文中"这些加点的动词像一串串珍珠洒在段落中间"，这是毋庸置疑的，也是不需要思考的。但其实这只是老师自己备课时的一种阅读感悟，或者是教学参考书编写者的一种阅读感悟而已。可是，老师却先入为主地认为事实就是这样，根本无须斟酌，更不用怀疑。进一步看，这类提问其实是一种变相的讲授，老师真正希望传达的意思是："各位同学，你们听着：这些加点的动词就像一串串珍珠洒在段落中间，是很有美感的。你们要按照这个观点、顺着这个思路来回答后边的问题!"

哪知学生并没有领会到这一层，没有把"这些加点的动词就像一串串珍珠洒在段落中间"当成无需证明的推论前提，没有用老师所提供的这个现成结论去直接推导后边的问题——"让你觉得烤鸭的过程是怎样的?"的答案。结果出现了接连两位同学都不像老师所预期的那样作答，他们表示，从这些动词中所体会到的是烤鸭的过程"繁琐"和"麻烦"。

这就是学生阅读获得的真实感知，烤鸭的过程确实不简单、不轻松啊!然而，老师对此不予理会，却将这两位学生的理解歪曲成:"让你觉得这一系列的动作已经成为全聚德人的一种习惯啦。"并在此基础上推导出:"当然也就成为我们眼中的文化。"显然，这样的教学不叫"师生互动"，而是典型的"教师主动，学生被动"。这样的教学，常常既让学生觉得累，也让老师觉得累，因为师生思维的"琴弓"并不在一根弦上。在这样的课堂上，老师为怎样把学生的思路"拽回来"而操心，学生为怎样"猜准"老师需要的答案而着急。

于是我们看到，在这个课例中，老师"一计不成又生一计"，请了另一位同学来朗读文段，并再次发问:

"同学们再看这些烤鸭的动作，像不像一个个跳动的音符，让你觉得烤鸭的过程充满了什么?"同样，这个问法也包含了前后两个部分。前半部分"……像不像一个个跳动的音符"同样是以问话的形式抛给学生的既定结论，后半部分"让你觉得烤鸭的过程充满了什么?"实质只不过是对教师观点的再次强调。

由此可见，在"教为中心"的课堂背景下，在"导学型课堂"的教学惯性中，教师实际上表现出对学生思维无所不在的控制，教师的地位常常是主动、强势的，学生的地位常常是被动、弱势的。这样课堂，学生基本上没有思维的自由，从而也就难以培养出具有自由意志和开放思想的现代公民。

片段二:小学数学《图形的规律》

师:像这样用三根小棒摆单个的三角形，摆 n 个三角形则需要 $3n$ 个小棒，那么如果连续地摆三角形(如图)，连续摆 n 个三角形又需要多少个小棒呢?

接下来老师要请你们自己来尝试尝试，先看一下合作学习单(师出示合作学

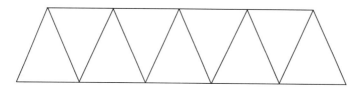

习要求）：

(1)同桌合作：一人摆或画，另一人填写探究学习卡。

(2)组内交流：如果连续摆三角形，那么三角形的个数与小棒根数之间有什么规律？说说你发现规律的过程。

(3)小组讨论：你能用计算求出连续摆10个这样三角形需要多少根小棒吗？学生根据要求进行合作学习。

师：老师发现很多小组都找到了好的方法，下面请一个小组来给大家汇报一下。

组员1展示：我们小组研究出来两种方法，一个三角形的小棒数是 $2x1+1=3$，两个三角形的小棒数是 $2x2+1=5$，三个三角形的小棒数是 $2x3+1=7$，四个三角形的小棒数是 $2x4+1=9$。

组员2总结汇报：所以我们组发现每增加一个三角形就增加两根小棒，再加上第一个三角形第一根小棒就得出公式 $2n+1$。

组员3汇报：我们小组还有另一种算法，一个三角形的小棒数是 $3x1=3$，两个三角形的小棒数 $3x2-(2-1)=5$，三个三角形的小棒数是 $3x3-(3-1)=7$，四个三角形的小棒数是 $3x4-(4-1)=9$，依此类推十个三角形的小棒数是 $3x10-(10-1)=21$。

组员4总结汇报：所以我们组发现，摆 n 个三角形需要多少根小棒可以用 $3n-(n-1)$。

小组长：我们小组汇报完毕，请问其他小组还有不同的意见吗？

2小组展示：我们小组的算法是，一个三角形的小棒数是 $3x1=3$，两个三角形的小棒数是 $3x1+2=5$，三个三角形的小棒数是 $3x1+2x2=7$，四个三角形的小棒数是 $3x1+2x3=9$，依此类推十个三角形的小棒数是 $3x1+2x9=21$。我们发现的规律是 n 个三角形 $3+2n$。

师：其他小组有什么补充方法？

生：你们的补充我感觉有些错了，应该是 $3+2(n-1)$。

师及时补充：$3x1$，这个 1 是可以去掉的。还有什么不一样的吗？我们把两个小组的方法进行对比，第一个小组总结出 n 个三角形的小棒数是 $2n+1$，第二组发现 n 个三角形的小棒数是应该是 $3+2(n-1)$，两种方法的区别在哪呢？你们能自己找找吗？

小组汇报……

看完这个教学片段，我们会感觉到"学本教学"所倡导的自学、互学、展学三种学习方式体现非常充分。原因在哪里呢？

原因一，老师并未像前面那个语文教学片段中那样，提出一个并不预备让学生自己去探究、去体验、去发现的问题，而是提出了一个真实的、需要经过一番探究思考才能解决的，且处在学生最近发展区的问题：如果连续摆三角形，那么这样的三角形的个数与小棒根数之间有什么规律？

原因二，老师不仅提出了问题，而且指示了解决问题的方法和操作程序，即：先进行"同桌合作：一人摆或画，另一人填写探究学习卡"。再在此基础上展开"组内交流：三角形的个数与小棒根数之间有什么规律？说说你发现规律的过程"。并根据所发现的规律展开小组讨论："你能用计算求出摆 10 个三角形需要多少根小棒吗？"可见，老师并不只是满足于要一个正确的答案，而是非常注重学生学习过程的设计和指导，因而使得教学更具有课程的意蕴。

原因三，当问题抛出之后，老师并不是"坐等"答案，而是通过巡视小组合作学习的情况，及时把握学情，关注全班学生，当"发现很多小组都找到了好的方法"时，再请一个小组汇报，亦即展学。

原因四，从小组汇报的情况可以看出学生们训练有素，既不是个别孩子霸占展示机会，也不是许多学生混乱无序地抢着发言，而是有条有理地互相补充，逐步完善答案，并有总结。一个小组总结之后，还能主动征询其他小组的意见。第二个小组发言时，没有简单重复前一个小组的观点和方法，而是提出了与之不同的观点和方法。"学会"与"会学"在这个教学片段中得到了完美统一。

原因五，在学生展学过程中，老师不是对学生的思路不管不顾，以自我为中心地向学生"奉送真理"，而是在悉心倾听的基础上发挥了引领和点拨的作用。既体现了对学生自主性的尊重，又在关键之处显得棋高一招，令人信服。

《学记》有云："道而弗牵，强而弗抑，开而弗达。"这是古人对教与学、师与生的关系理想状态的描述。以此标准来看，第一节课实质是通过老师导，实行对学生的控制，老师提出问题是不会给学生思考的权力，基本上都是一问一答，一问齐答，答案是封闭的。学生在课堂上没有自由思维的时间，没有自由思维的空间，长此以往，学生就只会成为没有自由思维、没有智慧的人。而第二节课堂，老师首先给学生明确的学习目标，学生根据学习目标展开自学，展开互学，讨论，通过合作将他们的感受说出来。他们思维的方向、过程、方法，都摆脱了老师的控制，于是有了真正的思想的自由。第一节课看起来好像非常热闹，实质是以教为中心，以教师为中心。第二节课是真正地以学生为中心，以学习为中心，尊重了学生学习的权力，尊重了学生思维的自由，尊重了自由的发展。这种具有自由意志的互学和展学活动符合现代教育思想。

从两节课的比较中，可以得出这样的结论：以教定学的课堂，教学重点和难点基本由教师经验确定，常常是按教学设计的固定线路行进的课堂，学生的独立分析和探究常常是被窒息的；以学定教的课堂，常常是教学预设与教学生成精彩交织的课堂，教学重点和难点基本由学生需求确定，学生的独立分析和探究很充分，学生通过自学、互学、展学三种学习方式进行学习，是对学生思维的真正解放，这种学本教学是满足学生真正学习需求的课堂，是高效和卓越的开始。

四、中美教学方式的比较反思

2013年秋，我们一行20余名中小学校长专程前往美国考察。近观美国的中小学课堂，我发现它具备的自主式学习、合作式学习、项目式研究、表现性评价四大显著特征，恰好与"学本教学"致力于实现的自学、互助、展评等样态不谋而合。

特征一：自主式学习

美国中小学课堂最鲜明的特征就是强调学习者在学习中的自主性，这种自主性主要体现在课程选择的自主性和学习过程的自主性两个方面。

　　第一，课程选择的自主性。美国学校一般要求学生必须选五个类别的课程，包括数学、科学、艺术、英语和一门第二外语(西班牙语、法语、德语、希腊语、拉丁语、中文、日语等)，此外还有大量的选修课供学生选择。美国中学选修课的地位很重要，一是有完整的教学计划和课时保证；二是每门课程有一定的学分，而获得相应的学分才具有高中毕业的资格；三是一部分课程内容与学生将来要进入的高等院校教学内容对接，有利于学生报考这些院校，同时，如果这些课程属于 AP 课程(Advanced Placement)，学生通过了 AP 课程考试，相关专业的大学承认其学分。大量的选修课既保证了学生的个人兴趣，同时也为学生的专业发展方向提供了选择。美国学校采用 534 学制(即小学 5 年、初中 3 年、高中 4 年的学制)，与中国的 633学制不同。与中国一样，美国学校也有基本的年级划分。但说到学生个人，则根据具体情况而定，高中学生尤其如此。因为数学、物理、化学和生物学科是相对难度较大的学科，特别是数学，在美国可以分为高、中、低三个级别，数学能力一般的学生，可以选择低级别的课程，到高二和高三年级，才有一部分学生选择物理和化学课程。因此，9 年级的学生(相当于高一)，其数学可以自主选学 8 年级的教学内容，而英语可以自主选择 10 年级的学习内容。这种选择的灵活性，可以让那些偏科的学生选学感兴趣的学科，更好地发展自己的特长。美国中小学生一天有 6 节课，

2013 年 11 月美国学习考察

上午 4 节，下午 2 节，每两节课之间有 5～10 分钟的休息和换班时间，中间午餐时间约 30 分钟，下午课程结束时间小学和初中一般在 3：10 分左右，中学在 3：30 分左右。由于放学时间都比较早，因此学生有更多的时间和空间自主学习与自由活动。课程的选修制与走班制是匹配的。美国中小学普遍实行的是走班制，学生没有固定的教室，也没有班主任这一角色，上完一节课后需要根据课程安排到另一间教室继续下面的课程学习。反观我国目前的中小学课程，国家和地方课程的比重占 90% 左右，校本课程的比例偏低，课程的可选择性差，无法满足学生个性化发展的需求。

第二，学习过程的自主性。走进美国的中小学课堂，第一个很令人惊讶的发现是，美国的课堂上很少看到教师滔滔不绝讲课的情景，更看不到老师从头到尾讲授的现象。课堂上基本都是学生自己在自学、在研究、在讨论、在训练。美国课堂最大的特点就是教师极少讲授，而把大部分时间让给学生自主学习，从而使学生养成良好的学习习惯和自学能力，并保持持久的学习兴趣、浓厚的学习情感，形成坚韧的学习意志，为终身学习奠定坚实的基础。中国教师历来喜欢讲授——"讲知识"、"讲方法"。可是在美国教师眼中，不但知识学生可以自主学会，就连所谓的"讲方法"都主张把握好时间和节奏，强调学生在学习中学会学习，在研究中学会研究，在创造中学会创造，特别重视"做中学"、"学中学"。正如罗森国际实验学校一位骨干教师所言，教师只是学生学习的辅助者和指导者。罗森国际学校的校长告诉我们，在美国的课堂，就是教师愿意讲授也没有用武之地，因为没有多少学生愿意听老师讲课的，他们更愿意自己学习和研究。因而，在美国的课堂上不论是理科教学还是文科课堂，老师在课堂上都会一律强调学生学习的自主。科学课上，学生分组讨论和发言、小实验、小操作比较常见；语言课中学生模拟场景对话和随机交流更是频繁，美国的课堂比较集中地体现了 7E 的教学模式，即：激励(Excite)、探究(Explore)、解释(Explain)、扩充(Expand)、延伸(Extend)、交流(Exchange)和测验(Examine)。7E 模式体现了学生主动参与课堂的基本思想，重视学生的活动体验，即用真实的感受来获取科学知识和增强操作技能。由于美国的课堂基本以学生的活动为主，或游戏，或阅读，或演示，或探究，或讨论，或展评，所以课堂非常活跃，学生非常快乐。一眼看过去，学生一个个信心满满，笑逐颜开，活力四射……这和中国孩子简直形成鲜明对比。更令人奇怪的是，中国的教师总是担心孩子们快乐就学不好，总是告诉孩子，学习是一件苦差事，所谓"宝剑锋从磨砺出，梅花香自苦寒来"、"书山有路勤为径,学海无涯苦作舟",总是要批评那些满脸乐呵呵的学生。在美国,我真正感受到什么是卓越的课堂。卓越的课堂应该是孩子们学习的"天堂",他们在这里欢乐活动,主动探索,滋滋生长。在这一点上,我们应该好好学习美国的课堂。

第二个令人惊讶的发现,就是美国学生所学习的知识比中国学生简单很多。在圣艾格尼斯学校,我们发现高中二年级学生还在学习一元二次方程,在洛斯帕克初中,初一学生还在学习平行四边形。那么,知识难度的降低是否意味着美国课堂学习标准的降低?这可能与两国教育对知识的理解和培养目标的不同有很大关系。美国人不喜欢记忆性知识,他们更加重视能力的培养,特别是解决问题的能力,尤其是创造性解决问题的能力。美国课堂对概念性知识的教学难度确实比我们低,但在能力和素养方面的要求却比我们高。对中美两国知识学习的比较,引发了我关于"学习基础"的思考。中国课堂特别强调"双基",即"基础知识和基本技能",而"基本技能"在中国课堂又被进一步窄化为"考试技能"。所以中国课堂追求"知识体系"的完整性,认为它是学生"进一步学习和发展的根本",所谓"基础不牢,地动山摇"。而美国教育对"学习基础"理解不同。他们认为学生"进一步学习和发展的根本"不在于概念化的"知识体系",而在于一个人的学习兴趣、质疑能力、解决问题的能力、创造和探究的能力等"能力体系"。所以美国的中小学只选取知识体系中"最基本、最核心、最具有建构和迁移价值的部分",借此让学生从浩瀚的知识旋涡中跳出来,节省出大量的时间去进行思维的训练与能力的培养。而中国中小学的课堂则充斥着太多的"知识"。这其中好多的知识从学业的角度看,从生活的角度看,都是所谓的"垃圾知识"。最终,这样的学习成为一种青春之殇和岁月之痛。由此,我们似乎可以说,尽管中国的课堂为学生奠定了扎实的"双基",但这样的基础未必是学生进一步发展和学习的必需的基础;相反,过多过难的知识学习,常常会压抑和挫伤学生发展的动力和后劲。很多研究已经表明,人的发展和创新所需要的基础,并不是"知识性基础",而是美国课堂特别关注的好奇、探究、兴趣、质疑等为核心的"能力性基础"。从这个角度看,美国的中小学较好铺垫了学生发展的"基础"。所以,我们不能从表面上看到美国中小学课堂教学内容的"简单",要看到这种"简单"背后蕴含的"不简单"的追求。正是因为中国课堂追求"知识性基础",强调"学会",所以课堂充斥着老师大量的讲授,死水一潭,万马齐喑。而美国课堂追求"能力性基础",强调"会学",

所以课堂成为学生自主和创造的天地，青春飞扬，活力无限。

特征二：合作式学习

美国的课堂特别强调合作学习，这种合作学习方式首先基于美国的国家意志。美国的学校和中小学教师都普遍地自觉执行国家意志。例如，圣·艾格尼斯学校的办学理念是：第一，建立信仰；第二，努力学习；第三，沟通合作；第四，服务国家。其中，"合作"是学校的四大办学理念之一。哈奇森女子学校执行副校长萝瑞·斯坦顿博士认为最有效的学习是建立一个学生团队，这个团队有一致的目标和使命；团队中有爱钻研和爱提问的学生，在质疑和思考中解决问题。他们把合作学习当作高效教学的一个重要组成部分。美国课堂的合作学习是一种常态化行为，在课外或者其他学习时间，学习者的合作情景也随处可见。学习者合作学习行为表现为一贯性的学习策略与学习倾向，不是表演秀和花瓶式的点缀。在美国的中小学课堂，合作学习好像不需要任何特别的技巧，一切自然而然，顺理成章，是一种无所不在的学习文化。

美国的小组合作学习兴起于 20 世纪 60 年代末 70 年代初。为了寻找一条切实有效大面积提高全体学生学业成绩的合理途径，以及改善处境不利的少数民族学生（主要是黑人）的地位，增进不同种族学生在课堂内人际和谐，消除种族隔阂、歧视和冷漠的现象，创新课堂组织结构，美国开展了大量互助合作学习的研究与实践。[①]

另据研究，合作学习和掌握学习是 20 世纪 70 年代初兴起于美国，并在 70 年代中期至 80 年代中期取得了实质性进展的两种新的教学策略。掌握学习和合作学习的倡导者们都把创造成功条件看成是提高学校教育质量的关键，但对于什么是"成功的条件"，前者强调的是"时间保证"，而后者更注重"需要满足"[②]。我国于 20 世纪 90 年代开始大规模引进了掌握学习理论，广泛开展了目标教学的研究与实验，并取得了显著成效，可惜对合作学习理论的引进与实验相对较晚。

2001 年，国务院下发的《国务院关于基础教育改革与发展的决定》中明确提出"鼓励合作学习，促进学生之间的相互交流、共同发展，促进师生教学相长"。同年，国家颁布《基础教育课程改革纲要》，明确指出"改变课程实施过于强调接受学习、死

---

① 盛群力：《小组互助合作学习革新评述（上）》，载《外国教育资料》，1992(2)。

② 马兰：《掌握学习与合作学习的若干比较》，载《比较教育研究》，1993(2)。

记硬背、机械训练的现状，倡导学生主动参与、乐于探究、勤于动手，培养学生搜集和处理信息的能力、获取新知识的能力、分析和解决问题的能力以及交流与合作的能力"。令人遗憾的是，中国的课程改革进行了十几年，但始终难以改变课堂的惯性，难以打破保守的坚冰，尤其是合作学习的开展，步履维艰，阻力很大。在这一点上，我们又应该好好学习美国的课堂。

特征三：项目式探究

美国课堂的合作经常是与探究式学习联系在一起的，这是美国教育培养学生创新能力的主要方式。通过项目式学习，引导学生在合作中探究问题，"培养学生搜集和处理信息的能力、获取新知识的能力、分析和解决问题的能力以及交流与合作的能力"，在问题探究与合作中培养创新。

项目式学习是美国中小学课堂的主要方法，几乎每一个学科的教学都会以项目或者课题的方式进行，目标直指学生创新能力培养。圣乔治高级中学一位中文名字叫马石红的教师介绍，美国教育比较关注创新能力和融入社会能力的培养，会经常采取项目学习方式，鼓励学生以小组方式查找资料，主动探究，形成各自对问题的看法，然后一起交流。与项目式探究相匹配，美国中小学特别重视图书室和电脑室建设。图书室和电脑室是学校设施的灵魂。很多学校甚至把图书馆和电脑室搬到教室里、走廊上，学生随时可以找到自己想读的书、想查的资料，可以随时上网浏览，随时获取海量资讯，为项目式探究学习提供资源的支持。我认为，项目式学习方式具有两大优势。

第一，从小就培养了孩子对未知世界的好奇心，引导学生在不断的探究中形成问题意识，形成质疑问难的学习习惯，让孩子的未来发展底气十足。位于美国纽约布鲁克林的亚伯拉罕—林肯中学（Abraham Lincoln High School，Brooklyn，New York），致力于培养批判性思考者及学生领袖，鼓励学生探究、创造、想象与领导能力培养。就是这样一所普通的公立高中，其毕业生中却出了以下3位诺贝尔科学奖得主，得奖项目都与生物和化学相关：科恩伯格（Arthur Kornberg）（1959年医学或生理学奖）、伯格（Paul Berg）（1980年化学奖）、卡利（Jerome Karle）（1985年化学奖）。这3位诺奖得主在该校上学时都曾参加过该校职员沃尔芙（Sophie Wolfe）女士指导的科学俱乐部，他们日后都对沃尔芙老师的教育方法推崇备至，对这位启蒙恩师心怀感激。在获奖后接受记者采访时，他们都称沃尔芙老师是在他们漫长成长道

2013 年 11 月赴美国开展学习培训

路上发挥关键作用的人。伯格在回忆录中写道："沃尔芙老师是一位鼓舞人心的高中老师，她激励我树立了远大的抱负。她通常不直接回答我们提出的问题，而是鼓励我们自己寻求解决方案，这经常演变成小型研究项目。有时，她会引导学生在她布置的小实验室参与实验，有时要到图书馆去寻找答案。通过实验解决问题后，我们会产生极大的满足感，整个过程令人非常兴奋，让几乎所有参与的学生都非常着迷甚至上瘾。回顾过去，我认识到，培育好奇心和强化渴求答案的本能也许是最重要的。随着时间的推移，我学到的很多具体知识都遗忘了，但我永远不会忘记通过努力发现答案有多么激动人心……"回到诺贝尔奖这个话题上来。一项不完全的统计：自 1985 年以来，33 名获得诺贝尔化学奖的科学家中有 20 名是美国公民或者是在美国学习和从事研究的人；在 34 名生理学或医学奖得主中有 23 名美国科学家；37 名物理学奖得主中也有 23 名是美国科学家；22 名经济学奖得主中有 15 人在美国学习。这绝不是偶然，与美国卓越的教育（包括中小学教育）成正相关。这样就带来一个疑问，我国现在也有数量庞大的高考尖子生在美国一流大学学习或者工作，为什么最近几十年没有培育出一位诺贝尔奖得主？中国的中小学教育似乎已经成为中国数以千万计的青少年高端发展的"杀手"。这不能不引起我们的反思和忧虑。

第二，项目式探究使美国中小学生的学习从课堂延伸至课外的广阔世界，从小就培养了孩子们基于社会的责任意识和悲悯情怀，同情人类的苦难并愿意由此去付出和创造，把创造提升到一个新的高度。圣玛丽女子学校的校长给我们讲述了这样一个令人感动的故事。一个学生叫杰西·约瑟芬娜，喜欢生物和化学，她选择了研究非洲人的健康问题。她的理想是考上普林斯顿大学。她发现，很多非洲贫困小孩1到5岁左右就会死亡，可能与非洲的地下水被一种重金属污染有关系，但许多权威的医学博士否定了她的结论。杰西·约瑟芬娜决心把自己的研究定位于挽救非洲这些苦难孩子的生命上。她花了整整一个暑假跑遍了非洲许多地方，用她所学的生物和化学知识，找到非洲本地的一种植物，提取其中的某些成分，作为水源的净化物。结果，居然使非洲成千上万的贫困孩子摆脱了死亡。她由此走进白宫，得到布什总统的接见，因为她参加的正是一个美国总统的资助项目，而当时杰西·约瑟芬娜还只是一个高三的学生。一个孩子，假如教育能引导她的灵魂追求阳光般的澄澈和蓝天般的明净，哪怕有一天她就是陷入无边的黑暗与寒冷的深渊，而她心中的世界依然会是明亮而温暖的，她一定会继续沿着改变这个世界的方向前行。据介绍，这个女孩后来考上了普林斯顿大学，再后来去了帕克大学读博士，再后来就去了非洲……苏霍姆林斯基说过，孩子在离开学校的时候，带去的不仅仅是分数，更重要的是带着他对于未来理想的追求。对比中国的教育，我的感受是，中国教育塑造了一条巨龙，但点睛之笔没点上，那就是我们缺乏对创新精神的培育、对个性的尊重以及对孩子们善良人性和纯洁天性的提升，"立德树人"更应该成为教育最本质的追求。与合作学习、与实践体验相结合的项目式探究不仅仅只是一种学习方式，它更是立德树人、建筑人格长城的一种有效的方法。时下，我们的教育培养的不是创业者和奉献者，更多似乎是守业者或者就业者。这应该引起我们深刻的反思。

<h2 align="center">特征四：表现性评价</h2>

美国课堂特别重视孩子们的表现性评价。什么是表现性评价？我在《高中新课程评价改革问题与对策》中下过这样的定义："表现性评价就是教师让学生在真实或者模拟的情境中，运用所学知识解决某个新问题或者创造某种新东西，以考查学生知识与技能的掌握程度，以及实践、问题解决、交流合作和批判性思考等多种复杂能力的发展状况的一种质性评价方式。"表现性评价的基本形式包括：演示、表述、模拟表演、实验或调查、项目评估、作品选集等。由于有了表现性评价，美国孩子在课堂特别喜欢表现自己。通过合作方式进行项目探究，他们会产生许许多多奇怪的观点，每一个观点和理解都融入自己真切的思考，然后就通过课堂这一重要的学习平台进行展评，进

行交流，大胆表现……走进美国的中小学课堂，你会发现孩子们一个个胆大包天，信心百倍，活力四射，侃侃而谈。一个个都乐于发表自己的意见，一个个都愿意成为全班的焦点。从某种意义上来说，美国的中小学校课堂就是学生发表意见和交流思想的平台。怎样让社会听到我的声音？我怎样才能在未来的世界中表达自己的思想？这些都取决于课堂上你发出过什么声音……今天的课堂就决定你明天的发展。

罗斯帕克中学一位中国老师认为，在展示中关注对学生的多元化评价，能够发现学生不同的学习潜能。因为有了这样一种表现性评价，美国的中小学课堂都成为学生表现才华和展示成功的殿堂。这样的课堂所培养的人才规格可能与中国教育就有很大的不同。第一，学生性格会特别开朗，特别阳光，特别自信。你走在美国的大街小巷，如果遇到对面有美国人走过来，无论是白人还是黑人，他们一般都会主动向你问好，特别热情和友善。这与中国人"不与陌生人说话"形成很大反差。我们在孔子学院学习的时候，孔子学院美方副院长迈瑞女士经常陪我们去考察学校。只要她一来，整个团队立马就充满欢声笑语。你再到美国的中小学课堂去看看，就会明白美国人为什么热情、开朗。这样的课堂就能培养这样的国民。第二，培养的学生有思想，能创造，会说话，敢表达。美国人特别重视表达能力的培养，把它作为成功人生的一个基点。如果你走进美国的课堂，你就会发现，这里就是一个培养总统和领袖的地方。

反思中国的课堂，老师总是统治着课堂，一批批失语症的孩子被培养出来。朱永新说：把课堂还给学生，如何还？让孩子在课堂上讲话就是把课堂还给孩子的一个方式。所以他要求参与新教育实验的2000多所学校必须遵守一条规则，课堂上老师就讲20分钟，其他时间就让给孩子们讲。我也认为，今天的课堂变革，学校最好把每一个课堂都变成学生论坛，让学生学会"说话"，学会展评，学会表现，学会表达自己的思想。对比美国的中小学课堂，我更加坚定地认为，中国的课堂应该给学生更大的空间、更多的权利、更广阔的视野。课堂尤其要让学生大胆地表现、充分地表达，把教室变成一个教师与学生共度生命历程、共创人生体验、共话美好人生的地方。我甚至认为，让学生在教室里自由说话就是在捍卫教育的真理，是对学生话语权的尊重，更是对学生发展权的保护。

在美学习期间，正值十八届三中全会召开，随后发布的《中共中央关于全面深化改革若干重大问题的决定》把"改革开放"定位为"我国新时期的一场革命"，提出"问题倒逼改革"，把改革作为解决问题的根本途径。作为一个中国公民和一名老党员，我深受鼓舞，备感自豪。我觉得中国的基础教育很有希望。希望之路就在于改革开放。客观地说，过去的几十年，我国的教育可能是我国各个领域中最趋于保守的一个领域。我们普遍缺乏危机感，缺乏改革创新的必然要求，形成一种孤芳自赏、不思进取、拒绝变革的"文化板结"，并由此脱离整个变革的时代。只要我们放眼看看教育之外的其他领域，你就会发现那真是一个风雷激荡、惊心动魄的世界，远不是教育内部的风平浪静和死水微澜……

与美国教师合影

美国课堂四大特征的背后，正是代表着世界课堂改革的基本方向。这个基本方向就是，课堂正发生"哥白尼式的革命"——教师为中心到学生为中心的根本转变。课堂的背后正是世界教育观念的变化。我区课堂转型的方向，正是按照国际改革的方向，由"教"为中心转向"学"为中心的变革，这也正是"学本式"课堂命名的由来。美国课堂对我的启示，主要有如下三点。一是要学习美国课堂先进的教学理念。我们必须解决好"为什么学习"和"怎样学习"两个根本问题。一定要把过去服务于考试和升学的课堂转向促进学生人格发展的课堂；一定要打破单一性的教师传授为主的课堂形态，倡导学生主动学习和探索。所以，"以学生学习为本，以学生发展为本"的学本理念，是我们必须坚守并坚持的价值取向。二是要学习美国课堂先进的教育方法。"以学生发展为本"主要指向创新人才的培养，"以学生学习为本"主要指向教学方式的变革，两者互为因果。我们可以借鉴美国课堂的某些方法，比如，合作学习与项目式学习的结合，就是一种很先进的方法。三是要坚持中国教育本土的改革行动。改革既需要国际视野，更需要本土行动，要结合自己的特点选择甚至创新教学方法。"先学后教，互助展评"的学本教学范式和"自学"、"互学"、"展学"的学习方式，实际上就是为了把课堂还给学生，为了培养学生的创新精神和实践能力。

学习美国的教育，我们就必须通过反思昨天的失误、根据明天的发展来改革今天的教育。这是一种勇气，也是一份良知，更是一种家国情怀与爱国行动。当然，美国的教育也并非完美无缺，也有很多需要改革的地方；虽然我也知道，我们的教育也有很多优势。但我不隐瞒自己的观点，我觉得中国的教育应该好好学习美国的教育，特别是美国的中小学课堂，这样才能够更好地发展我们自己。事实上，当我们正在学习美国的教育的同时，美国也正在研究和学习中国的教育。美国的教师也由此表达了这样一种美好的愿望。一位美国老师认为，美国的教育让学生长于创造，形成不断发现与反复追问的习惯；而中国的学生则特别努力，中美两国教育应该相互学习。今天，我们打造学本教学，实质上就是要把生活于同一间教室中的人，通过学习变成一群有着共同梦想、遵守共同价值观的志同道合者；就是要让师生汇聚在沸腾的课堂，穿越发现与创造的旅程，将生命倾注、融合在一间教室里，编织诗意的生活，最终让教室里的每一个生命走向卓越。

第四节　学本教学策略

　　学本教学的教学模式可简单概括为"先学后教，互助展评"。每种教学模式的现实运行，需要依据一定的操作程序。有了操作程序，就具体规定了教学活动在时间维度上展开的线性逻辑步骤及其主要做法。[①] "先学后教，互助展评"教学范式的操作程序是自学、互学、展学三大教学策略的有机组合和螺旋式推进。那么，自学、互学、展学分别有何特定含义？如何认识和处理自学、互学、展学之间的相互关系？本节将结合具体案例，对这些问题进行逐一阐释，同时对自学、互学、展学中的问题进行梳理并提出改进对策。

一、学本教学中自学的设计与深化

　　有人曾经对"先学后教"做出过这样的评价："先学后教是教学领域的一场具有实

---

　　① 涂锦红，李如密：《"先学后教"教学模式：学理分析、价值透视及实践反思》，载《课程教材教法》，2013(3)。

质性的变革，是我国具有草根性质的教育创新，是我国土生土长的教育学……这是学习观的根本变革。"①这里的"先学"，目的就是让"学"摆脱"教"的控制，获得一种独立自主的地位，也就是要求学生广泛开展前置性学习，并以此作为课堂的起点，我们称为自学。那么，为什么要自学？怎样进行自学？下面从三个方面加以阐述。

（一）强化自主——学本教学的起点与落点

我国古圣先贤对教与学的关系有许多精辟的见解。《论语·述而》中提出："不愤不启，不悱不发，举一隅不以三隅反，则不复也。"最早直接强调自主学习的文献可追溯到《孟子》。《孟子·离娄下》："孟子曰：'君子深造之以道，欲其自得之也。自得之，则居之安。居之安，则资之深。资之深，则取之左右逢其原。故君子欲其自得之也。'"②。意思是说，君子要达到高深的造诣，进入精深的境界，必须采取正确的方法，从而获得有自我体验、自我感悟的知识。只有自我体验、自我感悟的知识，才能够掌握牢固、积累深厚；积累得深厚，用起来就能够左右逢源。宋代理学家程颐说："学莫贵于自得，得非外也，故曰自得。"朱熹则说："读书是自家读书，为学是自家为学。"明末清初思想家王夫之说："有自修之心则来学，而因以教之。若未有自修之志强往教之，则虽教无益。"又说："当告则告，不可告则不告，中道而立，使自得之。"现代教育家叶圣陶更明确提出了"教是为了达到不需要教"的主张。伟大的人民教育家陶行知提出了"教学做合一"的教学理论，而他在 1927 年 11 月 2 日所作的《教学做合一》演讲结尾说："宝山县立师范学校竟把教学做合一改为做学教合一，这是格外有意思的。"因为"做学教合一"更符合他的这一基本主张："事怎样做就怎样学，怎样学就怎样教；教的法子要根据学的法子，学的法子要根据做的法子。"③

然而，随着班级授课制在我国的发展和演变，教师中心的地位越来越牢不可破，学生的学习变得被动而枯燥，学生的个性发展和健康成长受到严重压制。

新课程要求走向"自主、合作、探究"的学习，实质就是明确的教学转型的要求，即学生由被动接受式的学习走向主动探究式的学习。自主学习"是指学生自己主宰自

---

① 杨伯峻：《孟子译注》，北京，商务印书馆，1961。

② 余文森：《先学后教，少教多学，构建中国自己的教育学》，载《基础教育课程》，2009(3)。

③ 陶行知：《教学做合一》，方明主编，106 页，成都，四川教育出版社，2009。

己的学习，与自主学习相对立的他主学习则是他人（教师）为学生做主的一种学习"[1]。传统被动接受式的学习在中小学课堂中基本的表现方式就是"先教后练"（其实先教后学是不存在的，因为有了先教，就没有了本质上的后学）。

据考证，作为一个独立概念，"先学后教"在 20 世纪 70 年代末邱学华倡导的"尝试教学法"中已经被提出。[2] 2012 年《人民教育》13 期、14 期合刊是"尝试教学专辑"，整本杂志集中介绍了邱学华的尝试教学。其中有邱学华老师的一篇文章，题目叫《请不要告诉我，让我先试一试》，意思是：请不要先教，让我去试一试，让我先学一学，让我先练一练。这就是尝试教学，也就是先学而后教。那么为什么要"先学后教"呢？下面，我们通过一个教育案例，可以明显看出"先教后练"的课堂的危害性——

2011 年，《人民教育》总编傅国亮先生在重庆讲学的时候讲到这样一个小故事：

一节小学数学课上，老师让学生做了一道题：求 $1+2+3+4+\cdots+100=?$
有个特别聪明的学生是这样计算的：

$1+100=101$，$2+99=101$，$3+98=101\cdots$一共有 50 个 101，那么 $101\times50=5050$。

这个孩子长大以后就成了一位著名的数学家，他的名字叫高斯。傅国亮先生讲高斯的故事，本是证明自己另外一个观点。结果当天听报告的是重庆市主城区一批中小学校长，其中有位小学校长听完报告，便回到自己的学校做了另外一个实验。这位校长到本校六年级的一个班级更详细地介绍了高斯的故事，把高斯解答这道加法题的思路讲得清清楚楚，明明白白。这个过程就相当于数学老师在课堂上"先教"。换一种方式来陈述，我们会看得更清楚：

教者先出示了一道例题：求 $1+2+3+4+5+6+\cdots+100=?$

接着就开始讲解（即"先教"）。我们知道，所谓教，一般从两个方面教：第一，教方法，解题方法；第二，教结果，题目答案。校长在讲这道例题的时候，

---

① 余文森，王永，张文质：《让课堂焕发生命活力》，载《教育研究》，1999(3)。
② 张荣伟：《论"教"与"学"的五种关系范型》，载《教育发展研究》，2012(3)。

也是先教方法：首尾两数两两相加等于 101，然后将 100 打对折并与之相乘，得到一个结果：5050。至此，已完成数学老师讲解一道例题的全过程。

传统教学为了把教师所教知识转化为学生技能，一般采取"讲练结合"的策略。即：例题讲完后，给学生布置当堂练习。习题与例题具有相似性，但不是例题的重复。我们看这位校长给学生布置了一道什么样的练习题：

请计算：$1+2+3+4+5+6+\cdots+99=$？

这个班一共有 47 个孩子，因为每个孩子的生理机能不一样，性格特点不一样，按道理讲，他们思考问题的方向、角度、快慢、节奏、灵敏性各不相同，这才正常。但此时一个值得关注的现象出现了：老师讲完之后，全班 47 个学生的"脑袋"仿佛在一瞬间全部变成了"高斯的脑袋"，解题思路完全一致：

$1+99=100$，$2+98=100$，$3+97=100\cdots$

这就是校长刚刚所教的方法：首尾两数两两相加等于 100，那么该乘以多少呢？高斯是把 100 打对折，得出乘以 50；于是，这个班的同学也都是把 99 打对折，但是因为 99 是个奇数，对折之后，中间的 50 就被丢掉了，得出乘以 49，所以 $100\times49=4900$。考虑周到些的同学再把 50 加上去，得到 $4900+50=4950$，考虑不周的没有加上 50，就错了。

其实，这道题最好的解题方法应该是直接用 5050 减去 100，等于 4950。这个方法既简便又准确，但是为什么这个班的 47 个同学都想不到呢？是谁在干扰他们呢？

中国的老师总是习惯先教，并且只教一种方法，结果导致这一种思维方法一统学生的思维，等于将几十个不同的学生套进一个思维的套子里去了。如果这种教学方式不改变，那么，学生在十二年接受基础教育的过程中，慢慢就成了一个装在思维的套子里的人。学生的思维慢慢地机械化、模式化、僵硬化，学生个体的创造力慢慢就丧失了。中国教育的流水线就是这样批量地生产出规格统一的产品，导致了不同的生命个体的思维模式高度趋同化。

中国传统"先教"的课堂压抑了学生高层次的、创新型的思维能力，从一个方面回答了"钱学森之问"。这样的课堂，这样的人才培养模式，从大的方面而言，难以为"中国梦"的实现提供人才支撑和智力保障；从小的方面而言，学生的思维僵化单一，不思变通，缺乏灵活性，他们去参加高端考试也是难以获取成功的。

下面是 2008 年全国新课程背景下的语文高考试卷中的一道文学类文本阅读题，我们可以看出现代高考对学生思维灵活性、独特性与广阔性的高层次要求。

阅读下面的文字，完成 11～14 题。

二十年以后

欧·亨利

纽约的一条大街上，一位值勤的警察正沿街走着。一阵冷飕飕的风向他迎面吹来。已近夜间 10 点，街上的人寥寥无几了。

在一家小店铺的门口，昏暗的灯光下站着一个男子，他的嘴里叼着一支没有点燃的雪茄烟。警察放慢了脚步，认真地看了他一眼，然后，向那个男子走了过去。

"这儿没有出什么事，警官先生。"看见警察向自己走来，那个男子很快地说，"我只是在这儿等一位朋友罢了"。

男子划了根火柴，点燃了叼在嘴上的雪茄。借着火柴的亮光，警察发现这个男子脸色苍白，右眼角附近有一块小小的白色的伤疤。

"这是 20 年前定下的一个约会。如果有兴致听的话，我来给你讲讲。大约 20 年前，这儿，这个店铺现在所占的地方，原来是一家餐馆……"男子继续说，"我和吉米·维尔斯在这儿的餐馆共进晚餐。哦，吉米是我最要好的朋友。我俩都是在纽约这个城市里长大的。从小我们就亲密无间，情同手足。当时，我正准备第二天早上就动身到西部去谋生。那天夜晚临分手的时候，我俩约定：20 年后的同一日期、同一时间，我俩将来到这里再次相会。"

"你在西部混得不错吧？"警察问道。

"当然啰！吉米的光景要是能赶上我的一半就好了。啊，实在不容易啊！这些年来，我一直不得不东奔西跑……"

又是一阵冷飕飕的风穿街而过，接着，一片沉寂。他俩谁也没有说话。过了一会儿，警察准备离开这里。

"我得走了，"他对那个男子说，"我希望你的朋友很快就会来。假如他不准时赶来，你会离开这儿吗?"

　　"不会的。我起码要再等他半小时。如果吉米他还活在人间，他到时候一定会来到这儿的。就说这些吧，再见，警察先生。"

　　"再见，先生。"警察一边说着，一边沿街走去，街上已经没有行人了，空荡荡的。

　　男子又在这店铺的门前等了大约二十分钟的光景，这时候，一个身材高大的人急匆匆地径直走来。他穿着一件黑色的大衣，衣领向上翻着，盖到耳朵。

　　"你是鲍勃吗?"来人问道。

　　"你是吉米·维尔斯?"站在门口的男子大声地说，显然，他很激动。

　　来人握住了男子的双手。"不错，你是鲍勃。我早就确信我会在这儿见到你的。啧，啧，啧! 20 年是个不短的时间啊! 你看，鲍勃! 原来的那个饭馆已经不在啦! 要是它没有被拆除，我们再一块儿在这里面共进晚餐该多好啊! 鲍勃，你在西部的情况怎么样?"

　　"哦，我已经设法获得了我所需要的一切东西。你的变化不小啊，吉米，你在纽约混得不错吧?"

　　"一般，一般。我在市政府的一个部门里上班，坐办公室。来，鲍勃，咱们去转转，找个地方好好叙叙往事。"

　　这条街的街角处有一家大商店。尽管时间已经不早了，商店里的灯还在亮着。来到亮处以后，这两个人都不约而同地转过身来看了看对方的脸。

　　突然间，那个从西部来的男子停住了脚步。

　　"你不是吉米·维尔斯，"他说，"20 年的时间虽然不短，但它不足以使一个人变得容貌全非。"从他说话的声调中可以听出，他在怀疑对方。

　　"然而，20 年的时间却有可能使一个好人变成坏人，"高个子说，"你被捕了，鲍勃。在我们还没有去警察局之前，先给你看一张条子，是你的朋友写给你的。"

　　鲍勃接过便条。读着读着，他微微地颤抖起来。便条上写着:

　　鲍勃:刚才我准时赶到了我们的约会地点。当你划着火柴点烟时，我发现你正是那个芝加哥警方所通缉的人。不知怎么的，我不忍自己逮捕你，只得找了个便衣警察来做这件事。

11～13 略

14. 小说描写了警察吉米和通缉犯鲍勃"二十年以后"赴约的故事，在"情与法"的冲突中，两个人都面临艰难的抉择。有人说鲍勃值得同情，有人说他罪有应得，有人说吉米忠于职守，有人说他背叛了友谊。你的看法呢？请就你认同的一种观点加以探究。

在这道题中，围绕同样一个故事，命题者给出了四个思维的角度，让学生进行自由选择，只要言之成理即可得分。它要求学生拥有独立的思维，能够自己选择和判断，选择的角度不一样，所得到的答案就不一样；甚至选择的角度相反，得到的答案也会正好相反。

比如，在这道题中，你可以选择通缉犯鲍勃值得同情，因为鲍勃虽然是一个通缉犯，但是他重情守信，他把朋友之间的一次承诺看得比自由还重要，能冒着有可能暴露行踪而失去自由的风险来赴一场约会，所以这是一个很讲诚信的人。站在建立社会诚信体系的角度看，鲍勃的精神值得我们每一个人好好学习，因此我们同情他。如果这样回答，可以得到高分。相反，你也可以认为鲍勃罪有应得，因为他毕竟是一个通缉犯。在一个法治国家，法律的尊严高于一切，任何人违反了国家的法律都必将受到法律的制裁，鲍勃是罪有应得的。如果这样答题也会得高分。

同样，你可以认为吉米忠于职守，因为他作为一名警察，没有以权谋私，没有滥用公权力，没有利用公权力为朋友提供逃脱法律制裁的便利，他公私分明。站在这个角度看，吉米可以说值得赞美。相反，从伦理角度看，也可以认为吉米背叛友谊……答题时可以围绕这一观点进行有理有据的分析。总之，回答这道题不要求面面俱到，只要在四点中间选择一点进行表达，做到观点明确，理由充分，论述合理，就可以拿到高分。

这种高考题型的出现，其背后是人才选拔标准的变化。它的价值取向很明确：旨在为国家选拔出一批有独立人格、自主头脑和独立思维品质的现代公民。但现状是，我们的学生具备自由选择的能力吗？有自己独到的见解和看法吗？有自己独立的人格和思想吗？在《新课程高考走向与学生评价改革》一书中，我分析了我国高考是怎样走过来的，它还将到哪里去。这里需要特别强调的是：如果我们教得非常单一化、机械化、模式化，造成孩子高层次思维能力的丧失，学生去参加高一级的考试，很难取得比较好的效果。

《南方周末》2011 年 8 月 12 日曾刊发通讯《"我们像世界上最重要的一群孩子"——美国高中生中南海访问记》，其中提到，佩顿中学的孩子们到北京两所著名的中学听课。文中写道："阿列克斯惊奇地发现，中国的数学课虽然结合了老师的演讲和学生的自主解题，不过绝大多数自主解题并不'自主'，学生只是按照老师刚刚灌输的方法练习：他们只是在练习数学，而非探索或发现。"

这揭示了一个什么样的实质性问题呢？普遍来看，中国的课堂仍然是"先教后练"的课堂，新课程所倡导的自主、合作、探究的学习方式并没有真正在课堂实施层面得到落实。

江苏省泰兴市洋思中学的课堂教学改革走在了很多学校的前面。1981 年开始正式招生的洋思中学，在"没有教不好的学生"的办学理念指导下，逐步形成了影响广泛的"先学后教，当堂训练"的教学模式。所谓"先学"，不是指让学生泛泛地、单纯地看书，而是指在教师简明扼要地出示学习目标、提出相关自学要求、进行学前指导后，学生带着思考题在规定时间内自学相关的内容。"后教"，不是教师漫无目的地教，而是在学生充分自学后，针对学生自学过程中暴露出的问题，让已会的学生来教不会的学生，学生与学生之间进行合作实践、合作探究、合作学习。对于学生都不会的问题，教师再进行点拨。在"先学"与"后教"的基础上，进行当堂训练，检测学习目标的达成度。

有专家认为，"先学后教，当堂训练"，从根本上体现了现代教学关系中的角色转换：这种转换从课堂教学形式上看，教师仿佛已退居二线，他们遵循着凡是学生或通过学生群体交流能够学会的就坚决不教、不重复的理念，真正是导师和引路人的角色了，而学生学习却占据了课堂上绝对优势的时间和空间。但真正难能可贵的是洋思人创造了一种自主学习的精神，从实质上把教学创造成了学生主体自主学习的活动。[1]

"先教后学"与"先学后教"不只是一个谁先谁后的问题，而是检验自主、合作、

---

[1]　杨启亮：《以自主学习为根本的教学改革》，载《江苏教育》，2001(11-12)。

探究的学习方式是否真正体现在课堂中的一个重要标准。余文森认为：先学后教的实质就是把学习的主动权还给学生，就像家庭联产承包责任制把土地的使用权还给农民一样，这是学习方式重建和课堂教学重建的"支点"。这项富有成效的教改实验，是我国中小学教师的伟大创举，它既包括各地、各校因地制宜、因校制宜的个性化、个别化的经验措施，又包括反映素质教育方向和体现时代精神的具有普遍推广意义的本质规律。

因此，我们的改革将学生自学作为课堂教学的第一个环节。在课堂上，让学生第一时间直接面对学习问题，积极开动脑筋，尝试独立解决学习问题，从而获取成功体验，明确学习难点所在，进入"愤"、"悱"状态，产生强烈的求知欲望。正如魏书生所说的那样，学生"每天来到学校，走进学室，打开学材，开始自学，遇到问题查找资料，实在不会与人商量，还学习一个本来的面目"①。

(二)深化自学——学案导学的问题与改进

中小学学本教学中的自学，需要解决两方面的问题：

第一，何时自学——自学的时机。

我国目前以自主学习为基本特点的教学改革比较多，在这类教学中，学生在什么时候自学，一般有三种模式。

模式一，课前预习式。如：让学生在上课前一天晚上进行预习，这种方式偶尔采用是可以的，但作为制度设计，我们不赞成把预习前置。原因之一，学生课前预习和课外作业两者往往难以兼顾，容易造成两败俱伤，自学效果得不到保证。由于自学基础不牢，课堂的有效性势必受到很大影响。这样实际上会加重学生负担，影响教学效果，不利于减负提质。原因之二，预习前置还会影响教师在课堂上实现因学施教。教师本应根据学生的自学情况来调整教学，帮助学生解决自学中出现的问题，但学生已将自学放在课前进行，因而教师难以把握学生课堂学习的起点。教师为了判断学生课堂学习的起点，常常会进行前提诊测，一种方式叫"检查提问"，但随机抽取的少数几个孩子回答问题的情况很多时候难以代表全班学生的情况，因此

---

① 刘彩琴：《魏书生的教育人生》，载《人民教育》，2013(5)。

教师据此所确定的教学重点、难点很可能出现偏移。一种方式叫"全批全改"，把学生头天晚上所做的预习作业全部收齐进行批改，大部分学生做得正确的内容课堂上就不讲，错得比较多的就集中精力进行指导，但这无形中增加了教师工作的负担。因此，我的基本主张是不要让学生经常性地把预习时间放到课外，而应尽可能放在课内进行。

模式二，满堂自学式。以杜郎口中学教学模式为代表，专设由学生自己学习的预习课或叫自主课。这种办法在实际中不易操作，因为有些知识点根本不需要整节课用来自学，有的只需要半节课甚至几分钟就够了。因此这种方式会浪费有限的课堂教学时间。

模式三，当堂自学式。这是我们所采取的一种模式，即把学生自学设计成为课堂教学中的一个环节，而整堂课则包括5个要素（"五学"）：即当堂自学、同伴助学、活动展学、互动评学、教师导学。当堂自学作为课堂教学的一个环节，自学的时间根据学生解决学习问题的实际需要来定。即根据学生的基础和课堂问题的难易程度，由老师灵活掌控，并不刻意规定为多少分钟。

第二，怎样自学——有指导的独立阅读。

什么是自学？广义的自学是指学生为达成学习目标所独立开展的一切学习活动。就学科课程而言，由于学习内容一般均以教科书为载体加以呈现，因此自学通常表现为学生自己看教科书。但深究起来，一般性的看书还算不上自学，真正的自学是指：有明确的学习目标、有深度思维参与且能够引发方法反思的阅读实践活动。当然先阅读只是自学的基本方式，不是全部方式，比如也可以让学生先实验、先体验、先活动、先探究、先尝试，这需要根据不同的学科课程进行设计。

一般来看，所谓自学，并不是老师完全不教，让学生自己"放羊式"地去阅读教材。作为学习方式的阅读不同于一般性的阅读，它有三大特点：第一，有明确的目标性；第二，有深刻的思维性；第三，有方法的反思性。

在进行新知学习时，如果让学生在无指导情况下自行阅读教材，学生思维可能比较肤浅，因而这样的自学是一种浅层自学，缺乏明确目标，结果可能就是学得似懂非懂。请看初一年级的一节数学课——用代入法解二元一次方程组：

例 1 解方程组:

$$\begin{cases} x+y=7, & ① \\ 3x+y=17. & ② \end{cases}$$

解 由①得

$$y=7-x. \qquad ③$$

将③代入②, 得

$$3x+7-x=17,$$

即 $x=5$.

将 $x=5$ 代入③, 得

$$y=2.$$

所以 $\begin{cases} x=5, \\ y=2. \end{cases}$

思考

请你概括一下上面解法的思路, 并想想, 怎样解方程组:

$$\begin{cases} 3x-5y=6, \\ x+4y=-15. \end{cases}$$

练习

解下列方程组:

1. $\begin{cases} x=3y+12, \\ x+3y=8. \end{cases}$ 　　2. $\begin{cases} 4x-3y=17, \\ y=7-5x. \end{cases}$

3. $\begin{cases} x-y=-5, \\ 3x+2y=10. \end{cases}$ 　　4. $\begin{cases} 2x-7y=8, \\ y-2x=-3.2. \end{cases}$

(华东师大版数学 7 年级下册第七章第二节: 二元一次方程组的解法)

这位老师教学用代入消元法解二元一次方程组的第一课时, 采取先学后教的模式来上课。教学分三步: 第一步, 请同学们阅读教材 17 页例题 1, 让学生自学; 第二步, 老师让学生个体独立思考这道例题的解题思路和方法, 然后小组交流, 最后全班展评; 第三步, 老师给出了同一类型的四道题, 让学生自主解题, 也就是进行自学后的检测。老师的教学假设是, 如果学生能把后面四道同类型的检测题解答出来, 答案没有错误, 就表明学生的自学是有效的、过关的; 如果后面四道题解答不出来，或其中出现某些错误，就表明学生的自学不过关，需要继续改进。这是中国目前大多数中小学教师教学时采用的基本思路，这一教学思路带有明显的应试主义倾向，即不管学生是否真正学懂了知识，只要考试时能做题就行，结果这种"急功近利"的教学反过来严重影响了教学的实效性，学生平时大量做题而考试时恰恰不会做题了。

为什么会出现这种现象？在有些学科教学中，比如中小学理科教学中，即便学生自学的效果是"半懂半不懂"，学生也仍能按照一定的步骤和程序把题目解答出来且答案不会出错。因为理科教学中有很多公式、定律和规则，且很多情况下解题具有稳定的程序性（即程序性知识），学生模仿"例题"的程序解答问题，看似能正确解题，但解题过程并未建立在对知识深刻的、彻底的、通透的、理智的认识和理解基础之上。

这一过程中确实云山雾罩般隐藏着一个秘密，而这个秘密却直接影响着中小学教师的教学的效果。于是，我们会经常看到中小学教学中出现两个奇怪的现象：

第一个现象是，不管是以教师教为主的课堂还是以学生学为主的课堂，当教师引导学生把一个知识点学完之后，进行当堂检测，此时学生的过关率普遍会比较高。但如果再过两三天再做同类测试，你会发现此时的过关率会大大降低，有一批中等生和后进生已经忘了正确的解题思路和方法。为什么会出现这种普遍问题？有一次，我在厦门讲学，有一个中学校长和我探讨，他认为学生两三天后题目解答不出属于正常现象，这是"遗忘"所导致的。我问他，中国的中小学课堂要做大量的课堂练习，还要做超量的家庭作业，而这些课堂练习与家庭作业的目的就是"巩固"，就是与遗忘做斗争，为什么在大量巩固练习的条件下学生依然那么快遗忘？为什么学生边巩固边遗忘？甚至为什么有些学生马上巩固马上遗忘？这已经不是遗忘这个词语能够简单解释的了。

第二个现象是，在规模较大的学校，同一个年级往往有很多个平行班级，每个班级所使用的教材是统一的，教学进度是统一的，教学方法是统一的，作业布置是统一的，考试也是统一组织的。按道理讲，这些生源质量均等化、教学方法标准化的班级之间，教学质量的差异不应该很大。但实际情况不是这样，有的老师的教学效果特别好，学生成绩不断提升，而有的老师的教学效果却差距甚大，这又是为什么呢？按照常理，在标准化教学的条件下，班级之间的教学质量是不应该有这么大的差距的。

在这个案例中，老师所安排的自学，对学生来讲实际是一种缺乏指导下的"放任自流的阅读"，好比脚踏西瓜皮，滑到哪里算哪里。因此，即使学生能解答出与例题相似的方程组，也并不一定就能表明他们对解题方法的掌握是建立在深刻的基于对知识的理性认知条件下的。

研究发现，老师引导学生学习核心知识时的差异会导致学生知识理解和接受的差异。学生只有对核心知识达到深层次理解，才能形成一个稳定的知识结构。高明的老师能引导全班学生把核心知识学懂，然后再让他们做题；而教学效果不好的老师往往在引导学生学习核心知识上不深不透，模模糊糊，在学生对核心知识的本质和内涵把握不清晰、不准确的情况下，马上就铺天盖地地做练习，结果做题的时候就容易出现似是而非的现象。

研究的结果明确显示：学生不是什么情况下做题都是有效的——如果对核心知识的学习"模模糊糊"，学生可能练习越多理解就越模糊；如果对核心知识的学习"朦朦胧胧"，学生可能练习越多理解就越朦胧。相反，如果学生的对核心知识的学习是充分和有效的，是建立在"学懂"条件下的，那么学生再进行必要的练习和巩固，学习效果马上就能够显示出来。

怎样才能提高教学质量呢？把学生的思维充分调动起来，引导其逐步逼近知识的核心概念、本质内涵、基本原理，达到对知识内部规律的深层次理解，帮助学生真正"学懂"，这是我们教学成功的关键一步，也是我们提高质量的核心一环。

研究的结果还明确显示：不是只要提供学生先行阅读教材的机会就好。要提高学生自学的有效性，就必须在目标的领航下把学生的思维充分激活，必须增强学生思维的深刻性，引导学生开展"深度自学"，最终实现"学懂"这个目标。那么，如何实现"深度自学"的目标，这就需要对学生的自学加强指导，把学生"放任自流的阅读"改进为"有指导的独立阅读"。

基本的策略是——以学案导学的方式引导学生自学的深化。

阿基米德说，给我一个足够长的杠杆和一个理想的支点，我可以把地球撬起来。如何对学生自学提供有效指导呢？人们在实践中发现，可以开发一种辅助性教学工具，通过这种工具引导学生深度自学，从而增强课堂"先学"的有效性。我们把这种辅导性教学工具就叫做导学案。

学案导学的实验在我国的中小学运用比较普遍，但在目前来看，导学案的开发与使用普遍存在两大误区：

误区一，导学案使用的泛化。有些地方对导学案缺乏深度的研究，在未弄清其本质和功能的情况下盲目开发导学案，其实就是做练习题的汇编，使之成为课外练习题的翻版。于是，学生一上课就开始做导学案上的习题。这种习题化的导学案，一方面需要投入大量的人力、物力、财力，却并没有相应的产出，效率低下；另一方面学生大量做题，使本应千姿百态的课堂慢慢演变成了练习课或者复习课，破坏了课堂的品质。我的基本态度是，这样的导学案应该赶快叫停。《中国教师报》记者李炳亭也持相同的观点，他的解释是："作为新课堂模式的重要组成部件，导学案必须发挥应有的作用，来支撑新课堂的运行。""然而，遗憾的是，导学案在一些学校的具体操作中发生了严重的'异化'，再次'沦落'为应试教育的捕兽'陷阱'，成为升学必备的有效工具。"李炳亭指出，   目前导学案的主要设计误区有：设计思路教案化；知识习题化；学习设计的共性化。在有些学校，以前是学生学课本，现在是学生学导学案。因此他认为，取消导学案一定是未来课堂进一步改革的趋势。"我甚至可以说，取消导学案将是第三代课改的最主要标志之一。"①

误区二，导学案功能的虚化。正因为导学案中堆砌了大量的练习题，让学生在尚未真正把核心知识理解透彻的情况下，进行无谓的机械训练，使"导学案"演变成了习题集。同时，教师所设计的问题不能引导学生启动全部思维活动，逼近核心知识。因此，弱化了导学案的导学功能。

低效课堂常常处于这样的循环：教师课前准备不足——上课语序紊乱，行为紊乱，丢三落四——对于教学效果不放心——留大量作业——花大量时间批改作业——新课准备不足……因此，我们认为，关于导学案的开发与使用，"一哄而起"与"一哄而散"都是不可取的。

导学案的意义在于，在问题引领的课堂中，把日常课堂上教师的"临场发挥"转化为课前的"运筹帷幄"，通过为教师备课提供得体适量的"半成品"（教师可根据自己的教学个性进行使用上的再创造），把日常训练中拼数量、拼时间、拼体能的"红海

---

① 李炳亭：《我对导学案的认识与建议》，载《中国教师报》，2012-10-31。

2015 年 12 月，山东枣庄举办的龚雄飞教育报告会

战术"转化为超越竞争、自主自由自在的"蓝海战术"。

那么，怎样走出导学案的泛化和导学案功能的虚化两个误区呢？通过探索和实践，我提出了导学案开发的 4 条基本原则：即功能导学化、导学问题化、问题思维化、思维品质化。下面结合案例予以阐述：

1. 功能导学化。导学案的功能应该限定在哪里呢？重在"导学"，即通过对学生有效的引导，帮助学生解决自学中的三个问题：第一，学生自学思维深不深。第二，学生自学效率高不高。第三，学生自学效果好不好。导学案的功能就在于对学生的学习活动特别是对学生的自学进行有效的引导。以是否能对学生的学习尤其是自学进行有效引导这个标准来判断，目前全国各地所开发和使用的导学案，很多都不能称为导学案，而应该叫做预习案、复习案、考试案。导学案必须帮助学生解决懂不懂的问题，如果懂不懂的问题没解决，那复习、巩固和检测就为时尚早，而且事倍功半。

2. 导学问题化。我们必须明确，导学案的设计不是"习题化"而是"问题化"，导学案的核心不是搞习题汇编，而是要分析学生自学的重点在哪里，难点在哪里，然后把重点、难点设计成为有效的问题，通过有效的问题来引导学生的思维探究，叫做导学问题化。

3. 问题思维化。这是指所设计的问题，必须能引发、激活学生的思维，让他们运用思维活动来对话教材，处理教材，展开高层次的学习活动。

4. 思维品质化。所谓思维品质化，是针对无序思维、浅层思维而言的，是指必须通过导学问题的精心设计，调动学生思维积极、深度参与，直击知识内核，达到对知识的通透理解。

下面，我根据导学案的四条基本原则对初一数学——解二元一次方程的导学案进行改进。

> 请同学们阅读教材 17 页例题 1。根据"导学问题化"的原则，设置如下两个问题：
>
> 问题 1：为什么要把方程 $x+y=7$ 变成 $y=7-x$，然后代进方程 $3x+y=17$？
>
> 问题 2：例题是先把方程①变形代进方程②，如果把方程②先变形代入方程①，可不可解题呢？

这两个问题的设计很有讲究，充分体现了"问题思维化"的特点。设计问题的时候要少问"是什么"，多问"为什么"。因为"是什么"指向结果或结论，往往能直接在教材上找到答案，凡是能直接找到答案的，最好不要问。所问的问题，一定要通过分析综合之后，经过推理才能得到答案，这样既是学习知识，又能训练思维，开发智力。在这个案例中，一个"为什么?"就把学生的思维引向方法背后的原理的思考。

为什么要运用"代入消元法"来解二元一次方程组呢？因为学生在小学时学过解一元一次方程，这就成为学生学习解二元一次方程的基础。所谓运用"代入消元法"解题，它的目的有两个：第一个目的"代入"，即先把方程① $x+y=7$ 变成 $y=7-x$，然后代入方程 $3x+y=17$，合并同类项之后，成为一个方程；第二个目的"消元"（"元"指未知数），在代入的同时，消除一个未知数，还保留一个未知数。于是通过"代入消元法"，就成功地把一个学生没有学过的新知识——二元一次方程组，成功地转化为学生在小学已经学过的旧知识——一元一次方程来解决。美国教育家杜威就将学生所积累起来的这种将新知识转化为旧知识的能力取名为"经验"，他由此给教育所下的定义是：教育就是学生经验不断生长的过程。

"问题 1"犹如一把钥匙，直接开启了学生自主学习的一个思维通道，它的设计目的有两点：一是帮助学生把握"怎么做"，掌握解题方法问题；二是引导学生思考"为什么这样做"，探究解题原理问题。——让学生既掌握"怎么做"，更懂得"为什么"；既掌握方法，更懂得方法背后的原理，根本的目标就是要帮助学生真正"学懂"。

前面我们已经分析过，"学懂"是提高教学质量的关键一步。那么，什么叫做"学懂"了？"学懂"的标准是什么呢？这对于很多中小学教师一直是一个模糊不清的问题。老师们常常在课堂上问学生："你学懂了吗？"这是一个省略句，"懂"的后面省略了一个关键性的宾语，究竟省略了一个什么关键宾语呢？我们看中国的语言习惯：这个人"懂道理"，我们是好朋友；那个人"不懂道理"，我不想和他深层交往……按照中国的语言习惯，"懂"一般是指"懂道理"。根据这样的语言习惯，我们把它补充上去，"你学懂了吗？"完整的表达就是——"你学懂知识背后的道理了吗？"或者"你学懂方法背后的原理了吗？"也就是说，要让学生既懂得怎么做，又懂得为什么这样做；既懂得方法，又懂得原理，这就叫"学懂"。因为学生只掌握了知识或者方法，没有学懂其背后的原理，那么对知识的掌握，对方法的理解，就可能是停留在机械的重复记忆之上。

有人追问，这样一个关于"懂不懂"的标准是谁制定的？荀子在《荀况大略》篇中说："善学者尽其理，善行者究其难。"前半句的意思是：善于学习的人能透辟地认识事物的机理，能准确地把握知识背后的道理，能精深地认知方法背后的原理，方为"学懂"。朱熹进一步阐述了这个标准，他在《朱子语类》卷九《论知行》篇中说："不可去名上理会，须求其所以然。"就是我们所说的"知其然且知其所以然"，意思是既知道事物的现象与结果，也明白事物的本质及其产生的原因，就是"学懂"的标准。

根据这个标准看，今天很多中小学老师的课堂，只满足于教知识和方法本身，不引导学生探究知识生长的规律，不引导学生探究方法背后的原理，这样的教学显然是需要加以改进的。我们把这种课堂叫做"夹生饭课堂"，学生学习的效果是"半懂半不懂"：所谓"半懂"，就是只懂知识和方法这一半；所谓"半不懂"，则是指知识与方法背后的道理不懂，就像煮饭一般，饭的表面熟了，但实际上没有熟透。

当前课堂教学必须解决这样一个问题：引导学生聚焦核心知识，帮助他们掌握知识和方法，学懂知识背后的道理和方法背后的原理，达到真正"学懂"的境界。这是提高课堂教学质量最关键的一步。

在这个案例中，如果引导学生"学懂"了解题方法，我们还可以这样追问：能不能不用"代入消元法"，你还能够发现别的方法来解这个二元一次方程组吗？学生已经"懂得"其关键就是把二元一次方程组转化为一元一次方程，因此学生通过思考，可能会发现新的解题方法，比如"加减消元法"，这就是教材后面所讲的一种方法，它的实质也就是"转化"思想的运用。这样的教学就可称为创新教学。所谓创新教学，实质是基于学生对规律、对原理掌握之后在方法上的创新，可见创新的关键还是建立在学生对核心知识"懂不懂"的坚实理解之上的。

问题 2"例题是先把方程①变形代入方程②，如果把方程②先变形代入方程①，可不可解题呢"的设计也很有意思。这个问题如果不问，学生"自主练习"时，一定会有一批学生这样解题：他们几乎不分青红皂白，凡是遇到二元一次方程组的时候，总是先将方程①变形代入方程②，按这种思路解题。为什么会这样？因为例题就是这样解题的。这表明学生运用知识解题的时候还不够灵活。问题 2 这样一问，就会引发学生的认知冲突：在二元一次方程组解题中，既然两个方程都可以先变形代入另一个方程，为什么例题要把方程①先变形再代入方程②？如果学生将两个方程进行比较，很快就会发现：方程① $x+y=7$ 比方程② $3x+y=17$ 更简单，我们应该把简单方程先变形然后代进复杂方程里去，这样解题就比较简单。这样就解决了学生自主解题"活不活"的问题。

在这个案例中，我们对学生自学的改进，是通过导学案中的两个核心问题的设计来实现的。如果在没有问题的指导下让学生自己阅读教材，学生的学习思维可能"浅而无序"，就导致自学效果"泛而不深"。通过两个核心问题的设置，让学生带着问题阅读思考，目标明确，重点聚焦，思维突破，就能提高自学效果。在这里，这两个核心问题的设计可谓"匠心独运"：问题 1 帮学生解决知识学习"懂不懂"的问题，学生回答起来难度比较大，但是，如果不回答它，就不能真正把知识学懂，因此这个问题就叫做"教学难点"。问题 2 帮学生解决知识运用"活不活"的问题，思维难度不是很大，但它能帮助学生形成灵活多变的解题策略，因此非常重要，我们就把它叫做"教学重点"。这样两个问题，一个锁定"教学难点"，一个锁定"教学重点"，聚焦核心知识，因而能很好地发挥导学功能。

综上所述，我认为"导学案"的功能，绝不是传统的练习册和检测题。它的价值在于给学生指引恰切的学习目标，并以问题为主线勾画出最简捷的"思维导图"，引领学生直奔重点和难点，迅即进入紧张有序的智力活动状态，为互学、展学做好充分准备。由于这些问题都集中锁定于核心知识的重点和难点，这样就把学生的学习活动引向围绕知识学习的重点和难点而进行的探究活动，也就是说，"导学案"的支撑是学生自学、互学和展学有效展开并走向深化的"思维支点"。所以，导学案问题设计如何摆脱平庸化的、平面化的、肤浅化的、面面俱到的问题设计，是"导学案"优化设计的"主攻重点"。

（三）优化学案——问题设计的密码与策略

当教学目标确定以后，如何达成目标，就成为问题的关键。如果只知道教学目标，却不知如何把握教学重点和难点，那么，教师的教学就会出现两种情形。

第一种，"扫射式讲授"。上课时老师像机关枪扫射似地讲个不停，往往导致该讲的讲了，不该讲的也讲了，重点、难点不突出，讲得多反而失去了效率。

第二种，"浅表化问答"。近年来，自学、互学、展学等以学习为主线的教学方式开始走进中国的课堂，但不少课堂充斥着随意的、零碎的、肤浅的提问，尽管课堂形式改变了，教学质量反而会受到很大的影响。

我认为教学改革必须"两手抓"：一手抓方法的改变，以更好的方法来引导学生学习；一手抓课程的建设，即抓问题的优化，问题的质量即课堂的质量。教学之道就在于把握重点，突破难点。把握重点保障教学目标不偏离，突破难点保障教学目标的快速达成。"教学就是从已知向未知进军，'未知'就是问题。"[①]基于问题的发现和问题解决的过程就是学习的过程，而基于重点难点的问题发现和问题解决的过程就是有效学习的过程。

下面，我举一个案例，具体阐述问题优化的策略。

我曾参加某省举行的小学语文教学观摩研讨活动。有位教师上了一节小学二年级苏教版教材中的童话诗的课，诗歌的标题是《真想变成大大的荷叶》。

---

① 　熊川武：《"自然分材教学"的理论与实践探析》，载《课程教材教法》，2009(2)。

夏天来了，
夏天是小姐姐；
她热情地问我，
想变点什么？

我想变透明的雨滴，
睡在一片绿叶上；
我想变一条小鱼，
游入清凌凌的小河。

我想变一只蝴蝶，
在花丛中穿梭；
我想变一只蝈蝈，
歌唱我们的生活。

我想变眨眼的星星，
我想变弯弯的新月。
最后，我看见小小的荷塘，
真想变成大大的荷叶。

荷叶像一柄大伞，
静静地在荷塘举着。
小鱼来了，
在荷叶上嬉戏，
雨点来了，
在荷叶上唱歌……

　　这是一首非常优美、活泼的童话诗。这堂课的教学分为两大板块：第一个板块是识字教学，第二个板块是引导学生理解这首童话诗。这位老师是按先学后教的方式组织教学的，她先让学生独立阅读这首诗，并且把"无指导阅读"变成"有指导阅读"，继而变成"问题导学"。她用多媒体投影出一个问题：

"夏天来了，夏天是位小姐姐，她热情地问我，想变点什么……现在老师问小朋友，你们想变什么呢？请说明理由……"

带着这样的问题，学生先自由地读诗歌，再进行小组交流，然后老师安排分组展示：汇报本小组所选择的答案，并说明选择的理由。

第一个小组派出的代表回答："老师，我们小组都想变成透明的雨滴。"我听到这里的时候，就在听课笔记上打了一个问号，因为我不相信这个小组三四个同学都想变成雨滴。其实，学生个性化理解文本时是不需要进行合作的，合作就会"统一思想"，而只有在问题的答案具有客观标准的时候才可以"达成共识"。

可是教者并未意识到有何不妥，当这位学生说"我们都想变成透明的雨滴"的时候，老师追问道："你们为什么想变成雨滴？"学生回答："老师，我们小组认为，我们都想睡在一片绿叶上，我们想好好地睡一觉。"

"非常好！"老师接着评价，"每个孩子都应该有个金色的童年，凡是会休息、会游戏、会娱乐的孩子都是会学习的孩子，因此，老师非常赞赏你们的生活方式。"这些小学二年级的孩子欢快的情绪一旦被老师激活，教室里一双双可爱的小手就高高地举了起来，课堂上顿时全是举起的手臂，像一片密密麻麻的手臂的森林，气氛十分活跃。

老师显然也受到了鼓舞，她又请了一个小组继续展示。这个小组派出的代表是一名胖胖的男生，他大胆地跑到讲台前面，回答道："老师，我们小组都想变成一条小鱼。"老师问："为什么？"学生答："老师，我们想游入清凌凌的小河，我们想游入碧蓝蓝的大海，自由自在地游泳……"说着，便把手放到头上，摇头摆尾地做了一个游泳的姿势。由于这个学生比较胖，表演时动作很不协调，显得非常滑稽，教室里顿时爆发出一阵阵热烈的笑声和掌声。课堂气氛简直要沸腾了。

就是在这样的气氛下，围绕老师所提的问题，不同的小组充分发表他们的想法，讲得有理有据。可是，等孩子们讲到第五节课的时候，已经快下课了，于是老师归纳总结了七八个小组的发言，宣布下课。

接下来是观课后的议课。评课组的一致意见认为，这是一节"体现了新课程理念的小学语文优质课"，理由有三：一是从课堂结构看，这堂课从目标引入，问题导学，到当堂自学，合作互学，分组展学，归纳总结，教学的步骤齐备；二是从教学方法看，这堂课把以老师教为中心的课堂变成了以学生学为中心的课堂，以自学、互学、展学为主线，所建构的课堂符合新课程走向自主、合作、探究的教学要求，符合新课程改革的核心理念；三是从课堂气氛看，师生关系民主、和谐、平等，学生交流顺畅，课堂气氛热烈。

而此时的我却陷入了冷峻的思索。评审组让我对这堂课做总结式的点评，我突然有点犯难了。因为我给出的评价结论可能会让人难以接受，我的评价是，这是一节"体现了新课程理念的劣质课"。

我记得当时的活动是由这个省一所有名的小学承办的，执教的老师就是由这所小学派出来的一名骨干教师。在走上讲台的过程中，我突然注意到这所学校的校长就坐在离我不远位置，用一双期盼的眼睛看着我；而这个执教的老师就坐在离校长不远的位置，用一双期盼的眼睛看着校长……我明白这种目光意味着什么，因为这毕竟是一场省市级的大型教研活动，影响范围甚广。我首先想到的是，在评课中怎么委婉一点表达，要注意保护好这个执教的老师；然后才是满足这个校长的愿望。因为这个女教师年龄接近四十，愿意承担这样的一次省级展示活动，已经很不容易了。如果我的点评比较直接一点、彻底一点，不但这个校长会觉得难堪，而且这个骨干教师很可能从此在校长心目中的地位也会一落千丈。我想到的是这年月谁都不容易，我应该适当保护他们。可是，作为一个学者的良知又在提醒我，决不能妄言和诳语，决不能作扭曲的表达和虚伪的评价。我在内心不停地感叹：真是做人难，难做人啊！

后来，我评课中运用"曲笔"手法，采取高考作文的命题方式，实现"远距离对接"——我只是提出了改进教学的几点原则性意见，没有具体联系这节课的内容；但是，如果你愿意联系具体内容，你会发现我提出的几点改进意见，每一点都是针对这节课而言的。

评课结束后，也许是这个老师听出了我评课中的言外之意，主动找到我，表示希望得到我的具体指导。于是，我把这位老师请到一边，很认真、很负责地跟老师讲："你很优秀，但你今天这节语文课犯了原则性的错误。"这位老师一听，非常惊讶！也许在她看来，教学需要改进，这很正常，但有原则性的错误，可能是她没有想到的。她因此反问我："要是您来上这节课，您会怎么上呢？"

于是我很详细地帮她诊断分析。我告诉她先理清教学思路：当你拿到这首诗，首先要考虑的是怎么进行导学案的设计，你要问自己，我到底要解决哪些问题才能让小学二年级的孩子读懂这首诗呢？这首诗的标题是《真想变成大大的荷叶》，其实问题就从这里产生：你为什么真想变成大大的荷叶？学生只要解决这一个问题就能读懂这首诗。

可是，小学二年级的学生要回答这个问题，难度很大。既然小学二年级的孩子理解能力有限，理解难度很大，那干脆就回避这个问题行不行呢？不行，如果这个问题不理解，学生就读不懂这首诗。这就是教学难点，教学难点就是在达成教学目标的过程中，学生理解的最大障碍，不越过这个障碍，就意味着教学难点没有突破，教学目标难以达成。

设计导学案的时候，我们就首先锁定这个难点问题——"为什么真想变成大大的荷叶？"全力以赴来引导学生理解这个问题。实际上，整首诗对这个难点问题的理解分成了两个小问题：第一个问题，开始的时候，我为什么想变成雨滴、小鱼、蝴蝶、蝈蝈？第二个问题，后来当"我看见小小的荷塘"时，为什么又"真想变成大大的荷叶"？通过这两个问题的对比，引导学生顺理成章地突破教学难点。很明显，这两个问题的作用并不一样，第一个问题起反衬作用，第二个问题直接回答，因此第二个问题就成为解决难点的核心，也就是说，这个问题既是教学难点也是教学重点，应该通过对这个问题的重锤敲打和重点分析，以达到突破教学难点的目标。

教学重点、难点一旦锁定，教学环节的设计和教学时间的安排就随之生成。因此，这首诗的重要环节和更多的时间不在前面四节，而在最后一节。引导学生围绕最后一节，反复地阅读、讨论、展示，深入理解最后一节，难点就突破了。由于这位老师对这篇课文的重点、难点定位不准，所以程序的设计和时间的分配都不合理。

怎样引导学生来解决这两个问题呢？先看第一个问题，为什么开始的时候想变成雨滴、小鱼、蝴蝶、蝈蝈？二年级的孩子可能回答：雨滴、小鱼、蝴蝶很快乐，很有趣。老师就引导孩子们：雨滴的快乐怎么来的呢？小鱼的快乐怎么来的呢？雨滴因为睡在一片绿叶上，就感到快乐；小鱼因为游入清凌凌的小河，就感到快乐。它们是因为自己享受着生活，所以感到生活的快乐，这叫"我享受我快乐"。

第二个问题：你们为什么想变成大大的荷叶呢？学生可能回答：老师，我觉得变荷叶很快乐，或者变荷叶更快乐。老师引导孩子们探究，那荷叶的快乐又怎么来的呢？它怎么会感到快乐呢？于是，学生反复地阅读，合作，展示。也就是最后一节，诗中说，荷叶像一柄大伞，静静地在荷塘举着。小鱼来了，在荷叶下钻。雨点来了在荷叶上唱歌……荷叶的快乐是因为自己在享受生活所以感到生活的快乐吗？不是，荷叶的快乐是因为它给雨点带来了快乐，所以它自己也感到快乐……这就是一种奉献的精神，把快乐带给别人，自己由此感受到生活的快乐了，就像一首歌里唱的：因为爱着你的爱，幸福着你的幸福……这是另外一种价值观，另外的一种快乐观。

　　小学教育是孩子们教育的起点，要用他们能够理解的语言来帮助他们理解这则童话故事，用他们能够理解的童话方式让他们接受一种高尚的道德情操，在他们人生成长的起点上为他们打下一个底色，这就叫为人生成长奠基，这就叫立德树人。

　　而那位老师最大的失误是他的导学案设计没有锁定这首童话诗的重点和难点，相反，她锁定了非重点和非难点，例如：

师：你想变什么？

生：我想变雨滴。

师：为什么想变雨滴？

生：我想睡在一片绿叶上。

师：你想变什么？

生：我想变小鱼。

师：为什么想变小鱼？

生：我想游入清凌凌的小河……

　　这些问题白纸黑字就写在纸面上，是不需要问的。把一个问题变成零打碎敲地提问，让学生一节课围绕着肤浅的、简单的、零碎的问题展开自学、互学、展学。尽管课堂气氛很活跃，但是到下课的时候，学生仍旧没有读懂这首诗，仍旧没有达成教学目标。

　　之所以说这是"一节体现了新课程理念的低效教学的课"，其问题就出在导学案的支撑作用失衡，不能把课堂教学支撑起来。这再一次警醒我们：导学案的设计占据了教学的半壁江山，起着十分关键的作用。而导学案的问题设计实际上就表现出设计者对课文、对知识全面把握的能力，也反映出能不能读懂教材、挖掘教材和设计教材。

基于此，我提出了主问题设计策略。主问题就是锁定了教学重点和难点的核心问题，是深层次课堂思维活动的引爆点，在课堂学习中显现着"以一当十"的力量。导学案的核心是设计主问题，主问题有两个标志，可以用公式表示如下：

主问题＝教学的重点或难点＋思维的引爆点

这两个显著的标志是——

第一，问题必须锁定教学的重点或难点。通过聚焦重点、难点的问题设计，把学生的思维引向关于重点、难点知识的深层次探究，让学生所有的学习活动全部都指向基于重点、难点的学习突破。这样一种学习方法，对于深化中小学课堂教学改革具有重要意义。目前，我国中小学课堂最大的顽疾是，老师在进行教学设计的时候简单处理教材，随意剪辑教学内容，缺乏对问题纵深开发的意识，课堂上充满了随意的连问、简单的追问、习惯性的碎问，使课堂变得臃肿杂乱，无序低效，这样的课堂不改变，教学效果就永远难以得到重大的突破。教师备课和上课，一定要克服面面俱到的思维习惯。面面俱到也就面面不到，伤其十指不如断其一指，主脉通其余经脉皆畅。所以，要改变平均用力、四面撒网等处理教材的方法。

第二，问题必须变成思维训练的引爆点。教师要引导学生对教学的重点和难点进行深度开掘和理解，并设计出富有思维能量和智慧含量的优质问题，以这样的优质问题引导学生展开高强度的思维探究，以此培养学生敏锐的思维能力和良好的思维品质。这就要求教师吃透教材中的重点和难点，针对学生的认识水平与个性心理特征，使教学目标、教学重点、教学难点和思维训练保持高度的相关性、一致性、同步性。

由于主问题锁定了重点和难点，因此能快速地实现知识学习的突破，从而快速地达成学习目标；由于它变成了思维的引爆点，因此能开展高层次的思维训练和高品质的智力开发。通过主问题的设计，引导学生的学习逼近知识的"核心地带"，实现"学习的突破"。

如何设计主问题？这是导学案设计的关键技术。一般来说，主问题设计的具体策略有如下四种：

策略1：深度分析教学重点或者教学难点，设计出隐藏着"思维陷点"或者"知识混点"的"模糊性问题"，目标直指学生思维的严密性品质训练。

思维的严密性是一种最基本的思维品质，要求学生把容易混淆的知识概念或者模糊思维清晰化、条理化、逻辑化，然后再寻找一种准确的方案。它十分强调事物之间的逻辑关系以及知识之间的精确认知，很强调对已有信息的综合理解与运用，看到别人难以看到的特殊关联和本质属性，借以辨识隐蔽性的"思维陷点"或者模糊性的"知识混点"，从而实现思维的一次次质的飞跃。下面以一道高中物理选择题为例来说明：

如图所示，足够长的水平传送带顺时针匀速转动，速度为 v。在传送带的左端轻轻（无初速）放上一小物块（不计物块大小），已知传送带和物块之间的动摩擦因数为 μ，关于小物块受力的分析，以下说法正确的是（　　）

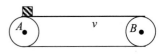

A. 小物块一直受到静摩擦力的作用。

B. 小物块一直受到滑动摩擦力的作用。

C. 小物块先受到滑动摩擦力的作用，后受到静摩擦力的作用。

D. 小物块先受到滑动摩擦力的作用，后不受摩擦力的作用。

此题的难点，是学生往往纠缠于 A、B 两项难以分辨，借以训练学生思维的严密性。学生必须分清"静摩擦"和"滑动摩擦"产生的条件："静摩擦"产生于"有相对运动趋势"的两个物体之间，而"滑动摩擦"则产生于"有相对运动"的两个物体之间。而理解有"相对运动趋势"和"相对运动"恰恰就是"知识混点"，也成为此题的"思维陷点"。根据学生的经验认知，他们一般能够理解小物块在开始的时候，由静止状态到向右匀速运动，小物块与传送带之间有"相对运动"，因此受滑动摩擦力作用。然后呢？学生一般受到生活经验的影响，会认为小物块受静摩擦作用所以才和传送带一起向右运动，两物体保持向右的"相对运动趋势"。这里，学生正是因为对"相对运动趋势"的理解出现"思维模糊"，"相对运动趋势"通俗地说就是物体有某一种运动倾向而保持相对静止，比如斜面上的物体静止时有下滑的倾向但却没有下滑，就是静摩擦力在作用，静摩擦力的方向与运动方向相反。这里，当小物件随传送带向右匀速运动时，小物件有没有向左的"相对运动趋势"呢？显然没有。所以，此时小物块不受静摩擦力作用，准确项为 D。

策略 2：深度分析教学重点或者教学难点，设计能从一点引发不同思维结果或者不同思维方法的"开放式问题"，目标直指学生思维的发散性品质训练。

美国著名心理学家吉尔福特认为，发散性思维具有三个显著特征：①变通性，指对事物能够随机应变，触类旁通，能从不同思维视角展开思维，不受各种心理定式的影响；②流畅性，指对事物反应迅速，在短时间内能够想象出各种不同的念头；③独特性，指对事物能产生不同寻常的见解和寻求独特的解决方案。发散思维的这些特征被认为是人的创造力的主要组成部分。例如高中语文："你有你的铜枝铁干像刀，像剑，也像戟……"（舒婷《致橡树》）

问：这几行诗反映了女诗人理想中的男性形象具有什么样的特点？

以上问题可从四个角度引发思维发散：

（1）从刀、剑、戟的质地这一角度进行思维，则可以理解为：男人应当有钢铁般的意志；

（2）从刀、剑、戟有有棱有角的形状这一角度进行思维，则可以理解为：男人应当有锋芒毕露的个性；

（3）从刀、剑、戟作为武装的特点这一角度进行思维，则可以理解为：男人应当有犀利明快的斗志和独当一面的力量；

（4）从刀、剑、戟如何形成这一角度进行思维，则可以理解为：男人应该有历经千锤百炼而宁折不弯的铮铮铁骨。

又如初中数学，有这样一个问题：

"甲、乙两地相距 40km，摩托车的速度为 45km/h，汽车的速度为 35km/h,"请你以此为条件将这道题设计完整，并列方程解答。

这类数学问题则更为开放，没有明确的条件和结论，并且符合条件的结论具有多样性，它要求学生通过自己的观察和思考，将已知的信息集中进行分析，探索问题成立所必须具备的条件或特定的条件下有什么结论。通过这一思维活动揭示事物内在联系，从而把握事物的整体性和一般性。

以上问题可从四个方面引发思维发散：

（1）可补充为相遇问题。可设摩托车经 xh 与汽车相遇，$(45+35)x=40$，$x=0.5$；

（2）可补充为追赶问题。可设摩托车经 xh 追上汽车，$(45-35)x=40$，$x=4$；

（3）还可补充为两车同向而行，汽车先出发 1h，摩托车几小时可追上汽车？$(45-35)x=40+35$，$x=7.5$；

（4）还可补充为汽车先出发 2 小时，两车同向而行，几小时两车相距 30km？$(45-$

35)$x=40+70-30$，$x=8$。

　　当然，这个问题还有许多发散的视角。教师要积极引导学生，让他们在解决这类问题时仔细阅读题目中的已知部分，结合问题情景合理设计，然后解答。这其中的关键是，是要注意条件与结论的不唯一。正是这样一个极其开放的问题，要求学生把解决问题的各种可能性都考虑到，最有利于训练学生思维的广阔性和变通性，从而不断培养其发散性思维品质。

　　策略 3：深度分析教学重点或者教学难点，设计出与权威理解具有"认知冲突"或者"逻辑矛盾"的"不合理问题"，目标直指学生思维的批判性品质训练。

　　思维的批判性是指个人能够辩证地评估、判断事物和现象好坏利弊的一种能力趋向，它要求人对周围的事物和现象不断形成独立的见解，破除人们思想认识中的思维惯性，"放出眼光，运用脑髓"，独立思考，挑战权威，形成个性人格。事实上，如何提高学生的辩证批判的思维能力，已成为各国教育改革的一个热点，例如法国教育部提出高中学生面对 21 世纪的挑战，主张重点培养学生的"批判意识"，要求教师重点训练学生批判思维和独立思考的能力。教学中如何设计问题？例如高中语文：

　　毛遂按剑而前曰："王之所以叱遂者，以楚国之众也。今十步之内，王不得异楚国之众也，王之命，悬于遂手。吾君在前，叱者何也？……"（《毛遂自荐》）

　　对"吾君在前，叱者何也"一句的翻译，教参及不少权威资料均译作："我的君侯就在眼前，你为什么斥责我呢？"好像是在追问楚王斥责自己的原因。其实，"王之所以叱遂者，以楚国之众也"一句点明了"王之叱遂"的原因，后文没有必要再作追问。那么这句话究竟怎样理解呢？此时，宜引导学生敢于质疑，深入理解，寻找充分理由进行大胆修正为：这里恰好反映出了毛遂的斗争艺术。平原君与楚商讨"合从"，"日中不决"，此乃国家大事，哪容你一个门客大肆吆喝？毛遂按剑斥问楚王，本是"无礼"，但他却巧妙好抓住楚王对自己的呵斥，把楚王推到"失礼"的位置上，他的言下之意是，打狗欺主，我的主公就在面前，你斥责我实质就是斥责我的主公。因此这一句最好翻译为："我的主公就在眼前，你究竟是斥责哪一个呢？"

　　又如：有一位老师教苏教版高中语文张洁的散文《我的四季》，女作家张洁把人生比喻为四季：春是播种的季节，夏是耕耘的季节，秋是收获的季节，冬是回顾与总结人生的季节。在描写冬天的感悟时，文章写道："再没有可能纠正已经成为往事的过错。一个生命不可能再有一次四季。未来的四季将属于另一个新的生命。"一个学生读到这里突然举手，他说："张洁的人生态度不可取。回顾人生是为了总结经验，更好地指导人生追求，为什么非要等到'未来的四季将属于另一个新的生命'的冬季呢？这不是迟了吗？要是人生在春、夏、秋每走完一季就来一次人生总结，让自己有一个'纠正已经成为往事的过错'的时间那多好啊！"张洁的观点显然与学生的理解产生了"认知冲突"，而学生的理解实在是更加的"合情合理"，这是一个多么有智慧的思考。

策略4：深度分析教学重点或者教学难点，设计出在逻辑线索上环环相扣、层层递进的"连环式问题"，目标直指学生思维的深刻性品质训练。

思维的深刻性集中反映出一个人对事物的认识水平的高低和思想的深刻程度，它不被事物的表象和伪装迷惑，能透过表象看到真相，能透过现象能穷尽事物的本质特征，因而它常常引发规律的发现与事物的创新。例如高中语文《大堰河——我的保姆》这首诗歌的教学："大堰河曾做了一个不能对人说的梦：在梦里，她吃她乳儿的婚酒，坐在辉煌的结彩的堂上，而她的娇美的媳妇亲切地叫她婆婆……"

对第一行诗句"大堰河曾做了一个不能对人说的梦"的理解，教师设计出如下的具有层递逻辑关系"连环式的问题"：三个问题形成思维的链条，把学生思维引向诗歌背后流淌着的情感的河流和思想的河流中去了，有利于培养学生的思维深刻性品质。

问题1：这个梦反映出了大堰河什么样的感情？

启发学生答：她把乳儿的幸福当作自己的幸福，也是对乳儿的一种美好祝愿。

问题2：既然大堰河有这样一种美好祝愿，为什么这个梦又"不能对人说"呢？

启发学生答：她怕被别人讥笑为心高妄想，反映出大堰河屈辱的社会地位和当时尖锐对立的阶级矛盾。

问题3：既然这个梦不曾对人说，"我"又何以知道梦的内容？

启发学生答：哪怕保姆不说，我也知道她内心最隐秘的角落，一定深藏着这样一个梦想，反映了"我"和保姆心灵的沟通、"我"对保姆深深的理解，表现出一种超越血缘关系、超越阶级羁绊的亲情之美、人性之真。

再比如高中物理，高一新生在学习了"力的合成"之后，知道了矢量的运算法则是平行四边形法则，运算的原则是等效替代。在此基础上，教材安排了"力的分解"

的学习探究，而力的分解的难度在于定解条件。下述是某教师在突破"力的分解的定解条件"这一教学难点时的问题设计：

问题1：确定一条对角线，你能画出多少个平行四边形？

这个问题貌似简单，学生知道"确定一条对角线，可以画出无数个平行四边形"。但对于很多高一新生来说，最明显的短板在于思维局限在一个平面上，是在一个平面上"可以画出无数个平行四边形"；教师要启发学生突破平面的局限，走向三维空间，为后续学习创造条件。

问题2：在没有任何条件限制的情况下，一个已知的合力有多少个分力？

由于对角线表示合力，邻边表示分力，稍具学科间迁移能力的学生都能得到分力无数的结论。

问题3：确定一条对角线，在哪些情况下，只能作出一个平行四边形？

引导学生理解：(1)确定了一条对角线，如果另一条邻边确定，就只能作出一个平行四边形，从而找到另一条邻边；(2)确定了一条对角线，如果两条邻边的方向确定，也只能作出一个平行四边形，从而求出两条邻边的长度。

问题4：在哪些情况下，一个确定的合力，只能有一组确定的分力？

学生从问题3迁移到问题4：(1)一个合力确定，一个分力的大小和方向确定，求另一个分力的大小和方向；(2)一个合力确定，两个分力的方向确定，求两个分力的大小。这样就得到力的分解定解条件，有效突破教学难点。

这个案例中的问题设计呈现出层层递进的思维逻辑，引导学生由浅入深地突破认知局限，打破平面化思维的平庸与肤浅，既有利于突破教学难点，又有利于训练学生思维的深刻性品质。

上面是主问题设计中四种常用的基本策略。主问题常常能引起学生的认知冲突，使学生感到有认知难度，但我们又要适当控制好认知难度，使其不能超脱于其临近发展区的认知阈限。这样的主问题设计，最能引起学生的参与热情和学习动机，拓展学习者的思维空间，培养学习者的问题意识和思维品质。

主问题设计是教学设计的核心工程。我们需要强调的是：主问题不一定是单个的问题，它有时可以是具有逻辑序列的几个问题组成的一个"问题集"。由主问题组织起来的导学案呈现板块式结构，在学本教学上，每一个主问题都形成一个教学板块的支撑力和教学重点难点的突破力。

因此，主问题设计要体现教学的整体观。这里的整体观有两层含义：第一，主问题设计时要通观全局，寻找重点难点，做到问题设计牵一发而动全身；第二，对主问题要进行巧妙组合，使主问题和主问题之间富有逻辑力量，形成板块式的整体支撑效果。

我以徐志摩先生的《再别康桥》为例来具体说明主问题的设计与组合艺术。《再别康桥》是高中语文人教版教材的一篇课文，重庆七中的丁僖老师作了这样巧妙的教学设计，她把整首诗的教学设计成由四个问题构成的导学全过程：第一个问题引入诗歌，第四个问题总结诗歌，中间两个问题是主问题，一个锁定教学的重点，一个锁定教学的难点。四个问题相互关联，尤其是中间两个主问题共同支撑，很快形成学生积极互学、充分展学的凝聚力。

下面是丁僖老师的教学片段——

> 轻轻地我走了，
> 正如我轻轻地来，
> 我轻轻地招手，
> 作别西边的云彩。

教师提问：中国人表示分别时常用"挥手"，如"挥手自兹去，萧萧班马鸣"，此处同样表示分别，为什么要用"招手"而不用"挥手"呢？

学生先独立思考（自学），然后小组讨论（互学），第三步全班交流（展学）——

学生展学："我们小组的意见是，挥手表示的分别也许有依恋，但更多的是一种拿得起放得下的潇洒；但招手不一样，徐志摩离开母校的时候，恨不得把西天的云彩再一次招到面前来作一次深情的话别，因此，招手的背后是千种柔情，万般眷恋，他所表达的感情更柔婉，更细腻，更缠绵，更加依恋难分。"

这个问题设计的目的是，通过引导学生去品味"挥手"和"招手"这两个动词，感悟词语背后所表达的感情的细微差别。它就像音乐的第一声音符，给这首诗定下了感情的基调，使学生懂得，这是一首表达分别主题的抒情诗，而不是叙事诗。

软泥上是青荇，
油油的在水底招摇，
在康河的柔波里，
我甘心做一条水草。

　　在这一节诗歌中，教师的目标是要引导学生领悟水草意象的深刻含义。可是，这个问题理解起来难度太大。徐志摩回到母校，按照一般的思维方式，他的诗歌应该更多地去描写跟自己学习生活联系紧密的人物和事物（例如自己印象深刻的老师），而他却花了大量笔墨写了一条河流和河流中的水草，这是为什么？学生的思维开始遭遇到高难度的挑战了。既然问题的难度如此大，学生理解起来很困难，我们可否避开这个问题不去探究呢？也不行。因为学生如果对水草意象所蕴含的深层含义不理解，学生很可能就读不懂这首诗。这就是我们所说的"教学难点"。什么是教学难点？通俗的解释就是，在达成教学目标的过程中，学生遇到的最大的理解障碍和思维挑战，就是教学难点；或者说，学习问题呈现给学生，与学生实际水平之间的距离，就是教学难点。教学难点的突破是教学目标达成的关键。

　　怎么办？这就要适当控制好问题的认知难度，把问题难度限定于其临近发展区的认知阈限内。常见的策略是：把难度系数很高的问题分解成为环环相扣的一组问题，形成一个层层递进的问题链，引导学生思维的深化。所以，教师并没有提出这样的问题："请问水草的意象有什么深刻的含义？"而是把这个主问题分解为如下四个小问题：

　　师提问 1：在康河的柔波里，"我"为什么甘心做一条水草呢？（问题 1 为突破难点做铺垫）

　　生 1 展学：在康河的柔波里，"我"感到生活得非常快乐，非常惬意，因此我甘心做一条水草。

　　生 2 展学：我觉得生活得非常幸福，非常有价值，因此我也甘心做一条水草。

　　师提问 2：很好，请问你们是从这一节哪个动词看出来的呢？（问题 2 为突破难点继续做铺垫）

　　生 2 回答：我是从"油油的在水底招摇"一句中的"招摇"一词看出来的。

　　师提问 3：很好，"招摇"这个词原来是个贬义词，比如"招摇过市"，那么这里

的"招摇"又该怎么理解呢？它又写出了水草一种什么样的生活状态呢？（问题3接近难点突破的临界状态）

问题难度增大，学生先独立思考（自学），然后小组讨论（互学），最后全班交流（展学）——

生3展示："招摇"这个动词在这首诗歌中没有贬义，应该理解为"舒展身姿"的意思。

生4展学：我也这样认为，"招摇"这个动词写出水草在康河的柔波里身姿曼妙、自由自在的生活状态，说明在这里，它思想自由，精神奔放，没有遭受禁锢和压抑，活得自由舒展，活出了生命中最美的一段时光，所以做康河里的水草会感到无比的幸福。

师提问4：大家思考得非常深刻。我们阅读文学作品有一个规律，写景是为了抒情，托物是为了言志，那么这里作者写出了水草这样一种生活状态，实际上是暗示了徐志摩在母校学习时是一种什么样的学习状态呢？（这个问题在前面三个小问题铺垫的基础上提出，把思维和认识提升了一步。问题一抛出来，学生们马上电光火石般地予以响应，直接导致教学难点的突破——学生真正理解了水草意象的深刻含义。）

生5展学：说明徐志摩在英国剑桥大学学习的时候，在浓郁的、自由的空气下，他的精神没有受压抑，他的思想没有受禁锢，他的个性没有受摧残，他活得自由自在，活得自由舒展，活得青春飞扬，他活出了一生中最美丽、最幸福的一段时光。因此，哪怕作为一条水草生活在康河的柔波里，"我"也感到心甘情愿，也觉得是最大的幸福。

于是，老师总结并补充介绍徐志摩的康桥情结，以此来验证学生通过品词析句所获得的感受：1920年徐志摩赴英就读于剑桥大学，其间他邂逅了才情出众的林徽因，度过了一段美好的留学时光。徐志摩在回忆康桥时曾说："我的眼睛是康桥教我睁的，我的求知欲是康桥给我拨动的，我的自由意识，是康桥给我胚胎的。"正是康桥创造了一个充满性灵的诗人。

教学难点如何突破？我们认为，依靠老师的讲授解决教学难点，不是最好的方法。最佳的策略是：把教学难点分解成环环相扣的一组问题，引导学生的思维层层深入，层层突破，这就是比较好的策略。此处，主问题"水草意象有什么深刻含义？"

已经被分解成四个具有层递式逻辑序列的问题链，形成一个完整的教学板块，实际上运用了主问题设计的策略 4——深度分析教学重点或者教学难点，设计出在逻辑线索上环环相扣、层层递进的"连环式问题"，目标直指学生思维的深刻性品质训练。

那榆荫下的一潭，
不是清泉，
是天上虹；
揉碎在浮藻间，
沉淀着彩虹似的梦。

寻梦？撑一支长蒿，
向青草更青处漫溯；
满载一船星辉，
在星辉斑斓里放歌。

　　学生品读诗歌，教师抓住本首诗歌的教学重点，围绕教学重点设计一个主问题："寻梦"在这里有几重含义？

　　于是，学生围绕这个主问题独立思考，热烈讨论，气氛火爆……

　　生 1 展学：徐志摩在学校学习的时候，学校生活那样美好，因此，他再次回到母校，就有对过去美好学习生活的追忆，他寻的是这样一个梦。（角度 1：这是一个学子的梦）

　　师：嗯，是的，还有别的发现吗？

　　生 2 展学：我们小组发现，前面有一节"那榆荫下的一潭"，"潭"的注释是"拜伦潭"。英国伟大的文豪拜伦是徐志摩的学长，英国剑桥大学毕业，当年他读书的时候经常在这潭边读书写诗，所以后来就把这个潭命名为"拜伦潭"。徐志摩在诗中用"不是清泉，是天上虹；揉碎在浮藻间，沉淀着彩虹似的梦"。这种非常美好的梦幻般的笔调来写这个水潭，包含着徐志摩的一种无比的赞美和崇敬之情，这与其说赞美的是水潭，不如说是在赞美拜伦。作为诗人，徐志摩觉得拜伦就是他眼前一座艺术的高峰、一个艺术的标杆、一个学习的楷模，就是他追求的高度，说明他想追求一个文学艺术之梦。（角度 2：这是一个诗人的梦。）

　　师：非常有见地，这首诗其实就是徐志摩的"寻梦之作"，那么寻什么梦呢，大家还有发现吗？

　　学生逐渐沉静下来……但没有学生发表意见。

　　师启发：这首诗歌的标题是——《再别康桥》，为什么作者第一次离别康桥时没有写作这首诗，等到"再别"时才能写成呢？期间发生了什么对他有如此大的影响呢？

　　老师的启发犹如一颗石子投进水面，在学生思维的湖面激起"阵阵涟漪"……

　　生 3 展学：徐志摩和林徽因在康河相识相恋后，他期盼着能生活在一起，不料当他和妻子张幼仪离婚后，林徽因却突然回国和梁思成结婚，徐志摩只能将往昔生活的甜蜜回忆，通过诗歌委婉含蓄地表达。诗中的很多地方都有暗示，比如"夕阳中的新娘"，就有林徽因的影子。因此我们认为寻梦中的"梦"是指美好的爱情之梦。（角度 3：这是一个情人的梦。）

在教育部《基础教育课程》杂志社 2009 年 11 月举办的"第一届全国高中有效教学与有效管理"现场观摩研讨会上

　　师：非常好，还有吗？

生 4 展学：当年徐志摩在英国剑桥大学享受到好的教育，回国后想通过文艺改造中国的国民性。但那个时代他的理想抱负得不到实现。于是，只能带着一个空空的行囊和一个破碎的心灵，疲惫不堪地回到母校——康桥。还是母校像一位慈爱的母亲张开双臂拥抱自己这个伤痕累累的孩子，只有在母亲的怀里，只有在理想发芽的地方，作为时代有志青年的徐志摩，才能依稀地寻找到改造社会的梦幻。（角度 4：这是一个时代进步青年的梦。）

师：大家理解得多么深刻，可以说是真正走进了徐志摩的心灵。

这是一个可以多角度理解的问题，运用了主问题设计策略 2——深度分析教学重点或者教学难点，设计从一点引发不同思维结果（或者不同思维方法）的"开放式问题"，目标直指学生思维的发散性品质训练。

在这里，两个主问题相互支撑，很巧妙地把握重点，突破难点，形成对整首诗的"穿透式"理解，学生阅读时摆脱了文字表层的意蕴，抵达到诗人的心灵，完成对诗歌的解读。因此，第四个问题归纳总结，顺理成章。

师提问：这篇课文的标题叫"再别康桥"，请总结全诗，"康桥"在这里有什么象征意义？

生展学：此时的康桥，它既是"我"的母校，但也不完全是"我"的母校，它已超越了一所学校的具体含义，而成为"我"精神的圣地，梦想的天国，灵魂的家园和乌托邦式的理想。

师进一步总结：《再别康桥》所表达的实质上是一个理想的徐志摩回归现实时，灵魂的惨痛无依与漂泊不定，写出了一个时代的灰色情绪，是徐志摩创作史上的顶峰之作，是"五四"新诗坛具有最高地位的一首史诗般的作品。

在本设计中，教者能够抓住诗歌的核心价值，大胆取舍，通览全篇，提纲挈领，以锁定重点、难点的两个主问题作为思维支架，把学生思维引向更集中的阅读思考和更深入的讨论探究。《普通高中语文课程标准》（实验）第二部分"课程目标"中明确要求："通过阅读和思考，领悟其丰富内涵，探讨人生价值和时代精神，以利于逐步形成自己的思想、行为准则，树立积极向上的人生理想，增强民族使命感和社会责任感。养成独立思考、质疑探究的习惯，增强思维的严密性、深刻性和批判性。乐于进行交流和思想碰撞，在相互切磋中，加深领悟，共同提高。"这就是有智慧的教学。

通过以上案例，我们能够具体把握如何根据教学目标、教学内容和学生认知起点确定教学的重点和难点，进而针对教学重点、难点设计好导学问题，把教学过程转化成问题解决的过程。总括起来讲，学本教学的教学设计应从以下几方面用力：

第一，从学本角度研读教材。教师在备课时，除了要从课文作者的角度、教材编者的角度把握教材之外，特别需要以学生的视角研读教材。即：假定我是一名学生、一名优生（或中等生、后进生），我在面对教材的时候易于理解和接受的地方有哪些，难以理解和接受的地方在哪里？容易疏忽本不该疏忽的地方在哪里？我渴望得到什么样的帮助？最后回到教者的角度，思考在何时、何处，以何种方式，给学生提供恰如所需的帮助。

第二，准确制定教学目标，并将教学目标分解为教学重点与教学难点。制定教学目标需要经过一番研发过程，而把握达成教学目标的重点内容与难点部分，同样需要经过一番遴选与过滤。教学重点是指学生在学习中要重点理解或掌握的教学内容，主要是指学科的基础知识与基本技能，指在整个教材中应用频率高、与相关科目联系密切的内容。教学难点是指学生在学习中比较难于理解或掌握的教学内容，主要根据学生的知识水平和教学内容的复杂程度来确定。教学重点与教学难点既有联系，又有区别，二者的区别如下表所示[1]：

区别的视角	教学重点	教学难点
技术性质	是技术群中的关键技术	是学生最难适应的技术
主客观性	相对客观	相对主观
共性个性	教学重点针对每个学生	教学难点不针对每个学生
教学任务	教学任务性强	教学策略性强

"教学重点"与"教学难点"的问题既是一个重要的教学理论问题，也是一个重要的教学实践问题。北京师范大学体育与运动学院院长、博士生导师毛振明先生曾说，他们在寻找一线体育教师所归纳的教学重点和教学难点的过程中发现："寻找正确的案例要比寻找有问题的案例困难，寻找正确的难点要比寻找错误的难点困难。"他进

---

① 毛振明，杨帆：《论"教学重点"与"教学难点"》，载《中国学校体育》，2010(4)。

而指出："要准确地归纳教学重点和教学难点，我们必须深刻地研究'学理'，要认真研究教材，要细致地总结教学的成败及其经验，并逐渐形成对教学重点和教学难点的规范表达范式。"①总之，是否善于抓教学重点体现教师的战略眼光，是否善于定位教学难点体现教师学情分析的深刻性，是否善于准确判断教学重点难点是检验教师教学智慧的重要标准。

第三，将教学重点与教学难点转化为教学的主问题。假若我们所认定的教学重点难点达到了准确无误、确切无疑的地步，那还只是在认识层面解决了问题，也可以说只是在"教本"层面解决了问题；只有在教学过程中突出了重点，突破了难点，才算在实践层面解决了问题，也可以说才算在"学本"层面解决了问题。教学的复杂性、挑战性就体现在这里。突出教学重点，突破教学难点需要多种策略，而"主问题导学"是一项关键性策略。

苏联教育家马赫穆托夫早就提出一种教学方法叫"问题教学法"，后经诸多教学理论专家和教育实践工作者不断补充完善，逐步成为一种被广大教育工作者认可的教学方法。问题导学课堂教学模式可以看成是"问题教学法"在我国新课程背景下的一种运用和发展。中国教科院韩立福博士大力倡导走向以问题为中心的课堂，他认为问题导学教学模式主要有三大特点：(1)课堂教学的目标主要指向"问题解决"；(2)课堂教学的内容问题化；(3)课堂教学的过程以问题为纽带。②

研究表明，教学中的问题对学生思维发展至少具有定向价值、激发价值、组织价值和检测价值四种价值，要实现问题对于学生思维发展的优化价值，必须把握好问题本身的真实性、关联性、问题性(困惑性)、清晰性和处置性等。"如果教师相信问题是让学生积极参与学习和思维的有效工具，那么就有必要多花费一点时间和精力来准备问题，使教学中的问题变得更有质量、更有成效。"③好的问题，总是具有科学性、深刻性、探究性、针对性和层次性，有利于引导学生直奔学习重点，解决学习难点，高效达成学习目标。

---

① 毛振明，杨帆：《论"教学重点"与"教学难点"》，载《中国学校体育》，2010(4)。

② 韩立福：《"问题导学"：当代课堂教学深度改革的新方向》，载《江苏教育研究》，2013(1)。

③ 陈振华：《教学中的问题：基于思维发展的理解》，载《华东师范大学学报(教育科学版)》，2014(4)。

第四，将主问题进行艺术化组合，形成富有创新特质的导学案。主问题的组合要注意遵循两大原则：即有序原则、有机原则。有序原则即要求教师对主问题进行系列组合，优化教学中的知识学习和人文教育，使知识与技能、过程与方法、情感态度与价值观协同性地在学生心灵中能逐步地稳定地内化和建立起来，从而获得良好的整体效应；有机原则则要求教师在组合主问题时，使"板块"与"程序"形成最佳的结合，使教学板块之间形成最佳支撑，最终诱导产生教学的高潮。

"主问题"这一概念是湖北省著名特级教师余映潮老师在 1993 年 3 月对徐振维老师《白毛女（选场）》教例评析中首次提出的。之后，余老师在《我对阅读教学"主问题"的研究与实践》一文中指出："'主问题'是阅读教学中能从课文整体的角度或学生的整体参与性上引发思考、理解、品味、欣赏、探究的重要的提问或问题，是能够让阅读研讨深深进入课文的教学问题。"[1]因受《大问题的哲学》这本哲学入门读物的启发，有人将小学数学教学中一些直指本质、涵盖教学重难点，具有高水平的、以探究为主的问题也称为"大问题"。[2] 在其他各学科教学的问题设计研究中，人们常常称这样的问题为"关键问题"或"核心问题"。

课堂教学设计的关键就在于将教学重点与教学难点转化为教学的主问题。主问题导学，是提高课堂教学优质化水平的关键策略。自学是学本教学的起点。实际上，自学、互学、展学是一套"组合拳"，主问题设计不仅关系到自学的质量，同时还能为后面的互学、展学奠定基础。

当然，这对一线教师的专业发展要求比较高。教材的知识体系是否能够梳理出来，教师头脑中的定位系统能否准确锁定各个单元或每一节课的核心知识点及重点难点，都取决于教师本身的学科知识与专业素养。

二、学本教学中互学的诊断与改进

合作互学是世界各国中小学教师比较普遍采用的一种教学方式。"设计小组的运

① 余映潮：《我对阅读教学"主问题"的研究与实践》，载《中学语文教学》，2007(9)。
② 赵建方：《大问题教学的课堂结构初探》，载《教育教学论坛》，2011(7)。

用是杜威教育信条中重要的组成部分。关于在教育中有效使用小组的研究、描述或指导材料已可见于德国、荷兰、英国、澳大利亚、以色列、加拿大、日本和尼日利亚各国",被人们誉为"近十几年来最重要和最成功的教学改革"[①]。

其实,合作学习是一个很古老的教育命题,它在中国可谓源远流长。我国教育家孔子早在2000多年前,就已经有过对合作互学的论述。孔子在《论语》中说:"三人行,必有我师焉,择其善者而从之,其不善者而改之。""三人",其实就是一个学习共同体,可以看成三个人或者几个人组成的一个学习小组;"行"在此并非单指走路,因为走路是不需要老师的,这里的"行"更接近一种学习方式,叫做"游学"(Study Abroad),和"读万卷书,行万里路"的"行"颇为相似。"三人行,必有我师焉"的意思就是:三个人或者几个人一起开展小组合作学习,这中间一定有可以当我老师的同伴。其实,早在两千多年前,伟大教育家孔子就已经发现,学生才是最重要的课程资源,因此老师要相信学生、依靠学生、发展学生,也就是老师要懂得依靠学生,借学生之智和学生之力来促使学生发展,这其实就是合作学习的核心理念。具体怎么做?——"择其善者而从之,其不善者而改之。"翻译成现代汉语的意思就是:选择对方身上的优点并向其学习,发现对方身上的不足并帮其改正。从这里就引申出了合作学习的实质:合作学习其实就是学生之间基于问题的互助学习,也就是说,让学生先进行独立自学,当学生在自学中产生了认识的"疑点"时,就通过合作释疑把"盲点"做亮;当学生在自学中产生了知识的"误点"时,就通过合作纠错把"误点"做对;当学生在自学中产生了理解的"弱点"时,就通过合作总结把"弱点"做强。

因此,我们今天开展以合作学习为基本特征的学本教学改革,既是对欧美教育有效策略的借鉴,也是对中国优秀教育传统的回归,还是对世界教育改革大潮的积极回应。遗憾的是,合作学习在我国似乎呈现出"水土不服"的状况,情况不容乐观。我认为,目前中国的合作学习主要存在三方面的问题:一是合作对象上的边缘化问题。在合作学习时并非所有学生都倾情投入:部分学生在认真参与,还有部分学生没有完全融入,更有部分学生如同一批魔幻小说中的幽灵,悄悄游

---

① 王坦:《合作学习述评》,载《山东教育科研》,1997(2)。

离于小组活动之外。因此，小组中间就产生了一批多余的人，这就是合作学习中的边缘人现象，而这种现象非常普遍。二是合作深度上的浅层化问题。合作学习时小组活动混乱无序，交流的人自言自语，旁边的人缺乏倾听，既无法正确评价又缺少归纳总结，到合作学习结束时都是彼此之间的一些简单思维的堆砌，而无法形成有深度的小组共识，从而导致整个小组交流停留在思维的浅层。三是合作效能上的低质化问题。正由于有了前面两个问题，必然造成合作学习的深度不够、质量不高，于是就产生低质化现象。针对合作互学中出现的以上三个问题，我们可以从三个方面进行改进。

（一）优化小组：合作互学的组织保障

小组是合作互学开展的基本组织和单位，是小组成员心心相印组合而成的一个学习共同体，因此，优化小组建设是提高合作互学实效性的必要前提条件。我们可以从四个方面来改进小组建设。

1. 小组规模——人数影响合作

究竟把多少个学生组成一个小组才能让他们进行最有实效的合作呢？近几十年来，关于这方面的研究比较多。比如，下图中的"小组规模轮"[①]显示了人数影响小组合作的基本规律。根据这个规模轮，我们会发现小组规模小和规模大，分别有自己的优势和弱点。

我们先看小组规模小的优势。第一，小组规模小，学生努力的可见度就增加了，学生就越难以逃避责任，从而不得不对小组做出自己的贡献，个体合作的职责会得到强化，因此，小组规模小能够增强个体合作的责任感。第二，小组的人数比较少，就无需花太多时间来组织小组，小组活动运作也更快，使得每个成员有更多的时间来表达自己的意见。第三，小组规模越小，就越容易暴露学生一起学习时遇到的困难。当小组规模比较小的时候，小组协调和组织的问题。小组成员间未解决的冲突问题、权力和控制的问题、无所事事而坐等他人干活的问题，还有一些学生在一起学习时会遇到的其他问题，都会更加显而易见，便于教师及时的引导修正。小组规

---

① ［美］约翰逊，伍新春，郑秋，张洁：《合作学习》，24 页，北京，北京师范大学出版社，2004。

小组规模轮

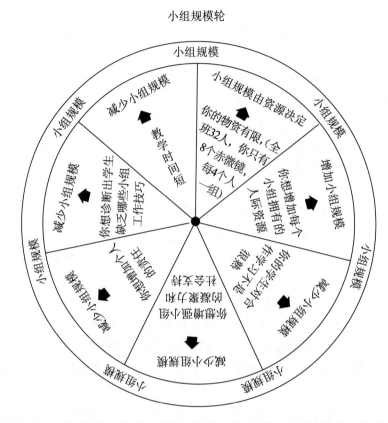

模足够小的时候，就能够保障所有学生平等、积极参加小组活动，这是它的基本优势。

当然，小组太小也会有问题，这时就需要考虑增加小组成员。每增加一个小组成员，帮助小组获得成功的资源也增加了。当学生小组规模增大的时候，能力、专长和技能的种类，获得和加工信息的数量，看待问题的观点和视角的差异性，都会有所增加。也就是随着小组人数的增多，商量的人数就增多了，解决问题的办法就增加了。但是，在优势增加的同时也会让它的问题暴露出来。小组规模越大，就越要求小组成员有合作的技巧。因为两个人一组的时候，学生只需要处理两个交互关系就可以了；在 3 个人的小组里，一共要处理 6 个交互关系；在 4 人小组里，有 12 个交互作用需要处理。因此当小组的规模增大的时候，人际关系会变得越来越微妙，对小组成员之间交互作用时所需要的人际协调能力和小组合作能力的要求也会越来越高。再有，小组规模越大，小组成员之间的两两深度互动的机会就越少，最终小组的凝聚力就会越来越低，合作文化就难以形成。

　　小组规模究竟多大才最适合开展合作学习呢？目前我国中小学合作学习的小组规模一般都在6～8人。6～8人规模是开展合作学习最理想的单位吗？我们先来看美国合作学习的小组规模。

哈奇森女子学校一年级

孟菲斯大学附小三年级

黑尔·森保罗高级中学

罗森国际实验学校

圣乔治高级中学

圣乔治高级中学

　　2013年下半年，我考察了美国的十几所中小学。走进美国任何一所中小学的课堂，发现美国教师合作学习的开展是一种常态化行为，表现为一贯性的学习策略与学习倾向，不是表演秀和花瓶式的点缀。在美国的中小学课堂，合作学习好像不需要任何特别的技巧，一切自然而然，顺理成章，是一种无所不在的学习文化。这与中国的课堂简直是天壤之别。所以，当时我颇有感慨地写下一段随笔：毫不夸张地说，离开合作，美国的学生简直无所适从；要求合作，中国的学生又简直无所适从。

　　我们在考察中还发现一个"秘密"：美国的中小学开展小组合作，其小组规模基本以 3～4 人为主流模式，恰恰是中国小组人数的一半（如上图）。

　　美国中小学校开展合作学习的小组人数为什么以 3～4 人为主流模式呢？我们本能的反应是：美国的班额很小。美国义务教育公办学校的班额一般都在 40 人左右，而很多优质民办学校的班额基本都在 30 人左右，甚至 20 人。所以人数少的确是一个优势，为小组规模调小提供了有利的条件。

　　但是，我还是坚持认为，美国中小学班额小只是他们小组规模调小的有利条件，不是必然条件。为什么这么说？我到深圳、上海、南京、宁波等许多城市去讲学和指导，发现这些城市许多中小学的班额和美国一样，都是 40 人左右；就是我们重庆，主城区义务教育学校的班额也已经大多控制在 40 人左右，可是为什么我们开展合作学习，其小组规模却依然以 6 人为主呢？

　　这里一定还有内在的更重要原因。后来，我们在实践研究中发现，以 6～8 人小组开展合作学习难度很大，甚至不能开展精细化的合作。我以中国中小学教师运用最为普遍的 6 人小组的合作学习为例进行说明。课堂观察显示：当老师在课堂上提供出一个有讨论价值的问题时，6 位学生分别陈述自己的看法，如果其中的一个学生交流 1 分钟，6 个学生至少需要交流 6 分钟；如果其中的一个学生需要交流 2 分钟，6 个学生至少需要交流 12 分钟；而中国课堂中一次小组合作学习，大体上能给与的时间也就在 2～5 分钟，把这 2～5 分钟时间平均分配给 6 位小组成员，每位成员发言的时间实际上只有十几秒到几十秒，每个小组成员一个比较长的句子可能还没有讲完，时间就已经不够了，这样怎么能保障每个小组成员都深度参与合作、充分交流思想呢？

　　于是，我们经常看到这样的合作学习场面：第一，学生表面化交流，形式化互助，人云亦云，流于肤浅和形式；第二，小组内常常只有一两个优秀学生交流甚欢，其余学生沦为看客或者听众，甚至有个别学生干脆游离于合作学习之外，他们根本就没有机会和时间参与。由此可见，小组规模直接影响合作实效。我国中小学合作学习中，6～8 人的小组规模并不合适。这样的小组规模明显过大，导致合作互助的关系过于复杂，小组管理的难度持续增加，学生个体的职责难以强化，小组凝聚的文化难以形成，容易造成合作学习的浅层化和部分学生的边缘化。

　　有一次，在国家教育行政学院给一个校长班讲课时，有个校长和我探讨。他告诉我：他们学校也正在全力推进合作学习，主要是学习杜郎口模式，其小组规模就是以 6 人为主，现在看来小组人数确实比较多；那么在进行小组学习时可不可以采取一个折中的办法来改进，就是在保持 6 人合作小组不变的前提下，每次只让 3 至 4 个孩子进行交流，是否可以？我问他："那另外 2 至 3 个孩子干什么呢？"这位校长说："他们不需要交流，就让他们在旁边看着或者听着，这样行不行？"我的回答是："不可以！"为什么不可以呢？每次合作的时候只让 3 至 4 个孩子来交流，他们个体交流的时间问题确实得到了解决，但是另外的问题又出现了：还有 2 至 3 个孩子在这次小组合作中不承担任务，于是他们参与合作交流的个体的职责就逐渐淡化，由此就可能游离于合作之外，而成为本次互助学习中的"边缘人"。所以，小组规模过大，容易导致部分学生"浑水摸鱼"、"滥竽充数"，形成小组成员在合作参与上的不均衡。

如果要提高合作互学的参与度，我的建议是，把小组规模从 6～8 人调整为 3～4 人。但是这样调整，会带来另外两个改变：第一，小组数量增加一倍，小组座位怎么调整？第二，小组数量增加一倍，是否影响全班展学？我认为，小组是合作学习的细胞，细胞充满活力，由细胞构成的整个机体也就充满活力。所以，只要把合作学习的基本单位——小组建设好，上述两个问题都能得到妥善解决。只是要求教师在学生学习的组织和管理时把视野放宽，尽量照顾到每个小组就可以了。

2. 分组方法——文化影响合作

用科学的方法进行分组对合作学习的优化十分重要。一般来看，分组的原则是八个字——"组内异质，组间同质"。"组间同质"就是对小组进行均衡化的资源配置，即根据一定的标准，把学习成绩、能力、性别、性格、家庭背景等不同的学生，相对均衡地分配到小组中去，使得组与组之间差异不大，有利于组际之间开展学习竞争；"组内异质"，就是在小组内按照优秀、中等、后进三个层次来分配学生，实现差异化分组，让小组成员之间形成互助和协作的关系。

这样的分组方法，一般都是以学习成绩为基本标准进行分配，也就是按照学生的总分统计（可以按照多次成绩统计），然后考虑性别、性格、家庭背景等因素进行"对位微调"，比如，发现两个性格内向的孩子被分在一个小组，不利于合作交流，于是就把另一个小组中学习成绩与之基本相当但性格开朗的孩子"进行置换"，通过这样细致的工作和周密的考虑，小组分配终于完成。这样的分组方法是一线中小学教师运用最为普遍的，其分组思路是，主要考虑学生的知识水平和智力因素的互补性。

这样的分组方法是最科学的吗?

重庆沙坪坝区在实施学本教学行动的初期，大多数中小学就是采取类似的方法分组。我们在课堂观察中发现，用这种方法分出来的合作小组，在合作学习开展的过程中不断暴露出各种问题。有一次，我们到一所学校听课，发现这样一个现象:

这所学校主要采取三人小组制，甲、乙、丙三个学生一组，坐成一个横排。我们发现乙、丙两个学生讨论得非常热烈，坐在右边的甲学生多次探过身去想参与他们的讨论，但坐在中间的乙同学一直排斥她，侧过身子挡在甲面前，不让她参与讨论，甲同学只能无趣地自言自语。

后来我们采访了乙同学，乙同学说:"甲是个很不诚信的人，借了我的钱，几年了都不还，谁知道老师还偏把她和我分到一组，我讨厌她，所以一直都不想让她参与讨论。"

由这个案例可以看出，我们原来的分组考虑了学生知识差异的互补，却忽略了小组成员之间的情感相融，而情感的融合，是形成小组文化的重要前提。科学的分组既要考虑知识的互补，也要兼顾情感相融，可以按照以下三步来完成。

1. 学生自选同伴意向调查。以分成 4 人小组为例，首先要在班上做一个调查，让每个学生任意地不受约束地挑选另外三个同伴。最想跟哪三个孩子分在一组，就把他们的名字跟自己列在一起，然后老师把所有名单收上来进行统计。这时两类人就会凸显出来:第一类，有一批孩子被选次数很多，我们可以称其为最受欢迎的学生;第二类，还有一批孩子或几个孩子是被选次数最少的，个别的孩子甚至没有人愿意选，我们就把这批孩子叫做不受欢迎的孩子，或者叫做被拒绝的孩子。实际上分组最需要考虑就是处理好这两类人的分配问题。

2. 合理分配最受欢迎学生。我们把受欢迎的学生再做进一步统计分析就会发现:这些孩子又可以分成两类，第一类孩子成绩很好，性格不坏，受不少同学崇拜，我们要把这类孩子尽量均衡地分配到每个小组，让他成为小组合作学习中的引领者，这实际上就考虑了知识互补这个问题。另一类孩子的文化成绩平时不是班上最拔尖的，一般在 20～40 名之间，可见这类孩子受欢迎的原因不是学习成绩优异，而主要是性格较好，协调能力较强，他们好似润滑剂一般给周围的人带去快乐。具备这种特质的孩子很受同学们喜欢，会成为小组的中心。因此，应该把这类孩子分配到各个小组里去，然后任命他一个职务，最好当"行政小组长"。

3. 动员接纳不受欢迎学生。我们发现，要把这些被拒绝的孩子分到小组里去比较难。这一部分孩子大体分成三类：第一类是因学习基础不好而导致学习能力不强的同学；第二类是因学习习惯不好而导致学习成绩不好的同学；第三类是因性格原因而导致人际关系紧张的同学。我们先来分析这三类孩子的心理，在开展合作分组之前，学生在课堂上进行个体化学习，他们已经习惯了"孤独的学习者"这个角色，反正自己的学习并不会影响其他同学，倒也心安理得。现在进行小组合作学习，实行小组整体评价，个体会影响整个小组，因此，如果自己做得不好，连整个小组都会受到影响。于是他们担心小组中的其他同学看不起自己，排斥自己，害怕自己会成为小组中的"累赘"。因此，我们要想办法把这种心理隔膜消解。可以采取这样的策略：由老师帮他们寻找一位合适的优秀生，他们之间知识互补，性格相投，彼此之间没有矛盾和恩怨。老师悄悄委托这名同学尽心尽力地去帮助他们，在正式分组之前，花一周左右的时间接近这个孩子，跟他在一起多交往，建立初步的友谊；等正式分组的时候，就主动邀请这个孩子加入到自己所在的小组去。这个孩子就会产生一种被悦纳的心理，当他带着这种被悦纳的心理加入到一个小组里去的时候，他对这个小组的抵触或者排斥情绪就会逐渐淡漠，对这个小组的心理隔膜也就会慢慢地消解。这种方式，可以使那些被排斥的孩子敏感、焦虑甚至脆弱的心灵得到安慰，缩短他们融入小组的时间。

实际上，从分组开始，我们就在进行小组合作文化的培育。

小组合作文化形成的条件是什么？主要有两点：

第一，小组成员之间具有和谐的人际关系，这是小组成员合作交流畅通的心理条件，也是小组合作文化形成的基础。如果小组分得不好，小组成员之间就会矛盾百出，不情不愿，互相交流和互相帮助就难以产生，比如有的同学始终没有办法融进这个小组，从分到这个组的第一天起就开始掉队。所以分组的目的应该是为了分出友谊与和谐，使得组内有产生和谐人际关系的心理基础。

第二，小组成员之间形成积极的心理互赖。有了和谐的人际关系，小组成员之间就能够比较顺利地开始合作学习了。在合作的过程中，组员们有问题相互支持，有困难相互帮助，有矛盾相互理解和包容。在这个过程中，小组成员之间的人际交往更加密切，关系更加牢固，慢慢地小组成员之间会形成一种微妙的心理：凡是遇到问题，首先想到的不是向老师请教，而是向小组的同伴请教，也就是说，小组同伴开始成为组员解决问题的某种心理依靠。这种心理一旦形成即是小组文化形成的重要标志，这在心理学上叫做形成"积极的心理互赖。"

格式塔心理学后期代表人勒温的弟子莫顿·道奇（Morton Deutsch）对产生群体动力的互赖类型进行了深入研究，于1949年提出了两种社会互赖———积极的和消极的社会互赖，并认为互赖类型直接影响到互动方式和心理过程。20世纪70年代，美国明尼苏达大学的约翰逊兄弟致力于学生在学习中的竞争与合作研究，并发展了莫顿·道奇的两种社会互赖理论。约翰逊兄弟提出的社会互赖理论的内涵用一句最简单的话来概括就是：在特定的社会情境中，人们所追求的目标结构决定着自身的互动方式，而互动方式反过来又在很大程度上决定了该情境的结果。[①]"所谓积极互赖其实是一种心理的倾向，是不同学习者知觉到为了完成某项任务，必须相互合作，个体的成功有赖于他人或整个小组的成功，若他人或小组失败，自己也就失败，从而使学习者认识并体验到自己与他人或小组成员之间合作的重要性。"[②]所以，积极的心理互赖的形成是小组文化形成的重要标志。

小组组建之后，为了形成良好的人际关系，为了促使小组成员相互欣赏，相互认同，相互理解和包容，不少学校做了许许多多的工作来促使小组合作文化的形成。比如，有的学校全校开展"我的组长（组员）征文比赛"，引导小组成员来欣赏自己的同伴，这就是一种合作文化培育的策略。

负责的组长

覃家岗小学二年级（2）班　牟俊龙

我是一个阳光帅气的小男孩，我生活在一个充满快乐的学校里，你要问为什么

---

①　郑淑贞，盛群力：《社会互赖理论对合作学习设计的启示》，载《教育学报》，2012(12)。

②　王鉴：《合作学习的形式、实质与问题反思——关于合作学习的课堂志研究》，载《课程教材教法》，2004(8)。

这样开心快乐，那是因为我的组长冉诗焱同学，她活泼开朗，爱动脑，爱思考，是一个爱学习，爱帮助同学的好组长。她对自己很严格，对我们也一样，尤其是合作学习生字的时候，她会一个一个耐心地教我们读生字，教完生字都会说：'大家真能干！'来鼓励我们。上课时，她也会积极地举手发言；上书法课时，我们写完了，她会仔细地审查我们写的字，不好的她会叫我们重写。所以，我们这组的书写获得的星星最多。上阅读课时，她总拿着本子和铅笔，会去把脑筋急转弯的题抄下来考我们，上体育课跳绳时，冉诗焱跳得很认真，每次都能跳到 140 个以上，她也会教我们怎样才能把绳跳得更好。通过她的帮助，我们组的成员不管是学习成绩还是跳绳成绩都有所提高，冉诗焱同学是我们学习的榜样，我为有这样的组长感到骄傲，感到非常的开心和快乐。"

（摘自沙坪坝区覃家岗小学"小组合作·我的组长［组员］"征文）

我的组员

覃家岗小学三年级(4)班　吴香颖

早上，邱观云一进教室，就主动把作业交给了我。为了阳光小组曾经的"小顽固"的进步，可让我们伤透了脑筋。他是我们阳光小组唯一的男生，他长着一双乌黑明亮的大眼睛，圆圆的脸蛋中间长着一张樱桃小嘴。记得他才到我们小组的时候，因为很贪玩，作业总是不能及时完成，他很快被我们列入了"黑名单"，成了我们阳光小组的重点帮扶对象。我们每天都催他交作业，他总是"顽固"地对着我们嬉皮笑脸。真是个"小顽固"，我们该拿他怎么办呢？大家坐在一起讨论着，有人提出："算了，他自己不努力，我们也没办法。""不，我们阳光小组不应该抛弃、放弃任何一位组员。"我坚持地说。终于，我们想出一个办法，每天轮流监督他。无论上课、下课我们小组都有人去提醒他、帮助他，并且耐心地给他讲解。有一次他的作业写得乱七八糟，我生气地问："你怎么写的字呢？这样的字你觉得好看吗？"看见我真的生气了，他沉默不语，慢慢地低下了头。我对照语文书仔细一看，还有一个词没写。这时我耐心地对他说："如果自己都不努力，你自己把自己放弃了，那你永远都不可能进步了，知道吗？"邱观云信服地点了点头。在我们小组成员的共同努力下，"小顽固"的作业一次比一次有进步，字也写得越来越好了。他不再"顽固"地拒绝进步了。一分耕耘一分收获，小顽固的进步是我们阳光小组永不抛弃、永不放弃的最好结果，努力吧，阳光小组，努力吧邱观云！希望你能一直进步，成为一个全新的"小顽固"。

（摘自沙坪坝区覃家岗小学"小组合作·我的组长［组员］"征文）

这就是相互欣赏的力量，组长欣赏组员而组员又极其信服组长。像这样，采取种种办法引导小组成员之间学会在相互欣赏，培养阳光心态，就是在培育小组合作文化。

3. 小组分工——组织影响合作

小组管理的问题要依靠小组的分工来解决。现状是，许多学校因小组规模较大，就把小组内的每个孩子全部进行分工，让每个孩子承担一个职责，如：小组长、资料员、记录员、纪检员、发言人……分工烦琐，职责复杂，使得老师和同学都一头雾水。

实际上，有些分工是没有多大必要的。比如资料员，在我国的中小学课堂上，学生围绕一个问题展开合作探究，我们什么时候看到过老师让学生当堂跑进图书馆去查找资料？常态化的合作学习中基本上是没有的，所以一般不需要资料员这个角色。再比如发言人这个角色，一般是让小组内表达能力最好的组员担当，每次合作学习之后就由他代表本组到全班进行交流，结果导致发言人垄断了展学机会。以语文为例，本来需要培养听、说、读、写四种能力，"说"是语文的重要能力之一，而三四个孩子当中只有这一个"发言人"有资格代表小组发言，剥夺了其他同伴展学交流的机会。这就陷入了"因为你不会说话，所以不让你发言；由于得不到锻炼将来更不会说话，那么就更不能让你发言"的恶性循环，违背了《义务教育法》中关于受教育机会均等的法律原则。

其实，小组成员分工，多数情况下是基于合作任务的需要，由老师进行分工设计，由小组长具体安排到每个成员，具有"临时性"和"任务型"的特点。只有如下两个角色是相对固定的。

（1）行政小组长。行政小组长一般由小组内部人际关系较好、协调能力较强的学生承担。行政小组长的职责是实施两种行为：第一，控制性行为。在组内维持纪律，约束监督，使得小组活动有序。第二，协调性行为。协调组内各成员的关系，使得小组活动有效。因为随着小组成员的互动增多，孩子们之间可能会因为一个眼神、一句不恰当的表达而产生小矛盾，进而发展为相互赌气，这就会导致小组活动效率低下。由于班级中小组较多，"赌气"这种行为又比较隐蔽，所以老师并不一定了解情况，更无法及时协调。怎么办？一旦小组内部有学生产生矛盾，就由这个行政小组长马上介入，通过协调和疏通来化解矛盾，相当于建立了一个小组内部矛盾纠纷的及时性的调解机制。

（2）学科小组长。根据学习任务的需要，学科小组长可以由不同的学生承担。比如一名组员担任语文学科小组长，另外一名组员担任数学小组长。这个小组长实施的主要是建构性行为，也就是组织小组合作——合理分配交流的顺序，汇总小组意见，进行有效的总结提升。

这两类分工相对固定，管理上由行政小组长负责，学习上由学科小组长组织，由此实现小组管理的优化。

小组是合作学习的重要单位，也是学生管理的重要依托。小组一旦建好了，在课堂上就是一个学习共同体，在课堂外也是一个管理共同体。比如做课间操，就可以以小组为单位排队站立，行政小组长负责管理成员，要求他们态度认真、动作一致。从自主学习到自主管理，学校变革不断向纵深发展。

4. 座位调整——空间影响合作

世纪之交，我们的邻国日本与我国在教育现状与改革对策上有着颇多相似之处。针对普遍存在的"考试地狱"与"教育荒废"等现状，日本于 1998 年 12 月重新颁布《学习指导要领》，通过三年的过渡期，从 2002 年开始在小学、初中全面实施课程改革。日本东京大学佐藤学教授指出，"改革的中心在于课堂"，"学校改革倘若不以课堂改革为中心，就不可能有丰硕的成果"，"世界各国的课堂正在发生静悄悄的变化……教师在黑板和讲台面前，面对排列整齐的课桌椅展开单向传递的课堂情景，正在进入博物馆的资料室。在新的课堂里，二十多个学生围坐在几堆课桌前，展开合作学习"。根据 1995 年世界 41 个国家的数学和理科课堂的比较研究，佐藤学发现初中 2 年级课堂已经有近半数是新的课堂情景了。

那么，我们在构建学本教学的时候，到底需不需要对学生座位进行调整呢？我们知道，在班级授课制建立初期，教室里的信息传递是单向的，即：教师面向全班同学单向灌输知识，每个学生通过听讲获取知识（如左上图）。后来，人们逐步意识到教学应是师生间的双向互动关系，于是教室里开始有了教师通过指名学生发言从而收集反馈信息的行为，课堂信息传递由单向型变成了双向型（如右上图）。再后来，人们发现学生不仅是教育对象，同时也是教育资源，学生之间交流互动的积极意义被发掘出来，课堂信息传递由双向型变成了多向型（如左下图）。随着认识的深化，一些课堂教学实践者和研究者不满足于学生之间简单的、偶尔为之的互动关系，开始在班级之下建立起一级新型组织——学生学习小组，此时课堂信息传递就由多向型发展成为成员型（如右下图），即每一名学生都开始以学习小组成员的身份，在小组内进行组织化、常态化的互动交流，而且教师角色也由此演变为"平等中的首席"。

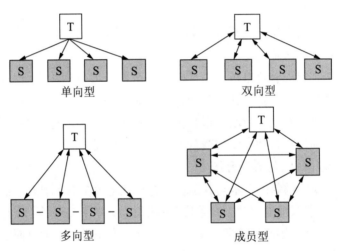

由此看来，构建学本教学最终势必会要求对学生座位进行一定的调整。我们认为是否进行学生座位调整，应重点考虑以下两个因素：

（1）是否有利于教师关注到每个学生。学本式课堂是以学生的课堂自学为起点的，学生自学时，教师应通过巡视以及时了解学生个体自学的情况，并进行个别指导。假如学生座位依旧长牌式摆放，中间只留一道缝隙可供教师行走，只方便教师了解通道两旁学生的情况，对这部分学生进行近距离的信息反馈和指导，而远离通道的学生就失去了老师"近距离"指导的机会。因此，构建学本教学首先要把教师巡视的通道打通，尽量保证教师能走到每一个孩子身边进行近距离观察和指导，从而给每个孩子平等的接受关注和指导的机会。

（2）是否有利于学生自由展学。展学，尤其是面向全班的小组集体展示，要求学生走出座位，走上讲台去侃侃而谈。当班级的学习气氛被激活以后，学生会争先恐后地争取上台展示的机会。这时，座位离通道较远的孩子就被两边同学堵住了上台的通道，教室就会出现你推我挤的场面，给展学带来诸多不便。

根据上述三个因素，我们可以将"秧田式"座位进行如下调整。

(1)微调式布局。如下图所示(部分座位)：

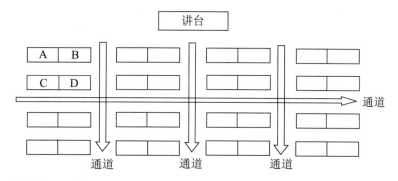

按照这样布局，每个孩子都有最近的通道，老师从通道中间走过去，对每一个孩子都可进行等距离的指导。学生平时仍然按惯常的顺序坐，合作学习的时候，前排 A、B 两个孩子转身，和后排 C、D 两个孩子形成一个四人小组。这样的座位摆设形式是可以的。

(2)围桌式布局，如下图所示：

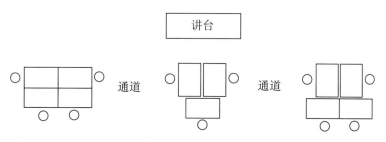

这种座位布局的特点是将三至四张课桌进行了拼合，学生不再一律面朝黑板就座，而是围坐在拼合之后的桌旁，形成团状。围桌式布局除了老师和孩子们身边的通道被打通，还有两个功能：

一是有利于开展组内互学。学生小组互学的基本形式是讨论但不限于讨论，有时还需要围绕作图、填表等动手操作性活动展开互助合作。这样，如果仅靠学生的坐姿改变而不进行课桌拼合，就会使小组合作学习内容受限。

二是能够使小组成员之间的凝聚力增强，有利于培养小组合作的文化。因为把组际之间距离拉开之后，就只方便组内学生交流，产生了边界效应，让学生形成小组的归属感。欧美一些国家学生座位设置多半已经变成了这种格局。

当然，这给教师对整个课堂的控制带来了不便，尤其让习惯于独霸讲台"师讲生听、师问生答"的教师极不适应，因此被认为是由此降低了教学效率。鲁迅曾经说过："中国太难改变了，即使搬动一张桌子，改装一个火炉，几乎也要流血；而且即使流了血，也未必一定能搬动，能改装。"因为搬动桌子的背后就是观念的冲突和习惯的博弈。

对此，佐藤学曾一针见血地指出："在习惯于同步教学的效率的教师看来，'合作学习'似乎是没有效率的、浪费时间的做法，但从推进的教师来看，同步教学的效率才是学生的浪费、经验的浪费。如果说，不是教学中教科书处理的进度，而是寻求每一个学生的学习经验的效率，那么，同步教学才是彻头彻尾的没有效率，而'合作学习'才是货真价实地讲究效率的。"①佐藤学认为：在课堂改革中，最重要的课题不在于"同步教学或是个别学习"，而在于小组的"合作学习"。②

(二)细化过程：合作互学的策略保障

1. 精化问题——提高学习智能

合作学习是解决问题的一种学习方式。问题的质量在很大程度上决定了合作学习的智能含量和学习效果，不是什么问题都可以展开合作的。面对合作学习中因"问题泛化"而导致"效果弱化"的现象，我们一定要谨慎选择问题，精心设计问题，以问题质量来确保合作质量。

一般来看，适宜开展合作学习的问题应该具备如下两个特征：

---

① 佐藤学著，钟启泉译：《学校的挑战：创建学习共同体》，27页，上海，华东师范大学出版社，2010。

② 钟启全：《课堂改革：学校改革的中心——与日本佐藤学教授的对话》，载《全球教育展望》，2004(3)。

（1）真问题。所谓真问题，就是由学生视角判定，问题确实具有一定的疑难性，影响到学生个体的认知和理解。因此真问题具有相对的"主观性"，不同学生个体产生的有疑难的"真问题"不同。正是这种问题资源的差异性，为学生合作互学的开展提供了必要性和可能性的条件。

真问题一般都是有难度的问题，这里的难度当然是相较于学生个体认知产生的难度。问题的难度应该符合以下关系：个人解决难度＜合作问题难度＜小组解决难度。问题具有合适的挑战性，有利于学生学习的思维发展。皮亚杰研究，当新的思维课题能够完全被学生原有的思维结构所同化，思维结构便只能发生量的变化；当学生原有的思维结构不能完全与新的思维课题相适应，思维结构便会改变自身而产生质的变化，使其原有的思维结构跃迁到一个新的层次，产生创新的智慧。因此合作学习中要真正发展学生的思维，合作的问题就要适当高于学生原有的思维水平，体现出一定的难度和深度。难到何种程度深到何种程度？以学生能否在同伴互助中正常解决问题为限。

（2）主问题。主问题是聚焦教学的重点或者难点内容，同时又能够实现高强度思维训练的核心问题。合作互学的主问题有两个来源：

第一，主问题由老师"提出"。

下面是沙坪坝区凤鸣山中学刘波涛老师执教的高中物理《力的分解》。问题情境：当一个重物压在两块海绵上时，海绵就会被挤压变形（如下图）。老师提出问题：海绵形变是哪个力产生的作用效果？在哪些方面产生了效果？可以怎么分解？于是学生围绕问题展开合作交流……

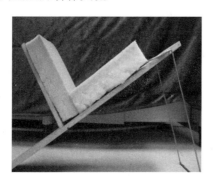

　　这个合作的主问题由老师直接提出，锁定本节课的教学重点——力的分解，学生由此展开小组合作。这是老师在教学中经常采用的一种教学策略，也是一种比较容易的教学策略。

　　第二，主问题由学生"产生"。

　　由学生生成教学主问题，是课堂中的高难度动作。这就需要在学生合作互学之前，由老师锁定教学的重点或者难点内容，实现精准的定向后，引发学生的认知冲突，激发产生主问题的心理条件。《中学生心理教育原理与教程》（林建华主编）指出："认知冲突是学生认识到自己知识与新的事物之间的差异之后发生的，它能激发学生的认识好奇心，这是内部动机作用，教师在学习指导中应善于激发这种动机。"所以课堂中聚焦学习的重点与难点内容后，引发学生的认知冲突和思维冲突，就能够诱导学生自己产生主问题。

　　下图出自西师版小学六年级数学教材，要求学生求不规则图形的面积。教材呈现的方法是把图形放在方格图中，用数方格的方式来求它的面积。其中间部分都是满格，直接数出有多少格即可知道有多少平方米。但周边那些不满格如何处理，对学生来说就比较困难。有两种方法可以求出这个不规则图形的面积，第一种是"拼凑法"，将一个小的半格与一个大的半格拼起来就相当于一个满格，或者是将两个半格拼起来相当于一个满格；另一种是"半格法"，把四周所有的不完整格都看作半格，数出一共有多少个半格，然后将半格总数除以 2 就得到有多少个满格。而采取不同的方法，就有可能出现不同的结论。沙坪坝区巴师附小有位老师是这样激发学生产生主问题的，以下是课堂实录。

　　学生先个体尝试，数出这个不规则图形是多少平方米，然后由教师诱导学生产生主问题……

　　师：谁来说说你数出来的面积是多少平方米？

生 1：大约是 50 平方米。

生 2：大约是 52 平方米。

生 3：大约是 47 平方米。……

师诱导：面对这么多的答案，你有什么疑问吗？

生 4 产生主问题：老师，我们估算的都是同一块地的面积，为什么会有这么多的答案？

师：是啊，为什么我数出的答案和别人的不一样呢？是不是很想听听别人是怎么数的啊？

生：想。

师：好，满足大家的要求！现在我们在 4 人小组内做两件事情（课件出示）：

1. 小组内交流你数方格的方法，并找出这些方法的优势和不足；

2. 在小组内达成共识，形成一种你们认为较好的数方格的方法。

于是，学生们围绕这个主问题展开合作交流……

在上面这个教学案例中，老师紧紧锁定本节课的学习重点——围绕数方格的方法，利用学生的分歧，产生认知冲突，诱导问题产生，引爆学生思维，进而引发全班共鸣，再进行有效的合作学习。

再看一节语文课，小学语文四年级人教版《寓言二则纪昌学射》。课文如下：

飞卫是一个射箭能手，有个叫纪昌的人想学习射箭，就去向飞卫请教。开始练习的时候，飞卫对纪昌说："你要想学会射箭，首先应该下功夫练眼力，眼睛要牢牢地盯住一个目标，不能眨一眨。"纪昌回家之后，就开始练习起来，妻子织布的时候，他躺在织布机下面，睁大眼睛，注视着梭子来回穿梭。两年以后，纪昌的本领练得相当到家了——就是有人用针刺他的眼皮，他的眼睛也不会眨一下。纪昌对自己的成绩感到很满意，以为学得差不多了，就再次去拜见飞卫。飞卫对他说："虽然你取得了不小的成绩，但你的眼力还不够，等你练到能够把极小的东西看成一件很大的东西的时候，你再来见我吧！"纪昌记住了飞卫的话，回到家里开始练习起来，他用一根长头发绑住一个虱子，把它吊在窗口，然后每天站在虱子旁边，聚精会神地盯着它。那只小虱子在纪昌的眼里一天天大起来，练到后来，大得竟然像车轮一样。取得了这样大的进步，纪昌赶紧跑到飞卫那里报告这个好消息，飞卫高兴地拍拍他的肩膀说："你就要成功了！"于是，飞卫开始教他怎样开弓，怎样放箭。后来纪昌成了百发百中的射箭能手。

我们教学寓言最大的难点是什么？就是引导学生学懂课文的寓意。因为寓意是课文所要表达的深刻的道理，常常隐藏得很深，不容易明白。围绕这篇课文的寓意（教学难点），沙坪坝区树人景瑞小学的周满老师是这样诱导学生产生主问题的：

师：这篇文章的题目叫什么？

生：纪昌学射。

师：学习什么？

生：射箭！

师：那写纪昌练习眼力用了几个自然段？

生：两个自然段。

师：开弓放箭呢？

生：一个自然段。

师诱导：其实只写了两句话。那读到这里，你有什么疑问吗？

生产生主问题：我想问的是，这篇文章是写纪昌学习射箭的，为什么练眼力却用了两个自然段那么多篇幅，为什么不详细写纪昌开弓放箭呢？

师：问得好，大家也有这个疑问吗？

生（齐）：是！

师：好，请大家在小组内围绕这个问题进行合作学习。

学生围绕这个主问题展开合作交流……大约 3 分钟后，学生纷纷举手，在教师组织下进行展学交流。

生展学：我们小组觉得作者这样写是为了突出纪昌练眼力的重要性，这个故事告诉我们的寓意是：无论学习什么本领都要练好基本功。

师：也就是说，作者写纪昌练眼力其实就是在练什么？

生（齐）：基本功。

师：很好，这就是作者想要突出的寓意：要练好扎实的基本功，纪昌最后才能成为一名百发百中的……

生（齐）：射箭能手。

与传统教学方法相比较，基于主问题的合作，其最大特点是注意了对信息的控制，它依据要素之间及要素与系统之间的依存性，抓住关键性问题，以合作探究的方式而予以深层突破，达到主脉通而其余经络皆畅的目的，从而优化学生对知识的整体理解。而传统式教学讲究"全面开花"，平均用力，致使"内力"耗散，效率低下，实在并非明智之举。

2. 分解任务——强化个体职责

为了保证每个小组的合作学习能有序、有效地开展，每一次重要的合作环节，教师都要设计明确的"合作要求"。我们来看两个成功的合作学习片段：

师：接下来，请大家听听黄老师演唱的歌曲有什么变化。（师演唱歌曲……）

生：歌词变了，旋律没变。

师：是呀，把自己想说的话变成歌词唱出来。接下来我们小组也来试一试。请看合作要求。

PPT 上出示合作要求：

第一步：集体创编歌词。

第二步：组长分工，一人指挥，一人伴奏，其余学生演唱。

第三步：合作排练，为上台表演做准备。

学生按照合作要求有序地开展小组活动。

——沙坪坝区西永一小音乐课

师：像这样一个一个地摆三角形，每增加一个三角形，小棒增加 3 根；如果像下面这样连续摆三角形（如图），摆 n 个三角形又需要多少根小棒呢？接下来老师请同学们自己来尝试尝试。先看看合作学习单，读一读合作要求。

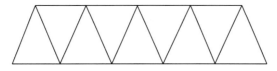

PPT 上出示合作要求：

1. 同桌合作：一人摆或画，另一人填写学习探究卡。

2. 组内交流：三角形的个数与小棒根数之间有什么规律？说说你发现规律的过程。

3. 讨论：你能用计算求出摆 10 个三角形所需要多少根小棒吗？

学生按照合作要求有序地开展活动。

——大连市西岗区五四路小学五年级数学课

上面两则案例的"合作要求"都包含两个部分：

一是合作学习的任务——以问题方式呈现。

合作学习必须要有明确的学习任务，用任务来驱动小组合作，通常在合作要求中以重要问题的方式来呈现。如音乐课，合作学习的任务有两个：第一，集体创编歌词；第二，合作排练，为上台表演做准备。数学课的合作任务也是两个：第一，探索连续摆三角形，三角形的个数与小棒根数之间有什么规律？第二，计算出摆 10 个三角形所需要多少根小棒。两堂课都在合作要求中明确提出了合作的任务，有助于学生围绕核心问题进行合作，并为实现共同的目标作出自己的努力。

2015 年 10 月，在西藏芒康援教

二是合作任务的分解——以强化个体职责。

小组合作的任务是一个集体任务，集体任务的高效达成有赖于小组成员个体任务的高效完成，以避免"三个和尚没水吃"。因此，要提高合作学习的实效性，保障每一个成员都高效参与合作学习，把小组任务分解成小组成员的个体任务就非常关键，这样做实际上在解决两个问题：

第一个问题是强化小组成员的个体职责，人人为小组贡献自己的智慧，培养小组合作的文化。

第二个问题是明确小组成员的个体任务，人人知道自己在合作中需要做什么，需要扮演什么角色，保障合作学习人人参与、有序进行。

比如音乐课中，有两个"合作任务"需要解决，其中第一个"任务"——"合作排练，为上台表演做准备"是关键的任务。如何排练？一定要保证把合作任务分配到每一个孩子的头上，清晰而准确无误，否则教室里可能会出现一片混乱。于是，教师把合作任务分解为三类：一个人指挥，一个人伴唱，其他人负责演唱，由组长具体指定到每个成员。因此，在合作学习开展的时候，每个孩子都明白自己需要做什么，个体任务很清晰，就不会出现"乱糟糟"的合作现象。

再比如数学课中，也有两个"合作任务"需要解决，其中第一个"任务"——"探索连续摆三角形，三角形的个数与小棒根数之间有什么规律"是核心任务。如何探索？教师很巧妙地把一个小组 4 个孩子分成 2 对，要求同桌（对子）当中一人摆或画，另一人填写学习探究卡，由组长具体指定到人。因此合作学习一旦展开，人人都懂得自己需要做什么以及如何去做什么。

总之，合作学习中，通过合作任务的分解，使个体目标得以进一步强化和清晰化，有利于强化合作者共同的步调，保障小组目标的高效达成。

3. 加强指导——提高合作效能

学生进行合作学习的时候，教师需要强化三种行为：

第一，管理行为。关注全体学生的学习状态，帮助小组长防止边缘人的产生。教师的管理行为在小组建立初期应经常实施，一旦小组文化形成，小组能够自行运转，教师的管理行为将转化为学生的自主管理。

第二，指导行为。一是指导还不太会进行合作的小组更快进入到合作状态，例如有的组长忘记了弱者先行的原则，一开始小组学习他就只顾自己表达，而忘记了主持工作，这就需要教师去进行指导；二是指导学习状态最差的孩子，尽快跟上小组的步伐，也就是要在课堂上完成辅导极差生的任务。

第三，激励行为。发现合作学习做得很好的小组，要提出表扬，进而激励其他小组更好地实施合作。

在新课程背景下，教师是学生合作学习的组织者、指导者与评价者，教师的职能不能"缺位"。教师作用的充分发挥，是提高学生合作效能的重要条件。

（三）强化训练：合作互学的技能保障

1. 建立规则——涵养合作文化

任何事物都有自己的规则。合作学习当然需要建立自己的规则，以保障合作学习能够顺利地进行。目前，在小组内部交流中存在这样一些问题：第一，交流的时候大家都自说自话，呈现出混乱无序的状态，而组长不知道该怎么主持小组合作学习；第二，所有人都希望交流表达，而缺乏必要的倾听；第三，交流完毕时，没有人进行提升总结，无法形成小组共识。

根据以上三个方面的问题，合作学习需要建立三条基本规则：

一是组长主持，有序交流。这个"序"分成三步：在组长主持下，首先由学困生先讲，然后由中等生补充，最后由优秀生总结提升，形成小组共识。这里需要特别说明的是：每次合作由学困生先讲，不是对学困生的歧视，恰恰是对学困生学习权力的保障。学困生先讲，他有可能讲不清，也有可能产生错误，这都应该被允许，因为接下来的补充总结会将这些问题一起解决，这正是对学困生学习权力的尊重和保障。如果不遵循这条规则，我们会经常看到，小组内部的交流合作，常常是一两个优秀学生"独步天下"，学困生被挤到小组的边缘而失去交流的机会。我们应该建立规则保护弱者，一个社会的文明程度，常常就体现在对弱势群体的关爱上。自然的法则是物竞天择，强者生存，是残酷无情的弱肉强食；而社会的文明法则，恰恰就体现为强者对弱者的关心。所以，教师首先要在全班宣布这条规则，并要让学困生打消顾虑，请他们先讲，是对他们公平参与学习权力的保障。

每个小组都有学科小组长，学科小组长就是学科合作学习的主持者。小组长如何主持合作学习？关键是要合理安排好小组内部的交流顺序。如果小组长把交流顺序安排反了，让优秀生先讲，那么优秀生讲完，则学困生和中等生可能就没话讲了。

二是学会倾听，善意评价。小组成员交流的时候，其他成员应该耐心倾听，不要随意打断别人的思路；倾听时要认真做好记录，为接下来的补充和总结提供依据。

补充总结时要对别人做出善意评价，积极参与讨论。善意评价，就是要求先肯定讲话者所表达观点中合理的成分，不要使用带有嘲讽意味的词语，表情要诚恳，尤其注意保护学困生；积极讨论，就是要求每个组员都要对别人的观点做出回应，充分表达自己的想法，表明自己的态度。

三是总结提升，达成共识。这一条非常关键，合作学习的结果，需要达成小组内部普遍的共识。共识如何达成？学困生先讲，中间生补充，优秀生总结提升，一个问题经历三个层次学生的交流，最后综合组内所有成员的意见，形成对问题比较正确而全面的解释，就是共识的达成。它是智慧分享的结果，也就是合作成功的标志。

如果学生有了这些规则意识，逐渐形成自觉行为，就能营造良好的合作氛围，保障合作学习时的有效交流。例如，人教版高一语文《荷塘月色》中有这样一个句子："微风过去，送来缕缕清香，仿佛远处高楼上渺茫的歌声似的。"

一位老师在教学时让学生小组合作讨论一个问题：能否把"渺茫"替换为"缥缈"？

由于小组建立了良好的合作秩序，小组内部的交流是非常有效的：

学困生（先讲）："不可以，虽然它们都写出了歌声的清幽和似有似无，但是我总觉得不能随便替换。"（这位同学对"渺茫"与"缥缈"两词表达效果的共同点有了明确感知，但对不同点尚在"可意会不可言传"的水平。）

中间生（补充）："有道理，因为'渺茫'不仅写出了歌声的清幽和似有似无，好像还表达了迷茫的心情。"（这位同学能从"渺茫"的语素"茫"中体味到作者所表达出的迷茫的心情，但他对自己这样一种感悟还不敢肯定。不过，这对学困生的思维已经具有启发意义，对优秀生的思维也能起到铺垫和诱发的作用。）

优秀生（总结）："很好，'渺茫'写出了清香的幽微和似有似无，表达了一种淡淡的喜悦；还写出了作者的一种迷惘，写出了一种淡淡的忧伤……"（显然，这既是对中间生的肯定，又在其认识基础上进了一层，较好在小组内实现了"兵教兵、兵强兵"，体现了互助共进的合作文化。）

合作规则的建立，实质上就是在培育和涵养一种合作的文化，有人把它叫做制度文化，或者叫做规则文化。

2. 加强训练——培养合作习惯

让学生养成合作的习惯，进而形成一种学习技能，不可能一蹴而就。为此，我们制定了"小组合作技能评价表",不断引导和帮助学生使合作意识内化于心,外化于行。

表一　小组合作学习技能评价表

适用学科:以解决问题为核心的学科

评价建议:随机抽样(至少 3 组)达到合格标准的平均分数

评价内容	评价要点	1组	2组	3组	4组	5组
任务分解(40)	组长主持 弱者先行 中者补充 优者总结					
合作文化(40)	耐心倾听 做好记录 善意评价 积极讨论					
效果达成(20)	分工展示 表达清晰 观点合理 结论正确					
总分(100)						

我们的实践表明:从小学一年级开始,在每堂课中培养和训练学生的合作学习能力与习惯,既是必要的,也是可能的。新课程的三维目标包括知识与技能、过程与方法、情感态度与价值观,其中的"技能"除了指解决学科问题的技能,也指"学习"本身的技能。而"合作学习"就是一种非常重要的学习技能。因此,我们从一年级开始,就把培养学生合作学习的技能作为重要目标,做到每节课有训练点,点点相连,最后系统化地形成合作学习的技能。

围绕小组合作技能的微格训练,我们进行了一系列的学科教研活动,逐渐从学生小组合作的理想状态中分年段细化出学生合作技能训练点,并开发出小组合作技能训练的微课,每节微课在 10~15 分钟,强调技能训练的一课一得,反映教师在课堂教学过程中针对某个合作技能而开展教与学活动的各种教学资源有机组合。

沙坪坝区教师进修学院的小学教研员董晓宇、王华、杨文三人在沙坪坝区森林实验小学进行试点，借助学校教研团队的力量，逐渐将一个个能力训练点具化为一堂堂能力训练微课。现以案例"低年级小组合作学习技能训练微课《我读，你听》"来阐释合作学习的技能训练过程：

第一步，让学生自己观察、体验。在低年级的合作技能训练课上，此环节重在让学生观察范例，指导合作的基本流程与方法；中高年级的思维训练课上，此环节重在让学生在案例中体验，寻找思维拓展的路径。

老师请一位学生走上讲台，组成一个两人规模的合作学习小组，叫做小小组，给全班学生进行合作学习的示范。

师：现在由我和一位同学给大家示范在小小组内进行"我读，你听"的互助学习，我是1号，你是2号，这次由我1号任组长，我们俩的学习任务是我们都要把这首诗读得正确、流利。其他同学就是观察员，观察我们是怎么互助学习的，好不好？

生(齐)：好。

师：咱们先自己练习读课文《会走路的小松树》(师和一名学生自己练习朗读课文)：

> 美丽的森林里，
> 有一只淘气的小花鹿，
> 犄角上面绑绿枝，
> 就像两棵小松树。
> "小树"摇一摇，
> 小鹿走一步。
> "小树"摇两摇，
> 小鹿走两步。
> 活泼的小山羊，
> 告诉蹦蹦跳跳的小白兔，
> 快看快看，
> 快看会走路的小松树！

师：现在你读我听，我听的时候会在有问题的地方用笔做上记号，观察员注意观察看我是怎样做记号的（一名学生读，教师示范作记号）。学生读完后，教师帮她纠正问题：

师：这里是"一只淘气的小花鹿"，你漏掉了"一"；"犄角"的"犄"也读错了，应该读 jī，跟着我读两遍……（学生跟读）这次你读错了两个地方，我给你打 3 分，请你再读一读。

学生朗读课文，老师倾听。这一次学生改进了问题，没有错误。

师：这次你读得非常好，我给你 5 分。

然后两人角色互换，由老师读课文，学生做记号。教师读完后，学生指出教师朗读中的问题：

生：你把"绑绿枝"读成了"绑着绿枝"，加了一个"着"字；你还把"活泼"漏掉了。请你跟我读。

学生教老师读。

生：这次你读得非常好，我给你打 5 分。

第二步，让学生自己梳理、建构。此环节重在让学生在前一段的观察体验基础上，学会倾听与记录，自我建构合作学习的流程图、技能与方法、解决问题的思维路径与策略。

师：现在就由观察员来说说看我们俩在小小组内是怎么互助学习的？

生：先自读，再一个人读一个人边听边勾画，然后跟读，教读，最后再读。

师：在"我读，你听"的环节中要怎么听？怎么记呢？

生 1：边听边做上记号。

生 2：要注意听有没有加字或漏字。

生 3：还要注意听有没有读错字音。

师：听的同学要听得很细心，才能发现别人读得不对的地方，你听得越仔细，说明帮助别人的心就越诚恳。满分是 5 分，那你是怎么给人打分的呢？

生 4：全对 5 分，错一个地方扣 1 分。

第三步，让学生迁移，运用。此环节重在由教师提供相关的学习材料，创设真实的学习环境，让学生运用自我建构的方法与技能、路径与策略，达到迁移内化的目的。

　　师：现在就请同学们在小组内开始互助学习吧，我们的学习任务是把这首小诗读得正确流利，由1号任组长。

　　学生开始分组学习，体验合作学习的角色和朗读中的相互支持。（略）

　　师：孩子们，你们看在"我读，你听"的环节中，绝大部分的孩子都获得了好成绩。老师也把今天的互助学习编成了一首儿歌。请孩子们拍着手一起读一读。

我读，你听

小小组内读课文，我读你听齐努力。

拿上笔要做记号，加字少字和错字。

指出错误我再读，诚心诚意来帮助。

得了满分好开心，伸手指头夸夸你。

　　全班齐声朗读儿歌。

　　师：我们也可以试着两个小朋友拍着手来读一读。

　　小小组边拍手边朗读儿歌。

　　在上面这段课堂实录中，老师既在帮助学生学习这篇课文，同时又在进行合作技能的培养和训练。要特别注意的是，合作技能的培训，需要每个老师作为教学的重要目标来完成。我们过去的课堂，老师习惯性地以知识目标为中心进行教学设计，而不关注学习技能目标。构建学本教学，自学、互学、展学都是学习技能，因此要求把技能和方法与知识摆在同等重要的位置，每节课都既要有核心知识学习目标，也要有学习技能目标，而且学习技能训练要形成序列，一节课一个点来进行系统的训练。

　　实践证明，这样进行合作学习的专项技能训练，学生的获益是明显的。但是初期处在基于课堂需求选点，见点打点研究状态。随着基于一门学科/课程的某个重要的专题（或某个单元、主题等）而设计开发微型化的视频网络微课程的出现，我们开始进行基于学生小组合作技能的系列化、连续性、层次化的微课程开发。一个合作技能专题的微课程一般由5～10节微课组成（具体数量因学生的年龄特点、技能训练点的难易程度等而定），这一组微课可以向学习者传授一个相对完整的知识专题，体系如下：

(1)一、二年级小组合作技能训练微课程：

专题一：学会认真倾听别人的发言，并进行点评；

专题二：学会用学具完成生字词、读课文等简单的自学、互学任务；

专题三：训练用规范的流程展示互学成果。

(2)三、四年级小组合作技能训练微课程：

专题一：小组合作中组长如何针对难点问题组织交流；

专题二：小组合作中如何处理组内的不同意见；

专题三：小组展学时如何实现全员参与，整体联动；

专题四：小组合作中记录员如何汇总小组意见。

(3)五、六年级小组合作技能训练微课程：

专题一：在倾听其他小组汇报的过程中积极主动地思考；

专题二：在组际交流中学会质疑、鉴别、吸纳、反驳其他小组的观点；

专题三：展学环节小组长如何去粗取精，学会总结。

在学本教学中，教师根据这些合作学习的核心技能，一点一点地进行微格训练，做到节节课有训练点，点点相连，最后内化为学生小组合作的学习习惯和基本能力。

我认为，只要抓好小组优化、过程细化和技能强化三个关键环节，学生就能很好地运用合作学习，课堂就将呈现出高效学习的状态，实现不让任何一个孩子掉队的目标。下面，我以人教版一年级下语文《荷叶圆圆》一堂课中一个小组的课堂观察片段来进行综合说明。

这个案例是由沙坪坝区育英小学的一个老师执教的。该班级的小组由三个孩子组成，他们并排坐在一起。正中间的学生是这个小组中的"小老师"，称为 2 号；他的右边是这个小组的"边缘生"，称为 1 号；他的左边是这个小组的中间生，称为 3 号。三个小朋友于是就形成以中间的"小老师"为核心和龙头的"三人行"合作学习小组。下面是该小组学习的一个片段：

三人行——生字互查

师：孩子们，在荷叶上正发生着有趣的事情，请同学们打开书，先自由地读一读，然后把预习卡上的生字词读给同组的孩子听。如果别人有错，给他做上记号再帮帮他，明白吗？

生齐： 明白！

生先自读生字，完成后组长开始主持小组互学。

2号生： 请向我靠拢。（左右两生同时向中间的组长靠拢）

2号生（转向1号生）： 我先检查你的。

2号生指书，1号生读： 水珠、眼睛、蜻蜓、翅膀、呱呱……

3号生非常认真、非常专注地倾听2号生的读音。

当"小老师"抽查到第五个生字的读音时，发现1号将呱 guā 读成了 guá，此时，"小老师"紧急叫停——

2号生（转向3号生）： 这个词你会读吗？你来教他读两遍。

3号生教读： 呱呱（guāguā）、呱呱（guāguā）。

1号生跟读： guāguā、guāguā。

3号学生帮1号学生改进读音后，小组长2号学生于是让3号学生进行小结。

2号生： 你给他评几颗星？

3号生小结： 我给他评3颗星，因为我给他纠正了，他就读得很准确了。

2号生于是把1号生读错的字音写在他的课本上，进一步强化。

在这里，我们很清晰地观察到三点：第一，合作互助中问题的及时改进。当学困生3号出现问题时（"呱"的读音错误），在主持者1号的组织下，中等生3号帮助学困生2号改正错误。第二，合作互助中的包容与民主。虽然1号生将一个简单的字读错，但同组的另两位组员并没有歧视他，而是带着欣赏的眼光去看待他，并都肯定了1号生积极改正错误的态度。在这样的小组中，就算是学得差一点的学生，也会有成就感，从而更好地融入小组合作学习中去，形成良性循环。第三，合作任务的分解非常精准。中间2号是主持者，当1号边缘生被抽查时，3号中间生就成了评价者。把小组任务精准地分解到每个小组成员，强化了个体目标，有利于人人都高效参与合作。这再次启示我们，每次合作要把目标强化到每个孩子头上，任何一个孩子都要有目标有任务，不能有一个"漏网之鱼"。这也启示我们小组的规模不能太大，因为小组规模太大，比如6人小组或者8人小组，可能就会出现任务少了，人数多了，有些小组成员因为分不到"合作任务"而成合作学习中的边缘人。

2015 年 11 月 06 日，应四川省陶研会之邀在四川初中课博会上作学术
报告

　　什么是合作互助的学习？学生在学习过程中暴露的问题，依靠同伴来解决问题，从而实现互助共进，这就是合作学习的功能所在。美国教育学家布鲁姆认为，绝大部分差生是由于学习过程中的累积性误差造成的。克服累积性误差的有效手段是教师在教学过程中，不断接收学生学习的反馈信息，及时发现学生学习上的缺陷，并以此调整教学行为，有针对性地及时予以矫正补救。[①] 但是，此时如果没有小组合作，在班级群体教学制的背景下老师就很难发现这个孩子的错误，因此也就无法及时对其进行矫正补救。如果这个孩子学习过程中所出现的这样一些问题长期得不到及时纠正，积少成多，他可能会发展到学不下去的地步。合作学习的优势之一，就是在小组内部建立起一种及时有效的学习监控反馈机制，通过及时暴露真实的问题，同伴互助解决真实的问题，显示出它的实效性。在这个小片段中，我们看到了 1 号生在小组同伴的帮助下掌握"呱"字正确读音的全过程。小组合作学习的功能不仅在于知识学习的本身，还在于通过及时有效的评价形成"人人为我，我为人人"、"抱团取暖，共同前进"的人格特征。

---

① 赵春英：《及时反馈矫正，提高教学质量》，载《甘肃教育》，1997(5)。

　　对比一下过去传统的讲授式教学。很多老师总以为讲授式的课堂是最为有效的，实际情况可能刚好相反。老师用讲授的方式传授一个核心知识，实质是同步教学，要求一个班几十个孩子全部按照相同的时间、相同的节奏来理解、接受老师所教授的知识，而这正是问题的症结所在。因为班上的几十个孩子存在智力水平差异和个性差异，有的孩子思维灵活，理解速度快，就能随时跟上老师讲授的节奏；有的孩子反应速度、理解能力都属中等，跟随老师就比较吃力；还有一批孩子，他们的反应速度慢半拍，理解能力弱一点，就难以跟上老师讲授的节奏和步伐。要求反应速度和理解快慢各不相同的孩子按照相同的时间、相同的速度、相同的节奏来接受相同的知识，没有考虑教育对象的差异性，这本身就违背了教育规律。所以，讲授式教学的实质是"一刀切式的同步教学"，最终的结果是大量的学生被淘汰，而且这种淘汰不是结果淘汰，而是过程淘汰。这种"一刀切式"的淘汰型教育最大的恶果是，它没有把中国 14 亿人口变成人力资源优势，甚至在某种程度上把受教育对象变成了人口包袱，这是非常可怕的。

　　综上所述，我认为，大面积推广运用合作学习，将给中小学课堂带来两个方面的积极影响。一是变同步教学为差异化教学。当面对一个新的核心知识时，首先让学生自学，这就尊重了孩子们的实际，能力强反应快的学生可以学快点，能力弱反应慢的学生可以学慢点，当他们在学习进度上出现差异时，就运用小组合作学习方式，通过"兵教兵"，使小组整体的学习水平得到提升。二是变单一性竞争的课堂文化为协作中竞争的课堂文化。小组内部是合作的关系，要在竞争中取胜，就必须要合作。因此，合作是竞争胜利的条件。把只有单一性竞争的课堂文化变成在协作中竞争的课堂文化，学生开放的性格、协作的人格、阳光的心态、包容的情怀才能被激励起来，真正的民主、平等、自由、友善的现代公民素养得以培养。从这个意义上来说，课程改革改到深处就是文化重塑，就是新型人才培养模式的重建。

三、学本教学中展学的困境与对策

　　从某种意义上来说，自学与互学都是展学的前奏和准备。充分而热烈的展学，彰显出课堂的温度、亮点乃至高潮。所以，展学成为提升学本教学品质的关键环节。在学本教学改革实践中，许多问题都集中暴露在展学环节。本节从展学的功能出发，围绕展学的内容设计、方式选择、过程优化、结论处理、技能训练五个方面，阐述了学本教学中展学的困境和对策。

(一)展学功能认识

展学的完整表达是"展评式的学习"，它是由"展学＋评学"联动的过程构成。通过"展学＋评学"的方式来开展学习，就把单边的展示变成双边的展评。在制度设计上，我们之所以把单边展示改为双向展评，是基于两点考虑：一是从广度上看，展学机会有限，而评学机会更多，能调动更多学生参与对话和交流，有利于大面积激活课堂；二是从深度上看，通过台上同学的展学，引发和调动全体学生参与，形成台上展学和台下评学的思维共振、情感共鸣，学习不是浮于浅表的、机械模仿的，而是真正触及孩子的深层思维、情感、态度和价值观，使课堂走向最优化的学习过程。

科学理解展学的功能，对我们灵活运用这种学习方式非常重要。一般而言，展学的功能主要表现在如下四个方面：

1. 展示学习成果，检验学习效果

通过展学，对自学、互学的学习成果进行检验与反馈，并在检验与反馈的过程中进一步深化学习。例如在小学语文《将相和》一课的学习中，学生要通过独立阅读、合作分享的学习过程对课文中三个故事的重点句段进行深入学习，体会人物的个性特点，感受蔺相如和廉颇忠于国家、顾全大局的高尚品质。学生在自学、互学中对重点句段的学习理解达成了什么样的效果，需要通过及时的展学来检验与反馈，并在检验与反馈的基础上引领学生体会廉颇和蔺相如的个性特点与高贵品质。下面是重庆市沙坪坝区莲光小学周楠在执教《将相和》这一课时的检验反馈展学过程：

师： 下面请大家把你们独立阅读和小组分享的收获汇报展示一下，小组汇报的时候大家认真倾听，待会儿请你们发表不同的意见。

汇报问题：课文中三个故事的结果是什么？想要的结果、最坏的结果、实际的结果分别是什么？

小组代表展学：完璧归赵这个故事中蔺相如想要的结果是拿城换璧，最坏的结果是璧碎人亡，实际的结果是完璧归赵。有没有不同的意见？教师在课件中表格输入第一组学生展学的结果，如下——

	重点句子	预期结果	最坏结果	实际结果
完璧归赵	我看您并不想交付十五座城。您要是强逼我，我的脑袋就和璧一块儿撞碎在这柱子上！	拿城换璧	璧碎人亡	完璧归赵
渑池之会	您不答应(击缶)，我就和您拼了！			
负荆请罪	如果我俩闹不和，就会削弱赵国的力量，秦国必然趁机来打我们。			

生1质疑：我们组有不同的意见，我们认为蔺相如想要的结果不是拿城换璧，蔺相如想要的结果是完璧归赵。

师问：你同意哪个呢？（生有不同的答案）有不同意见。咱们来再读课文。

全班齐读重点句子：我看您并不想交付十五座城。您要是强逼我，我的脑袋就和璧一块儿撞碎在这柱子上。

师：蔺相如说秦王并不想交付十五座城，再一次读了他的话，你有什么感想？

生2：我认为当时蔺相如已经知道，秦王并没有拿城池交换玉璧的诚意，所以他只能想办法完璧归赵，那么他想要的结果是完璧归赵。

师：你通过读有了自己的见解，（另有学生举手）你有什么补充？

生3：请大家看到第六自然段，蔺相如对赵王说过，如果秦王不交换，我一定把璧送回来，蔺相如早就预料到秦王没有拿城池交换玉璧的诚意，所以他想要的结果不是拿城换璧，而是完璧归赵。

师：好，还能从文中找到依据。同意他们的结果吗？我们改过来（在课件中改）。

小组代表：渑池之会这个故事想要的结果是秦王击缶，最坏的结果是同归于尽，实际的结果是秦王击缶。有没有不同的意见？

教师在课件中输入学生展学的结果，如下——

	重点句子	预期结果	最坏结果	实际结果
完璧归赵	我看您并不想交付十五座城。您要是强逼我，我的脑袋就和璧一块儿撞碎在这柱子上！	完璧归赵	璧碎人亡	完璧归赵
渑池之会	您不答应(击缶)，我就和您拼了！	秦王击缶	同归于尽	秦王击缶
负荆请罪	如果我俩闹不和，就会削弱赵国的力量，秦国必然趁机来打我们。			

生4：我觉得应该是为赵王击缶。

师：想要的和实际的，是吧？（嗯）你觉得呢？

小组代表：我觉得词语不同，意思一样的。

师：接着汇报。

小组代表：负荆请罪这个故事想要的结果是两人和好，最坏的结果是秦国攻赵，实际的结果是两人和好。有不同的意见吗？

（没人举手）教师在课件中输入第三组学生展学的结果，如下——

	重点句子	预期结果	最坏结果	实际结果
完璧归赵	我看您并不想交付十五座城。您要是强逼我，我的脑袋就和璧一块儿撞碎在这柱子上！	完璧归赵	璧碎人亡	完璧归赵
渑池之会	您不答应(击缶)，我就和您拼了！	秦王击缶	同归于尽	秦王击缶
负荆请罪	如果我俩闹不和，就会削弱赵国的力量，秦国必然趁机来打我们。	两人和好	秦国攻赵	两人和好

师：看来大家都比较赞同，掌声感谢这个小组。从这三个故事中的阅读分析中，你觉得廉颇和蔺相如分别是一个怎样的人？

......

如上述课例中的展学过程所呈现，以汇报展示的方式反馈、检验学生在自学、互学中对三个故事中重点句子的阅读理解情况，展学中教师敏感地抓住不同的理解结果制造矛盾冲突，引导学生潜心阅读，在文中找到思维结论成立的依据。当小组代表说到"完璧归赵这个故事中蔺相如想要的结果是拿城换璧"，引发了不同的声音，老师引导学生再读课文，让学生在再读课文中找到蔺相如想要的结果不是拿城换璧的依据和理由，这个找依据、说理由的过程就是学生阅读思维状态、理解状态的展示暴露过程。学生展示的表格和老师课件出示答案的表格就是学生思维的导图，引导学生由关键的话、重点的句段想象、推断想要的结果、最坏的结果和实际的结果。这样，既展示了思维的结果，也展示了思维的过程，让其他同学快速抓住关键，方便更高效地进行交流。这样的展学，通过文本、学生、教师之间的多重角色开展多元对话，共生互学、共同发展，既检验了学习效果，又培养了学生分析思维能力，还为后续引导学生体会廉颇和蔺相如的个性特点与高贵品质打下了坚实的基础。

2. 暴露学习缺陷，矫正思维偏误

课堂常常是通过暴露问题促使学生解决问题，实现知识增长。而教材的知识是相对静止的结论式的知识，省略了观察、归纳、探索、猜想的生动过程。把教材知识转化为学生获取的信息，需通过内化和外化的过程，把问题通过操作和言语呈现出来。因此，课堂展学就成为学生暴露学习问题、矫正思维偏误的重要方式。

展学就是学生在"自学"与"互学"的基础上，对问题进行深入地探究，并将问题的探究过程或结果用简洁生动的方式展示出来，学生在展示中呈现出的是他们最原始的想法，暴露出的问题正是课堂中新产生的学习资源。合理利用这些学习资源，帮助学生查漏补缺，矫正偏误，从而高效达成学习目标。

下面是重庆市沙坪坝区第 32 中学李常青老师执教的高中数学的一个展学案例：

师：$A\bigcup B$、$A\bigcap B$ 可以用自然语言、符号语言表示，还可以用什么语言来表示？

生：图形语言。

师：拿出你们课前准备的两个圆形剪纸，请同学们利用定义展示它的图形语言。

生 1：（展示的是两个剪纸相交的情况）假设左边的圈是 A 集合，右边的圈是 B 集合，放在一起，两个圈的全部就是 $A\bigcup B$，中间公共的部分就是 $A\bigcap B$。

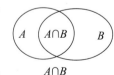

$A\bigcap B$

（暴露出学生的认识局限，不会全面思考问题：对两个集合 A、B 的关系考虑不全，运用分类讨论的数学思考意识不强。）

师：你能确定这两个集合只有这种关系吗？

生 1：还可以这样，（一边说，一边将两个剪纸分开），这时两个圈的全部还是 $A\bigcup B$，$A\bigcap B$……（茫然）

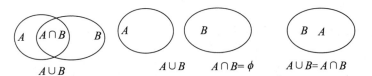

（暴露出学生的创新意识薄弱，遇到新情境不能灵活应对：当两个集合没有公共部分时，交集不知道怎么表示）

生1：$A \cap B$ 就没有了。

（暴露出学生学习数学不能前后联系使用："$A \cap B$ 就没有了"就是空集的意思，学生不能说出空集，也没有用符号 ϕ 表示）

师：此时 $A \cap B$ 中没有元素了，怎么表示呢？

生（全体）：ϕ。

师：很好，（转向生1）还有要补充的吗？

生1：没有了。

（再次暴露出学生思考问题不全面：分类出现缺漏，两集合可能相等或重合）

生2站起：两个集合还可能相等，我做了两个可以重合的圈，（边说边展示，将两个剪纸重叠），这时 $A \cup B$ 和 $A \cap B$ 都是这一个圈了。

师：太好了，你又补充了一种情况，下面我们将这三种情况都贴在黑板上（师生一起将韦恩图粘在黑板上），还有没有遗漏的情况？

生3：还有 A 包含于 B 的情况，这时 $A \cup B = B$、$A \cap B = A$。

师：通过上面四种情况的图形展示，我们理解了 $A \cup B$、$A \cap B$ 定义中包含的各种情况，也提醒我们数学的学习需要真正意义上的理解，利用图形帮助我们理解是常用的手段和方法，每个人的思维不是天生敏锐和严谨的，还需要我们学会综合联系与全面的思考问题，问题解决之后去反思，只有这样，才能学好数学。

……

此案例通过学生的课堂展示充分暴露出了学生的知识缺陷和思维偏误。集合的运算是高中数学必修1（人教版）第一章第一节的内容，是学生进入高中阶段的起始教学内容。该部分内容是训练学生数形结合、化归及分类讨论思想的良好素材，因此在教学中要充分利用该部分知识让学生明确高中数学知识的学习方法及特点，从而为后面的函数学习做好铺垫。$A \cup B$、$A \cap B$在教材中有明确的定义，比如自然语言定义——由所有属于集合A或属于集合B的元素组成的集合，称为集合A与B的并集，记做$A \cup B$；符号语言定义：$A \cup B = \{x \mid x \in A$，或$x \in B\}$。自然语言定义——由属于集合$A$且属于集合$B$的所有元素组成的集合，称为集合$A$与$B$的交集，记做$A \cap B$；符号语言定义：$A \cap B = \{x \mid x \in A$，且$x \in B\}$。学生读定义未必能真正理解定义中包含的具体含义，因此促进学生对$A \cup B$、$A \cap B$定义的理解是高中数学起始教学不得不做的一件事。

这个环节中，在教师的诱导下，学生自己通过对定义中文字语言的理解展示出鲜活的图形语言，并亲手将自己的劳动成果粘在黑板上，亲历知识的形成过程，将枯燥的学习变成了趣味性的剪纸和创造活动；更为关键的是，学生在展学过程中，充分暴露了学生的原始想法及问题的障碍，也呈现出学生的思维进化过程和知识的动态生成过程，在师生的合作探讨中解决深层问题。

3. 调动全班资源，解决疑难问题

通过展学解决自学、互学中无法彻底解决的学习问题，从而攻克学习的难点。例如在小学数学三年级上册"长方形的周长"学习中，让学生在"先学"过程中解决"给一张照片装上相框需要多长的相框？（如下图）"的问题，亲身经历求长方形周长的探索过程。

对于"长方形的周长怎么算？"一个小组先展示了长方形照片周长的四种基本方法：$6+9+6+9$；$6+6+9+9$；$6 \times 2 + 9 \times 2$；$(6+9) \times 2$。然后，把该小组互学过程中的问题也展示出来。

6cm

9cm

生1：我们组得出了长方形照片周长计算的四种方法，板书：6＋9＋6＋9、6＋6＋9＋9、6×2＋9×2、(6＋9)×2。

生2：我们组有同学对(6＋9)×2的方法不理解，我们也讲不清楚，请大家给我们帮助。

展学的学生把他们组讲不清楚的问题抛给全班，于是又有了下面的展示对话。

生3：指图形解释：6＋9算的是长和宽这两条邻边的和，另外两条邻边也是一样的，所以再乘2。

生4：我用手势讲更明白，上台用两手的拇指、食指演示讲解。

师：说得好，把你的手势用图形表示就是这样的(课件直观演示)。

上述展示过程就是把小组内不能解决的问题作为展学内容，汇聚全班集体智慧，帮助解决了"长方形的周长＝(长＋宽)×2"的学习问题，有效突破了学习难点。

4. 展现学习风采，激发学习动力

我们认为，展学是自学、互学的"动力源"。心理学研究表明，要使学生的全部心理活动都积极投入到课堂学习活动中去的实质，就是要充分发挥学生的智力因素和非智力因素的作用。但是学生的智力因素本身是无所谓积极性的，它的积极性来自于非智力因素[1]。根据马斯洛的需要层次理论，处于最高层次的尊重的需要、自我实现的需要一旦得到激发和满足，可以产生巨大的推动力。在展学中获得尊重与成就感，会激发学生产生进一步自我实现的需要，激励学生充分地、活跃地、忘我地、集中全力地、万马奔腾地开赴学习前线。这样的展学又反过来推动自学、互学的优化，从而形成各个学习环节间互相促进的良性循环(如下图)。

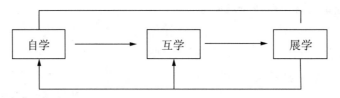

展学能够大面积地、深度地激活课堂，使课堂产生热烈乃至沸腾的学习气氛。大面积激活课堂是指全体学生，无论是城市学生还是农村学生，无论是潜能生、中

---

① 曹才翰，章建跃：《数学教育心理学》，54页，北京，北京师范大学出版社，2014。

等生还是优等生，都能在展学过程中得到自我实现的机会，都能使他们的内心体验到成功的效能感。深度激活课堂是让孩子的注意、思维、情感等心理因素进入一种振奋状态，全身心地投入到学习之中。正如苏霍姆林斯基所说："教师在课堂上创造一种精神振奋的、生气勃勃的'情调'，具有重大的意义。""除了所有的教学法要求之外，应当对课堂教学补充提出一条很重要的要求：课堂教学应当引起良好的情绪感觉，即从学习中得到的满足感、从掌握新知识的紧张劳动中得到的健康的疲劳感。"[①]学生在这样充满浓浓生命成长气息的课堂中，得到的是开放的生长、扎实的生长、优美的生长、温暖的生长。

华东师大李政涛教授提出，高效的课堂的标准之一是"全效"和"深效"，全效是指全体学生都有效学习，深效则是指学生在课堂上深度的学习。前者涵盖学习者的宽度，后者指向学习探究的深度。展学就是具有这样的"全效"和"深效"的学习方式，一方面展学过程中的双边、多边对话成倍地增加了课堂学习机会，让所有学生都有大量的机会参与学习；另一方面展学能够形成学生之间的"思维碰撞"与"经验互动"，有利于大面积、深层次激活课堂，形成课堂"思维场"，让学生体验成功的快乐，增强学习的自信，激发学习的动力。

(二)展学内容设计

展学内容决定着展学的效率与效果。学本教学展学在内容取舍上有两种基本类型——全面性展学与选择性展学；在问题选择上又有两种基本类型——散点式展学与焦点式展学，需要我们系统认识和把握。

1. 全面性展学与选择性展学

(1)全面性展学。新知识学习中的展学多采用全面性展学。新知学习对每一个孩子来讲，其核心概念和主要知识点都是新的。为了达到对新知识的全面理解和掌握，就需要聚焦知识的重点、难点来展开自学与互学。在自学、互学过程中产生的不同方法、不同结果、不同思维过程，以及存在的疑惑、不能解决的问题等，都可以拿到全班来展示、交流和评议。全面性展学要特别注意引导学生摆脱对书本的依赖，

---

① ［苏联］苏霍姆林斯基：《给教师的建议》，161 页，北京，教育科学出版社，1984。

真正形成自己对新知识的认识和理解。所谓展学中对书本的依赖是指学生展学时拿着书本照本宣科来讲解。

例如：一节高中生物课学习过程中，老师设计了让学生根据图表来讲解病毒发现过程的学习任务。因为教科书上有对这个病毒发现过程的描述，学生展学时就对着教科书中的图表，将现成结论诵读一遍。这说明书本上现成的知识和信息并没有变成学生自己的语言，也就意味着没有变成学生独立的理解，更谈不上独立的见解。这样的展示所产生的生成性知识与智慧非常有限，因此也就失去了展学的应有之义。

(2)选择性展学。新知识运用中的展学是选择性展学。所谓新知识运用，就是通常所讲的当堂检测环节或者复习课、练习课的讲评环节。本环节的展学只需要选择性地展示学习难点或困惑点，不需要全面展学。

比如，教师一共出了五道题对学生进行当堂检测。通过独立自学与合作互学，有的小组学生已经解决了其中三道题。那么，这个小组就可以把无法解决的两道题反馈到全班，请班上其他同学帮这个小组解决。其他小组学生就参与到由这个小组提供的两个难点问题的讨论之中。也就是说，当堂检测的所有问题，应先让学生独立解决一部分，然后通过小组合作解决一部分，最后通过全班展学又解决一部分。

在学本教学中，自学、互学、展学要灵活地组合起来使用。一个完整的学本教学，特别是理科课堂，原则上自学、互学、展学至少要使用两个循环。第一次循环是新知识学习过程中的自学、互学、展学，第二次循环是当堂检测过程中的自学、互学、展学。两次学习循环的侧重点不同，选择的展学方式也相应有所区别。

在学本教学的展学中，无论是新知学习中的全面性展学，还是当堂检测中的选择性展学，都需要把各小组的学习情况快速地反馈到老师那里去，这就要求建立起学习的快速反馈机制。在实际操作中，比较有效的机制有：

一是反馈单反馈。给每个小组提供一张"问题反馈单"，无论是在新知学习环节还是当堂检测环节，碰到无法解决的问题或解答不出的练习题，都记录在反馈单上。教师根据反馈单就能及时了解学生自学、互学中带普遍性的问题或困难，为课堂展评提供依据。

二是反馈板反馈。有些学校给每个小组配备一块活动的小黑板作为展示平台，本是用来展示学习成果的。现在也可以让各小组把要解决的问题写在小黑板上。合作学习结束以后，老师让各小组学生举起小黑板，通过扫视发现和判断最需要全班共同研讨解决的问题，展学就从这里开始。

三是教师巡视反馈。在学生自学、互学过程中，教师进行课堂巡视，观察各个小组的学习情况，迅速发现各个小组存在的共同问题，为展学内容的选择做准备。

2. 散点式展学与焦点式展学

学本教学展学在问题选择上有两种基本类型——散点式展学与焦点式展学。学生平时用得最多的是散点式展学方式。这种展学方式最大的问题是：展学内容泛而不精准，耗时无深度。其外在表现为展学时间冗长，学生老是觉得一节课的时间不够，不知道"时间都去哪儿了？"常常导致学习内容难以完成。内在表现为学生在展学过程中抓不住学习的重点、难点问题，或是分不清楚主干问题和枝节问题，一律平均用力地展示讲解。

许多教师经常反应教学进度无法完成，主要是过多使用散点式展学造成的。解决的基本策略是，把散点式展学改进为焦点式展学，即围绕课堂学习的主问题，围绕重点中的关键点、难点中的易错点展开，自主探究能解决的问题不展示或少展示，小组互助能解决的问题不展示或少展示。例如小学语文二年级《三个儿子》一课，其教学内容如下：

三个儿子

三个妈妈在井边打水，一位老爷爷坐在旁边的石头上休息。

一个妈妈说："我的儿子既聪明又有力气，谁也比不过他。"

又一个妈妈说："我的儿子唱起歌来好听极了，谁都没有他那样的好嗓子。"

另一个妈妈什么也没说。

那两个妈妈问她："你怎么不说说你的儿子呀？"

这个妈妈说："有什么可说的，他没有什么特别的地方。"

三个妈妈打了水，拎着水桶回家去，老爷爷跟在她们后边慢慢地走着。

一桶水可重啦！水直晃荡，三个妈妈走走停停，胳膊都痛了，腰也酸了。

这时，迎面跑来三个孩子。一个孩子翻着跟头，像车轮在转，真好看！三个妈妈被他迷住了。

一个孩子唱着歌，歌声真好听。

另一个孩子跑到妈妈跟前，接过妈妈手里沉甸甸的水桶，提着走了。

　　一个妈妈问老爷爷："看见了吗？这就是我们的三个儿子。怎么样啊？"

　　"三个儿子？"老爷爷说，"不对吧，我可只看见一个儿子。"

　　下面是这篇课文的教学目标。这里需要强调的是，教学目标的书写需要规范。新课程把教学目标分解为三维目标，即知识与技能、过程与方法、情感态度与价值观，导致很多教师目标书写时，机械地分解对应。我们认为，目标的书写最好不宜机械分解，理由有两点：第一，三维目标是一个目标的三个维度，不是三个目标，不宜简单分解，甚至也无法分解。例如本节课教学目标2"理解三个妈妈评价儿子的话，读出相关的语气"表面看起来是关于朗读的训练，是一个"知识与技能"目标；可是"理解三个妈妈评价儿子的话"的过程中，又包含了学生对三个妈妈的评价和情感倾向，属于"情感态度价值观"目标，它们水乳交融，是不可能分解的。第二，知识与技能目标有课时目标，而"过程与方法"、"情感态度与价值观"目标更多是长程目标，不一定有课时目标。

2011年，应广西北海市教育局邀请，在"北海市校长成长论坛"作专题报告

　　(1)学习6个生词：既、嗓、拎、桶、晃荡、沉甸甸。

　　(2)理解三个妈妈评价儿子的话，读出相关的语气；并运用句式"一个……一个……另一个……"说话。

(3)阅读理解：老爷爷为什么说他只看见一个儿子？

根据课文的教学目标，把教学目标分解为教学重点和教学难点。一般来看，分析教学目标中哪些点学生学习起来难度相对比较大，就把它确定为教学难点，其他确定为教学重点。在这篇课文中，小学二年级的孩子要"理解三个妈妈评价儿子的话，读出相关的语气"很不容易，学生必须深度揣摩三个妈妈的心理，然后才能达到"读出相关语气"的要求；第三点"老爷爷为什么说他只看见一个儿子？"难度更大，学生必须整体理解课文后，才能做出充分的说理。基于此，我们把"教学目标"中的第(2)点(排比句训练除外)和第(3)点确定为"教学难点"，把"字词学习"和"排比句说话训练"确定为"教学重点"。书写如下：

教学重点：

运用句式"一个……一个……另一个……"说话。

教学难点：

(1)理解三个妈妈评价儿子的话，读出相关的语气。

(2)阅读理解：老爷爷为什么说他只看见一个儿子？

立足这节课学习目标的实现，围绕学习重点、难点的突破，一位教师为学生设计了学习的三个主问题。《三个儿子》的课堂学习就以这三个主问题的解决为线索展开，其主要展学过程如下：

一、学习导入

(课件出示一个木桶图片)

师问：孩子们认识这是什么东西吗？

生齐声回答：木桶。

(教师板书"桶")

师："桶"这个字大家已经能认识了，大家齐读两遍。(学生齐读)

师：孩子们，你们提过水桶吗？

生齐声：提过。

师：孩子们，提水桶又叫做拎水桶。

教师板书"拎"，这个字就读"lin"，读一下看你会不会读？(生读)

师：很好，今天我们就来学习一个关于"拎水桶"的有趣的故事，大家喜欢吗？

生齐声：喜欢。

师：那好，请孩子们翻到课本 69 页，我们来学习课文《三个儿子》。

这个环节达到了两个教学目的：一是解决了"教学重点"中 6 个生字之中的两个生字"拎、桶"的学习；二是巧妙地引入了新课的学习。连教学导入都是围绕教学重点进行的，目的明确，主线凸显，教学聚焦，火力集中，很值得我们借鉴。

二、教学过程

（一）解决主问题 1

出示主问题 1。你能从第 2～6 自然段中找到三个妈妈是怎样评论自己的儿子的吗？请用"＿＿＿"标出来！你能用自己的理解来读读三个妈妈的话吗？

（学习方法：小组合作——先个人阅读勾画，再合作，最后展学）

课件出示三个妈妈评价自己儿子的话：

1. 一个妈妈说："我的儿子既聪明又有力气，谁也比不过他。"

2. 又一个妈妈说："我的儿子唱起歌来好听极了，谁都没有他那样的好嗓子。"

3. 另一个妈妈说："有什么可说的，他没有什么特别的地方。"

学生学习生字"既"、"嗓"（过程略）。

学生先在小组内交流三个妈妈说话时的心情，然后全班展学：

生 1：一个妈妈（自豪地）说："我的儿子既聪明又有力气，谁都比不过他。"

一个妈妈（高兴地）说："我的儿子唱起歌来好听极了，谁都没有他那样的好嗓子"。

另一个妈妈（平静地）说："有什么可说的，他没有什么特别的地方。"

师：说得很好，还有不同的理解吗？

几个小组的学生都发表了他们的意见，并进行朗读。其大体的理解基本相似：一个妈妈（骄傲地）说……一个妈妈（自豪地）说……另一个妈妈（惭愧地）说……只有一个小组的理解与众不同，很快引起全班同学的争议：

生 3：一个妈妈（炫耀地）说："我的儿子既聪明又有力气，谁都比不过他。"

一个妈妈（生气地）说："我的儿子唱起歌来好听极了，谁都没有他那样的好嗓子"。

另一个妈妈（平静地）说："有什么可说的，他没有什么特别的地方。"

第二个妈妈是否有"生气"的理由，立刻引起了全班孩子的异议。

生4：我有问题，第二个妈妈怎么会生气呢？

生3说明理由：第二个妈妈听到第一个妈妈炫耀自己的儿子"既聪明又有力气"，尤其是"谁都比不过他"这一句，这个妈妈认为轻视了自己的儿子，所以听了生气。

师：你是说第二个妈妈觉得第一个妈妈把儿子炫耀得比自己的儿子要强，恰好这个妈妈是个自尊心很强的妈妈，所以生气。

生3：是。

师：大家以三位妈妈不同的说话心情读出了不同的语气和表情，读得很好。这三句话中有一个特别的表达方式（课件重点显示"一个……一个……另一个"）。大家能像这样说一句话吗？

一个（位）…………

一个（位）…………

另一个（位）…………

学生练习说话。

上述学习过程以解决主问题1为线索展开，明确指向教学重点——认读2个生词"既"、"嗓"，学习运用句式："一个……一个……另一个……"说话；同时锁定教学难点——理解三个妈妈说话的心情并进行朗读训练。学习过程中的展学内容紧紧围绕主问题1进行，特别是"用自己的理解来读读三个妈妈的话"的展学精彩纷呈，第一、二位妈妈有自豪、骄傲、高兴、炫耀、生气的心情，这些个性化理解的背后反映的是学生对几位妈妈内心世界的精准揣摩和体会。例如第二位妈妈"生气"地说，反映了这位妈妈攀比的心理和自尊要强的性格。学生有了这样的丰富理解，说明学生的思维已经被激活，产生了阅读的智慧。

（二）解决主问题2

出示主问题2：请同学仔细阅读第8～12自然段。请孩子们思考——

(1)"晃荡"是什么意思？写出了妈妈提水时动作的什么特点？

(2)"沉甸甸"什么意思，可以把"沉甸甸"去掉吗？

第8～12自然段课文如下：

一桶水可重啦！水直晃荡，三个妈妈走走停停，胳膊都痛了，腰也酸了。

这时，迎面跑来三个孩子。一个孩子翻着跟头，像车轮在转，真好看！

三个妈妈被他迷住了。

一个孩子唱着歌，歌声真好听。

另一个孩子跑到妈妈跟前，接过妈妈手里沉甸甸的水桶，提着走了。

学生通过自学、互学后展学：

生 1："晃荡"是摇晃的意思，说明妈妈提的水桶很重，妈妈很吃力。

师：大家同意吗？

生齐：同意。

师："沉甸甸"什么意思，可以把"沉甸甸"去掉吗？

生 2："沉甸甸"是很重的意思，不可以把"沉甸甸"去掉，去掉了就不能说明水桶很重。

生 3：我们小组还有补充，因为水很重，妈妈提起来走路不稳，歪歪斜斜，这个孩子看见了，就赶快跑过去帮妈妈提水，说明这个孩子很心疼妈妈。

师：大家觉得呢？

生齐：不能去掉。

这个展学环节紧扣主问题 2 进行，通过展学达成了两个目标：一是从文识字，学习"晃荡、沉甸甸"两个生词，理解"晃荡、沉甸甸"的表达效果；二是为突破主问题 3 这个"学习难点"做铺垫。在这个过程中，学生的思维始终处在被激活的亢奋状态，形成对词语表达的深层理解，产生阅读的兴奋点。

(三)解决主问题 3

出示主问题 3：老爷爷为什么说他只看见一个儿子？

学生围绕主问题独立思考，合作互学后展学。

生 1：前两个孩子虽说能干，但他们不关心、体贴妈妈，所以老爷爷不认为他们是好儿子。

生 2：因为只有第三个儿子用实际行动来分担母亲的重担，说明他懂事、体贴妈妈，很孝顺，他才是真正的好儿子，所以老爷爷说他只看见一个儿子。

生 3：只有真心热爱妈妈、体贴妈妈的人，才是真正的好儿子……

展学以主问题 3 的解决为内容——突破教学难点，深度理解课文，加强思维训练，同时进行情感态度价值观的培养——理解第三个儿子懂事、孝顺才是一个真正好儿子的表现，"为人子，方少时，孝与亲，所当执"，突出文章阅读理解的主旨。

自学、互学、展学是一套组合拳，主问题是贯串连通这套组合拳的枢纽与主轴。

因为主问题对于学生来说既是学习的重点与难点，又是他们思维的引爆点，对于老师来说既是教学的重点与难点，又是思想的教育点。抓住主问题进行展学内容的设计，就能有效解决展示什么的问题。上述《三个儿子》教学实践表明，学生展学内容的设计要紧紧扣住课堂学习的主问题，立足学生的学习过程和思维训练，根据学习目标达成的需要，对学习的重点、难点以及与之具有高度关联的混点、拓点等进行精心设计，并以此作为展学的对象和内容。把散点式展学改进为焦点式展学，通过聚焦主问题的展学，就能够很好地解决"教学内容与教学进度"的矛盾，引导学生的学习逐步逼近知识的"核心地带"，实现"学习的突破"，这是提升展学效率和学习效果的基本要求。

(三)展学方式选择

学习不仅是个体的活动，也是在与他人的交互作用中实现的，其本质是一种对话。有效的展学方式强调充分调动全体学生的学习主动性，营造出真实性、社会性、情境性和多元性的展学氛围，实现全班学生的经验共享和思维碰撞，达成理想的学习效果。

1. 个体展学与合作展学

在学本教学展学方式选择中，老师们常常会问到这样一个问题：课堂展学究竟是个人展学好还是小组展学好？通过对中小学学本教学进行大量实践研究，我的回答是：个人展学和合作展学各有其独特的价值与作用，分别适应于不同学习情境、不同学习内容。从课堂实践的整体效果来看，我认为小组展学优于个体展学，原因主要有两个方面：一是合作展学能够给予学生更多的机会，机会愈多对学生的激发和唤醒越充分；二是合作展学能够解决学生的心理安全问题，特别有利于解决自卑、内向、怯懦、后进学生的孤独和胆怯问题，促使学生积极主动地上台展学，有利于大面积激活课堂。尤其是在学本教学初始阶段要以合作式展学为主。因为刚开始展学的时候，班上浓烈的展学氛围还没有形成，部分孩子会因害怕而不愿个人上台展学，这时就可以采取整个小组三个或四个同学一起展学的方式，由一个同学先讲(一般让后进生先讲)，别的孩子补充，形成合作式的展学。这样由几个学生共同来展学，让他们逐渐摆脱个体展学的孤独感，孩子们胆量就会慢慢变得比较大，其实质就是在展学中营造了一种相互支持的安全的氛围。慢慢地再由小组展学发展到小组展学与个体展学相结合,多种展学方式的灵活运用。

2. 合作展学的问题及对策

小组合作展示中,一个学习小组的所有成员都要上展示台,每个成员需要有相应的展学任务与之对应,这就不可避免地有一个展学任务分解的问题。在一些小组合作展学上,普遍存在展学任务分解不合适的问题:有很多教师在展学过程中为任务分解而分解,把本不该分解的展学任务机械分解,而该分解的任务却没有分解,造成展讲与演示分离、思维零碎等弊端,降低了展学实效。下面,我归纳了展学存在的两个主要问题,并提出改进对策。

一是"任务分解干扰展学协同"及其改进对策。

合作展学时"任务分解干扰展学协同"的问题主要表现为:学生在展学中各自都有不同的展学任务,在同一时间内几个成员同时进行不同任务的展示呈现,就会形成同一个时间内的多个观察点、多个思维点,容易让观察者、倾听者顾此失彼,无所适从,形成展学任务之间难以协同而相互干扰,从而削减展学实效。例如小学数学三年级上册"两位数除以一位数"的教学,其例题内容如下图:

一位教师在组织学生围绕主问题自学、互学后,采用小组合作展学的方式,让四个学生同时进行展学,过程如下:

生1:(语言讲解)从问题条件知道我们年级总人数 95 人,知道每桌坐 8 人,就是每份数 8 人,求至少需要多少张桌子,也就是求份数,用总数除以每份数,95÷8=11 张余 7 人,11+1=12 张。你们同意吗?请大家补充。

在生 1 讲解的同时，生 2 用手势动作指课件投影上的条件、问题及情境图中的相关内容。

生 3 在生 1 讲解、生 2 手势指课件例题内容的同时，在黑板上板书算式：95÷8＝11（张）……7（人），11＋1＝12 张。

生 4 在生 1、生 2、生 3 展示的同时，观察全班其他组倾听情况，在评价栏内评价记星。

可是生 1 讲完了很久了，生 3 板书的算式还没写到一半，全体学生都在焦急地等待着生 3 板书完毕。

在这个合作展学的过程中，台上学生的表现是：生 1 的讲解和生 2 的指点基本同步，生 1 讲到哪里，生 2 指到例题相应的地方；可是生 3 和生 1 严重不同步，因为语言讲解比动手书写快得多，生 1 讲解结束后，生 2 第一个算式还只写了不到一半。台下学生的表现是：所有的学生都在认真倾听和观察，很多学生一会儿看看学生 1，一会儿看看学生 2，一会儿看看学生 3，还要随时关注评价他们的学生 4，学生的目光不停地在四个展学同学动作上切换。这样的展学过程，台上每个学生都有具体的事情可做，没有被边缘化的学生存在，这是分工展示的优点所在，但同时也存在一个严重的问题：一个学生讲解，一个学生指点，一个学生板书，将本应该是一个学生的行为，分给三个不同的学生去完成，导致三者不同步。结果是，使很多学生不能完整地观察或倾听展学的内容，影响倾听者思维的进程和效果。

像上述"任务分解干扰展学协同"的问题怎么解决？有效的对策是：变"同时性分工展学"为"相继性整合展学"，也就是把同时性的展学任务改变为相继性的思维过程展学。展学分工要以不干扰、不影响完整思维为前提，任务可以分割但思维不能分割。具体到上述展学过程就是把前三个展示学生的展示任务（讲解、指点、板书）整合为一个人的展学过程，这样台上学生的展示动作、语言、板书形成一个连贯的整体，展示的思维、动作同步。台下学生观察、倾听也形成一个前后延续的思维整体，观察、倾听与思维协同一致。例如重庆市沙坪坝区树人景瑞小学熊攀执教的西师版小学六年级上册数学"负数的认识"，其中一个合作展学的过程就设计得非常合理：

师：这里有生活当中的四个例子（课件出示生活中的四个实例图片），你们能不能结合这几个实例来解释一下"－3"是什么意思呢？

盆地的海拔高度是负3米

第三季度获利负3万

XX公司季度报表	
季度	获利
第一季度	+18万
第二季度	+20万
第三季度	-3万

熊老师把车停在楼下负3楼

熊老师的手机话费为负3元

全体生：能。

师：那好，下面请小组各选一组（横着的两个为一组）在小组内说说你对"－3"是怎么理解的，当你们组说完第一组问题后也可以选择另外一组问题。

学生分组讨论，互学后全班展学：

师：请选择第一组的小组展示。

由于只有"蝴蝶兰"这一个小组选择第一组，于是该小组4人一起上台展示：

生1：我们看第一幅图，盆地的海拔高度是"－3"米，我们组是以海平面为0，比海平面低是负数，比海平面高是正数。

生1退后生2上前补充：这里盆地的海拔高度是－3米，就是盆地比海平面低3米。

师面向全班问：其他同学有没有问题？

下面学生举手问：海拔是什么意思？

生1向前释疑：海拔就是以海平面为0，（手势指）这里高出3米，海拔高度就是3米。

师：这里给你一幅放大的图再讲解（出示放大的图片，见下图）。

高度看作0
海平面

生 1 在电子白板上边画边讲：以海平面这条线为 0，以它为起点，比海平面高或低的位置叫做海拔。

生 2 补充：盆地的海拔高度是−3 米，就是比海平面低 3 米的位置。

师：嗯，你们合作讲解得非常好。

生 1 和生 2 讲完第一个问题后，生 3 和生 4 上前讲解第二个问题。

生 3 指着图说：我们认为获利就是赚了的，如果是负数那就是赔了或是亏损了。

生 4 上前补充：我们组把不亏不赚看作 0，−3 万元就是亏损了 3 万元的意思。

……

在这里，我们可以清楚地观察到，一个小组四个学生合作展学，他们先进行任务的分工：生 1 和生 2 讲解第一个问题，生 3 和生 4 讲解第二个问题。生 1 和生 2 讲解第一个问题时，以生 1 为主进行讲解，生 2 为辅进行补充；生 3 和生 4 讲解第二个问题时，以生 3 为主进行讲解，生 4 为辅进行补充。每个学生都有展学任务，但他们的展学任务是以一个实例中"−3"所表达意思的完整分析为基础的，每个小组都有两个关于−3 的实例，一人完整地解释一个实例，另外一个作补充，两个实例 4 个学生，各自的展学过程相对完整又互为补充，刚好合适。

合作展学与教师提供的学习任务有紧密的关系。如果上述展学每个组只有一个问题的话，四个学生就不能都分到展学任务，这就需要另外的展学方式与之对应。此外上述展学，无论是内在思维还是外在的行为，学生都能够做到进退有序，主讲、补充、质疑、释疑的思维过程清晰，讲解发言者的站位与进退等都体现了分工有序、合作协同的良好状态。

高效课堂的"高效"是建立在"准效"基础之上的，也就是无论怎样的展学，都要以学生准确、完整的讲解为前提。展学任务的分工不能作简单化处理，既要让展学者连贯、完整、准确地表达自己的思维，也要让倾听者完整、不受干扰地倾听、理解和思考，达到展学的"准效"。

二是"任务分解割裂展学思维"及其改进对策。

展学"任务分解割裂完整思维"的问题主要表现为：小组合作展学中为了让小组每个成员都有内容可以展示，生硬地将一个完整的结论，或完整的解决问题过程，即完整的思维过程，刻意分解成为几个部分，让每个人讲一个部分，几个人的讲解拼合起来才是完整的思路和过程。这样的展学任务分配，严重影响了学生思维的连贯性，不利于学生完整、全面地理解学习内容，容易形成间断的、挤牙膏式的不良展学效果。

例如小学六年级数学（西师版）上册分数乘法解决问题教学中，有这样一个问题：黑兔有 20 只，白兔是黑兔的 $\frac{1}{4}$，白兔有多少只？一个班级采取小组合作的展学，过程如下：

生 1：解决这个问题的关系式是：黑兔的只数×1/4＝白兔的只数。

生 2：把黑兔的只数看作单位 1，

生 3：再把单位 1 平均分成 4 份，白兔的只数占其中的 1 份。

生 4：然后我们再来解答它。把黑兔的只数看作单位 1，是 20 只，把它平均分成了 4 份，就用 20 只除以 4，每份就是 5 只，白兔的只数占了其中的 1 份，也就是 5 只。还有一种方法就是 $20 \times \frac{1}{4} = 5$（只），这就是白兔的只数。

上述合作展学过程存在两个问题：一是把分析问题和解决问题的过程肢解成若干部分，破坏了思维的连续性、完整性。生 1、生 2、生 3 和生 4 展示的是一种问题解决方法的四个步骤，这四个部分是分析问题与解决问题的完整过程之一，不应该把它分割开来展示，而应该一种方法由一个人完整地讲解全过程，这样思维才连续，才有利于倾听者整体理解解决问题的过程。二是最后一名优生汇报了两种方法，减少了其他组员汇报的机会。也就是说上述展学中的任务分配，该分解的没有分解，不该分解的反而分解成了四个部分。

针对"任务分解割裂完整思维"的解决之道，在于展学分工要根据展学内容的特点来选择展学方式。适合小组合作、分工展学的采用合作展学，不适合小组合作、分工展学的则采用一人主讲其余补充的方式展学。具体操作实践有两大要点：一是思维具有闭合性、连续性的内容，以一人为主进行汇报，其余组员补充；二是思维具有开放性、多样性的内容，分工展示汇报，每个组员展示其中一种。

例如重庆市沙坪坝区实验一小韦尧执教的小学数学六年级"利息计算"教学，其中由于存钱方式的多样性，决定了利息计算方法的开放性和多样性，适合小组分工展学，具体展学过程如下：

课件出示银行利率信息表：

种类	存款	年利率/%	种类	存期	年利率/%
整存整取	三月	3.33	存本取息 整存整取 零存整取	一年	3.33
	六月	3.78		三年	3.78
	一年	4.14			
	两年	4.68			
	三年	5.40		五年	4.14
	五年	5.85			
活期存款		0.72	利息税	按所得利息5%计收	

师：现在老师有一个问题：老师有 10000 元，请你帮助选择存取方式和存取时间，算一算到期后应得利息多少元？

学生独立计算并小组交流后，合作展学开始。一个小组由 3 个孩子组成，这三个孩子同时走上讲台，每个孩子讲解一种存钱方法。

生 1：我为老师选择的是整存整取五年的，因为这样的话年利率要高一些，老师可以得到更多的利息收入了，算式：$10000 \times 5.85\% \times 5 = 2925$（元）。

师：你真为老师想得周到，谢谢你。

生 2：我为老师选择的是整存整取一年，因为这样存取方便，计算也方便，算式：$10000 \times 4.14\% \times 1 = 414$（元）。

生 3：我为老师选择的是整存整取三个月，因为再过三个月就是暑假了，到期刚好可以取出来去旅游了，算式：$10000 \times 3.33\% \times 3 = 999$（元）。

师：你可真会替老师着想，知道老师爱旅游。大家看有什么问题吗？

下面学生对算式有议论，认为错了。

另一小组生 1：我觉得她算错了，我可以上来纠正吗？（掌声）

生 3：可以。

另一小组生 1 走上讲台：从刚才生 2 的计算中存一年才 414 元，可你存三个月居然有 999 元，这是不合实际的，我长大了也要到这个银行存钱，我就赚大了（全班学生笑）。所以我觉得 $10000 \times 3.33\% \times 3$ 中不能乘以 3，而应该乘以 $\frac{1}{4}$，因为三个月是一年的四分之一，即是：$10000×3.33\%×\dfrac{1}{4}$，大家听懂了吗？

全体学生：听懂了。

在这里，我们观察到，一个小组三个孩子，三个孩子展示的是三种不同的存款计息方法，每种计算方法选择的利率标准不一样，存款的时间也不一样，都有各自思维过程的完整性和独立性，各自思维的连续性和完整性得以保持，因此这样的展学方式的选择是合理的、有效的。

再比如，这是一道高考历史题：

以下是英国历史学家马士的一段话："当中国人实行一种激烈的禁烟运动而使危机加剧的时候，战争果然就来到了；可是它并不是为了维持鸦片贸易而进行的斗争，它不过是一个持续了二十年，并且要决定东方和西方之间应有的国际和商务关系的斗争的开端。"

回答："危机加剧"是因为"中国人实行一种激烈的禁烟运动"而引起的吗？为什么？

这是高三某班级小组合作展学的过程：

生1：我们小组认为，"危机加剧"并不因为"中国人实行一种激烈的禁烟运动"而引起的，因为从资本主义的扩张性角度分析，可知英国作为一个资本主义国家，在资本原始积累阶段，急需海外市场和殖民地，因此发动战争具有必然性。

生2：我们小组还认为，从事件发生的直接原因和根本原因角度分析，中国人民的禁烟只是战争爆发的直接原因，根本原因在于英国资产阶级的侵略本性。

生3：还有，从必然性和偶然性的关系原理这个哲学角度分析，禁烟只是一次偶然的事件，而英国在资本原始积累阶段的侵略具有必然性，即使没有禁烟运动，英国也会找别的借口来发动战争。

从这个案例中我们观察到，这个高三某班级以三人为小组规模，展学时三个学生全部参与，每个学生选择一个角度进行分析和讲解，思路非常清晰，分工非常明确。面对着这类开放式的问题，其任务的分解确保了每个学生思路的完整和畅达，因此，这样的任务分解是非常合适的。

在学本教学的展学过程中，要以丰富多彩的方式来展学。只有丰富多样的展学方式，才有可能充分展现学生的优势和特长，从而提高展学的品质。教育的本质是唤醒，是无限的生长。当每个孩子都充分展示出自己的优势、特长、潜能和个性的时候，我们看到的就是一个个独特的人，一个个拔节一般生长的人。

（四）展学过程优化

建构主义理论认为，真正的学习具有以下特征：知识的深层理解、高水平的思维、与现实联系、大量的交流以及为学生的进步提供的社会支持等。[①] 要实现这样的真正学习，需要优化展学的过程。展学的过程如何优化？我们从展学和评学两个方面入手，有针对性地采取相应的改进策略。

1. 关注教育宽度，激活展学过程

所谓展学的"宽度"也就是以不同的层次、不同的要求来提升学生展学的参与度。对于每个孩子，都给予他机会，给予他关照，要让每个孩子都能展示他们思维的成果，都有大显身手的舞台。波利亚说："教师讲什么并不重要，学生想什么比这重要一千倍"。由此看出在课堂学习中学生思维过程的重要性。因为学生的学习如果从外显行为看，大家的学习结果是相同的。但进一步考察可以发现，其内在思维存在着巨大的差别，例如有些学生只能用概念解释与课本例子一致的现象或问题；有些学生不仅如此，他们还能解释各种变式情境，并能用概念揭示不同变式形式的内在一致性。[②] 展学的重要目的就是要在暴露学生思维的过程中培养和提升不同学生的学习质量。

从目前情况来看，学生展示中表现出的主要问题有如下四种：

一是优生展示多弱生展示少，加速两极分化。不少课堂，展示环节基本由优秀学生把持，课堂成为优生展示风采、风度、风华的舞台，阳光洒不到学困生的心灵，加速了学生之间的两极分化。

二是正确展示多错误展示少，追求表面达标。不少课堂，特别是有人听课的开放课堂，教师总担心展学中学生的错误影响课堂教学目标达成，学生也总是想方设法回避错误。一些课堂中的所有展示没有一处错误，没有丝毫旁逸斜出，从而掩盖了一些学生的真实学情和错误思维，追求一种表面高效达标的虚假现象。

---

① 顾泠沅：《数学学习的心理基础与过程》，上海，上海教育出版社，2012。

② 曹才翰，章建跃：《数学教育心理学》，3 页，北京，北京师范大学出版社，2014。

　　三是知识展示多思维展示少，缺乏智慧含量。一些课堂展学立意比较低，只注重三维目标中知识技能目标的达成，对于过程与方法及情感态度目标却有意无意地忽视。这样的课堂展学基本上以知识技能再现为目标，很少展示思维过程，使得课堂缺少思维的深度和探究的热度。

　　四是结果展示多过程展示少，止步低层汇报。这样的展学浅尝辄止，只是追求解决问题的结果正确，较少挖掘结果背后的方法、原理，不追求思维过程的训练与能力的培养。这样的展学由于对所学内容没有深刻的理解，容易造成学生只重视知识的记忆与技能操练，从而形成无意义的接受学习和机械模仿学习，形成课堂的一种学本假象。

　　基于上面的问题现状，提出以下三个改进对策：

　　一是关注不同学生，调控展学问题。课堂是学生挥洒智慧和激扬青春的舞台。通过展学，既要能够展示优秀生的思维亮点，又要能够展示中间生的理解特点，还要能够展示学困生进步的每一点，对于不同层次的学生都要给予不同的展示问题和观点的机会，展示出每个层次学生的自信。因此，展评活动要有宽度，要促进学生的全员发展。展学中应该在聚焦课堂学习目标的前提下，针对不同的孩子，设计不同难度的问题，给予不同学生进行展示的机会。通过设计不同难度的问题，调动各层次学生参与，让课堂变成全体学生学习狂欢的舞台。

　　例如高中物理"力的分解"一课学习中，一位老师为了让学生理解力的分解这个核心知识，设计了不同的问题任务，给不同层次的学生上台展示创造机会。教师为学困生设计了这样一个展学问题："举一个生活中力的分解现象。"学困生在理论上阐述对"力的分解"的理解难度较大，但让其举一个生活中的实例，难度就降低了。因此，在课堂上我们看到一个孩子走上讲台进行实物演示：拿着一块海绵把它放在玻璃平板上，以 45 度角去推动海绵，这时出现两种现象：海绵会向前挪动，说明有一个力往前面推；海绵会向下压变形，说明有一个力在向下作用于海绵。学困生虽然不能精确讲解"力是如何分解的"，但他知道这个实例就体现了力的分解。对中等生，老师把问题的难度增加了：要求他就刚才学困生举出来的生活实例，讲清力是如何分解的：一个斜向下 45 度角的力，实际上就分成了一个向前的推力和一个向下的压力。对优秀生，老师进一步提高要求：斜角为 45 度的力去推动海绵，要求把力的分解图画出来，并进行阐释。这个难度比较大，但优生能完成，不但能用平行四边形作力的分解图，还能结合力的分解图进行讲解。整节课中，老师聚焦核心知识"力的分解"设计出不同的问题，分别适合不同层次学生的学习水平，让学困生讲解他生活中的分解现象，让中间生结合实例分析力的分解现象和原因，让优秀生摆脱生活经验，画出力的分解图，直接上升到理性认识的层面。在这里，教师根据不同的学情基础，围绕教学目标"力的分解"灵活地设计、调控问题，引导不同层次的学生都参与展学，"一个都不能少"，关注了教育的宽度，保障了教育的公平，很值得借鉴。

二是追求教育公平，优化展学机制。评价具有促进、激励、引领学生学习行为的作用，展学活动要促进学生全员发展，从根本说需要通过科学的评价制度的建立来促进、激励、引领学生展学，以保障弱势学生的展学机会。沙坪坝区很多学校都进行了积极的探索。例如重庆市覃家岗小学以课堂评价改进研究为途径促进学生展学的均衡。他们在第一学期研究中发现互学和展学中组长作用发挥的问题：(1)组长在组织互学的过程中居高临下，有时一家独言；(2)组长大包大揽展学机会，能力较弱的组员得不到实质的帮助。在对这些问题的反思中，他们把目光聚焦到了他们自己制定的《课堂测评量表》上，其内容细则如下：

	组长
自学	关注组员纪律并有效干预。
互学	分工表述清楚、恰当；语言组织有效，具有执行力；有效组织组员梳理并形成小组意见；汇报形式、分工恰当；有纪律调控意识并有效。
展学	分工、形式恰当，人人有事，展示效果好；管理本组成员与组际间交流互动。

这个评价量表关注的核心是"效果"，为了追求展学效果，追求展学的成功，组长自然就会排斥能力较弱的组员，长期这样会使能力较弱的组员成为小组合作学习中的新型边缘人。找到了问题的根源，他们对《课堂测评量表》进行改进调整，内容如下：

	组长
自学	语言文明，纪律提醒方式好，有效。
互学	能热心帮助组员，态度亲和；鼓励组员表达自己的看法，梳理并汇总小组意见，调动组员补充质疑。
展学	征求组员意见，安排展示有效恰当，人人有事；以组员展示为荣；鼓励组员展示，不怕出错，尤其是学习能力弱的组员。

他们根据调整后的《课堂测评量表》，采取"弱者优先，奖励加倍"的评价奖励机制跟进，实践效果是促使展学方式发生了根本变化，也由此带动了小组长积极组织组员互学的效果，学习能力较弱的学生成了每个小组的"宝贝疙瘩"，组长在互学中积极热心地帮助能力较弱的学生，展学也给予他们更多的机会，因为这样才有更多的小组团队成果加分的可能。展学过程因评价制度改进而优化，展学的优化又促进了小组互学的优化。

在这项专题研究活动中，他们还总结出了如下三种不同的有效展学方式：

方式一：1号＋4号，由1号组长带领学习能力较弱的4号同学共同展学，而且在上台展示时，主要学习任务由4号展示，1号同学给学习能力较弱的4号同学"打杂"。

方式二：1号同学的成功＝2号同学＋3号同学＋4号同学三人合作展学的成功，组长只负责组织组员展学，组长自己不展学。

方式三：1人代表小组上台展学，按号积分，挑战性强的任务实行分层积分，组长展学加1分，学习能力较强的同学展学加2分，次之加3分，学习能力较弱的同学展学加4分，并把选择的权利交给组长。

经过这样对展学评价制度与学习实践的改进，该校课堂的合作学习中组内成员互帮互学，展学时不再是优秀生一枝独秀，所有成员都有了展示小组学习成果的机会，学习暂时落后的孩子在组内得到尊重，赢得了展示自己的机会，学习的兴趣得到明显提升。

三是加强教师引导，激活展学思维。众所周知，知识分为陈述性知识、程序性知识、策略性知识，学本教学中与这三类知识内容相对应的展学方式分别叫做陈述性展示、程序性展示、策略性展示（如下图）。

陈述性展示主要解决"是什么"的问题，以陈述正确结论为主，包括对事实、规则、事件等信息的表达，也部分涉及说明事物的性质、特征和状态，用于区别和辨别事物。

程序性展示主要解决"为什么"、"怎么做"的问题，以分析理解知识的过程和原理为主，是关于完成某项任务的行为或操作步骤的知识，或者说是关于"如何做"的知识的展示。

策略性展示主要解决"怎么想"的问题，以分析理解思维的方法为主，展示如何运用陈述性知识和程序性知识的技能解决问题，实现并调控自己的学习与认知思维

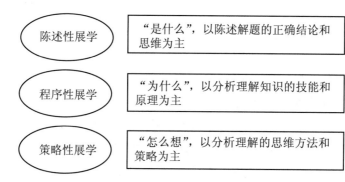

过程的策略、方法、原理等。

陈述性展示、程序性展示、策略性展示各有其独特的作用和价值，在展学过程中只有根据不同的学习内容需要采用与之相适应的展学方式，在保障必要的陈述性展示的前提下，尽可能多地进行程序性展示和策略性展示，在暴露学生思维过程中培养学生的思维能力，这样才能实现以展学促进学生深度学习的目标。

在提升展学品质、激活展学思维的过程中，教师灵活的引导非常关键。学本教学的实质是教师主导下的"学为中心"，因此，学生的自学、互学、展学都离不开老师的指导，老师的指导是提升展学品质的一个保障性条件。在学生展示、评议的时候，老师要随时准备介入，要通过教师适时、适当的引导来促进学生的展学，把学生的展学引向深化，引向精确，引向精彩。没有老师的引导，学生的展学可能是不深刻、不精确、不精彩的。这就需要把教师的角色由"教师"变成"导师"。

在学本教学展学引导中，针对学生展示表达中出现的"错、偏、简、漏、过、浅"六种情况，教师要快速切准学生的思维脉络，准确判断思维拐点，寻找策略，顺势而导，以教师有效的引导优化学生展学的思维过程。

例如沙坪坝区回龙坝初中刘智慧老师在初中数学"任意四边形的内角和"的教学中，面对不同层次的学生，通过以下导学方式来优化学生展学思维：

师：求任意四边形的内角和是多少度？我看见大家有很多很好的方法，哪一个小组的同学愿意来给我们做讲解展示吗？

此时全班学生都举手了，课堂的学习气氛很好。

教师指定一个小组展示。这个小组的学生在一个四边形里画了一条对角线（如右图）。

师：请给我们大家讲一下！

生1：我们小组是这样的。我们首先连接 AC，作四边形的对角线，把这个四边形分成了两个三角形。我们知道，每个三角形的内角和为180度，两个三角形的内角和就等于180度乘以2(学生边说边板书180×2＝360度)。

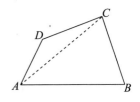

我们分析，这位学生的展学有什么问题呢? 问题出在，学生讲解的180×2＝360度，是两个三角形的内角和；而问题所求的，是这个任意四边形的内角和。学生展学讲解有"遗漏"，思维不完整，没有讲清此处两个三角形的内角和与任意四边形内角和的等量关系。请看老师的引导：

老师追问：那，我想请问一下，你连接对角线 AC 的目的是什么呢?

学生1回答：把这个四边形分成两个三角形。

老师又一次追问：这两个三角形的内角和跟这个任意四边形的内角有什么关系呢?

生1回答：因为这两个三角形的内角都属于四边形的内角，我们知道，每个三角形的内角和是180度，而这里有两个三角形，我们这样就求出四边形的内角和为180度乘以2。

师：最后等于……

生1：360度。

师：她讲得非常清晰，还有不同做法吗? 请××组的同学来试一下。

这就讲清两个三角形的6个内角之和正好就是四边形的4个内角之和的道理。数学的特点就是精确，就要讲清每一步数理逻辑变化，如为什么要加? 为什么要减? 为什么要乘? 为什么要除? 为什么要平方和开方? 理由是什么? 把每一次数理变化的逻辑讲清楚了，数学就讲清楚了。难怪弗朗西斯·培根在《谈读书》中说：读史使人明智，读诗使人灵秀，数学使人周密，科学使人深刻，伦理学使人庄重，逻辑修辞之学使人善辩……不是没有道理的。

第二个小组派上了他们小组中的一个后进生上台展学。

这名后进生上台先作四边形的两条对角线，并把对角线的相交点定为 O 点。

师：说说你是怎么做的。

生 2：我们组是先连接 AC，再连接 BD，交于点 O，把这个四边形分成了四个三角形……

老师肯定了这个组的思路，对这个孩子讲的姿势提出了要求：要面向全班讲解，这实际上是对他的学习技能提出要求，对学习行为进行评价。

生 2：结果等于 180 度乘以 4，然后要减去……

孩子准备继续讲，可老师马上追问：为什么是 180 度乘以 4 呢？

生 2：因为两条辅助线把这个四边形分成了四个三角形！然后再减 360 度，最后等于 360 度。

我们继续分析，这个孩子的展学有什么问题呢？他把 4 乘以 180 度讲清了，可是为什么要减 360 度这个数理逻辑却没有讲清楚。此处，学生的展学只有思维结果（要减 360 度），没有思维过程（为何要减 360 度），这是学生展学经常出现的问题。当他能够用自己的语言精确表达自己解题过程的时候，他的思维就已经非常清晰了。此时，如果老师把"讲一讲为什么要减 360 度？"这个问题抛出去，这个孩子有可能会被问得措手不及，因为他是小组中的一个胆小自卑的后进生。老师的机智在于，既要启发学生的思维，又要降低追问的难度。

师启发：老师请问一下，你减去的这 360 度是哪几个角呢？把它标记出来。

不要学生讲，只要他标出来，这个比讲解难度低得多的任务学生是能够完成的。于是学 2 标出这 4 个角。

师追问：这四个角是不是三角形的内角？

生 2 回答：是！

师继续追问：那它属不属于四边形的内角？

生 2：不是。

生：所以你减掉了 360 度。他讲解完了，那还有其他的方法吗？哪个小组愿意来试一试……

上面的展学引导中，老师有一个小小的失误，就是没有进行激励性评价。因为一个后进生好不容易鼓足勇气上台展学，他是非常渴望老师激励的！这一类孩子在我们过去的课堂学习中，经常处在一个"被遗忘的角落"，容易养成自卑、孤独乃至愤世嫉俗等陋习。客观地讲，在这次展学中，这个孩子的表现已经相当不错了，应该给予他激励性评价，强化他成功的喜悦，增强他学习的自信，但老师一时疏忽，留下一点遗憾。不过，这位老师比较聪明，她后来还是采取了一个补救措施，请看下面她如何进行补偿性评价。

第三个小组派上来一位优秀生。

展学中三个层次的学生都参与了——中等生，后进生，优秀学生。面对优秀学生，接下来的展学过程是：

(学生在黑板上作图)老师问：说一说，你是怎样计算得到的?

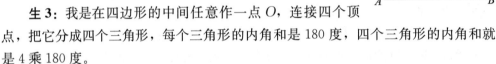

生3：我是在四边形的中间任意作一点 O，连接四个顶点，把它分成四个三角形，每个三角形的内角和是 180 度，四个三角形的内角和就是 4 乘 180 度。

生3把4乘180度的理由讲清楚了，他的逻辑思维相当清晰。老师赞许地点点头……

生3继续：中间这四个角属于三角形的内角但不是四边形的内角，我们就把这四个角的度数减去，它们刚好围成一个周角，是 360 度。用四个三角形的内角和——4 乘 180 度减去 360 度，等于 360 度，所以四边形的内角和就是 360 度。

这个学生的展评几乎一气呵成，从 4 乘 180 度的理由再到减 360 度的理由，把每一步数理逻辑关系的变化讲解得非常完整和清晰，运用了精准的数学语言，体现了良好的数学素养。数学课就是要引导学生讲清数理逻辑变化的原因，这是数学学科的独特要求。学生刚要走，被老师拉住。因为这是一个优秀学生，所以老师临时增加一个问题追问学生，让他"跳一跳摘桃子"。面对后进生降低追问的难度，面对优秀生增加问题的难度，老师的教学机智在这里体现得非常充分。

老师追问：你这种方法与刚才第二种方法有什么异同?

生3：第二种方法是在对角线上取一点，而我是在四边形中任意一处取一点，然后连接四边形的四个顶点。

师：那计算方法呢?

生3：计算方法一样。

师：非常好，我们可以看出，第二种方法实际上是第三种方法的特例。

生3走回座位。

师评价：刚才第一组、第二组和第六组的同学都表现得很好。还有其他同学为我们讲解吗?

在这里,我们观察到,老师的激励性评价很有意思。此时,还不到小结评价的时候,但老师采取的却是小结性的评价语言:"刚才第一组、第二组和第六组的同学都表现得很好。"故此,我判断,这不是一个偶然的行为,而是老师的有意为之,是对前面的遗憾所采取的补救措施:之前她的激励性评价刚好遗漏了第二组的那个后进生。所以当这个孩子比较郁闷的时候,听到老师这么一表扬,他心中的郁闷和苦恼可能一扫而空,因为他已经感受到了老师的一份"迟来的爱"。我有一个观点,教育从来不是一次性完成的,教育要尽量减少失误,但有时候教育的失误是可以补救的。譬如这个老师评价中的失误,评价分为及时性评价和延时性评价,而老师就采取了延时性评价的补救方式,非常自然而且有效。

再看第四个孩子走上讲台,这又是一个优等生的展学过程:

师:请第三组的同学来尝试一下。

生 4 上台作图后汇报:我们小组是过点 D 作 DE 平行于 BC,把四边形分成一个三角形和一个梯形。

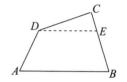

师:请问一下,你怎么会想到要把它分成一个三角形和一个梯形呢?

生 4:我们以前学过三角形和梯形,它们的内角和分别是 180 度和 360 度。前面的同学都是把任意四边形分成三角形,我想尝试一下把它分解成三角形和梯形。

师:你这种想法真棒,勇于尝试的精神值得我们大家学习。

老师对孩子们的创新精神竖起大拇指,给予热情的鼓励。

生 4:一个三角形的内角和是 180 度,一个梯形的内角和是 360 度,但是要减去顶点 E 这个平角 180 度,因为顶点 E 这个平角它只属于这个三角形和这个梯形的内角,不属于四边形的内角。所以我们小组得出四边形的内角和是 360 度。

师:正确吗?

生(齐):正确。

师:非常好。

上述展学过程,教师通过不停追问,促使学生对自己的方法进行梳理、归纳和提炼,既找出自己计算四边形内角和的方法特点,又和别的方法相对比找出区别和联系。从第一个学生展学结束后，教师就开始追问"你连接对角线 AC 的目的是什么呢？"，想挖掘出学生的思维根源，学生回答"把四边形分成了两个三角形"，目的没完全达到，教师继续追问"两个三角形的内角与四边形的内角有什么关系呢？"学生回答"每个三角形的内角都是四边形的内角，每个三角形的内角和是 180 度，两个三角形的内角和就等于 180 度×2＝360 度"。直到学生算法背后的思维过程完全暴露出来为止。在第二个学生和第三个学生展示后，教师进行了一个很有价值的追问："你这种方法与刚才第二种方法有什么异同？"这是一个找出不同方法之间联系与区别的问题，在同与不同中体会四边形内角和计算方法的本质。在第四个学生展示过程中，老师的追问更是十分专业。当学生通过作平行线把四边形分成一个三角形和一个梯形的时候，教师追问："你怎么会想到要把它分成一个三角形和一个梯形呢？"把学生的讲解由陈述性展学、程序性展学提升到策略性展学的高度——主要解决"怎么想"的问题，以分析理解思维的方法和策略为主。此时，教师的点拨与学生的创新不可分割地联系在一起，教师既在学生创新思维的前提下点拨，又通过点拨引导学生创新思维，深度激活课堂。在这里，老师的评价也十分精当。当学生迸溅出创造性思维的火花时——"前面的同学都是把任意四边形分成三角形，我想尝试一下把它分解成三角形和梯形"，老师竖起大拇指给予充分的肯定和热情的赞美，具有很强的导向功能。

2012 年应河北邯郸市教育局邀请，在全市特级教师和省级骨干高研班上作专题报告

　　从这个案例中我们观察到：后进生、中等生、优秀生上台展学时，教师都适时介入，巧妙引导。可以说，三类学生的精彩展学都是在教师的引导下完成的。激活展学思维的关键，就是要通过教师的引导，把学生从只讲解结果的"陈述性展学"引向分析理解知识的技能和原理的"程序性展学"，最后引向关注思维方法和策略的"策略性展学"，通过教师的引导，激活学生的思维与表达，把整个展学过程推向一个又一个高潮。

　　教师在学生展学过程中如何做到准确适时地引导？基本的策略是：判定学生思维的拐点，找准点拨启发的时机，顺势而导，一击成功。

　　什么是思维的拐点？学生的每一次展学，其表达的错误总是从"某一点"开始的，这个错误的起点就叫做"思维拐点"，也就成为我们启发的支点。所谓"点拨"，其实就是要找到那个"思维拐点"，顺势一拨就能奏效了；如果找不到那个思维拐点，再怎么"拨"也可能"启而不发"。学生的思维拐点经常表现为六种情况，针对不同的情况需要有不同的导学策略与之对应：

　　①错，即知识错误，要及时铺垫知识；

　　②偏，即思维偏向，要及时矫正方向；

　　③简，即表达简单，要引导详细讲解；

　　④漏，即思维遗漏，要适时补充要素；

　　⑤过，即思维越位，要引导回归原点；

　　⑥浅，即思维肤浅，要引导走向深化……

　　寻找到思维拐点，还要善于捕捉点拨的时机。一般来看，可以捕捉以下时机予以点拨：

　　①在思维出现断层时点拨；

　　②在思维出现转折时点拨；

　　③在思维发生偏向时点拨；

　　④在思维酝酿创新时点拨；

　　⑤在认知新旧过渡时点拨；

　　⑥在情绪产生兴奋点时点拨……

　　学本教学有什么特点？我的基本观点是——

　　　　　学本教学＝教学温度＋教育宽度＋学科深度＋思维力度

　　展学就是要给学生营造一个有教学温度、教育宽度、学科深度、思维力度的优质化课堂，大幅度提高学习的有效度。这样的课堂最终就回归到一个基本的规律上——"以学定教，以教助学"，"学生主体，教师主导"。一切的教育改革无论多么风云变幻，但洗净铅华后终究是万宗归一，最终回归到遵循教育规律这个原定上。所谓教学变革，不过是把过去机械教条的、偏离教育规律的课堂行为进行扭转，使一切回归到灵活本真、遵循教育规律的轨道上来。在学本教学中，教师"主导"功能的发挥尤为重要，它是激活学生思维、提高学习认识的保障。没有教师"主导功能"的充分发挥，也就没有学生"主体地位"的充分彰显。在教师充分激活学生展学的背景下，课堂实际上已经变成一个巨大的"思维场"，教学于是进入最佳运动状态。

2. 关注生成资源，优化评学方式

　　学本教学的展学实施过程中，普遍容易出现这样一个问题：把双向展评变成单边展示，缺乏班级内的互动交流与思维交锋。其具体表现为单边展示多双向展评少，课堂展学过程死气沉沉，台上展示者与台下倾听者不能形成思维与语言的交流互动，严重的会形成机械的、形式化的"报幕式展学"，没有发挥学本教学"展评互助"的实效。形成这一问题的根源在于展学的实施只重形式的"展"，忽视或弱化了起关键与实质作用的"评"。

　　怎么解决"把双向展评变成单边展示，缺乏班级间的互动交流与思维交锋"的问题呢？我认为，在展学过程中，教师和学生都要有关注生成资源的意识，随时通过倾听、观察、思考展学中的某个要点、难点、疑点，引发冲突，提出问题，积极主动地介入展学对话，把课堂变成一个对话场、讨论场、辩论场、思维场，让全班学生都卷入展学过程当中来。

　　要达到这样的效果，需要教师在学生"展"的同时，及时引导学生"评"，并通过"评"来促进学生与学生之间的双向或多向交流对话，激发学生之间的思维碰撞。在展学中引导学生积极有效参与评学，有如下四种基本方式：

　　一是提问式评学。我国古代教育学专著《学记》就十分重视"善问"和"善待问"："善问者如攻坚木，先其易者，后其节目，及其久也，相说（脱）以解。不善问者反此。善待问者如撞钟，叩之以小者则小鸣，叩之以大者则大鸣，待其从容，然后尽其声，不善答问者反此"。其大意是善于提问的老师，要像砍伐坚木先易后难一样提出问题，引导学生对这些问题进行思考，就会迎刃而解。善于对待学生发问的老师，像对待撞钟一样，问题小收获就小，问题大收获就大，要让学生从容领会、透彻理解。教师或学生在展学过程中，要善于抓住展学者展示的疑点、混点、关键点、思维拐点、思维困惑点等，提出问题引发全体学生的关注与思考，形成互动参与式的评学。

例如小学五年级数学"平行四边形的面积"展学过程：

师： 你们是怎样把这个平行四边形转化成我们会求面积的图形的？

小组展示：生1：（走上讲台边指边说，如下图）沿高剪下来，这边移到这边，拼成长方形。

生2补充： 要沿着高剪下。

生3： 先画出高，然后沿高剪下，就拼成了一个长方形。

师： 他用到了几个很好的关联词，先……然后……就……（师板书）把过程说得很清楚。谁还能这样边演示边完整地说说。（学生上讲台边演示边完整地说，师提示用数学术语"平移"）

学生展学的过程中，全部同学看着这些转化前后的图形，有学生开始产生疑问了。

生4： 我有个问题想问问你们，转化后的长方形与原来的平行四边形有什么关系？

师： 这个问题问得好，老师也想问这个问题。先独立思考，把你的想法写在记录单上，然后小组讨论。

小组展示交流：生1： 我们发现面积没变，长没有变，高变了（指着图形讲解）。

生2纠正生1的口误： 底没变，高没变。

生3： 高变成了宽，底变成了长。

生4： 名称变了，长短没有变。也就是平行四边形的底变成了长方形的长，平行四边形的高变成了长方形的宽。因为长方形的面积等于长乘宽，所以平行四边形的面积等于底乘高。

上述展学过程，首先老师以"怎样把这个平行四边形转化成我们会求面积的图形？"的问题，让学生展示他们的操作过程，并用简洁的数学语言表达了转化过程，学生用"先……然后……就……"几个关联词，即"先画出高，然后沿高剪下平移，就拼成了一个长方形"，十分清楚地表达出了"如何转化"及"转化的结果"，引领学生深刻感悟转化的数学思想。此时，学生对比观察转化前后的图形，产生并提出一个自己困惑的问题："转化后的长方形与原来的平行四边形有什么关系？"学生提出的这个问题是本节课学习的关键性问题之一，由此引发了学生在小组内和全班的深度思考与交流互动。在展示"转化后的长方形与原来的平行四边形有什么联系？"这一问题时，学生的思维与表达紧紧抓住转化前后的变与不变，以严密的推理过程完整地推导出平行四边形的面积计算公式。

二是补充式评学。世界上事物的复杂性与人们认知能力的有限性总是矛盾的：其一是我们认识事物可以有多个角度、多个层次；其二是我们的很多认识可能是不全面的甚至是错误的。这就为学本教学中学生展学之后的评学提供了可能性和必要性——在别人展示不完善的地方，其他同学可以及时给予补充；别人展示准确的知识，也可以换个视角说说不同的理解。

下面是人教版高中语文《林黛玉进贾府》的一个展学片段。林黛玉进贾府时，贾府老祖宗贾母带着王夫人、邢夫人和嫡亲孙女迎春、探春、惜春（王夫人、邢夫人是"三春"的母亲），还有一帮丫头老婆子们到门口迎接林黛玉。后来王熙凤过来了，课文描写如下：

这熙凤携着黛玉的手，上下细细打谅了一回……因笑道："天下真有这样标致的人物，我今儿才算见了！况且这通身气派，竟不像老祖宗的外孙女样儿，竟是个嫡亲的孙女……"

阅读上面重点语段，思考：王熙凤夸奖林黛玉有什么目的？据此分析王熙凤的性格特征。学生先独立思考，然后合作交流，最后全班展评。

小组1展示：我们发现王熙凤夸奖林黛玉有两个目的：一是夸黛玉漂亮，黛玉心里高兴；二是通过夸奖黛玉迎合贾母，使贾母心里高兴……可谓一箭双雕。

小组2补充：他们小组的理解很对，我们还有补充——我们发现王熙凤夸奖林黛玉还有一个目的，她说，"况且这通身气派，竟不像老祖宗的外孙女样儿，竟是个嫡亲的孙女"……顺带也夸奖了迎春、惜春、探春，因此"三春"心里也高兴，可谓一石三鸟。

小组3补充：我们发现王熙凤夸奖林黛玉还有第四个目的，因为"三春"就是王夫人、邢夫人的女儿，所以王夫人、邢夫人也会因此感到非常高兴，可谓四面埋伏。

最后结论——由此可见王熙凤说话见风使舵，思维缜密，八面玲珑，滴水不漏，是一个工于心计、周于算计、精于逢迎、巧于经营的女人。

在这个展学过程中，通过一个小组的发言，引发了后续两个小组的学生的补充，在展示和补充中我们看到的是，第一组学生对王熙凤说话的目的还是单一的解读，后面两组同学的补充，越来越逼近对王熙凤复杂性格的透视和把握，为深刻归纳王熙凤性格打下了厚实的基础。如果没有补充式的展评，是不会有这样的学习效果的，至少全班学生都难以体会到王熙凤如此高明的"说话艺术"，也就难以把握她的"聪明透顶"的乖张性格，这也正是补充式评学的价值和魅力所在。

三是质疑式评学。质疑式评学就是针对别人展示的思维过程或者学习结论提出不同的意见，并合理表达自己的看法，有理有据地阐明自己的观点。质疑式评学最大的优势，就是能够引导学生批判性思考问题，形成自己的主见，高效达成学本教学的展评目标。例如人教版高中语文《林黛玉进贾府》的一个展学片段：

"王熙凤又忙携了黛玉之手，问'……想要什么吃的，什么玩的，<u>只管告诉我</u>；丫头老婆子们不好了，<u>也只管告诉我</u>。"

对语段中两个"只管告诉我"，理解准确的一项是（　　　）

A. 突出了王熙凤冒失大胆的性格。

B. 突出了王熙凤直率爽快的性格。

C. 突出了王熙凤于人前炫耀自己特殊地位的泼辣性格。

D. 突出了王熙凤泼辣而巧于奉迎贾母的性格。

小组1展学：我们认为答案为C，因为王熙凤性格泼辣，为人嚣张，处处显示自己贾府管家的权势和地位。

小组2评学：我们表示质疑，我们认为，王熙凤虽然性格泼辣，为人高调，但思维缜密，绝不鲁莽，她知道贾府最高权威贾母在场，所以不会炫耀自己特殊地位，相反，她是为了表示对林黛玉特别的关心，以进一步博取贾母的欢心。

......

四是辩论式评学。展评过程中对评学的基本要求是，能够快速地抓住要点，能够抓住别人展示中间的漏洞、破绽、问题提出反面的意见或相反的观点，并讲解自己的理由。在这样的展评过程中，往往会出现意见不一致的两方观点，这时就可以调动学生采取辩论式的展评方式进行交流，发动"群众斗群众"。也就是说，在展评过程中，有人展示，有人质疑，然后再有人反驳，就形成课堂辩论的态势。通过辩论让学生对各自的观点更深入更全面地进行理解，最后达成统一的认识。

$38 + 12 = 50 (m^2)$
答：这块实验田大约有50 m²。

例如西师版小学数学五年级上册"不规则图形面积的估算"，教材编排把一块不规则试验田放在方格中估算它的面积（如右图），试验田覆盖的方格中既有完整的方格又有不完整的方格，学习难点在于试验田四周不完整方格的处理，有两种处理方法：半格法、凑整法。如何让学生充分认识这两种方法的不同价值与优劣？

重庆市沙坪坝区富力南开小学的王丽君老师在展学过程中充分发挥了辩论式的展评功能，高效地达成了学习目标。过程如下：

一个小组的代表上台展示：我们用拼凑法，先数完整的方格有38格，然后用一个大的不完整方格和一个小的不完整方格拼成一个完整方格，可以拼凑成10个完整方格，一共是48格，也就是48平方米。

生1质疑：老师，他们这里的数法虽然可行，但是我觉得我们的数法还要好一些，我可以把我们这里的数法展示给大家看一下……

师：他想展示他们的数法，大家……（掌声）

生1上台展示：我们的方法与他们的方法有异曲同工之妙，我们也是先数的完整的方格有38格，然后我再数那些不完整的方格。不完整的方格有24格，我们把这些不完整的方格当作半格来数，这24个半格，就相当于12个完整的方格，然后再把这12个完整的方格加上这38个完整的方格，就等于50格。而一格是1平方

米，50 格就等于 50 平方米。（掌声）

生 1 的展示激起了另一个小组的反驳。

生 2：我们不同意你们组的观点，因为这方法最大的特点就是不准确，比如……

师：你到上面来给大家展示。

生 2 走上讲台，指着不足半格的图形继续讲解：比如，我们将这一格作为一个半格来进行计算，相差太大，这是完全不符合逻辑的。即使这两个相加起来也不足半格大小，所以说我认为你们的方法没有我们的方法好。

生 2 的反驳又激起另一个小组不同的意见。

生 3：我不同意你们的意见，这些不完整的方格有的大，有的小，有的刚好半格，如果将它们互相抵消的话，就都可以当作半格来数，我们的方法比你们的方法更简便、更准确。所以说我认为我们的方法比你们的好。

师：感谢这几位同学的精彩发言，感谢你们。（掌声）刚才这几位同学他们有理有据证明了自己的观点，这两组同学他们的分歧主要集中在哪里？

生：（齐说）对不完整格的处理。

师：对不完整格的处理是吧！一组同学他们是怎样处理不完整格的呢？

生：（齐答）拼凑法。

师：另一组同学呢？

生：（齐答）半格法。

师：你喜欢哪种方法？

又把问题交给学生处理。

生 4：我喜欢他们组的半格法，因为这种方法更简便，如果用拼凑法的话，就太复杂了，如果一个不规则图形的不完整方格很多，这样拼过来凑过去就太复杂……

这个展学过程一开始各个小组有不同的估算方法——拼凑法、半格法，各有各的理由，老师让他们的两种观点充分辩论，形成一个针锋相对的激烈场面。此时，正反两方的思维碰撞交锋，让真理越辩越明，让本质越辩越清，在全面透彻认识各自方法的优越性和局限性的基础上进行优化，为最后得出"半格法更适合一般情况"的结论奠定了厚实的思辨基础。

辩论式评学要特别强调两点：第一，有理有据，所有的辩驳都要有自己的理由和依据，且感情诚挚，尽量做到以理服人，以情动人；第二，有礼有节，只围绕核心问题展开思维辩驳，不允许脱离问题"声东击西"，更不允许进行人身攻击，要注意言说的风度和辩者的素养。

（五）展学结论处理

学本教学的展学结论是指通过小组学习成果的展示，引发全班的展评争鸣，最后生成全班认同的学习结论。展学结论是经过必要概括提升后的结论，在展学中应通过对展学结论的概括提升，把学生引向对规律与本质的理解与把握。学本教学中展学结论的处理容易出现哪些问题？这些问题又该怎么改进？我们从两个方面来进行论述。

1. 展学结论的生成

学本教学的学习结论往往形成于展学环节。但在实践中，常常会出现展学结论得出时机不当的问题，主要表现为"展学结论揭示过早"和"以部分学生的展学结论简单化替代全体"两大方面。例如西师版小学数学三年级上册"年、月、日"教学中的展学片段：

天数 月份 年份	1	2	3	4	5	6	7	8	9	10	11	12
1998	31	28	31	30	31	30	31	31	30	31	30	31
1999	31	28	31	30	31	30	31	31	30	31	30	31
2000	31	29	31	30	31	30	31	31	30	31	30	31
2001	31	28	31	30	31	30	31	31	30	31	30	31
2002	31	28	31	30	31	30	31	31	30	31	30	31
2003	31	28	31	30	31	30	31	31	30	31	30	31
...												

小组合作展示，学习问题：观察年历表，把每月的天数填在小表格中，把月按

天数分类，观察年与月、月与日有什么关系？（如图，自学后把自己填写的小表格一起放在四人小组内互学研究。）

投影展示小组汇聚在一起的年历统计表，年份分别是 1998 年到 2003 年。

组长：大家好，我们是勤恳小组，下面由我们小组给大家汇报。我们把 12 个月分为四类：31 天分为一类（师在黑板上板书 31 天），29 天分为一类（师在黑板上板书 29 天），30 天分为一类（师在黑板上板书 30 天），28 天分为一类（师在黑板上板书 28 天），我们发现一月都是 31 天。

组员 1：二月除了 2000 年外，其余都是 28 天。

……

展学中学生的表达十分清楚，把 12 个月按天数分成了四类，分类标准正确，分类结果也正确。展学中除了组长主讲外，还有一位组员补充。问题在于这个"展学"过程中的"评学"还欠缺火候，"评"得十分薄弱，几乎没有展评的成分体现。教师的问题出在哪里？教师的做法是：学生说一个分类就板书一类天数，他这样一板书在学生眼里就是老师认可了的结论，后面学生肯定无话可说了。

这样没有经过互动评学，或没有经过充分展评就板书结论的做法造成了两大弊端：一是展学结论揭示过早；二是形成结论替代，即用一个小组的学习结果替代了全班的学习结论。这样的展学结论得出过程容易形成看似有效、实则肤浅的课堂实质，容易造成学生似懂非懂的学习效果，这也是形成学生学业成绩两极分化的原因之一。

针对展学结论出示时机不当的问题怎么改进？改进对策是：充分展评，获得全班认同后再得出展学结论。具体操作办法是以小组汇报内容为材料，引发全班同学的质疑和争论，展示出变与不变的成分，最后生成学习结论。例如重庆市沙坪坝区莲光小学周美琳老师对展学结论的处理就比较好，具体过程如下：

学习情境：一盒降压片 30 片，奶奶一天吃一片，哪些月份够吃？哪些月份不够吃？

学习材料：不同的年历表，统计表。

师：哪一组愿意来汇报你们的结果？

生 1：我们小组认为奶奶不够吃的月份有：1 月、3 月、5 月、7 月、8 月、10 月、12 月。奶奶够吃的月份是：2 月、4 月、6 月、9 月、11 月。我汇报完毕，请其他同学做补充。

（这个学生的标准其实是把 31 天分一类，为不够吃的月份；30 天及其以下分一类，为够吃的月份。）

生 2：2 月 28 天，不够 30 天，每天吃 1 颗，不够吃，所以不应该放在够吃的月份。

全班学生：够吃。

师：谁来帮忙解决一下。

生 3：因为一盒 30 片，二月只有 28 天或 29 天，有 30 片当然够吃。

师：明白了吗？

全班学生表示明白了。

师指着投影说：也就是说不管哪一年，不够吃的月份都是这几个月，这几个月有多少天？

全班学生：31 天。（教师板书 31 天）

师：我们一起来说说 31 天的月份。

全班学生：1 月、3 月、5 月、7 月、8 月、10 月、12 月（教师板书）。

师：剩下的都是够吃的，分别来说说是多少天？

生 4：有 30 天的，有 29 天的，有 28 天的（教师板书）。

师：你能说说哪些月份是 30 天吗？

生 5：4 月、6 月、9 月、11 月。

（在老师的引导下，学生按照月份的不变，把 30 天的月份又分为一类。）

师：你能说说哪些月份是 28 天、29 天的吗？

生 6：每年的 2 月是 28 或者 29 天……

（在老师的引导下，学生按照月份的不变，发现所有年份的 2 月都是 28 天或者 29 天，就把它又分为一类。实际上，在全班学生充分展评的条件下，最后把每年的天数分成 3 类：第一类 31 天，为大月；第二类 30 天，为小月；第三类 28 天或者 29 天，为平月。）

同样是"年、月、日"课堂教学的展学，这个展学片段和前一个相比，其展学结论出示时机更为合适。这里的展学结论不是一个小组得出的，而是在一个小组展示之后，教师把他们的展学结论交与全班学生讨论，提出质疑，排除不一致的意见，获得全体的确认后再作为展学结论板书出来。

　　这样的展学结论处理之所以较为科学，有两个方面的理由：一是体现了数学本质。数学是千变万化中的不变，一个学生、一个小组得出的认识不一定是普遍的认识，不一定就是变化中的不变。上述第一个"年、月、日"展学中，每个学生面对着年历表，发现年份是变化的，但大月小月的天数是不变的，需要通过其他小组参与的展评给予讨论，让大家都认为是这样才行。二是体现了学习规律。任何学科的核心知识学习，特别是重点难点内容的突破，往往不是一个回合就能让所有学生都明白的，它必须在维持一定的讨论热度的基础上，经历几个必要的回合，才会让更多的学生对所学内容达到应有的理解程度。因此，展学结论需要充分的展评，让全班学生认同后总结形成，不能盲目轻率地得出结论。

2. 展学结果的深化

　　很多课堂中的展学只重视学生的参与，学生展示完了展评环节也就结束了，忽视对展学过程的梳理、总结、归纳和提炼，课堂展学老是停留于"原生态"的状态，展学前学生的认识理解是什么样，展学后还是什么样。这样的课堂给人的感觉就是没有生长感。例如七年级数学下册"多边形的内角和"的展学过程：

　　问题：把长方形的纸片剪掉一个角后，剩下图形的内角和是多少度？

　　第一小组展示第一种方法。采取合作展示的方式，一人板书画图（如下图），一人折纸演示，一人讲解。

　　生1：我们可以在长方形的一角折一个小三角形，这样就得到一个五边形（如图1）。

　　师指着板书图形：这样画就成了一个五边形，五边形的内角和是多少？

　　生1：是540°。

　　师：540°，对不对？

　　全体学生：对。

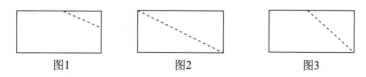

図1　　　　　　　　図2　　　　　　　　図3

　　第二小组展示第二种方法。

　　生2：把长方形折成两个三角形（如图2），沿着对角线剪去一个三角形，这时的

内角和是 $180°$。

师：很好，剩下的是一个三角形，内角和是 $180°$。

第三小组展示第三种方法。依然采取合作展学的方式：一人板书画图，一人折纸演示，一人讲解。

生 3：在长方形一边上取一点，连接它与一个对角的顶点成梯形（如图 3），内角和是 $360°$。

师总结：很好，把长方形去掉一个角，有三种方法，剩下图形的内角和分别是 $540°$、$180°$ 和 $360°$。

从上面的课堂实录中我们看到，学生给出了不同的解决方法，但这些方法内在的联系是什么？本质上有何一致性？教师没有引导学生观察、分析、抽象、概括，而是仅仅把这些方法的结果罗列出来，只有思维的发散，缺乏思维的聚合，成为本节课的一大缺憾。

对上述展学案例，教师如果采取展学后的梳理、归纳与提升，引导学生形成思维的系统化和知识的结构化，效果就会大不一样。例如可以增加以下的追问：

追问 1：有多少种不同的剪的方法？（发散思维，改变思考角度）

追问 2：怎样才能做到不重复不遗漏？（有序思维，体会分类讨论）

追问 3：如果将长方形改为五边形、六边形甚至 n 边形呢？你能发现什么规律吗？（优化思维，归纳解决问题策略）

通过上述追问，引导学生在展学后观察分析、归纳、概括，发现这些方法内在的联系，把学生引向对普遍性规律和系统性方法把握的高度，培养学生的有序思维，优化解决问题的策略。

比较正确的做法应该怎么做？我们还是以七年级数学下册回龙坝中学刘智慧老师执教的"多边形的内角和"的展学为例进行说明。实际上我们前面已经介绍过这个案例的前一部分：四个学生分别代表四个小组，展示了"多边形的内角和"的四种解题方法。在这个片段中，老师在学生充分展学的背景下继续拓展思维，然后进行归纳总结，把学生的理解提升到对数学"转化"思想的认知高度。

师：任意四边形内角和等于多少？同学们找到了四种解题方法，非常好。你们看，有的同学在四边形的顶点取一点，连接对角线；有的同学在四边形的内部任意取一点，然后连接各顶点，把它们分成几个三角形或梯形。还有其他方法吗？我想能不能在四边形的边上取一点，然后连接各顶点（如图1），这样能否求出四边形的内角和呢？

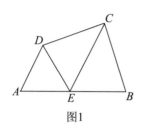
图1

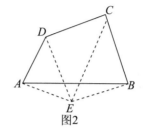
图2

生（齐）：能。

师：前面的同学过点 D 作平行线，那可不可以过点 C 作平行线呢？

生（齐）：可以。

师：如果我继续把这点往外移动，在四边形的外面取一点，然后连接四边形的各顶点，这样分成的三角形（如图2），能否求出四边形的内角和呢？

生：能。

师总结提升：同学们都把四边形分成三角形或梯形，都是把它分割开的，那我们可不可以通过一种方法把它补成一种我们熟悉的图形呢？这些方法，我们下去可以尝试一下。总之，我认为只要把这个四边形分割或补成我们熟悉的图形，就能解决四边形的内角和。我们可以通过作辅助线，转化为已知内角和的图形来解决，这就是利用了数学中的"转化"的思想方法。

教师板书：数学思想方法——转化思想。

教师在学生展示了四种解题方法的基础上继续引导，帮助学生进一步打开思路，激活思维。之后教师再次进行追问："同学们都把四边形分成三角形或梯形，都是把它分割开的，那我们可不可以通过一种方法把它补成一种我们熟悉的图形？"创新性地扩展学生的学习研究视野。由于有展学过程中关键性的追问，学生的思维随时处于紧张有序的状态，所以最后得出概括性的学习结论："只要把这个四边形分割或补成我们熟悉的图形，就能解决四边形的内角和，我们可以作辅助线，转化为已知内角和的图形来解决，这就是利用了数学中的转化的思想方法。"有效让学生超越具体计算方法，上升到"转化"的数学思想认识理解上来，凸显数学课堂的学科本质，有效地增加了课堂学习的深度和厚度。

有效的展学需要在学生的展示后进行及时有效的总结概括，通过对展示过程、展示结果的概括提炼，帮助学生摆脱表面化的知识堆砌和方法罗列，帮助学生超越诸多的变式和假相，促使学生的认识上升到对普遍规律认识的高度上来，增强所学知识的稳定性和深刻性，提高学生思维的深度和广度。

（六）展学技能培养

在学本教学的展学实践中，学生由于缺乏展学技巧与能力，展学时常常表现为语言结结巴巴，神情紧张分分，半天讲不清一个问题。这是学本教学建构初期普遍存在的现象。要让学生真正具备与学本教学相适应的展学能力，需要经过必要的展学技能训练过程。

1. 确定展学培养目标

在展学能力培养训练之前，要明确把学生培养到什么程度，也就是要清楚展学培养的目标标准，然后根据培养目标有针对性地对学生进行系统的训练。"展学"能力培养怎样才叫有成效？至少学生要能够大方上台说话、不怯场、不扭捏，表达流畅准确。这就需要制定具体的展学技能训练目标。

展学培养目标的确定有三个关键词：语言、眼神、体态。

（1）语言。学生展学语言培养的最基本要求有两点：一是学生要比较流畅地使用学科语言；二是要有引发学生互动交流的语言。此外展学语言还要清晰、简洁、流畅，声音洪亮等。

（2）眼神。学本教学的展学过程中，学生的眼神要敢于直视同学与老师，能够与台下的学生有眼神交流。不要走上讲台眼睛盯着天上或者看着地下。眼睛盯着天花板或者看着地板板，就说明学生还缺乏自信。说话时能够直视别人的眼睛，并且有眼神交流，这是自信满满的表现。其次要用眼神表达与展学有关的情绪信息，如问题解决方法询问时疑惑的眼神、思维得到启发获得答案时的兴奋眼神，用自身的情绪感染参与展评者，提升展学的情感氛围。

（3）体态。展学中要自然、大方，有适当的体态，有适当的手势，既不扭捏也不夸张。如站姿，要面向听众，抬头挺胸。注意细节，如果展学时要利用黑板或投影，身体与黑板或投影屏幕最好成45°夹角，方便随时转身注视黑板和同学；手势要讲到哪儿指到哪儿，五指并拢向前伸展，动作要舒展。

语言、眼神、体态是展学技能训练的三个关键词，我们可以根据这三个关键词的基本要求来设计学生的个体展示技能评价表（如下表）。

学生个体展示技能评价表						
评价内容	评价要点	生1	生2	生3	生4	生5
姿态（40分）	抬头挺胸 面向全体 眼神交流 手势配合					
语言（40分）	清晰流畅 声音洪亮 学科语言 引发交流					
内容（20分）	观点合理 依据充分 过程清晰 结论正确					
总分（100分）						

2. 依据目标系统训练

有了展学训练标准，就可以根据标准去加强训练。在实际操作中，要合理安排好时间进行技能训练。

一是做好时间安排。这其实是训练的时间保障的问题，可从以下两方面来解决。第一种，课前三分钟固定训练。用课前3分钟这个时间段专门训练某项技能，每天所有的老师都抽出三分钟时间训练一对学生，一个展，一个评，专门训练。例如小学一天五节课，一节课训练两个孩子，一天就能训练10个孩子；中学每天有7节课，每天可以训练14个孩子，一个班的孩子大概用一周时间就都可训练一次，一个月就可轮流训练四次。在训练过程中可以根据"学生个体展示技能评价量表"记录评分，对学生进行展学行为评价记录，这就叫做表现性评价，这些评价都是孩子学习过程的记录，也是他们综合素质评价材料之一。只要两到三个月的专项训练，孩子们就会有很大的变化，他们在展学时会因此变得落落大方、从容不迫。第二种，课中 n 分钟技能评价。就是在课堂学习过程中进行教学评价的时候，增加一个学习技能的评价，也就是说老师评价学生时，不单单只评价学生知识学习、思维表现，还要评价学生展学技能的要求，要关注细节，随时纠正展学中的技能表现，培训学生良好的展学习惯，形成课堂评价的新标准。

二是实施技能训练。首先是榜样示范。以课前三分钟为例，老师训练一对，或者两对，或者三对基础比较好的孩子，让他们变成模仿的对象，成为学习的榜样。如果不让学生模仿，他们不容易学会，尤其小学生和农村的学生，要把展评的示范榜样树立起来，让大家学有所范、仿有所形。这就是榜样示范法，也叫范例教学法。其次是内容的选择。我们展评训练中展什么？评什么？有效的做法是，结合各年级学生正在学习的内容进行，不提倡另外找其他内容或新颖的题目，以免增加学生的课外负担，降低部分发展滞后学生的积极性。如果这节课展评上一节课的学习内容，就变成对上一节课的复习；若这节课学习内容提前展评，就变成对这节课的预习。这样结合本节课学习的中心话题展评最具实效。

应中国教育学会评价委员会邀请，在"义务教育课程标准修订解读培训会"上作专题报告

　　我们不但要训练学生会展，还要让学生在评的过程中能够快速地抓住要点，能够抓住别人展示中间的漏洞、破绽、问题提出质疑，并讲解自己的意见，这个过程就是评。学生评学的方法与技能也要经过训练。

　　苏格拉底经常训练他的学生的辩论术。在色诺芬的《回忆苏格拉底》这本书中，记下了苏格拉底采用"产婆术"的方法，就有关"正义和非正义"的话题训练学生辩论术的过程。

　　苏格拉底要求学生列成两行，正义归一行，非正义又归于另外一行。苏格拉底首先问，"虚伪"归于哪一行，到底是归于正义还是归于非正义？学生回答归于非正义一行。苏格拉底又问，偷盗、欺骗、奴役应归于哪一行？学生回答，归于非正义一行。苏格拉底反驳道，如果将军惩罚了敌人，奴役了敌人，战争中偷走了敌人的财物，或者作战时欺骗了敌人，这些行为是否是非正义的呢？学生回答，不，这些行为都是正义的，对敌人这样做是正义的，如果对朋友这样做那才是非正义的。苏格拉底又提出，战争中将军为鼓舞士气，以"援军快到了！"的谎言欺骗士兵，制止了士气的消沉；父母以欺骗的手段哄自己的孩子吃药，使自己的孩子恢复了健康；一个人因怕朋友自杀，而将朋友的剑偷走，这些行为又归于哪一行呢？学生得出结论，认为这些行为都是正义的。最后迫使他们收回了原来的主张。

　　我们再看另外一个案例，是美国"生物的定义和判断标准"的生物课的学习过程：

　　生物老师叫萨拉。萨拉老师走进课堂开始就问，孩子们，太阳是活的吗？一部分学生回答："是活的！"还有学生说肯定不是活的，互不相让，另外还有学生不知所措，他们不知道到底是活的呢，还是不是活的。于是老师萨拉就让学生按自己的主张开始分组。

　　主张"不是活的"的学生就是 A 组，站到教室的左边。主张"是活的"的学生就是 B 组，站到教室的右边。拿不定主意的学生就是 C 组，站在两排的中间。于是老师让学生在组内进行 5 分钟的磋商。让 A、B 两组彼此向对方发动攻势，去辩驳，通过辩驳以理服人，争取中间 C 组的同学加入到自己这个行列里边来。于是，孩子们轮流逐个发言，使出了浑身解数，说服中间派加入到自己这一组里来。下面是学生进行辩论的记录：

　　A 组第一个学生：想想看，太阳怎么会是活的呢？它会喘气吗？会走路吗？会说话吗？会想事吗？

他的意思是，只要是活的就会喘气，就会走路，就会说话，就会想事。因为太阳不会走路，不会喘气，不会说话，不会想事，怎么说是活的呢？

B组的同学马上反驳：请问植物是活的，你觉得它会想事还是会说话呢？立即对A组同学的观点进行反驳。

A组同学马上接过去：猪笼草就挺会"想事儿"的，粘苍蝇吃还不聪明吗？意思是植物是活的，因为它会想事。

B组学生发现对自己不利了，于是回避一下，转为另外一个问题：太阳会发光发热，而没生命的东西，比方石头，就不会发光发热！他认为会发光发热的东西就是活的，太阳就是活的，石头就是死的。

A组学生马上转过来：嘿，煤一点着也会发光发热，你不会认为它是活的吧？

还有人补充说：还有微波炉哟，微波炉它也会发光的哟！

B组同学发现不行了，马上又换一个话题：太阳是恒星，恒星总有一天会"死"，变成白矮星和黑洞什么的，既然会死，现在想必是活着的嘛！

A组学生马上开始辩驳：手机要没电了，咱们还说它"死了"呢，难不成你觉得你的手机这会儿是活的？

学生拿太阳跟手机类比，手机没电就死了，但你不能说它是活的吧！

A组还有学生辩驳：生物都会繁殖，太阳可不会生小太阳的！意思是说会繁殖的才是活的，太阳不会生小太阳，所以它不是活的。

这一下就被B组学生抓住破绽了：谁说生物都会繁殖，骡子不繁殖，狮虎兽也不会繁殖。

C组学生开始渐渐分化，不少学生加入了他们赞同的一方。但也有不肯轻易屈从的中坚分子。他们觉得谁都有点儿理，但都不够充分。

老师严肃地问：你们争论太阳是不是活的，那"活"的标准又是什么呢？刚刚准备鸣金收兵的对阵双方顿时又来劲儿了，又挑起了新的争论——

A组学生：活的就要会呼吸，会繁殖。

A组学生：还要会新陈代谢！

B组学生：活着要和周围有能量交换。

B组学生：会死的东西才算活着的，凡是会死的东西没死之前它就是活着的。

老师开始介入：你们争论的焦点其实不是太阳，而是活的判断标准。A组的

"活"是生物学标准，B组的"活"是天文学标准。

当教师说到"能够繁殖"这条标准时，争上了瘾的孩子们又逮着了机会，一个学生说："是生物就会下崽儿吗？那骡子跟狮虎兽它们只能算非生物喽？"于是萨拉老师笑了："同学们，科学分类的标准本来就是人为制定的，大自然那么复杂，人定的条条框框难免会有漏洞、有例外！"实际上老师是对的，因为科学标准并不能涵盖一切自然现象。

这节"生物的定义和判断标准"生物课的学习过程，完全是学本式课堂，也可以说是一堂经典的基于辩论训练的课堂。孩子们在这个辩论过程中，每组孩子都能抓住对方的破绽，有理有据地陈述自己的理由，讲述自己的观点，实现了思想的大解放。展学的技能就是这么练成的。在沙坪坝区的有些学校，就采取举办班级或者全校性的辩论赛的方式，来培养学生的"展评"能力。

展学强调学习主体行为的亲力亲为和无可替代，强调主体意识唤醒和激活的"量"、介入的"质"、持续的"时"，因此展学过程是一种内在唤醒，是从学生心底自动、自主、自发的唤醒；展学将学生从低级的知识、技能的重复机械学习中彻底解放出来，让学生在知识本身逻辑意义建构的基础上，实现知识情感意义的建构，因此这样的课堂展学中被激活的思维状态呈现的不仅是"认同性思维"，更多的是"求异性思维"，从而促进高效生成真正的智慧和能力，实现"学历"和"学力"协同一致快速发展。展学将有效促进学生第一学习态和第二学习态[1]统一，第一学习态是有组织、有目的、有监控的学习，第二学习态则是没有明确组织、目的、监控的学习。只有具备强大的第二学习态的人，才是真正的学习型人才。展学所激发的学习动力激励学生由第一学习态向第二学习态提升，然后借助第二学习态提升第一学习态的效能，再借助第一学习态促进第二学习态的自觉化，两种学习态相互促进，既提高课堂效率，又培养终身学习型人才。

总之，学本教学有效展学的标准可以从五个方面考量：展学的内容——聚焦于"主问题"，体现教学重点与难点。展学的方式——符合学科学习内容的特点，要有利于体现该学科特有的思维特征和教育价值。展学的过程——不仅要展示学习结果，

---

[1]　http://www.edu11.net/space-43562-do-blog-id-673694.html.

更要展示思维过程，把学习难点暴露于过程之中；既要优化"展"的过程，还有活化"评"的过程，形成展评的高效联动。展学的结论——通过小组学习结果的展示引发全班争鸣，生成全班共同的结论，并进行必要的概括提升，把学生引向对规律的理解与把握。展学技能——语言、动作、体态、情绪适合内容、观点、思维表达的需要，能让听众听得明白，想得清楚。要用这几个方面的有效展学标准来对照学本教学实践，相应地从展学内容、展学方式、展学过程、展学结论、展学技能五个方面思考改进，优化课堂展学，真正发挥展学的"动力泵"作用，有效地激活学生学习状态，激发学生学习兴趣，提高学生学习效果，提升学生综合素养。

"教学即生长。"学本教学提升了课堂的境界，带来的教学效果不可限量。正如特级教师武凤霞所说："在充满生长律动的课堂上……学生不能在文字中浮光掠影，要在思索中前行；不是在言说别人的思想，一定是在表达自己的心声。看一看，能感受到躬身前行的姿态；听一听，能体悟到生命拔节的声音。"学本教学给师生搭建了通向理想信仰的"阶梯"。它以人本、生本、学本为追求，以人性善为出发点，以人品优化为浸润途径，以人格的建设和提升为根本目标。它成就的是至诚的师生关系、至善的学本教学、至美的学本教育，必将促进中小学课堂教学从文化到文明的快速飞跃。

第三章　走进学本教学

　　我区自 2012 年实施学本教学行动以来，注重开展基于课例的研修活动。从 2013 年开始，我区启动并实施了一年一届的涵盖所有学科的学校、校际共同体、全区三级教师公开课展评活动。2014 年秋，"全国目标教学与学本式卓越课堂研讨会"在我区召开，来自北京、上海、广东等全国 10 余个城市的 300 多名教师现场展示了优质课。三年来，我区教师在市级及以上学科赛课活动中多次荣获特等奖或一等奖。本章遴选了以上具有代表性的课堂实录或教学设计，每个实录或设计后附有评析，以深度呈现沙坪坝区的学本教学风貌。

第一节　教学设计与评析

一、高中语文：《春江花月夜》教学设计与评析

（高中语文人教版选修《中国古代诗歌散文欣赏》第二单元）

重庆市沙坪坝区教师进修学院　龚雄飞

一、整体感知

1. 课前导语

自古以来，月亮一直是中国文人墨客吟咏的对象，它寄托着人们的悲欢离合，寄予着人们的深沉思考。在人才辈出、群星璀璨的唐代诗坛，有一位叫张若虚的诗人，被誉为吴中才子，他一生仅留下两首诗，其中一首就是《春江花月夜》。他仅凭一轮明月，便成就千秋美名。

对《春江花月夜》一诗，古今好评如潮，如："孤篇横绝，竟成一家"、"孤篇盖全唐"、"诗中的诗，顶峰上的顶峰"等。

2. 明确目标

理解本诗情、景、理交融的艺术特色；

感受诗歌语言之美和意境之美；

提高诗歌鉴赏能力。

诗人面对寥廓海天产生了什么样的哲理思考？本诗描写思妇游子之恋情与诗人对宇宙人生的思考有何内在联系？

3. 学生朗读

(1)字词音义

鱼龙潜跃水成文："文"通"纹"，波纹；

江潭落月复西斜："斜"读 xiá；

斜月沉沉藏海雾："斜"读 xié。

如：远上寒山石径斜，白云生处有人家。

停车坐爱枫林晚，霜叶红于二月花。

(2)教师提问

从整体上来看，本诗写的是什么景？明的是什么理？传的是什么情？

景：春江月夜之美；

理：宇宙人生之思；

情：思妇游子之恋。

(3)诗句翻译

提问：全诗中说理的诗句是哪几句？请找出来并翻译成现代汉语。

——说理的诗句是"江畔何人初见月？江月何年初照人？人生代代无穷已，江月年年望相似"。翻译时注意两个"初"字，"初"翻译为"最先"、"第一个"。

二、焦点透视

(一)主问题一探究

问题1探究：

"江畔何人初见月？江月何年初见人？"说明诗人在面向寥廓宇宙时引发了对宇宙人生怎样的思考？

——"江畔何人初见月？""初"表明诗人在追问：人类是什么时候产生的？

"江月何年初照人？""初"表明诗人在追问：江月是什么时候产生的？

——他思考的是：我从哪里来？月从哪里来？宇宙从哪里来？这是诗人对宇宙生成、人类本源的探索。(板书)

问题2探究：

"人生代代无穷已，江月年年望相似"是诗人对宇宙人生的进一步思考，你怎样理解"人生代代无穷已"这一句？

——在永恒的宇宙面前，个人的生命是短暂的，但人类却是永恒的，这是因为：

（1）人类种族的延续是永恒的。人类的繁衍和种族的传递不会中断，人类生命的链条不会中断，正如《愚公移山》中所言："子又生孙，孙又生子，子子孙孙无穷匮也。"

（2）人类的精神是永恒的。正如臧克家写的"有的人活着，他已经死了；有的人死了，他还活着"。

小结：

把历史向后翻过几百年，我国宋代的大文豪苏轼也有过这样的思考，他在著名的《赤壁赋》中写道："客亦知夫水与月乎？……盖将自其变者而观之，则天地曾不能以一瞬；自其不变者而观之，则物与我皆无尽也，而又何羡乎！"他的意思是宇宙和人类都是永恒的，他们深邃的哲理情思隔开几百年历史成为一段遥远的回声。这是诗人对宇宙本源、人类永恒的哲理思考。下面研究第二个问题，本诗描写思妇游子之恋情与诗人对宇宙人生的思考有何内在联系？

（二）主问题二探究

1. 配乐朗诵

学生思考：游子思妇的恋情反映了人类什么样的精神追求？

2. 教师提问

在"可怜楼上月徘徊，应照离人妆镜台"一句中，想象一下"月徘徊"是什么景象？

（1）浮云雾气游动，光影明灭不定，使月亮好像在天上游移徘徊，始终不忍离开那被漫漫长夜煎熬的美丽的思妇，真是人痴情月有情；

（2）写"月徘徊"其实就是写"人徘徊"。思妇坐卧难宁，月光更撩起她无尽的烦恼，"玉户帘中卷不去，捣衣砧上拂还来"，她始终赶不走月光，也赶不走被月光点燃的浓浓的相思，反映出思妇对丈夫的"纯"。

问题 1 探究：

思妇思念着漂泊的丈夫，丈夫也怀想着闺中的思妇。在"斜月沉沉藏海雾，碣石潇湘无限路"一句中，你怎样理解"无限路"的含义？

——"无限路"的含义很丰富：

（1）指无限的相思之路；

（2）指无限的归家之路；

（3）指无限的寻觅之路。

小结：对漂泊的丈夫而言，爱永远是一种诱惑，一种苦痛，也是一种力量。相思之苦展现着情爱之真，反映出人性之美，表现了人类追求纯洁爱情，追求真、善、美的精神，这是一份美丽的"真爱"。（板书：相思之苦、情爱之真、人性之美）

3. 问题 2 探究

思妇游子的这份"真爱"反映了人类什么样的精神追求，这与诗人对宇宙人生的思考有何内在联系？

——诗人描写思妇游子之恋，赞美了人类对纯真爱情，对一切真、善、美的事物的追求。人类这种求真、求善、求美的精神是永恒的，这正是"人生代代无穷已"的更深层的内涵。（板书）

4. 全诗总结

这是一首抒情诗。诗人描绘了江南的纯白的月夜情景（板书），壮丽寥廓中蕴含着梦一般的幽深静谧；并由此生发出深邃的哲理情思，表达了对宇宙人生的智慧思考；诗中还有对有情人天各一方的惋惜，歌颂了纯洁的人伦情感，以"情"为线，真正达到了情、景、理水乳交融（板书）的艺术境界。诗中尽管也有悲情和忧郁，但"哀而不伤"，在悠悠惆怅中交织着对生命和青春的依恋，对明月今宵的赞美，对人类与春江月夜和谐共存的欣慰，寄托着"明月千里寄相思"的脉脉温情。（播放音乐《明月千里寄相思》）

【教学设计评析】

本"设计"教学目标定位准确，主要教学环节紧紧围绕课文的重点和难点而展开。整堂课的教学主要是通过具体而富有层次的提问，引导学生阅读，引发思考与探究，从而达到深入理解文本的目的。教学步骤清晰，结构合理，尤其是对课文的设问抓住了关键，有利于重点难点的突破，是一篇颇见功力的设计。

一、基于学本立场的教学目标设计

如何确定教学目标，存在着"教本"与"学本"立场的区别。以教为中心的目标定位仅仅基于教师自己对教材的感悟和理解，仅仅考虑教师自己的意愿和兴趣，而缺乏对学情的观照，因此常常会出现盲目拔高要求或降低要求的现象。在本设计案例中，设计者是基于"学本"立场来进行教学目标设计的。首先让学生自读文本，找出最难理解的问题，作为确定教学目标的重要参考依据。让学生找出最难理解的问题，也就是探知本堂课教学学生的认知起点和期望到达的终点，亦即明确师生共同经历的这一段旅程从何处出发，又将到何处去。当然，在这一过程中，教师并非无所作为，而是完全能够根据对学生"最近发展区"的判断，把学生引领到更高远的境界。因此，设计者从总体上把教学目标设定为：理解本诗情、景、理交融的艺术特色，感受诗歌语言之美和意境之美，提高诗歌鉴赏能力。

二、切中教学难点的教学主问题设计

能否切中教学难点，是能否通过教学活动达成教学目标的关键所在。课堂教学若不能突破教学难点，教学目标势将形同虚设。一般而言，唐诗重情趣，宋诗重理趣，但张若虚的《春江花月夜》在思想与艺术上都超越了一般的景物诗、哲理诗和爱情诗，而是融诗情、画意、哲理为一体，凭借对春江花月夜的描绘，尽情赞叹大自然的奇丽景色，讴歌人间纯洁的爱情，把对游子思妇的同情心扩大开来，与对人生哲理的追求、对宇宙奥秘的探索结合起来，从而汇成一种情、景、理水乳交融的幽美而邈远的意境。然而，对于一般阅读者而言，尤其是对于高中生而言，诗中景与情的关系、景与理的关系都不难理解，但情与理的关系却往往把握不准，理解不透。因此，设计者将其判定为本诗阅读中最大的难点。要解决这一难点，首先必须解决一个前提性问题，即：诗中所说的理是什么理？因此，设计者提出了贯穿全课的两个主问题：(1)诗人面对寥廓海天产生了什么样的哲理思考？(2)本诗描写思妇游子之恋情与诗人对宇宙人生的思考有何内在联系？

三、由表及里的层递式教学过程设计

正因为采取了主问题设计策略，所以整个教学过程没有过多的枝枝蔓蔓，而是分成"整体感知"、"焦点透视"两个大的板块进行的。"整体感知"环节，先以简要的背景介绍激发学生兴趣，立即让学生自读全诗提出难理解的问题，并揭示学习目标，然后朗读诗歌，给易错字正音释义，接着让学生初步探究：从整体上来看，本诗写的是什么景？明的是什么理？传的是什么情？为下一阶段进行"焦点透视"打下基础。学生明确了这三个问题，自然而然就会产生一个疑问：景、理、情之间是什么关系？

"焦点透视"环节是本课教学的亮点所在。围绕两个主问题，分别引导学生研读文本，深入探究。针对第一个主问题，紧扣诗句引发讨论，先提出"江畔何人初见月？江月何年初照人？"说明诗人在面向寥廓宇宙时引发了对宇宙人生怎样的思考？

引导学生从对"初"字的理解入手来深入理解诗句含义：人类是什么时候产生的？江月是什么时候产生的？进而启发学生理解，这是诗人对宇宙生成、人类本源的探索。然后聚焦"人生代代无穷已，江月年年望相似"，引导学生通过理解"人生代代无穷已"的含义，把握诗人对宇宙与人生的思考和他的认识。

针对第二个主问题，同样抓住了两处"焦点式语言"，启发学生想象"月徘徊"所表达的意境，理解"无限路"的多重含义，进而体会诗人对游子思妇真挚爱情的礼赞。在此基础上进一步追问：思妇游子的这份"真爱"反映了人类什么样的精神追求，这与诗人对宇宙人生的思考有何内在联系？启发学生理解：和旷远深邃无边无涯的宇宙相比，人生只不过是短暂的一瞬，但是有一种宝贵的东西却始终与宇宙同在，比如爱情，还包括人类对真、善、美的不懈追求。"人生代代无穷已"绝不仅仅是一种生物学意义上的存在，更是一种永恒的精神之美的延续。这样，就把诗中所表达的景、情、理联系起来了。诗的境界也因教学的境界得以凸显出来。

四、丰富而适度的背景式拓展设计

一是开课导语，通过引用前人的评价，突出本诗在唐代诗坛的杰出地位，先声夺人，极大地激发了学生的兴趣，把学生的全副精气神都调动起来，投入到本课的学习之中。

二是在教学过程中，将语文课文中的相关语句信手拈来，如《愚公移山》、《有的人》、《赤壁赋》等，以旧知引新知，让"子子孙孙无穷匮也"、"有的人死了，他还活着"、"物与我皆无尽也"等过去熟知的名言警句作为认知前提，帮助理解诗人对宇宙本源、人类永恒的哲理思考；通过回顾《山行》中"斜"字的读音帮助学生正确认读本诗中"复西斜"的读音。这样在新旧知识之间建立起逻辑联系，有利于学生掌握语文学习的规律，形成完整的知识建构。

三是两次借助音乐的烘托作用，一次是配乐朗诵，一次是播放音乐《明月千里寄相思》，利用不同艺术形式之间的通感，丰富学生对本诗所传递的思想感情的体悟。

总之，本教学设计简约而不简单，以学生学习为本，以学生发展为本，将知、情、意的学习与熏染熔于一炉，通过教学能很好地达成新课程三维目标。

二、高中物理：《力的分解》教学设计与评析

（鲁科版必修一第四章第二节）

执教者：重庆市凤鸣山中学　刘波涛

一、引入新课

（一）图片引入

在 PPT 课件中用图片再现自然现象。

图片一：一个大人能提起一桶水，两个小孩同样可以提起这一桶水，这两种情况对于同一桶水所产生的效果是相同的。

图片一　　　　　　　　　　　　图片二

图片二：修桥的时候，为什么要修很长的引桥？

（二）实验引入

实验一：在班上请两位最强壮的男同学和一位最柔弱的女同学到讲台上表演"四两拨千斤"的好戏（如下图）。当两位大力士倾尽全力拔河，僵持不下时，老师授女生"锦囊妙计"。只见瘦弱的女生在绳子的中点轻轻向外一拉，两个大力士顿时失去了平衡。如此"四两拨千斤"，玄机何在？

【设计思路】引起学生的注意，产生思维上的碰撞，激发学生的兴趣。兴趣是最好的老师，是推动人们认识事物、探究真理的重要动机。学生对感兴趣的东西都会表现出巨大的积极性和关注度，而且目标越明确关注度越高。

二、新课学习

第一部分：分力、力的分解概念理解

【独立自学】请大家阅读教材第一个部分：分力、力的分解。理解相关的概念，独立完成导学案的第一部分：

1. 定义；

2. 法则；

3. 力的分解是力的合成的运算，分力与合力具有等效性。

【探究互学】小组内相互讨论、交流，核对答案（老师全面巡视，可以适当地参与某些小组的讨论，收集展评的素材）。

【展评激学】（借助实物展台，展示有价值的学习成果）

分力：几个力，如果它们产生的效果跟原来一个力产生的效果相同，这几个力就叫做原来那个力的分力。

注意：几个分力与原来那个力是等效的，它们可以互相代替，并非同时共存。

力的分解：求一个已知力的分力叫力的分解。

力的分解法则：力的分解遵守平行四边形定则。

第二部分：力的分解及应用。

力是一个矢量，力的分解与力的合成互为逆运算，都遵循平行四边形定则。即一个力可以分解成两个分力。我们给定一个平行四边形的对角线，在没有限制条件的情况下可以画出无数个平行四边形。同样的道理，如果给定一个力，在没有限制的情况下我们也可以有无数种分解的方法，在PPT上展示动画，如图片三。请问：哪种分解方法才是符合客观实际的呢？

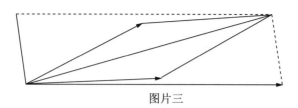

图片三

【设计思路】创设问题情境，导入课题，引发思维的碰撞，激发学生的求知欲望，提高学生学习知识的积极性。

现在我们来探究力的分解方法一：按力的作用效果分解。

实验二：用一个斜向上的拉力，拉放置于水平面上的小车。

实验步骤：

(1)将小车放置在弹簧秤上的水平板上，将小车的一端与水平板上的弹簧秤连接；

(2)读出弹簧秤的示数一并标记好水平弹簧的指针的位置一；

(3)将小车的另一端通过细线、滑轮与钩码相连；

(4)加上适当的钩码；

(5)观察弹簧秤的示数二并标记好水平弹簧指针的位置二。

【探究互学】小组讨论：绳子上的拉力在哪些方向上对小车产生了效果？

【设计思路】通过实验，更加直观、更加真实地反映出物理现象。老师全面巡视，参与某些小组的讨论，特别关注学生的思维，在讨论完成之后，学生对力的效果具备了直观的认识。

【展评激学】

1. 弹簧秤的示数变小：斜向上的拉力产生了一个竖直向上拉的效果；

2. 水平方向的弹簧指针向右移动了一定距离：斜向上的拉力产生了一个水平方向的效果。

结论：按照力的效果，斜向上的拉力可以分解成水平方向和竖直方向两个分力。

现在来看一个例题，先自己独立完成相关问题，然后小组进行讨论。

【设计思路】把身边的物理现象提升成物理模型，将物理模型还原为客观实际，回归自然，学以致用。学生可以感受到物理就在身边，能激发学生学习物理的兴趣。通过学生大胆猜测与实验探究相结合的方法，突破教学难点——按力的实际作用效果分解力。

例题 1：已知放在水平面上的物体，受到与水平方向成 θ 角的拉力 F 的作用。

(1)拉力 F 产生的效果？如何分解？

(2)分力大小分别为多少？

$(F_x = F\cos\theta，F_y = F\sin\theta)$

【设计思路】从物理现象提升到物理模型，就是由生活现象提升到科学研究。学生在这个过程中要达成学习目标，掌握有关知识，形成综合能力，需要对零散的知识进行总结、归纳，形成相对完整的知识体系。只有知识体系得到建立，学习规律得到把握，学习能力才能得以提升。

实验二：斜面上的物体所受重力的分解（视觉放大的原理）

在两个互相垂直的斜面上分别铺上两块海绵，在直角位置放上一个重物，观察重物的重力的作用效果（观察海绵的变化）。

【探究互学】小组讨论：海绵形变是哪个力产生的作用效果？在哪些方面产生了效果？可以怎么分解？

【展评激学】提炼实验现象（如下图）：

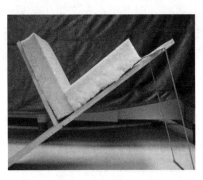

平行斜面的海绵发生凹陷：重力在垂直斜面的方向上产生了压的效果；

垂直斜面的海绵发生凹陷：重力在平行斜面的方向上产生了压的效果。

结论：竖直向下的重力在斜面上产生了两个效果：一个沿斜面向下、一个垂直于斜面。因此竖直向下的重力可以分解在这两个方向上。

深入引导：假如这是一辆小车在上坡，那么此时 F_1 在这里起到了什么作用？

肯定是阻力的作用，而这种阻力的作用影响了我们的生活。我们怎么才能减小这种阻碍的作用呢？自然想到公式里面可以减小角度 θ，生活中怎么才能减小角度呢（即减小坡度）？自然过渡到让斜面更加长一点，这就是生活的现象：为什么我们在修桥的时候要修很长的"引桥"（如下图）。

【设计思路】呼应到上课开始提出的问题：体验物理是学以致用的，学习物理可以提高我们的生活质量。肖川教授说过："完美的教学一定能让学生感受到理性之美、科学之美、智慧之美；感受到人类心灵的博大与深邃；感受到人类所创造的文化的灿烂与辉煌；能够唤起学生对于生活的热爱；唤起学生对未来生活的热烈憧憬与乐观、光明、正直的期待；能够以新的眼光审视生活，洞察人性物理。"这也是物理学的一种美的体现。

揭秘"四两拨千斤"（如下图）：

【探究互学】观察这位女同学的拉力在哪些方向上产生了作用效果？
这些效果引发了什么现象？为什么可以达到这样的效果呢？
【展评激学】实验现象：当中间的同学稍微用力，两边的同学都向中间移动。

请女同学谈一下自己的小小拉力为什么可以把两位大力士很轻松的拉动呢？自己的拉力在哪几个方向上产生了效果？

提升物理模型（如下图）：

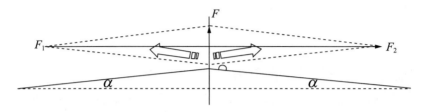

1. 女生的拉力产生了如图中 F_1、F_2 方向上的作用效果，即女生的拉力在绳子中点产生了把左右两段绳子沿 F_1、F_2 方向拉长的效果；2. 根据平行四边形定则，女生拉力的分力 $F_1=F_2=F/2\sin\alpha$，即 $F=2F_1\sin\alpha$。由于开始时绳子几乎是水平的，α 很小，$\sin\alpha$ 几乎为 0。所以，即使 F_1、F_2 很大，F 也较小。

三、课堂小结

通过上面的不同例子，可以得到结论：在实际问题中，我们往往以力的实际作用效果来分解力。分解的步骤及方法是：1. 明确对象：明确要分解的力，并画出该力的示意图；2. 确定效果：由该力而引起的形变或运动趋势效果，确定该力的两个作用效果；3. 画出分力：根据该力的两个作用效果，确定两个分力的方向，并画出两个分力的作用线；4. 作出图示：由该力的箭头尖端出发，作两个分力作用线的平行线，构成一个力的分解的平行四边形；5. 求解分力：一般在平行四边形内的三角形中，利用几何关系计算分力大小。

【设计思路】教师引导学生对本课所学知识进行梳理，对普遍性的问题进行总结，对规律性的问题进行归纳，形成知识体系，挖掘知识所蕴含的人文哲理，形成良好的情感、态度、价值观。

【教学设计评析】

本节课将学本教学"先学后教互助展评"基本范式有机运用于高一物理课堂教学之中，具有两个突出特点：

一、教学设计理念学本

"力的分解"教学设计整体上体现了学本理念。首先注重激发学习需求，开课由学生熟悉的生活事件和现象——提水、引桥切入，吸引学生的注意引发学生的思考，然后聚焦"四两拨千斤的玄机何在"的核心问题，牢牢抓住学生的探秘心理，把学生置于想学的课堂学习情境之中。其次教学设计遵循从物到理、以理服人的基本原则，能够抓住中学生的心理特点，投其所好，层层递进，通过大量的、积极的、主动的、有效的学生活动，在学生的内心沉淀自然现象的规律，自然而然地达成学习目标。从核心问题"四两拨千斤的玄机何在"开始，到揭秘玄机结束，整个设计既丰实又圆满。再次整个学习过程各个环节、各个问题的解决都是按先学后教的顺序安排教学活动，从开课到全课结束，共经历了四个"独立自学—探究互学—展评激学"的轮回循环，教师在其中的作用只是组织者、合作者、分享者，教师只是设计实验活动，提供思考讨论的话题，把学生推向时间与空间的前台，把学生真正变为课堂的主人。

二、学习过程体现学本

学生的学习活动安排，充分依据高一学生学习能力基础，让学生主体潜能得到充分的发挥。首先，让每个学生经历自主独立阅读、独立思考的学习过程。高中学生具备较强的独立阅读能力和抽象思维能力，所以开课引入课题激发学生学习需求之后，安排学生独立自学，让大家阅读教材第一个部分：分力、力的分解。理解相关的概念，独立完成导学案的第一部分，实现对分力、力的分解等概念的定义、法则等的初步学习理解，然后在具体的实验操作中逐步深入地充分理解。其次，利用高一学生具象思维能力强于形象思维能力的思维特征，运用图片、动画、视频、学生实验等丰富的活动素材，形成强烈的感性认识。运用梯次配置的问题串，循序渐进，引导学生从感性的认知走向理性的共识。自学、互学、展学有机地穿插于教材要求的各个知识要点之间。以深度的自学夯实全员的基础，以充分的互学、探究提升学生的能力，以高效的展学凝练思维的品质。自学过程静而不呆，互学过程活而不乱，展学活动热而不混。在整个学习过程中，教师退而不隐，自学时对学困生的点拨，互学时对争议问题的启发，展学时适时的激励与追问，老师不再是课堂的主宰，化身为学习活动的参与者，课堂真正的主人是学生。

建议引入新课时，尽可能开门见山，直接用"四两拨千斤"的实验即可。在物理课的日常教学活动中，演示实验和学生分组实验最受学生欢迎，也最能帮助学生建立物理模型，突破学习难点。在无法实验，也找不到恰当的网络资源（视频）的情况下，图片和动画可以是教学设计者的一种选择。

三、高中历史：《西方人文精神的起源与发展蒙昧中的觉醒》教学设计与评析

（高二历史人教版必修 3 第一节）

执教者：重庆市凤鸣山中学　黄安东

一、导入新课

请同学们观看一则关于西湖风景区发放免费馒头的视频。

大景区里的小感动，温暖游客，也从细节上彰显人文精神。那么，什么是人文精神？人文精神在西方是如何起源、发展的呢？让我们一起走进《必修三专题六西方人文精神的起源与发展》我们先来追寻西方人文精神的起源，第 1 课——蒙昧中的觉醒。（解读课题）

【设计思路】情景导入，作用有三：1. 以新闻事件导入，贴近现代生活。2. 由免费馒头引出"人文精神"这一重要历史概念，便于行课。3. "西湖景区"是贯穿本课的线索话题，与后面合作探究中西先哲思想相呼应。

二、解读课标

师：奔着这 3 个学习目标，开始我们今天的学习。

【设计思路】教师整合教材，将课标要求转化成具体的学习目标；注意行为动词等关键词有的放矢。

三、学习过程

（一）情境自学（初识"人"）

自学方法及其要求：

1. 浏览课本第 100～101 页，独立完成导学单第一部分"自主学习"内容。

2. 小组内统一答案。

3. 准备展示。

【设计思路】本课为世界古代思想史部分，理论性极强，对中学生来说显得生涩难懂；人民版教材对知识的表述条理性不强，学生自学起来也存在困难。因此，教师先将教材内容有机整合，使知识更具逻辑性，再让学生通过自学及小组内统一意

见，强化对本课主要知识的认识，从而提高自学效率。另外，导学案上列出本课两个重要历史概念"智者"、"智者运动"的含义，供学生自学。

师：（过渡语）通过自学，我们初步认识了古希腊的两位重量级先哲。刚才的展示表明大家自学都很用心，现在，放松一下，咱们把2500多年前的希腊先哲们请到中国，时空穿越，到西湖游玩，赏赏美景。（PPT展示西湖美景）这是西湖著名的曲院风荷、花港观鱼、柳浪闻莺，这幅景呢？（西湖涂鸦，景区乱涂乱画的图片）当西方先哲们看到华夏子孙后代们都好这口儿，他们又会怎么看呢？请同学们根据PPT上的要求，分组对话希腊先哲。

学生根据要求，小组合作探究之后，以小组为单位上台展示。

（二）合作互学（再识"人"）

西湖涂鸦——【对话希腊先哲】

分组活动：

1—3小组对话智者；4—6小组对话苏格拉底；7—9归纳总结，完善表格内的内容。

要求：

1. 提炼导学单上所给史料观点，并谈谈你对观点的理解。

2. 选取任意一观点，模拟先哲对西湖涂鸦的看法。（假如你是……你如何看待西湖涂鸦？）

【对话智者】

材料1：关于诸神，我不知道他的存在，也不知道他的不存在。——普罗塔戈拉写在《论神》开头的话。

材料2：（普罗塔戈拉的著名命题）人是万物的尺度，是存在的事物存在的尺度，也是不存在的事物不存在的尺度。——《古希腊罗马哲学》

（学生上台展示，另一个小组进行评价，进行质疑。教师根据实际情况组织评价语言，并鼓励发表不同意见。）

【设计思路】关于智者，高中生只要掌握代表人物普罗塔戈拉的"人是万物的尺度"即可。对此观点的理解没有难度，但要让学生明白这句话的提出在西方哲学史上的重要意义。因此，设计以上质问，全面评价"人是万物的尺度"。

过渡——智者的那些局限性，引起同时代的另一位思想家的不满。

【对话苏格拉底】

材料1：苏格拉底认为，人的道德行为来源于知识，以知识为基础。因此，应该把道德放在首位。一个有知识的人，懂得什么是善，他决不会从恶。相反，一个缺乏知识的人，不可能懂得善的含义，他就不可能为善——叶孟理《欧洲文明的源头》

材料2：（苏格拉底认为）"那些认识自己的人知道什么事对自己合适，能够分辨自己能够做什么和不能做什么。"——色诺芬《回忆苏格拉底》

（小组上台展示，教师根据实际情况给予积极评价，并鼓励其他小组质疑。）

【设计思路】苏格拉底的观点是本课的重点，同时又是难点。关于道德和关于理性的观点突出表现为两句话："美德即知识"和"认识你自己"。如何让学生准确理解这两句话的内涵，成为突破难点的关键。所以我借用苏格拉底的"助产术"，通过三问三答逐步让学生理解苏格拉底这两个主张的本意，避免了笼统提问造成学生的不知所措。整个第二部分的设计意图有三：1. 呼应新课导入，以西湖景区为本课线索；设置情景，在情景下学生学以致用。2. 普罗塔戈拉、苏格拉底的观点是本课重点＋难点。通过设置有趣情景，辅以相应史料分析先哲的观点，让学生在轻松愉快的合作中完成本课重点内容，同时突破难点。

（过渡语）——我们接下来看看其他三组归纳总结的情况。（7—9 组任意一小组上台展示，教师根据实际情况给予积极评价，并鼓励其他小组质疑。）

主要人物	主要观点	特点	影响或评价
普罗塔戈拉	人是万物的尺度	①言论从个人角度和利益出发，注重实利；②否认绝对权威，怀疑神灵。	进步： 批判传统、敢于创新； 人的自我意识的第一次觉醒； 人文精神的起源（滥觞）； 西方第一次思想解放运动，普是先驱。 局限： 过分强调个人感觉，否定客观真理，倾向于主观主义和相对主义。
苏格拉底	美德即知识 认识你自己	对人的道德、价值问题的思考，反对智者忽视道德，追求功利，主张对理性的尊崇、对思想自由的追求和道德的重视。	第一次在哲学意义上发现了"自我"。

(过渡语)——7、8、9 三组同学总结归纳得相当好。在此基础上我们再来一起合作探究下一问题：

(三)展示激学(探究"人")

探究：智者学派与苏格拉底的主张有何异同？结合普罗塔戈拉和苏格拉底主要的哲学观点，归纳人文精神的基本内涵。

(在小组合作探究的基础上学生展示，教师点拨指正。)

同：肯定了人的价值，否认绝对权威。

异：①智者学派为达到目的而不择手段，完全从个人的角度和利益出发，忽视道德，追求功利。对人的认识停留在感性认识的阶段。②苏格拉底则强调道德哲学，他认为人生的最高目标是追求正义和真理。人是具有普遍理性思维的人(内在的理性认识阶段)。人文精神的基本内涵：强调人的价值、尊崇人的理性、追求思想自由。

师：(过渡语)在提倡人文精神的今天，作为高中生的你们敢于表现自我、重视自己的价值，这无可厚非，但在有些时候，你有没有太过重视自己，以自我为中心，完全忽略别人感受的行为呢？请举例说明。

(四)提升领学(学做人)

(学生从自身生活出发，列举表现自我的例子，畅所欲言。教师正确引导。)

(学生列举表现自我的例子，比如食堂吃饭插队；上下学路上三五个同学并肩行走，把要急于赶路的人挡住了去路；乘电梯或公共汽车时，还没有等里面的人出来就进去，把要出去的人塞在里面；发型、穿着、装饰品等特殊举动。)

师：同学们敢于追求自我、敢于表现自我，这一点很好。但要想成为一名有担当、有责任心的"九零"后，就不仅要追求独立个人的"自我"，还要追求融入社会的"自我"。在为人处事中，在重视"自我"的时候，也要兼顾别人的看法，不要让"自我"变成"自私"。

四、课堂小结

师：至此，本节课的内容就告一段落。我们一起把今天学习的内容总结一下：

一个主旨——人文精神的起源。

两个人物——普罗塔戈拉、苏格拉底。

人文精神三大主要内涵——强调人的价值、尊崇人的理性、追求思想自由。

在历史长河中，人文精神还在发展。继古希腊之后，文艺复兴、宗教改革、启蒙运动又是如何一步步充实人文精神的呢？精彩还将继续，敬请期待！

【设计思路】总结本课知识，让学生在宏观层面上把握本节课的内容；同时道出人文精神的发展脉络，为下节课做铺垫。

最后从解读汉字"人"的书写结构中结束本课。

"人"字上边合并，底下分叉。它形象地告诉我们，人生之路有许多岔道。有的通向成功，有的通向失败；有的通向光明，有的通向黑暗。我们理当小心谨慎，好好把握。

"人"字一撇一捺，一撇是长处，一捺是短处。它告诉我们，金无足赤，人无完人。要不断取长补短，完善自我。

"人"字一撇一捺，一撇代表品格，一捺代表学识。它告诉我们，一个真正的人，应是"真善美"和"才学识"的完美统一。

"人"字一撇一捺，相互支撑，相互扶持。它告诉我们，人与人之间应互帮互助。我助人，人助我，多一些善心，多一些爱心，让世界充满爱，人类才有美好的未来。

谢谢大家！下课！

【设计思路】让学生在音乐和朗诵中感悟人文精神，运用人文智慧思考当今社会问题，促进人文素养的提升、情感的升华。

【教学设计评析】

学本教学行动是坚持"以学生学习为中心、以学生发展为中心"的价值取向所进行的一种教学改革。所谓"学本"，其核心内涵有二：一是以学生主动学习为本，二是以学生充分发展为本。本节课围绕"学本"体现出两大特点：

一、内容设计自然融合"学本"

《蒙昧中的觉醒》阐述了西方人文精神的起源，人文精神是西方思想文化宝库中一颗璀璨的明珠，它是西方民主思想和政治产生的重要基石，对人类近现代历史的发展产生了极其深远的影响。这部分内容对培养学生的人文精神、体现历史教学的社会价值具有重要意义。但这部分内容本身理论性强，概念不易界定，加之原有教材没有涉及，教师非常生疏，为了真正实现历史教学价值观，执教者提供新情境、设置新问题，将枯燥的教学内容与学生的生活经验相结合，实现了内容上的"学本化"，如导入时"请同学们观看一则关于西湖风景区发放免费馒头的视频"、"大景区里的小感动，温暖游客"，进而自然引出了人文精神的概念。在本课结束时，执教者对"人"字进行独特而充满魅力的解剖，对字形赋予特殊的含义，将字形与做人，字形与真善美结合起来，寓教于乐，启迪人心，发人深省。

二、教学形式鲜明体现"学本"

本节课的教学流程分为四部分：

第一部分：情境自学——雏凤清声（初识"人"）；

第二部分：合作互学——群凤和鸣（再识"人"）；

第三部分：展示激学——凤举鸾翔（探究"人"）；

第四部分：提升领学——凤翔九天（学做人）。

这个教学流程既与区域学本教学的核心要义和"先学后教互助展评"的基本模式上下贯通，又与学校"群凤和鸣铸魂育人"的办学理念和"四环两型魅力课堂"一脉相承，同时彰显了历史学科特有的育人价值。整堂课以学生的自学、互学、展学为明线，以初识人、再识人、探究人、学做人为暗线，明暗相交，环环相扣，相得益彰。学生在新情景下自学，学得扎实有趣；学生在新问题下互学，学得热烈深入；学生在多视角下展学，展得百花争春。

四、初中英语：*Do you like bananas?* *Section B Period 2* 教学设计与评析

（人教版新目标七年级上册 Unit6）

执教者：重庆市名校联合中学　杨代洪

一、Warming up and Lead-in

教师活动：1. Show the students some pictures about "Running Man". 2. Show the students 4 pictures about the teacher and guess the meaning of them.

学生活动：Enjoy these pictures and try to say something about the 4 pictures.

【设计思路】通过时下热门的《奔跑吧，兄弟》图集吸引学生的注意力，愉悦学习情绪。再通过猜测4幅与教师相关的图片含义导入课文话题，激起学生兴趣。

二、Pre-reading

教师活动1：Review the words of food and the sentence structures.

学生活动 1：Pairwork. A：Does... like...？B：Yes.../No...

【设计思路】让每人都开口操练有关食物的词汇，并由词过渡到句，问答有关喜好的句型。有意识选择和后面相关的话题及词汇句型，为接下来的阅读做铺垫。

教师活动 2：Get the students to Listen to a passage about Angelababy's eating habits。

学生活动 2：Listen and choose the right answers。

【设计思路】有意识选择和后面相关的话题及词汇句型，为接下来的阅读做铺垫。同时引出新句型：What food does she like for...

三、while-reading

教师活动 1：Get the students to read the passage fast and raise two questions。

学生活动 1：Students read the passage fast and answer the question。

【设计思路】灌输阅读策略一：略读。通过阅读后提出问题的方式，使学生对文章大意有整体的把握。

教师活动 2：Get the students to read the passage carefully and finish the 5 tasks in groups。

学生活动 2：Groupwork：Students read the passage carefully and finish their own task。

【设计思路】本环节共有 5 个任务，分别装入 5 个信封。每个小组抽取一个信封，并完成信封内的不同任务。这 5 个信封任务将本堂课中需要处理的阅读内容进行了分解，题型各样，周全地顾及到了难易程度。同时任务要求小组成员全员参与，照顾到了组内每个成员，确保人人有事做，人人担责任。此环节体现了学本教学的精髓。小组成员在合作完成任务的同时需要相互依赖、合作和共同讨论。

教师活动 3：Emotion education

学生活动 3：Students think about what a good eating habit is. And eating more healthy food to keep healthy。

【设计思路】教师及时追问，在知识层面之上去引导学生了解和培养健康的饮食习惯。

四、Post-reading

教师活动 1：Get the students to write a letter to their favorite star。

学生活动 1：Groupwork：Students write a short passage about three meals of their favorite star。

【设计思路】小组合作完成写作，落实本课时重点句型。

教师活动 2：Get the students to show their letters in groups。

学生活动 2：Each group shows their letter。

【设计思路】通过小组展示，培养小组合作学习。每个小组都得到均衡的机会展示小组合作成果。

五、Sweet tips

教师活动：Tell the students to eat healthy food。

学生活动：Compare two different pictures。

【设计思路】对比两张图片，让学生知道要保持身体健康，就应该远离不健康食物。

六、Homework

教师活动：Get the students to write a passage about their healthy eating habits。

学生活动：Students write a passage about their parent's eating habits。

【设计思路】通过学生独立完成整篇习作，进一步提高其立意、选材、布局、表达等写作能力。

【教学设计评析】

本节课教学目标设定清晰可操作，教学过程体现"先学后教，互助展评"的学本教学特征，教学内容遵循语言学习原则、课标要求和学生实际，合理运用自学、互学、展学等学习方式，引导学生获得知识和技能的进步以及积极学习情感和主流价值观的发展。设计的主要亮点有五个方面：

一、教学内容整合巧妙

以时下流行的综艺节目《奔跑吧兄弟》（Running Man）为主线贯穿整堂课始终，课脉清晰，评价设计充满激励性。

二、教学活动设计合理

教学内容符合初一学生认知水平，在多数学生可语言表达、可思想交流、可操控范围内，使得学生能够积极、主动地卷入到各种学习活动中，教师也能通过及时追问适时拓展学生的思维宽度和广度。

三、自学能力培养充分

为鼓励学生自主学习，老师在阅读前(Pre-reading)环节，创设了真实性、趣味性、情感性的教学情境，以有梯度、有思维含量的指导性问题(guiding questions)，引导学生独立、专注、积极地自主阅读，及时提供方法指导和点拨，以达到理解全文大意的目的。

四、合作学习运用有效

阅读环节(While-reading)中，为了让学生深入、透彻地理解文章，老师把学生分成5个小组，分别抽取5个信封来完成信封内的任务。5个信封内的任务设计将本堂课中需要处理的阅读内容进行了分解，设计巧妙，考虑周全。在完成任务的过程中，照顾到了小组的每个成员，确保人人有事做，人人都承担责任。小组成员相互依赖，共同学习，师生的表现和收获都体现出学本教学的精髓。

五、展示学习富有实效

在阅读后的展评(Post-reading)环节，教师注重给每个小组均等的展示机会，学生学会倾听，学会包容，既可大胆自我纠错或指出其他小组的错误，也从其他小组的展评中学习到不重复的知识结构和语言技能。同时，老师在展学前给予学生足够的可理解的输入，确保了学生富有创造性的输出。

五、初中地理：《工业区位因素》教学设计与评析

（湘教版必修二第三章第三节）

执教者：重庆市凤鸣山中学　　陈　于

一、新课导入

维护亲情、学习知识、娱乐身心，手机已是很多同学生活中必不可少的亲密伙伴，大家最关注手机什么功能？那么一部功能齐全，样式精美的手机是如何生产出来的呢？我们一起来看看。播放"手机的制造"视频，请同学们观看视频并思考描述手机的制造要考虑哪些因素。

【设计思路】从学生比较熟悉的手机入手，联系生活实际，吸引学生学习兴趣，并引导学生思考工业的布局需要考虑哪些因素。

【过渡】从视频中我们了解到手机的制造需要考虑资金、技术等，而其他的工业生产布局又需要考虑哪些因素呢？

二、课堂学习

(一)情境自学——雏凤清声

【屏幕展示】自主学习，完成导学案上的自主学习内容。

1. 什么是工业区位？

2. 举例说明影响工业区位的主要因素。

3. 将部分产业活动与其主要区位条件用直线连接起来(图略)。

(要求学生结合问题独立自主阅读勾画教材，不能讨论，掌握基础知识，提出学习中的疑惑。)

【学生发言】学生阅读教材思考后回答。

【设计思路】通过在一定情境下的独立自学，初步达成学习目标，第一个问题能在教材上找到，第二、三个问题能检测学生自学的情况，能及时了解学情，找出"不会的"问题，为下一环节做准备。

【过渡】通过阅读教材我们可以发现，不同的产业活动与其主要的区位因素是不同的。下面，我们就根据它们的不同，来探究这些工业的特点以及指向型工业的划分。

(二)合作互学——群凤和鸣

合作探究1：请你办工厂

1. 如果你是制糖厂的厂长，会将厂址选择在哪里？主导区位因素是什么？这种工业称为什么指向型工业？(提示：8吨甘蔗制1吨糖)

2. 还有其他指向型工业吗？请你选择一至两种你了解的工业分析其布局的特点。(如造纸厂、钢铁厂、啤酒厂、汽车制造厂等)

归纳：主要指向型工业

【小组讨论】根据主导因素的不同，总结工业的指向型类型，将讨论结果投影在大屏幕上。

【学生回答】略

【设计思路】从教材上的两个指向型工业入手，让学生思考身边的工业，通过比较每种工业的差异，激发学生提出问题，并深入探究其原因。不仅使学生认识到工业区位的不同，还加强了学生之间的情感交流，培养了沟通、交流、表达和互助能力。

【过渡】刚才同学们提到了非常多的工业，各自布局考虑的因素不同，总结起来其实就是布局在投入资金最少，而获得的经济效益最大的地方，但除了考虑经济因素，还有没有影响工业布局的其他因素？

【学生回答】略

【提出问题】对，环境对工业布局的影响越来越大，环境污染的类型有哪些类型？（大气污染、水污染、土地污染等）炼油厂属于哪种污染？

【小组讨论】分别针对下面四幅图进行炼油厂的合理选址（A、B、C哪处）并说明理由。归纳污染企业的布局位置。

合作探究2："工厂我布局"

归纳：

1. 污染空气的工厂布局。如水泥厂、酿造厂、火电厂、钢铁厂。

2. 污染水源的工厂布局。如印染厂、造纸厂、电镀厂、皮革厂。

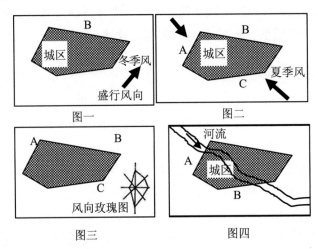

图一　　　　图二

图三　　　　图四

（三）展示激学——风举鸢翔

【学生回答】学生上台指图，分别找出炼油厂的合理布局位置并说明原因。

【设计思路】通过工业与环境的学习，使学生了解工业的污染类型，学会识读风向频率图，学会根据环境要求布局城市功能用地，并培养学生的环境保护意识。在学生上台展示过程中，成员之间、小组之间相互讨论、质疑、对抗，充分展示学生的才华。

（四）提升领学——凤翔九天

【过渡】相信大家对于工业布局需要考虑的因素都有了各自的认识，现在就有一个让大家大显身手的机会。

【播放视频】重庆两江新区规划

【能力提升】合作对话

如果你作为投资者，有意在重庆两江新区投资建厂，你准备建什么工厂？你最希望了解该地哪些方面内容？

如果你是两江新区政府工作人员，负责招商引资工作，你觉得应该接纳哪些类型的企业？需要向投资人介绍哪些优势才能吸引投资者投资？

请两位同学分别扮演投资者和引资者上台进行对话。（把全班学生分为两大组，一组代表投资者，另一组代表引资者）

【屏幕展示】两江新区在重庆的位置示意图和两江新区规划范围示意图。

【学生展示】略

【设计思路】以身边的重庆两江新区为案例，让学生对其进行规划，将学生引入工业布局的探究过程中。通过探究，既可加深对工业区位选择的理解，巩固知识，又能培养学生对家乡的熟悉与热爱。

三、课堂小结

工业发展是一个地区经济发展的重要因素，工业的发展势必影响经济的发展。我们要根据工业的特点对其进行合理的布局，才能更好地促进经济的发展。

【教学设计评析】

本节课的教学设计将学本教学的自学、互学、展学等基本教学环节和学校的办学理念有机结合，创造性提出情景自学、合作互学、展示激学、提升领学四个教学环节，很好地体现了区域教改与学校教改的一体化过程。

一、情境自学——雏凤清声

学生自己有了对影响手机（工业区位）的因素的理解，但影响一个地理事物的因素是多样的和变化的，学生在这个过程中产生的疑惑成为合作互学的有效材料。从手机因素的思考转化为工厂的承办和布局，从手机这个点扩展成工业这个面，可以引发学生的讨论，拓展学生的思维。

二、合作互学——群凤和鸣

通过合作互学，让学生自学的疑惑得到了部分解决，同时让思维提升，并产生新的疑惑。同时利用新的问题，将学生的思维引向深入，体现了知识问题化、问题思维化、思维品质化的原则。

三、展示激学——凤举鸾翔

将每个学生和小组的思维展示出来，接受全班思维的洗礼。在学生上台展示过程中，成员之间、小组之间相互讨论、质疑、对抗，有利于暴露学生的问题，分享彼此的心得，展示自己的才华，实现共同的发展。

四、提升领学——凤翔九天

将知识迁移到重庆两江新区，与身边的工业区位布局实际结合起来，使地理知识转化地理生活，引导学生学以致用，有效达成课堂教学知识与技能、过程与方法、情感态度价值观三维目标。

第二节　教学实录与点评

一、小学数学：《2、5 的倍数的特征》教学实录与点评

（西师版小学数学教材五年级下册《倍数、因数》单元）

执教者：沙坪坝区森林实验小学　孙明坤

一、情境导入

（课件呈现学校举办兰花节布景画面）

师：下周我们学校就要举办兰花节了，学校购买了不同种类的兰花，学校要用下面的兰花在校门大厅摆造型：

春兰	蕙兰	建兰	寒兰	墨兰
24 盆	35 盆	97 盆	18 盆	30 盆

根据各种兰花的盆数，哪些种类的兰花适合 2 盆一组摆造型？哪些种类的兰花适合 5 盆一组摆造型？为什么？

生：春兰、寒兰适合 2 盆一组摆造型，因为它们的盆数是 2 的倍数，蕙兰、墨兰合 5 盆一组摆造型，因为它们的盆数是 5 的倍数。

师：你们是怎么知道这些花的盆数分别是 2 和 5 的倍数的？

生：用乘法一算就知道，用除法算一下也可以。

师：不用计算，你能一下子看出这些盆数是 2 或 5 的倍数吗？

生：能。

师：数字大一点，随便一个比如 98765432149 这个数，不用计算你能知道它是 2 或 5 的倍数吗？（生迟疑）

师：我们今天就来学习不用计算就能知道是不是 2、5 的倍数的方法。

二、初识特征

(一)初识"5 的倍数的特征"

1. 自学

师：出示自学要求：(1)寻找。按顺序找出 5 的倍数。(2)观察。你找出的 5 的倍数有什么规律？(3)验证。举例验证你发现的 5 的倍数的规律。

生：独立探索。

2. 展学

师：把你对 5 的倍数的规律探究过程和发现同大家分享一下。

生：展示自己列举的 5 的倍数、自己的发现以及举例验证的过程，其余学生做补充、质疑和总结，得出"5 的倍数个位上是 2 或 5"的规律。

3. 导学

师：刚才我们对 5 的倍数的研究采用了怎样的过程和方法？

生 1：用了列举法。

生 2：用了验证的方法。

生 3：用了观察的方法。

师：能不能完整地说一说运用这些方法的过程。

生：先用列举的方法找出 5 的倍数，再用观察的方法观察规律，最后举例进行验证。

师：说得既精炼又完整。我们能不能用这个方法研究"2 的倍数"的特征规律呢？

（二）初识"2 的倍数的特征"

1. 自学

师：利用老师给每个人准备的百数表独立学习。

生：独立安静自学。

2. 互学

师：把你的发现在小组内交流，并列举百数表以外的数进行互相验证。

生：小组合作学习。

3. 展学。

一个学习小组上台展示百数表和观察验证的发现，其余学习小组学生补充、质疑、评价、总结，得出"2 的倍数个位上是 2、4、6、8、0"的规律。

三、深究本质

1. 激发疑问

师：观察思考一下，我们研究了 2、5 的倍数的规律，它们有什么共同的地方？

生：都是看自然数的个位。

师：为什么只看个位？想不想探究一下？

2. 动手探究

师：我们以 26 和 235 为例，借助小棒图来研究。大家在练习纸上，分别将 2 根 2 根的圈一圈，5 根 5 根的圈一圈，想一想，你有什么发现？

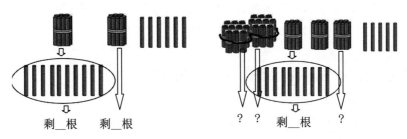

（学生操作思考后，小组内部交流）

师：请一个小组派代表说一说你们的发现。

生 1：我们小组发现 26 里，有 2 捆 10 根小棒和 6 根小棒，分别表示十位上的 2

个十和个位上的6个一。一捆小棒2根2根的圈，刚好分完没有剩余，第二捆也是一样，以此类推，十位上的数总是2的倍数，所以只要个位上能刚好分完，这个数就是2的倍数。

生2：我有补充，一个数十位、百位、千位上的数总能被2或5刚好分完，所以个位能否被2或5分完，就决定了这个数是否是2或5的倍数。

师：说得更完整了，大家听明白了吗？

生：明白了。

师：也就是说，我们判断一个数是不是2或5的倍数，只需要看什么就行了？

生：个位。因为十位上的几十、百位上的几百、千位上的几千等等都是2的倍数，剩下的就由个位决定了。

3. 归纳特征

师：现在我们可以总结一下，2的倍数有什么特征？5的倍数有什么特征？

生：个位上是0或5的数是5的倍数；个位上是2、4、6、8、0的数是2的倍数。

四、课堂反馈(略)

五、课堂小结

师：今天这节课的学习你有什么收获和体会？

生：1. 个人回顾学习过程；2. 小组交流收获体会。

师：略。

【教学点评】

在本节课中，老师在透彻分析和合理把握教材与学情的基础上，准确设立学习目标，精心创设学习活动，学本教学理念得到有效落实，学生学得积极主动，教师教得自然轻松。具体体现在以下三个方面：

一、立足经验，以学定教

老师充分利用学生学前已有认知经验和学习过程中的过程体验，在此基础上确定教法，实施课堂学习引导，达成学习目标。一是利用生活经验激发学习兴趣。开课时，老师通过出示学校举办"兰花节"活动，布置校门大厅摆造型的现实情境，让学生感受到生活中的事情真真切切地和2、5的倍数有关，现实生活中对本节课要学习的数学知识的真正需要，体会本节课中数学学习的价值，为后续学习探究环节的先学后教提供了内在动力。二是利用数感经验探究新知。"2、5 的倍数的特征"的学习，对于五年级的学生来说并不太难，因为从一年级数数开始就在积累 2 和 5 的倍数的认识经验，2 个、2 个地数或是 5 个、5 个地数，如果刚好数完，这个数就正好是 2 或 5 的倍数，稍有数感的学生面对一个不是特别大的数是比较容易判断它是否是 2 或 5 的倍数的。教师利用这一认知基础，放手让学生充分自学、互学和展学，有效达成学习目标。此外，老师还有效引导学生将"5 的倍数的特征"的学习方法迁移到"2 的倍数的特征"学习过程之中，让学生在学方法、用方法中学会学习。

二、调序换材，先学后教

学生面对"2 的倍数的特征"和"5 的倍数的特征"的学习，其难易程度是不同的，5 的倍数的特征要素少一些，只有自然数的个位是 0 和 5 两种情况，2 的倍数的特征要素多得多，自然数的个位要是 0、2、4、6、8 五种情况，无论要素多还是要素少，观察对象都必须要有足够次数的循环重复，个位的规律才能突出体现出来，学生在学习 2 的倍数的特征时，往往列举的 2 的倍数个数不够，多数学生只列举 6 到 8 个就不愿列举了，造成 2 的倍数的特征凸显不出来，从而造成认知困难。而教材安排先学习"2 的倍数的特征"，再学习"5 的倍数的特征"，对"2 的倍数的特征"学习采用列举法，"5 的倍数的特征"学习以百数表为载体，这显然与学生实际的学情不一致。为适应学生这一学情，老师交换了 2 和 5 的倍数特征的认识顺序，更换了百数表使用的位置，调整后的"序"更加适合学生学习由易到难的认知特点，提供学习使用研究的素"材"与学习内容难度更加匹配，学生的自学、互学、展学过程十分顺畅，经历了引导学习方法、归纳学习方法、运用学习方法的全过程，真正培养了学生的自主学习能力。

三、聚焦核心，因学活教

无论是哪门学科的课堂教学，都应该最大限度地把知识的形成、能力的发展、情意的生长等机会还给学生。上述"2、5 的倍数的特征"的教学过程，如何把上述"初识"环节得到的"2 的倍数个位上是 2、4、6、8、0"、"5 的倍数个位上是 0 或 5"的规律，变为"2、5 的倍数的特征"？这需要从本源上去探究"为什么?"也即是为什么"2、5 的倍数的特征"只看个位？让学生不但知道是什么，还要知道为什么。老师在"探究本质"学习环节中，以小棒图为载体，把整数的位置值原理物化为可操作、可观察的对象，让学生在圈一圈、想一想、议一议的过程中，从本质上弄清楚 2、5

的倍数特征为什么只看个位的原因所在，让学生完整经历知识核心处的深度学习，使简单的学习过程变得有层次、有深度。

二、小学科学：《日食和月食》教学实录与点评

（教科版科学教材六年级下册《宇宙》单元第四课）

执教者：沙坪坝区育英小学　刘　欣

一、联系生活，激趣引入

（播放 PPT）

师： 这是两年多前朋友发给我的一张照片，今天和同学们分享，照片上这些人在干什么？

生齐答： 看日食。

师： 你看到过日食吗？

生齐答： 看到过。

师： 大家都看到过日食，你们是什么时候，在哪里看到的？

生： 好像是两年前在我家的阳台上看到的。

生： 三年级放暑假的时候，一个上午，妈妈带我到嘉陵江边看的。

师： 谁能给我们说说日食发生时的景象？

生： 太阳被遮住了，天变黑了。

生： 开始太阳被黑影挡住一点，再挡住一部分，然后只剩一个亮点，最后被完

全挡住了，过一会，太阳又一点一点地出来，最后完全恢复了。

师：观察得很仔细，描述得真清楚，同学们都看到了这样的日食景象吗？

生齐答：看到了。

师：让我们一起回到 2009 年 7 月 22 日，再经历一次本世纪持续时间最长的，横扫东半球的日全食奇观吧。

（播放录像资料）

师：我们重庆人有幸目睹了这一次壮观的日食景象，今天，让我们来探秘日食的成因。

（板书课题前半部分：日食）

【点评】联系学生已感知到的天文现象开课，容易唤醒学生的回忆，调动其探究的欲望，为他们猜测日食的成因做了很好的铺垫。

二、实验探究，建构知识

1. 模拟实验，初步认识

师播放 PPT。

师：这是日食发生的过程图，请你仔细观察。（间隔 1 分钟）根据你观察到的日食，结合这个过程图，你能猜测一下日食的成因吗？小组讨论，将猜测填写在导学单上，可以画图表示你们的猜测。

（生小组活动）

师：各个小组讨论很热烈，把你们的猜测向全班交流一下。

3 组生 1：我们小组觉得，太阳被一个运动的天体给挡住了。

3 组生 2 补充：日食现象应该和月亮绕着地球转有关，我们猜测，月亮挡住了太阳的光，就会产生日食。请其他小组补充。

7 组生：我们猜测，是由于地球的自转、公转以及月球的转动，当太阳、月球、地球在一条线上时，月球会慢慢挡住太阳，地球上就会看到日食。

师：请你来摆出你们猜测的发生日食现象时太阳、地球、月球的位置图。

（生利用老师提供的红色圆、蓝色圆、黄色圆摆出位置图）

师：如果老师提供手电筒、乒乓球、小塑料球，你们能设计一个模拟实验来证明猜测吗？它们分别模拟什么？这个模拟实验该怎么做呢？

师：请各小组研究，设计实验方案，填写在导学单上。

（小组合作设计模拟实验3分钟）

师：想试试你们的设计吗？材料在实验桌下的抽屉里，记得在导学单上画图记录。

（生分组实验，师巡视，参与一些组的实验）

师：请各小组汇报一下你们的实验收获。

2组3生展学，2人演示模拟实验，一人描述：塑料球转过来挡住手电筒的光，我们在乒乓球上看到塑料球的影子。

师提示：现在，手电筒、塑料球、乒乓球模拟的是什么？

生：太阳、月亮、地球。

2组生再次描述：我们做实验时让月球围绕地球转动，发现当它转到地球前面，太阳、月球、地球在一条直线上时，月球就能挡住太阳的光，月球会把影子反射到地球上。请其他小组补充。

师：注意；影子是反射的吗？

生：不是，是光被物体挡住了，在物体背光的一面会产生影子。镜子才会反射光。

师：这是我们以前学的光与影的知识，科学的语言一定要准确喔！再请一个小组说说你们的实验找到验证猜测的证据了吗？

5组生：我们猜测的是太阳、月球、地球运动到一条直线上时，就会发生日食现象。我们模拟地球自转、公转，月球绕地球转，当月球运动到这儿，在地球上就看不到太阳了。

师：刚才那组是在太空中观察到月球的影子投射到地球上了，你们这组是在地球上观察看不见太阳了。这能验证我们的猜想吗？

【点评】在这一教学环节中，教师放手让学生经历了一次自行探究的过程，让学生暴露相异构想，自行设计模拟实验验证猜想，让抽象的天文现象变得直观形象，初步建立模型，感知日食的成因。同时，画图记录实验过程，有助于帮助学生形成科学概念。

2. 自学互学，深度理解

师：那么到底日食是怎么形成的呢？请同学们自学书上54页上半部分。

（生专心看书，自学找答案）

师：看懂了吗？把你的理解跟组内同学交流，你觉得有必要结合实验来给同学讲解，就再做一次模拟实验吧。

（生分组合作交流，互学加深理解）

师：现在，请把你们的收获和全班分享吧！

2组生：在地球、月球运动的过程中，有时会出现地球、月亮、太阳在一条直线上，月亮就挡住了太阳光，出现日食。请其他组补充。

3组生：当月球运动到地球和太阳的中间，挡住太阳光，在地球上会产生阴影，阴影里的人看不见太阳，就发生日食。

师：月球在地球和太阳中间，你怎么理解的？

生：我觉得是正中间。

师：你们呢？

生：我做模拟实验时，看到月球离地球近些才能挡住太阳光，我认为不应该是月球在地球和太阳正中间时，才出现日食。

生：书上说的当月球运动到太阳和地球中间，才会发生日食现象。

生：我看到一本书上说的太阳到地球的距离是 1.5 亿公里，上次上课时我查了资料，月球到地球的距离是 38 万公里左右，所以，月球怎么也不会转到太阳和地球中间。

师：这个同学说得有理有据，但我们的教材上也说的中间，我们该怎么办呢？

生：就说太阳、月球、地球在一条直线上，不要第一句话。

生：我觉得把"中间"改为"之间"，这样就不会引起误解了。

师：他的改法怎么样？（生认同）看来，书上也有不太准确的地方，今天被同学们发现了，科学就是要追求真实。

师：言归正传，哪位同学能利用黑板上代表太阳、月球、地球的小圆片，给大家解释一下日食是怎么形成的？

生边移动黑板上的圆片，边解释：月球绕地球转，转到太阳和地球之间时，月球挡住了射到地球上去的太阳光，月球身后的影子正好落到地球上，这时发生了日食现象。中间本影区的人看到日全食，旁边半影区的人就看到日偏食。如果我们长期生活在一个地方，可能要几百年才能看到一次日食。

师：大家明白了吗？他们很会学习，把书读懂了，知识面真广，你们觉得怎么样？

（全班自动鼓掌）

师播放 PPT，总结日食的成因。

【点评】在这一教学环节中，学生经历了自学、互学、展学的学习过程，学习潜能得到彰显，思维品质获得提升，科学模型逐步完善，对日食现象的理解更加深入。在学生展学的过程中，用"中间"一词描述月食形成时日、地、月的关系是否准确，学生产生了分歧，最后他们觉得将"中间"改为"之间"更妥帖，这种不迷信书本、不迷信权威的思想正是科学素养的最好体现。

3. 直观导学，提升思维

师：让我们再来看看 2009 年 7 月 22 日，重庆发生的日全食的情景。

（师在黑板上用三个大小颜色不一的圆形纸片和四根毛线，组合成了"日食形成示意图"，师指图讲解）。

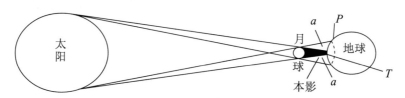

师：当月球运动到太阳和地球之间，如果三者正好处在一条直线上时，月球就会挡住太阳射向地球的光，这个部分两边的光都照不到，它就是本影区（用粉笔画出本影区），重庆现在正好处于本影区，我们就看到了日全食，周围的地方，月球只挡住了一部分太阳光，就是半影区，半影区的人就看到了（生齐答：日偏食），过了一会，随着地球的自转和月球的运动，重庆从本影区移到半影区，也只能看到日偏食了，再过一段时间，离开半影区，日食结束。

师：本影区除了能看到日全食，还能看到日环食，知道这是为什么吗？当日全食发生时，我们觉得月球比太阳还大，把太阳发出的光整个给遮住了。而日环食发生时，我们能看见太阳的边缘一圈，是月球变小了吗？月球本身会变大或变小吗？

生：不能。

师：怎么回事呢？讨论一下吧！

6 组生：月球绕地球运动的轨道是椭圆形的，所以我们会觉得月球有时大一些，有时小一些，是视觉问题。

7 组补充：就是近大远小吧。

师：日食发生时，月球离地球远的话，就遮不住整个太阳，这时我们能欣赏到？

生：日环食。

（师 PPT 展示）

【点评】教师用自制的教具轻松地展示出"日食形成示意图"，直观形象地帮助学生深入理解了"本影区"、"半影区"概念，让"为什么会出现日全食、日偏食、日环食三种日食现象？"这一教学难点迎刃而解。

三、设置疑问，迁移延伸

师：我们通过一段录像来回顾今天学习的内容。

（播放教师用书中配发的教学录像，录像最后要同学们猜测月食发生时太阳、地球、月球三个天体的位置关系）

师：同学们，月食又是怎么形成的呢？（补充课题后半部分，板书：月食）谁能把月食发生时太阳、地球、月亮三个天体的位置关系在黑板上摆一摆。

（请一生摆放）

师：这是他的猜测，你们的呢？探究月食的成因的任务留待同学们课后完成。

【点评】这段录像再次帮助学生理解记忆本节课的重点知识，同时又让学生带着问题离开科学课堂，为后续探究月食成因埋下了伏笔，可谓一箭双雕。

【教学点评】

天文学知识比较抽象，学生普遍缺乏直观感受。在这节课中，老师秉持关注生活、关注兴趣、关注概念、关注论证过程的科学教学理念，利用一张导学单、两段教学录像、三件实验材料、四张彩色图片，引领学生经历自学、互学、展学的学习过程，呈现了一节朴实无华、真实有效、科学味十足的学本教学课。

一、学有动力

人任何行为的产生都需要一定的动力作为支撑，课堂学习也不例外。"日食的成因"整节课中学生学习需求强烈，学习欲望高涨，学习动力旺盛。这得益于两方面的精心设计：一是关注生活感知，突显身边事件的教学意义。课始，教师以人们看日食的照片和 2009 年夏天横扫东半球的日全食奇观开课，由于学生大都观赏过这次日全食过程并感受过那漆黑的白天，这样的学习情境及学习材料有利于调动学生已有经验，激发学生的求知欲。日食这一学生熟悉又陌生的生活事件的运用，既起到了激发学生好奇心和探究欲的作用，又让学生初步了解了日食发生的过程及特点，同时又成为学生猜想日食成因的基点。二是关注兴趣培养，注重探究过程的快乐体验。我们通常看到的天文单元的教学，要么是老师从头讲到尾，要么是科普录像放映，无法擦亮学生迷茫的眼睛。在这节课中，老师从新课引入就调动起了学生的探究兴趣，继而通过学生的猜测、设计、实验、自学、交流、分享等多种形式，充分激发了学生的学习积极性和主动性，变要我学为我要学、我乐学。要学生在课堂上笑很简单，有时候一个笑话、奖励一个贴画等外部刺激就可以达到。但是，关键是让学生从内心体验到探索过程中的快乐，内在需要的实现才是激发他们持续学习的源泉。

二、学有方法

学本教学的重要目的之一是让学生由"学会"向"会学"提升。这节课教师在恰到好处地激发学生学习动力的基础上，根据学习内容特点设计了适切的学习方式，并为之提供了隐含本节课学习核心内容的直观操作材料，作为学习探究过程的学习素材，创造充分的条件让学生在课堂中能学、会学。首先，教师创设了学生感兴趣的神奇日食情境，激发起探究成因的强烈愿望，由此自然引发学生小组内的思考与猜想，为后续试验研究找准了学习的起点，小组互学由此开端，进一步的实验验证成为每一个学生迫切的需求，推动小组学生进入学具操作探究环节，学生借助老师提供的手电筒、乒乓球、小塑料球设计模拟实验，并在实验中得出"月球围绕地球转动，当它转到地球前面，太阳、月球、地球在一条直线上时，月球就能挡住太阳的光，月球会把影子反射到地球上"的认识。这个认识毕竟是在模拟试验中得出的，宇宙中的太阳、地球、月亮的运行的真实情况是怎么样的呢，需要进一步得到验证，这时教师及时安排学生看书自学，学生带着问题和期望得到准确答案的心理进行自学，学得效果很有深度，以至于产生了互学、展学过程中的精彩质疑与释疑。上述学习过程学习方式的选择与学习内容、学习需求结合得浑然一体，学生的主体地位在自主选择、自主学习、观点交锋中得到充分体现，科学知识与学习方法、学习能力在学习过程中得到同步增长与提升。

三、学有深度

科学学科学习的不仅是科学知识，更是科学思维和科学品质。科学知识获得的过程就是提升学生科学思维和科学品质的过程。本节课学生的实验是学生针对自己的问题和猜想设计的，他们经历了完整的深度思维探究过程。学生在直观的模拟实验和视频欣赏的基础上建立模型，再用图形、抽象语言说出规律，逐步从感性认识上升到理性认识，建立起直观与抽象的通道。科学结论的得出和论证的过程不只是设计和开展实验的过程，更是动脑筋收集数据、分析信息的过程。本节课通过模拟实验、看书自学、小组互学、展学交流，让学生在收集、分析、归纳各种信息过程中，实现了与各种信息的对话交流，从而加深了对科学概念的理解，提升了科学思维品质。科学教学中的日常概念和科学概念往往有差距，让学生用自己的话去准确描述科学概念或现象是很有挑战性的。在这种时候，很多老师采用的办法是你说、我说、他说，最后老师说或书上说，再请学生读一遍，学生可能记住了概念，而没有真正经历概念形成的过程。这节课上老师始终坚持让学生用自己的话、自己的图来解释日食的成因，运用猜想、模拟实验、画图记录、视频资料、读书等多种方式来支持学生的概念形成，持续地关注学生对科学概念理解的程度，并给予进一步的指导，既体现了学生概念形成的心理活动规律，也体现了"以学生学习为本、以学生发展为本"的学本教学理念。

三、小学综合实践：《出游前的准备》教学实录与点评

执教者：沙坪坝区新桥小学　鄢　静

一、课前热身

1. **师**：同学们大家好，怎么称呼我呀？

生：（鄢老师）

师：谢谢你们记得我！

2. **师**：我们生活在重庆这个繁华的大都市，它坐落在长江与嘉陵江的交汇处，这里也是有名的巴渝美食之都。

出示课件：看，这是重庆人的最爱（火锅）。

它又酸又辣，流口水了吗？（酸辣粉）

好吃的还有很多呢！我们一起叫出它们的名字：桃片，怪味胡豆，麻辣小面。

3. **师**：重庆除了美食多，景点之多也让人应接不暇。

课件展示

4. **师**：孩子们喜欢旅游吗？看来我们有共同爱好，可以成为好朋友，对吧。

二、新课引入

1. **师**：孩子们，刚才我们欣赏了那么多景点，相信很多地方同学们都去过。那么，你们平时出游都有哪些方式呢？

生：和爸爸妈妈一起出去玩，还有和其他朋友几家人一起开车出去玩。

师：你的方式可真多，这样的方式我们都可以叫做"自主旅游"。还有什么方式？

生：亲子游。

师：跟父母游是一样的。

生：还可以跟旅行社。

师：孩子们，咱们的方式很多！不过，不论以哪种方式出游，我们都要在出游前做好准备才行。今天我们就一起进入：出游前的准备（一起读）

2. **师**：声音真响亮！孩子们，在沙坪坝，有一个来头不小的地方，它是重庆市重点保护传统街道，一起叫出它的名字（磁器口）。现在我们跟着音乐一起走进磁器口。

（播放视频）

三、课堂学习

师：大家看得真认真！这个周末，我们四年级（1）班要开展一次综合实践活动。出发地是育英小学，目的地就是磁器口。

师：刚才我们说到了出游方式有自主旅游和跟团旅游。那像去磁器口这种较近的景点，你觉得选择哪种方式比较合适呀？

生：自主旅游。

整体感知出游前的准备。

1. **师**：既然是同学们的自主旅游，就得好好想想，在出游前需要做好哪些方面的准备呢？

生：带上食物，水，相机。

师：说得可真多，我们可以把这些东西统称为"生活用品"。还有吗？

生：还应该带上磁器口的地图，我觉得我们应该在出发前就了解磁器口，就不至于在里面迷路。

师：带上地图是让旅行更加方便，看来确定好路线也很重要。（出示"确定路线"）还有吗？

生：到磁器口肯定有花销的，所以要带上钱。

师：这个东西可非常重要（出示"经费"）。其实，我们还需要准备很多东西呢！（板书省略号）

2. 小结：今天我们重点来探究路线和经费两个方面。

完成路线的选择和经费预算。

A. 路线

1. 师：孩子们，我们去磁器口都有哪些途径呢？可以怎么去？

生：开车去。

师：谁开车去？

生：爸爸开车，或者坐公交车去。

师：爸爸开车可不行，因为是我们自己去。坐公交车可以，非常好。

生：如果家离磁器口很近，我们可以选择步行。

师：走路去，是个好办法。

生：我是骑自行车去。

师：孩子们，未满 12 岁可不能骑车上路哦。

师：有种黄色的车，我们还可以？（生：打车去。）

师：对！看来，我们去磁器口的路线有很多，在这些路线当中，我们最常乘坐的是公交车了；到达磁器口的公交线路有很多，老师选择了其中三条，这是它们的站牌。

（出示"合作导航一"）

师：请大家仔细看看，从育英小学出发，选择哪条公交路线最合适？先自己想一想，然后和对子同学交流一下。

师：谁来说说你的选择？

生：我觉得坐 261 要好一点，因为 261 离我们这里要近一些。

师：选择就近乘车，对吗？

生：我反对你的意见，我们可以坐 843，因为 843 是普通车，而 261 是中级车，843 要便宜一点，而且收班时间要晚一点，因此也不至于玩太久没有车而步行回去。

师：把掌声送给他！分析得真好，你是通过两条线路的对比得出的答案，对吗？还有没有别的选择？还剩一个 808，有人选吗？

生：没有。

师：为什么不选它？

生：因为它到磁器口的路线太长了，而且还是中级车。

师：你说得很好，而且 808 并不经过我们育英小学。孩子们，你们真会"对比分析"，我们在出游时应根据出发地和目的地来选择最便捷的公交线路。

2. **师**：除了公交车，我们还知道可以乘坐地铁、出租车等交通工具。请看，这是坐公交车需要花费的时间和费用，有学生卡还可以打 9 折。每条线路，它们花费的时间和经费都不一样。

（出示合作导航一）就请同学们再用上这样的方法，对比这几条路线，然后通过讨论，选择出一条合适的路线，并说说理由。（小组讨论）

师：你们组愿意选哪一条呢？为什么？

生（小组代表发言）：我们小组经过讨论后，决定坐路线一去。因为路线一要 10 分钟，我们跟路线二进行了对比，发现坐出租车虽然只要 4～6 分钟，但限 4 人，我们班就需要 11 辆出租车，等车时间就不止 4～6 分钟了。公交车可以坐很多人，就算是中级车也只要 2 元钱。

师：你说得真好！将两条线路的时间和经费都进行了对比。还有谁想说？

生：我们小组讨论出来，是路线三最好。因为虽然需要 30～40 分钟，但是不需要花钱，而且还可以锻炼身体，一路上还可以照很多照片。

生：我反对她的观点。步行时间太久，跟团的话就会太慢了，还是路线一好。

师：孩子，这次是我们自己去，不跟团的。

师：刚才大家分析都很好，看来，每条路线都有自己的利弊，选择路线时，只需要根据当时的实际情况来决定。

A. 时间。

B. 钱。

1. **师**：磁器口都有什么呢？我们一起去看一看。（欣赏图片）

2. **师**：磁器口不仅美景多、美食多，娱乐项目也很多。那你们去磁器口，最想做的是什么呢？

生：我最喜欢美食和娱乐。

师：喜欢吃，喜欢玩。

生：观赏景点，可以收集很多磁器口的照片。

师：我们在出游前可以选定好出游目的，就可以让出行更有意义。

（出示目的）请小组讨论出并统一你们组的出游目的，并把出游目的写到卡纸上，做到工整、醒目。

师：你们的出游目的是什么？

生：我们是观赏景点，因为磁器口是因景点而出名的。

生：我们讨论的结果是品尝美食，因为我们组都是吃货。

3. 师：同学们，我们去同一个地方，出游的目的不一样，预计消费的项目也就不一样。老师这里有一张磁器口消费一览表，每个组组长手里都有一张。有了它，我们就能做好经费的预算啦。（板书：预算）

经费预算有什么好处啊？

生：好处是，如果钱带少了的话，到时候想买的东西买不到，带多了的话，搞不好还要丢了。

师：就可以让出游时的经费更有计划性。那么根据你们的出游目的，你觉得你们的经费预算表里应包含哪些方面？

生：景点和美食。

生：美食，也可以买点物品回家。

师：要紧紧围绕着目的，对吧？有一个项目，老师要提醒大家可别忘了（出示"预算表"），刚才我们选定了路线，在项目一栏中就是"车费"，单价应该是多少呢？选哪个呢？我们要考虑好往返的车费才行，所以是 4 元。小组合计就是单价乘以小组人数。

师：接下来，就请大家（出示合作导航二）做预算：1. 小组讨论出消费项目的相关金额；2. 合作完成经费预算的表，可以运用计算器，也可以估算出金额。

4. 小组展学

生 1：我们组共 4 人，出游目的是娱乐。（组员依次汇报消费项目及金额）

生 2：大家还有什么补充和建议吗？

生 3：你们要骑自行车，小组合计也是 6 元，你们只有一个人要骑自行车吗？

生1：因为有的自行车可以坐4人，所以我们只租一辆。

生4：你们的车费单价应该是4元。

生1：我不同意，因为我们是坐843，普通车。

生5：我觉得你们的钱可以多带一点，万一有什么意外呢？

师：是啊，你觉得带多少合适？

生1：200元。

师：对，可以多带一些以备不时之需。

生6：你们玩着也到中午了吧，应该把吃午饭的钱也写进去。

生1：多带的钱就可以拿来吃午饭了。

师：请下去之后把"午饭钱"这个项目补上。

师：我们统计出了消费项目，然后再把他们整理在了经费预算表里面，大家真能干！

小组合作拟订出游计划。

1. 通过大家的努力，我们一起选定了路线，对经费做了预算，解决了这两大难题，相信制订出游计划一定难不了大家。那么现在请各组组长拿出出游计划。

（出示合作导航三：制订出游计划：1. 小组合作完成出游计划，可根据生活实际增添项目。2. 小组派代表展示出游计划。）

2. 请小组代表来展示你们的计划。（两个组）

生1：（展示计划）请问大家有补充吗？

生2：我们小组在物品里还准备了手机，还有安全注意事项里提醒大家手机保持畅通，走丢了可以保持联络。

生3：我建议你们还要带上防晒用品，如果是夏天的话阳光会很强。

师：咱们是冬天去，可不需要防晒霜。老师也想问问，你们准备带多少钱去呀？

生1：带200元，有备用的钱。

师：刚才大家的建议你都同意了，那下去之后可以把你们的生活用品再写详细一些。

3. **师**：老师再请一个组。

生1：（展示计划）

生2：时间不对，20日的时候还是星期五。

师：而且时间还可以再详细一点，大概几点钟出发。

四、课堂小结

师：今天我们学习了如何来制订出游计划，以后我们还会到更多更远的地方。到时，还得了解当地的气候和风俗习惯等方面。不过，不管我们是去近郊，还是远郊，甚至国外，都可以用学到的方法来为家庭做一份出游前的计划。让我们一起呼出我们的口号——"出游做准备，旅行更精彩！"

【教学点评】

这节运用重庆综合实践活动资源包所上的小学四年级《出游前的准备》课，既体现了较强的学科教学意蕴，又彰显了学本教学的价值取向。具体体现在五个方面：

一、学本性

教师精心创设问题情景，设计自主思考选择的问题情景，用"合作导航"的形式呈现生活任务驱动，课堂上有小组互学、小组展示合作成果，有生生互动和组际思维碰撞，学生在探究过程中围绕问题、大胆设想、大胆质疑和探索实践，在不知不觉中完成了完整的出游计划，综合能力也在潜移默化中得到了提升。

二、生活性

课前师生交流热身活动与开课无缝衔接，以紧贴学生生活的话题自然入课、直观激趣。课中教师考虑到出游需要做好很多准备，一堂课不可能面面俱到，所以引导学生选择了"路线选择"和"经费预算"两个重难点任务来合作探究，有利于增强合作学习的实效性。选择与育英学生生活紧贴的景点——磁器口，以及结课时延伸至其他的旅游地点，体现出提升学生生活品质的课程宗旨。

三、开放性

本节课的导学问题设计开放，学生在探究问题的过程中充分表达自己的意见，善于接纳他人的观点，有思维的碰撞，有观点的交织，情绪状态放松，生命状态自由，显示出思维的开放性。尤其在第三个教学板块中，教师用一个真实的开放性任务作驱动，让学生围绕出行路线选择，通过顺学而导，引导交流讨论，引发思维碰撞，丰富学生认知。

四、综合性

本节课培养了学生运用多学科知识与能力来分析与解决生活实际问题的能力。在路线选择环节中，充分尊重学生经验和实际需求，引导运用科学学科中常用的对比分析方法；在经费预算环节中，引导学生运用数学运算方法提升生活计算能力；在分析解决问题的过程中，提高了学生的语言表达能力和人际交往能力。

五、实践性

教师引导学生在自主思考的基础上合作探究，开展选择路线的实践探索。为了让学生对磁器口的认识更加深刻，教师还从磁器口的历史文化、建筑特色、美食和娱乐四个方面进行介绍，激起学生的实践欲望。学生通过小组讨论，统计出本小组出游的消费项目并在全班予以展示，使预算表得以修改完善。

四、初中语文：《敬畏自然》教学实录与点评

（初中语文人教版 8 年级第三单元）

执教人：沙坪坝区回龙坝中学　刘　娅

一、导入新课，检查预习

师：同学们知道今天要学习哪一课吗？（生：敬畏自然）请一位同学帮老师把课题写在黑板上，请你来（指名板书课题）。

师：你的书写很端正！老师想采访你一下，你知道这个题目中"敬畏"二字的含义吗？

生："敬"是尊敬，"畏"是畏惧、害怕。

师：大家觉得呢？（生：同意。）我也赞同你的理解。谢谢你，请回座。

师：同学们预习课文了吗？——很好！课前预习是课堂有效学习的开始，通过预习，我们可以明确这堂课我要学什么，我要重点去学什么，那同学们预习好了吗？考考大家——请看《导学精要》第一部分，谁来分享一下你的预习成果？

生：三个词语分别是：相形见绌、精巧绝伦、狼藉。

生：我觉得第三个应该是"狼藉斑斑"。

师：请说理由。

生：我认为"斑斑"更能体现数目众多。

师：你观察得很仔细，思考得也很全面。请同学们齐读大屏幕上的这几个句子，结合词语的意思，想想句子的含义。

屏幕显示：

人类的智慧与大自然的智慧相比实在是相形见绌。

无论是高深莫测的星空，还是不值一提的灰尘，都是大自然精巧绝伦的艺术品。

谁能断言那些狼藉斑斑的矿坑不会是人类自掘的陷阱呢？

二、问题驱动，学法嵌入

师：面对自然，文章提出了一个怎样的观点？（主问题1）

生："敬畏自然"。

师：为什么要"敬畏自然"？（板书：略）

（生面露难色，急于从课文中寻找答案）

师：这就是我们本堂课要解决的第一个问题。浏览课文，你会发现其实文章里有好多地方都在回答这个问题。现在老师要教给同学们一个快速筛选信息的方法：提取中心句。请同学们看大屏幕，齐读。

屏幕显示：所谓中心句就是能概括段落或文章主要内容的句子。中心句必须是一个表意明确完整的陈述句，表达必须是概括（简洁）的，正面的，直接的，抽象的。中心句的位置一般在句首、句尾或句中，有的则需要自行概括。

师：请同学们把红色关键词摘录到《导学精要》第二部分中"我学会了"的方框里。

（生笔记）

师：下面请同学们运用这些知识点，重读课文，找出每一段的中心句。要求是：独立自学，不交流，用笔在书上做好批注，如果有疑难请用特殊标记注明。开始自学。

（生独立自学，师巡视）

师：老师发现，有些段落的中心句似乎很容易找到，大家下笔很果断，但面对有的段落，多数同学就显得很纠结了。没关系，下面就让我们带着自学的收获和疑惑投奔咱们组织吧，请小组长召集组员们交流交流。

（小组互学，师巡视）

师：第三小组率先结束了讨论，发言人已经做好准备了。有请中心发言人。

（小组展学，师生互动）

生：我代表我们小组作如下发言，我们认为第1段的中心句是"人们常常把人与大自然对立起来，宣称要征服自然"。第2段是"看人类这种狂妄的表现，大自然一定会窃笑——就像母亲面对无知的孩子那样的笑"。第 4 段是"在宇宙中，一定存在着远比我们的智慧要高得多的生物"。第 5 段是"人类的智慧与大自然的智慧相比实在是相形见绌"。第六段是"大自然之所以创造出会思维的生物，也许是有深意的"。第 7 段是"宇宙是一个大生命，而我只是这个大生命的一个组成部分"。第 8 段是"宇宙是一个硕大无比、永恒的生命"。第 9 段是"即使那些看起来死气沉沉的生物，也是宇宙生命的构成部分"。第 10 段就是整个句子，第 11 段是最后一句。

我们的疑惑是：第 3 段中心句不明确。

发言完毕，谢谢！

师：谢谢你，谢谢第三小组毫无保留的分享。谁可以帮助他们解决疑惑？

生：我们小组认为第 3 段的中心句是：人类发明了种种工具，挖掘出大自然用亿万年的实践积累下来的宝藏。

师：听明白了吗？（询问第三组）其他小组还有别的意见吗？（生：同意）我也赞同大家的意思。那还有对第三小组的发言提出质疑的吗？

生：我们 2 小组有不同意见，我们认为第 2 段的中心句应该是"看着人类这种狂妄的表现，大自然一定会窃笑。"因为这样更简洁。

师：你的意思是不要后面破折号那一句？

生：是的，破折号后的内容只是对前面的一个补充。

师：嗯，而且还是一个形象化的表述，与我们中心句"简洁、抽象"的特点不吻合了，是吗？（生点头认可）还有别的质疑吗？

生：我们 4 小组认为第 3 段的中心句应该是最后一句"谁能断言那狼藉斑斑的矿坑不是人类自掘的陷阱呢？"

生：我们 6 小组不完全同意他们的意见，因为这个句子虽然意思上是这个段落的中心，但它不是一个陈述句，不是正面表明观点，所以不能做中心句。

师：哦！看来你们把知识点记得很牢，也善于运用。刚才同学说到了，句子在意思上是段落表意的落脚点，只是句式不符合中心句的要求，怎么解决这个问题呢？

生：可以变句式！

师：怎么变？你试试。

生：那些狼藉斑斑的矿坑就是人类自掘的陷阱。

师：又一个难题解决了，孩子们，给自己掌声。（生鼓掌）还有问题吗？（生：没有)可刘老师有！请看第 6 段。同学们认为中心句是"大自然之所以创造出会思维的生物，也许是有深意的"。但老师认为这句话表意不够明确。

生：老师，我发现了！"深意"没有说明。

师：呵呵，那哪句话"说明"了呀？

生：后面那一句。

师：大家认为呢？（生：同意）齐读这句话。（生读："宇宙创造智慧生物是为了进行自我认识，为了欣赏他自己壮丽无比的美。"）

师：同学们，请看大屏幕，老师把大家提取出来的中心句串成了一篇小短文，也可以说这是一块压缩饼干，是文章的浓缩版，我们把长文变成短文来学，不就更容易了吗？朗读一下（生齐读）。

屏幕显示：

人们常把人与自然对立起来，宣称要征服自然，看着人类这种狂妄的表现，大自然一定会窃笑。那些狼藉斑斑的矿坑就是人类自掘的陷阱。在宇宙中，一定存在着远比我们的智慧要高得多的生物，更何况人类的智慧与大自然的智慧相比实在是相形见绌。大自然创造智慧生物只是为了进行自我认识。宇宙是一个硕大无比的、永恒的生命，而我只是这个大生命的一个组成部分，即使那些看起来死气沉沉的物质，也是宇宙生命的构成部分，因此，人类并不孤独，在宇宙中处处是我们的弟兄。敬畏自然，就是敬畏我们自己。

师：请同学们再看看，这篇小短文的中心句是哪一句？（生：敬畏自然，就是敬畏我们自己。）为什么呢？人与自然之间究竟有着怎样的渊源呢？答案还是在文中找。请看大屏幕，老师要教给同学们第二种筛选信息的方法：提取关键词。

屏幕显示：关键词指的是一段文字或一句话中最重要的词语，能揭示事物的本质，是表意的"落脚点"。

师：请大家把红色关键词摘录到《导学精要》上"我学会了"的方框里。

（生笔记）

师：请同学们观察大屏幕上的这几句话，各提取一个关键词，概括一下回答：为什么说"敬畏自然，就是敬畏我们自己呢？"（主问题 2）

屏幕显示：

在宇宙中，一定存在着远比我们的智慧要高得多的生物，更何况人类的智慧与大自然的智慧相比实在是相形见绌。

大自然创造智慧生物只是为了进行自我认识。

宇宙是一个硕大无比的、永恒的生命，而我只是这个大生命的一个组成部分，即使那些看起来死气沉沉的物质，也是宇宙生命的构成部分，因此，人类并不孤独，在宇宙中处处是我们的弟兄。

生自学。

师：有困难吗？（有学生面露难色）和旁边的同学交流一下。

（生交流。）

师：据我目测，各位亲已是眉开眼笑，看来问题解决了。（生笑）"近水楼台先得月"，孩子，你来分享一下。

生：这三个词分别是：相形见绌、认识工具、弟兄。

师：请你运用这三个词具体说说：为什么"敬畏自然，就是敬畏我们自己"？

生：因为我们和自然比智慧显得很差，我们对于自然来讲就是一种工具，我们和大自然是手足相连的兄弟。

师板书：比智慧，说作用，论关系。

师：你说得很完整，是呀，正因为如此，所以我们要——（生：敬畏自然。）

师：同学们，刘老师在初学这篇课文的时候，一直在想这篇课文的文学体裁究竟是什么类型呢？我最终还是偏向于"议论性的散文"这种看法。这种文体除了要有明确的观点之外，还要兼有"诗一样美的语言和酒一样浓的情感"。现在就让我们再读课文，请你挑选出文中那些"敬畏"的味道更浓的句子，自由地读一读，读出声音来。

生自读。

师：读给我们听听，请你来。

生：如果说自然的智慧是大海，那么，人类的智慧就是大海中的一个小水滴。

生：在自然看来，人类上下翻飞的这片巨大空间，不过是咫尺之间而已，就如同鲲鹏看待斥鴳一般，只是蓬蒿之间罢了。

生：我的智慧即是自然的智慧，我对宇宙的认识即是宇宙对自我的认识，我思维即是宇宙在思维，我痛苦即是宇宙在痛苦，我欢笑即是宇宙在欢笑。

生：你难道没有听到石头里也有生命的呐喊吗？你难道没有用心灵听到从那遥

远的星系里传来的友好问候吗？

师：大家有没有发现，这些句子从语言的表达上有什么特征？

生：用了修辞。

师：修辞有什么好处？

生：更生动、形象。

师：还有别的特征吗？

生：还运用了一些生动的词语，还有反问句。

师：同学们听得认真，考虑问题很全面。这样的语言，我们可以给它下一个定义，请看大屏幕：

屏幕显示：

"诗意语言"：是指生动活泼，有诗一般的韵味、意境，感情浓郁，给人以审美享受的语言。诗意语言讲究运用一些修辞手法、生动的词、特殊的句式。

师：请同学们把红色关键词摘录到《导学精要》上。

（生笔记）

师：下面请同学们回到课文，自选角度，试着品析一下这些诗意的语言，用笔做好旁批。

（生自行品析，师巡视）

师：请大家在小组内分享一下，形成一份赏析汇报材料，并确定一个句子作朗读展示。

（生小组交流，师巡视）

师：有请第一小组。

生：我们小组6名同学，选择了2个句子进行赏析：分别是"看着人类这种狂妄的表现，大自然一定会窃笑——就像母亲面对无知的孩子那样的笑"。窃笑的意思是"偷偷地笑"，说明大自然不想让人类知道，不想伤害人类。第二句是"人类的智慧与大自然的智慧相比实在是相形见绌，无论是令人厌恶的苍蝇蚊子，还是美丽可人的鲜花绿草；无论是高深莫测的星空，还是不值一提的灰尘，都是大自然精巧绝伦的艺术品，展示出大自然深邃、高超的智慧"。这个句子用到了一组生动的四字词"相形见绌、令人厌恶、美丽可人、高深莫测、不值一提"说明大自然很丰富，很博大，"深邃"和"高超"赞美了大自然。

下面有请我们小组的张珊同学朗读展示——（生读：看着人类这种狂妄的表现，大自然一定会窃笑——就像母亲面对无知的孩子那样的笑。）

师：我喜欢同学在发言中用到的两个词"丰富"和"博大"，也欣赏张珊同学甜美的嗓音。如果能在朗读中再融入一种深深的母爱，就更好了。让刘老师这个母亲来试试——（师读），同学们一起来试试——（生读）。

师：有请第5小组。

生：我们小组选择的是"谁能断言那狼藉斑斑的矿坑不是人类自掘的陷阱呢?"这个句子运用的是反问的句式，更加强烈表达了对人类破坏大自然的行为的批判。我们赏析的另外一句和第一小组是一样的，下面有请我们小组的齐飞同学为大家朗读这段话。

（生读"人类的智慧与大自然的智慧相比实在是相形见绌，无论是令人厌恶的苍蝇蚊子，还是美丽可人的鲜花绿草；无论是高深莫测的星空，还是不值一提的灰尘，都是大自然精巧绝伦的艺术品，展示出大自然深邃、高超的智慧"。）

师：谁来评价一下齐飞同学的朗读。

生：抑扬顿挫，感情充沛。

师：你的评价很专业。（生笑）你要不要来尝试一下？

（生读）

师：刘老师很欣赏你朗读时专注的眼神！但刘老师觉得还有一个细节处理得不够完美。这段话的用词不仅巧在形容词上，你们注意看这组词语："无论是……还是……"（生异口同声：关联词）是的，关联词的反复运用更增添了句子节奏感。诗意的语言，诗意的读，读出诗的韵味来，请同学们看大屏幕——我们分角色来读一读。屏幕显示：

（师）人类的智慧与大自然的智慧相比，

（合）实在是相形见绌，

（男）无论是令人厌恶的苍蝇蚊子，

（女）还是美丽可人的鲜花绿草，

（男）无论是高深莫测的星空，

（女）还是不值一提的灰尘，

（合）都是大自然精巧绝伦的艺术品，

展示出大自然深邃、高超的智慧。

三、结束新课，情感升华

师：同学们，敬畏是一种观点，是一种情感，如果我们把这种情感化成一种行动，就是要——

生：保护自然。

生：珍惜自然。

生：团结自然(生笑)。

师：你用了一个多有情味的词儿，"团结"是一种建立在平等基础上的心灵的契合。同学们不知不觉中赋予了"敬畏"更丰富的含义。是呀，只有当我们把内心怀着的这种"敬畏"落到实实在在的行动上，这种"敬畏"才有了《敬畏自然》。

【教学点评】

本节课充分体现了教师对学本教学的深刻理解，具体体现在四个方面：

一、文体特征明晰，教学重点突出

《敬畏自然》是一篇思辨类散文，思辨性和抒情性的融合是其重要的文本特征。老师抓住这一特征，从学生的需要和语文课程的需要出发，从繁杂的语文教学内容中抽丝剥茧，确定本课的目标为通过提取中心句、关键词把握作者的观点和通过品读"诗意语言"体悟作者的情感。由于对教学重点的把握得当，使得教学过程克服了"模模糊糊一大片"的现象，各环节教学都集中到训练重点上来，使学生印象深刻，学有所得。

二、问题设计精心，学法指导到位

老师围绕课题"敬畏自然"设计了三个富有层次的问题：作者为什么要提出"敬畏自然"？为什么说"敬畏自然"就是"敬畏我们自己"？文中哪些句子蕴含了浓浓的"敬畏"之情？首先，三个问题为学本式课堂中学生的"自学"提供了学习支架，推进学生学的活动开展。其次，由于三个问题有着逻辑上的层进关系，在内部形成了问题链，串联成课堂教学的脉络，决定了教学走向深入。最后，在问题设计的同时，老师不忘针对学生学习可能出现的困难点，给学生三根"方法"的拐棍(提取中心句、找寻关键词、品读"诗意语言")，让学生在真实的阅读中获得带得走的语文能力。

三、学生学习充分，教师收放自如

简约开放的教学设计带来了如下的课堂气象：学习时空上，让读于生，让思于生，让学于生，保证了学生学习时间和空间的最大化。学习方式上，学生在活动性的学习中探究、反思、表达，充满着思维挑战。教学方式上，教师作为学生学习的促进者，在课堂上既"放得出去"，也"收得回来"，运用强调、点拨、牵引、总结、校补、提升等手段，确保了学生活动的目的性和有效性。

五、初中数学：《多边形的内角和》教学实录与点评

（初中数学华师版七年级下册）

执教者：沙坪坝区回龙坝镇初级中学校 刘智慧

一、情境导入

（教师用多媒体展示图片）师：同学们请欣赏奥运会的游泳馆水立方，在它的外墙上，出现了我们熟悉的由三条线段组成的三角形，还出现了由多条线段组成的其他平面图形，我们把这种图形称为多边形。那么，什么是多边形？

二、课堂学习

请同学们打开课本，阅读教材第 83 页至 84 页第二自然段，勾画出多边形及有关概念的关键词，并观察水立方的外墙上出现了哪些多边形。（学生自学教材，结合图形理解多边形的概念）

生：水立方的外墙上出现了三角形、四边形、五边形、六边形……

师：多边形在我们生活中被应用得如此丰富，那么今天我们就来研究多边形，先来研究多边形的内角和。（板书课题：§9.2 多边形的内角和）

师：在前面的学习中，你已经知道哪些多边形的内角和？（导学精要问题1）

生：我知道三角形的内角和为 180°。

生 2：我知道长方形的内角和为 360°。

生 3：我知道正方形的内角和为 360°。

生 4：我知道平行四边形的内角和为 360°。

生 5：我知道梯形的内角和为 360°。

师：以上特殊四边形的内角和都是 360°，那任意四边形的内角和等于多少度？请独立思考，利用导学精要问题 2 中的图形来计算说明。（导学精要问题 2）

师：请同学们小组内交流，说说你得到的任意四边形的内角和为多少度？你是怎么得到的？（学生小组内交流，教师深入小组，收集学生中不同的解决问题的方法，组织学生交流展示方法，并归纳总结思想方法）

师：现在请小组代表上台为我们作图讲解，说说你们小组得到的任意四边形的内角和是多少度？你们小组是怎样得到的？（小组派代表上黑板作图讲解有以下方法）

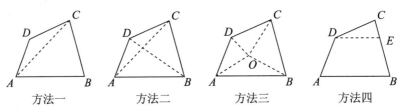

方法一　　　方法二　　　方法三　　　方法四

上图对应答案依次为：

$180° \times 2 = 360°$　　　　$180° \times 4 - 360° = 360°$

$180° \times 4 - 360° = 360°$　　　$180° + 360° - 180° = 360°$

生1：我们小组计算得出任意四边形的内角和为 360°。我们连接四边形的对角线 AC，把这个四边形分成了两个三角形，我们知道一个三角形的内角和为 180°，两个三角形的内角和就等于 $180° \times 2 = 360°$，所以这个任意四边形的内角和就为 360°。

师：大家赞成吗？请问你连接对角线 AC 的目的是什么？

生1：我们的目的是把这个四边形分成两个三角形。

师：这两个三角形的内角跟这个四边形的内角有什么关系呢？

生1：这两个三角形的每个内角都属于这个四边形的内角，我们就能根据三角形的内角和求出四边形的内角和。

师：同学们还有不同作法吗？

另一个小组学生上台展示：

生2：我们小组是连接对角线 AC、BD 交于点 O，把这个四边形分成了四个三角形，所以就用 $180° \times 4$。

师追问：为什么是 $180°×4$ 呢？

生 2：因为我们把它分成了四个三角形，每个三角形的内角和是 $180°$，四个三角形就是 $180°×4$，还要减去 $360°$。

师继续追问：减去的 $360°$ 是哪几个角？标注出来，为什么要减去这几个角？

生 2：这四个角是三角形的内角但它不属于四边形的内角所以要减掉。

师：同学们还有不同作法吗？

生 3：我们小组是在四边形内部任意取一点 O，然后联结四边形的四个顶点，把这个四边形分成了四个三角形，每个三角形的内角和为 $180°$，四个三角形就是 $180°×4$，但要减去中间的这四个角，因为它们是三角形的内角，但不属于四边形的内角，它们刚好围成一个周角，所以就减去 $360°$，这样我们就求出任意四边形的内角和为 $360°$。

师：你的方法跟方法二有什么异同之处？

生 3：第二种方法是连接对角线 AC、BD 交于点 O，我们这种方法是在四边形内任意取一点 O。

师：第二种方法其实是三种方法的一种特例。

师：刚才第一组、第二组和第六组的同学们都表现得很好，其他组的同学还有没有不同作法呢？

生 4：我们小组是过点 D，作 $DE /\!/ AB$ 交 BC 于点 E，把四边形分成了一个三角形和一个梯形。

师：你们小组是怎么想到把四边形分割成三角形和梯形的？

生 4：因为我们以前学过梯形的内角和为 $360°$，刚才的同学都是用求三角形的内角和的方式，我想尝试一下运用梯形的内角和来求出四边形的内角和。

师：你们小组的这种想法真棒！请继续为我们讲解。

生 4：一个三角形的内角和为 $180°$，一个梯形的内角和为 $360°$，就有 $180°+360°$，但我们要减去顶点 E 这里的一个平角 $180°$，所以最后求出四边形的内角和为 $360°$。

师：赞成不？还有其他方法吗？

师：(1)我们作辅助线时，有的是在四边形顶点处取一点，有的在内部取一点，连接各顶点，分成三角形，求四边形的内角和．那么可不可以在四边形的一边上任取一点呢？在四边形外部任取一点呢？

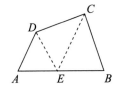 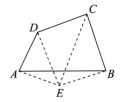

（2）我们可以过点 D 作 AB 的平行线，把四边形分割成三角形和梯形来解决问题，又可不可以过点 C 作平行线呢？作高呢？

（3）前几种方法都是把任意四边形分割成熟悉的图形，我们把它补成一个熟悉的图形又能不能解决问题呢？

（使学生明确：辅助线的做法多种多样，这"一点"可以是平面内任意的一点，"割"或"补"的方法都可以尝试。只要把四边形的内角和转化成已经知道内角和的图形，就能求出其内角和）

（4）像这样把要求的四边形的内角和转化成已经知道内角和的图形来解决，把未知转化为已知，就是数学中非常重要的思想方法——转化。

（板书：转化）

师：对比以上几种方法，你认为哪种更简便？为什么？

生：第一种方法最简便。

生 1：它作的辅助线最少。

生 2：它分成的三角形个数最少。

生 3：它分成的三角形的每个内角都属于四边形的内角，使计算简便。

师：现在你能用从多边形的一个顶点出发，联结与其不相邻的各顶点，分成三角形的方法，去求五边形、六边形、七边形等的内角和吗？请利用导学精要问题3中的图形来计算并填表。（此为导学精要问题3）

（学生先独立探究，教师对有困难的学生给予及时地指导，然后组织学生展示、交流各自的思考方法与结果）

师：现在哪个小组的同学来为我们展示探索结果呢？（展台投影展示讲解）

生：我们通过画图可以看出四边形被分成了两个三角形，五边形被分成了三个三角形，六边形被分成了四个三角形，七边形被分成了五个三角形，每个三角形的内角和为 180°，所以我算出了这几个多边形的内角和，我还发现多边形被分成的三角形个数比它的边数少 2，所以 n 边形将被分成 $(n-2)$ 个三角形，内角和可以表示为 $(n-2)\times180°$。

师：大家赞成吗？还有什么疑问？

师：(1)这就是 n 边形的内角和计算公式。

板书：n 边形的内角和等于 $(n-2)\times180°$。

在这里 n 表示什么？所以我们只要知道了多边形的边数，就能求到它的内角和；反之，只要知道了多边形的内角和，运用这个公式建立一个方程，我们就能求出这个多边形的边数。

(2)我们求五边形、六边形、七边形的内角和都是类比四边形的方法来解决的，这也是数学中常用到的研究方法——类比(板书：类比)。

(3)我们探究多边形的内角和时，是先从特殊的三角形、四边形、五边形等出发，从而得出 n 边形的内角和。这是我们探索数学问题经常常用的"从特殊到一般"的思想方法(板书：从特殊到一般)。

师：请大家阅读教材第 85 页至 86 页内容，勾画出多边形的内角和计算公式，作好笔记，并加以理解和记忆。

师：刚才大家从特殊的多边形再到一般的 n 边形，类比四边形将未知问题转化为已知问题探究得出了多边形的内角和计算公式，你能运用公式解决相关问题吗？请完成导学精要中学习反馈的内容。

(学生独立思考、计算，然后交流各自的解题过程)

师：请你来说说第 1 小题的做法。

生 1：十二边形的内角和为 1800°，正十二边形的每个内角的度数为 125°。

师：大家赞成吗？

生：不赞成。

师：说说你是怎么求正十二边形的每个内角度数的？

生 1：用十二边形的内角和为 1800°除以它的边数十二。

师：为什么要除以 12？

生 1：因为正十二边形有 12 个内角，而且每个内角度数相等，所以就用内角和 1800°除以 12。

师：方法是正确的，肯定是计算出了问题，我们来看看他的计算过程。

（展台投影计算过程，学生自己找出计算失误的地方，强调计算要仔细）

师：谁愿意来展示第 2 题？

生：我们求到了四边形的内角和为 $360°$，所以有 $150＋80＋2x＝360$，计算得出 $x＝65$，四边形的内角和为 $360°$，所以有 $150＋80＋2x＝360$，计算得出 $x＝65$。

五边形的内角和为 $540°$，所以有 $160＋90＋110＋3x＝540$，计算得出 $x＝60$。

师：第 3 题呢？

生：我运用多边形的内角和公式，建立了方程 $(n－2)×180＝1440$，从而求到 $n＝10$。

师：同学们赞成吗？做对的举手。

师：回忆本节课的学习内容，谈谈你有哪些收获、体会或疑问？

生 1：我知道了 n 边形的内角和等于 $(n－2)×180°$。

生 2：我学到了转化的思想方法。

生 3：我还学会了类比的思想方法。

生 4：我学会了用多种方案来解决问题。

生 5：小组在一起学习可以收获到更多的解题方法，使我体会到了小组在一起学习是一件很愉快的事情。

三、课堂小结

生：自我小结。

师：今天我们从水立方的外墙上发现了多边形，然后又运用"转化"、"类比"的思想方法求到了四边形、五边形、六边形等的内角和，再"从特殊到一般"归纳得出了 n 边形的内角和计算公式，收获很大。但最令老师感动的是，大家解决问题的时候积极思考，小组合作时的凝心聚力、互帮互助、取长补短！今天我们探索了"多边形的内角和"，那"多边形的外角和"又有什么奥秘呢？期待下节课大家更为精彩的发现！

【教学点评】

本节课教师遵循"先学后教，互助展评"的原则，努力体现以学生的学习为本、以学生的发展为本的学本教学理念，师生关系民主和谐，学生主体作用发挥充分，小组之间、生生之间、师生之间形成良好的思维互动，课堂焕发出生命的活力。具体表现在以下三个方面：

一、巧设问题，激活学生思维

本节课学生的思维得到最大程度的激活，学生在自学、互学、展学过程中始终处于愤悱状态。这一学习效果得益于学习主问题的精准设计，全课学习中学生主要循序渐进地解决了这样三个问题：在前面的学习中，你已经知道哪些多边形的内角和？任意四边形的内角和等于多少度？你能求出五边形、六边形、七边形等的内角和吗？这三个问题中，问题 1 和问题 3 是解决主问题的辅助性问题和延伸性问题，问题 2 是主问题。这三个问题以学习探究多边形的内角和为主线环环相扣，问题1——在前面的学习中，你已经知道哪些多边形的内角和？由学生已有的知识确定学生本节课学习的起点，在学生思维的最近发展区引出问题。2——任意四边形的内角和等于多少度？是本节课的核心问题，教师组织学生有效自学、互学、展学，充分暴露学生的思维过程，由此突出重点突破难点。在问题 2 解决的基础上，适时类比四边形的解决方法，引出问题。3——从特殊入手得出一般多边形的内角和计算公式。全课以一个主问题统领两个辅助问题，贯穿全课的自学、互学与展学全过程，为学生搭建起层层递进的学习阶梯，激发学生无穷的思维之源，使课堂充满浓厚的生长气息。

二、重视展学，彰显课堂精彩

学本教学的精彩来自于学生个体、学习小组学习的精彩，来自于学生思维过程的精彩，来自于课堂生命成长的精彩。这些学生个体、学习共同体的精彩要以一定的形式呈现，成为课堂学习的资源，展学是课堂精彩分享不可或缺的形式和过程。本节课的教学学生精彩的展学过程充分展现出了数学课堂生长之美，例如，当学生在解决主问题 2"任意四边形的内角和等于多少度？"时，学生经历了充分的独立思考、小组交流后的展学过程中，学生结合图形有理有据地讲解了四种不同的思维方法：

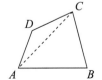   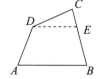

得出了四种计算四边形内角和的四个算式：$180°×2＝360°$，$180°×4－360°＝360°$，$180°×4－360°＝360°$，$180°＋360°－180°＝360°$学生在这些方法的启发下，进而还产生了"在四边形的一边上任取一点、在四边形外部任取一点"作辅助线，将四边形分割成不同三角形来计算四边形内角和的方法。这个学习过程不仅仅是学生个体，或学习小组学习成果的再现，更重要的是营造了良好的课堂思维场，使大家在展现自己的思维过程的同时，积极吸纳别人的思维方法，改造自己的思维，进而产生新的解决问题的思维方法，给我们呈现出了一个实实在在看得见的生长课堂，能在课堂上身临其境的亲耳聆听到学生思维成长拔节之声。

三、适时领学，提升思维品质

导学是提升学本教学课堂学习深度的保障。上述教学过程，教师有效的导学促进了学生高效的深度自学、互学、展学。例如，在学生展学过程中，教师通过不停追问，促使学生对自己的方法进行梳理、归纳和提炼，既找出自己计算四边形内角和的方法特点，又和别的方法相对比找出区别和联系。当第一种方法展示后，教师及时追问"你连接对角线 AC 的目的是什么呢？"的问题，想挖掘出学生的思维根源，学生回答"把四边形分成了两个三角形"，接着继续追问"两个三角形的内角与四边形的内角有什么关系呢"？学生回答"每个三角形的内角都是四边形的内角，每个三角形的内角和是 $180°$，两个三角形的内角和就等于 $180°×2＝360°$"，引导学生将算法背后的思维过程完全暴露出来。又例如在第四个学生展示后，教师再一次提出了一个追问"同学们都把四边形分成三角形或梯形，都是把它分割开的，那我们可不可以通过一种方法把它补成一种我们熟悉的图形呢？"把学生的学习研究视野扩展。由于有展学过程中关键性的追问，学生的思维随时处于被整理有序的状态，所以最后得出概括性的学习结论："只要把这个四边形分割或补成我们熟悉的图形，就能解决四边形的内角和，我们可以作辅助线，转化为已知内角和的图形来解决，这就是利用了数学中的转化的思想方法。"有效让学生超越具体计算方法，上升到数学思想方法的高度去认识和理解各种不同的方法，凸显数学课堂的学科本质，有效地增加了课堂学习的深度和厚度。教师通过有效的导学，引导学生思考分析问题解决问题的思路与方法，不仅让学生学会陈述性知识，更让学生学会程序性知识，不仅知道是什么，还知道怎么做，尤其是怎么想。

引导学生从多角度思考问题，寻求解决问题的多种途径，并优化解决问题的方法和策略，拓展了学生思维的深度和广度。

　　总之，本节课面向全体学生，面向学生的各个方面，重难点知识落实到位，学生当堂检测通过率高，有效达成知识与技能目标，恰当地渗透了数学的基本思想方法，积累了基本的数学活动经验，使不同程度的学生在过程与方法以及情感、态度、价值观等方面都获得发展。

第四章　学本教学评说

第一节　相约长风冲巨浪　敢立潮头唱大风

4月20日。石家庄精英中学。"2014影响中国·全国十大课改名校校长高峰论坛"正在这里隆重举行。河北衡水中学校长张文茂、江苏启东中学校长王生、原湖北黄冈中学校长陈鼎常、江苏洋思中学校长秦培元、山东杜郎口中学校长崔其升等各路教育英豪中原论剑。在这次高峰论坛上，我终于见到了这位在全国基础教育界闻名遐迩的教育专家——重庆市沙坪坝区教师进修学院院长龚雄飞。

未见其人之前，记者在心里暗暗勾勒着他的形象：他应该是一位忠厚的长者，满头银发、慈眉善目、语重心长，仿佛每一条皱纹里都流淌着岁月的沧桑，积淀着教育的智慧……可是，当龚雄飞出现在报告主席台上的时候，记者不禁开始怀疑自己的眼睛：这位传说中内功深厚的教育学者和改革人物，年轻，俊逸，阳光，儒雅，很难与之前的人物预设形成对接。但是，当他开始自己的主旨演讲的时候，全场被深深地吸引了，他所作的题为《内外兼修：中小学学本教学的模式重构与资源重建》学术报告，妙语连珠，激情飞扬，既展现了国际的视野，又包含着深刻的思辨，更蕴含着实践的智慧，使在场的每一位校长都深受震撼。

报告之后，记者主动与之相约，展开了一场深刻的采访。

一、学本教学：一场聚焦课堂的区域教育整体变革

2010年，龚雄飞从海南作为人才引进到山城重庆文化教育大区沙坪坝，担任市级重点中学——凤鸣山中学校长。凭着多年在教育领域的厚积薄发，龚雄飞校长以课堂变革为突破口带动学校整体改革，仅仅用了两年时间，就让该校发展成为闻名全国的课改名校。2012年，组织上再次委以重任，任命他为沙坪坝区教师进修学院院长兼实验中学校长。而此时，适逢重庆市启动义务教育"卓越课堂"五年行动计划，这无疑给了他大展宏图的机遇，但同时也让他面临巨大的挑战。我们的话题，就从区域性推进学本教学开始……

(一)定向导航：让课堂改革坚守"学本的立场"

"卓越课堂"类似于巴班斯基所提出的"教学最优化"，表达的是把课堂教学做到极致的一种美好理想。那么，究竟什么样的课堂是"卓越课堂"呢？龚雄飞给出了这样一个公式来予以诠释：卓越课堂＝过程的优化＋结果的优质化。

也就是说要通过对教学过程的关键要素及其相互关系的最优化组合，优化教学过程，自然达到优质化的教学结果。这实际上是在启动一场以课堂教学改革为引爆点的课程整体变革，目的就是要把生活于同一间教室中的人，通过学习变成一群有着共同梦想、遵守共同标准的志同道合者，让师生汇聚在沸腾的课堂，穿越发现与创造的旅程，将生命倾注、融合在一间教室里，编织诗意的生活，最终让教室里的每一个生命都走向卓越。这样一种改革的价值追求反映出沙坪坝教育人对理想课堂和优质教育的永无止境的执着追求。

2014年4月21日在河北石家庄参加全国十大课改名校论坛并发表主旨演讲

教学过程中的关键要素有哪些？龚雄飞认为主要包含教师、学生和教材三个方面。三大要素的组合形成两组关系：一是人和人的关系，即教师和学生的关系，在课堂上表现为教与学的关系；二是人和书的关系，即师生与教材的关系。这两大关系的调整必然引发教学过程的重大变革：一是教与学之间关系的调整，这种调整必然带来教学模式的重构；二是师生与教材之间关系的调整，这种调整必然要求进行教学资源的重建。

在现代教学论的视野下，课堂中教和学的关系究竟该做怎样的调整？龚雄飞用了一个"十六字诀"进行完整的概括：以学定教、先学后教、多学少教、因学活教。

龚雄飞认为，课堂中"教"和"学"到底谁决定谁，这是一个根本性的问题。他的基本观点是，"以学定教"是现代课堂的基本准则，而"以教定学"的教学关系则是传统的、集权的教育思想的投射和反映。学究竟如何来决定教，这是一个策略性的问题。这种策略可以从三个方面就行理解：

第一，学决定了教的先后，因此教学要强调"先学后教"。因为"先学"解决了"后教"的内容，使"后教"具有更强的目标性和实效性。《学记》中所谓"学然后知不足"，意即学生先学，发现了不足之处，"不足"正是教师教学的"基点"。维果茨基认为，只有在学生的"最近发展区"，教学才有可能真正的发生。从"先教后学"到"先学后教"，是传统教学与现代教学的分野。

第二，学决定了教的多少，因此教学要强调"多学少教"。原上海育才学校的段力佩校长也曾经说过："教学重在学，教育重在育"，课堂教学的艺术，就在于以"少教"调动和唤醒学生"多学"，促使"学习"始终发生在学生的身上。

第三，学决定了教的质量，因此教学要强调"因学活教"。什么是高质量的"教"？教师根据学生的困惑和需求灵活地"教"，这样的讲授式教学才是"高效的教"，"高明的教"。由此可见，传统讲授式课堂背景下，教师走进课堂的主要教学行为就是"大段大段地演讲"，由于这些"演讲"未必针对学生的问题，未必满足学生的需求，因此无论教师的"演讲"多么煽情，都是低效的"自我表演"。那种准确地指向学生问题决的精辟讲解，是高质量的"教"。

随着教和学关系的调整，这就必然要求我们建立起一种"学为中心"的课堂。其实早在20世纪70年代，联合国教科文组织在《学会生存——教育世界的今天与明天》一文中就曾指出："教学过程正逐步地被学习过程所取代，课堂教学改革必须在让学生学会学习上发生根本的变革"。因此，中国的课堂重构，必须在两个方面取得根本性的突破。一是在教学方法上，必须把过去以教师讲授为中心、以教师灌输为主要特征的课堂，向以促进学生主动学习的课堂转型，以体现"学生学习为本"的理念，也就是要把"讲堂"改变为"学堂"，让学生的学习始终成为课堂的中心，让一切活动围绕学习活动来进行设计和展开；二是在培养目标上，要把过去只是重视知识结果的掌握、仅仅服务于考试的课堂，向促进学生能力和素养发展的课堂转型，以体现"学生发展为本"的理念。

由此，龚雄飞提出"学本教学"这一核心概念。所谓"学本"，就是在方法上"以学生学习为本"、在目标上"以学生发展为本"。这是改革的核心理念，是全区教师必须坚守并坚持的价值取向。两个"为本"的基本理念，锁定了课堂教学改革的基本方向。他指出，"卓越课堂"虽千姿百态，但"学本"乃是万变不离其宗的根本立足点，一旦偏离"学本"方向，课堂改革只能在原地打转。因此，重庆市沙坪坝区旗帜鲜明地坚持"学本"立场，将其作为判断课堂"真改"还是"假改"的基本价值尺度，引航导向区域教育的改革与发展。

龚雄飞认为，传统的讲授式教学所呈现的课堂生态和课堂文化，是以对学生主体地位的不信任和不尊重为前提的，导致对大多数学生生命发展权这一基本人权的漠视，实质上剥夺了学生充分发展的自由。而"学本式"课堂表达的教育责任，恰好是对学生的尊重与发展的承诺。这样的一种课堂教学改革，正是致力于把学习的自由还给学生，在学生心灵中建立起一种学习者的尊严感和精神的执著。他指出，教育如果不能给予受教育者发展的权利和心性的自由，不仅是不道德的，而且也不可能培育学习者的创新精神、实践能力和社会责任感，是对教育"立德树人"根本宗旨的背离。

(二)建模定标：让教师在课堂中找到"回家的路径"

夸美纽斯在《大教学论》的开篇就指出："寻求出一种教学的方法，使教师因此可以少教，但学生可以多学；使学校因此可以少些喧嚣、厌恶和无益的劳苦，独具闲暇、快乐及坚实的进步。"龚雄飞将这句话铭记在心，用它时时刻刻警醒自己：一切美好的教育理念要变成实际的教学行动，离开了模式的构建和方法的设计，一切都是空谈。为了将"学本"理念转化为课堂行为，龚雄飞提出了区域性推进教学改革八字教学模式：先学后教，互助展评。

　　这八个字的基本模式提出三种新的"学习方式"，即要求学生广泛开展"自学"(先学)、"互学"(互助)和"展学"(展评)，要求构建起一个以"学"为中心的课堂，特别强调自学能力的培养，让新课程"自主、合作、探究"的教学方式的变革在课堂落地生根。

　　这一基本教学模式是对国内众多课堂教学改革经验的汇聚，我们从中看到了"先学后教、当堂训练"的洋思模式的影子，看到了"先学后教、先练后讲"的"尝试教学"的基本思想，看到了中国教科院韩立福"先学后导、问题评价"的改革经验，看到了杜郎口"三种课型"(预习课、展示课、反馈课)的内在精神和外在形态。不夸张地说，中国近40年课堂教学改革的主要经验，几乎全被这"八字模式"所涵盖与兼容。它所强调的教师和学生在课堂中的角色转换与交互作用，正好与时代发展的节奏同步。

　　在"先学后教，互助展评"基本模式统领下，沙坪坝区把构建"学本教学"模式群作为沙区中小学推进课堂改革的重要内容之一。以普通高中为例，沙区9所普通高中都建立了具有本校特点的课堂模式：重庆七中"168问题导学学习模式"、凤鸣山中学"四环导学魅力课堂"、西藏中学"和泽卓越课堂"、三十二中"自助课堂"、天星桥中学"新目标教学"、二十八中"三助五环"卓越课堂、青木关中学、实验中学"互动卓越课堂"、大学城一中"尽性课堂"。这些模式千姿百态，但始终旗帜鲜明地坚持"学本"立场，全区课堂教学形态既百花齐放，又呈现出"当堂自学、同伴助学、活动展学、互动评学、教师导学"五大共同特征，坚守教育的终极目标和核心价值。从中，我们看到了每所学校的一分底气、自信和"各美其美"的办学追求。

　　学本教学要走向大面积实践，必须上升到理性层面，以科学的标准对教师的教学行为予以规范和引导。因此，在教学模式建构的同时，龚雄飞率领他的团队开始对新课堂的评课标准开展深度研究。研究团队从新授课入手，研究构建了"四维三学"评课标准(见附表)，"四维"指教学目标、教学过程、教学效果和教学特色四个维度，"三学"指教学过程中体现的"自学、互学、展学"三种基本学习形式。这套标准最大的特点是突出自学、互助和展评三个环节，遴选了36个评价要点，融入学科文化韵味，加快引导中小学校改进课堂行动，比较好地帮助一线教师克服了课堂教学评价实践中长期存在的"跟着感觉走"的虚无，"学本教学"再也不是无法落地的"玩概念"，而是植根于学本理念的土地上迎风生长的新苗嫩枝，加快催生了学本教学的大面积成型。

课堂教学模式的重构和教学标准的重建具有重要的意义是，其目的是引导教师在课堂中走出长期被曲解、被异化的教学关系，在课堂的迷途中找到"回家的路径"，有利于全面覆盖区域性推进课堂转型。

（三）资源重建：让学生在学习中明晰"思维的导图"

卓越课堂的生成，必须以卓越教师培养为前提，以卓越课程建设为载体。在国家课程政策背景下，龚雄飞根据沙坪坝区区情和中小学校情，从三个方面进行了初步探索。一是参考国际上先进国家和地区的做法，牵头制定了中小学课程建设指导意见；二是根据三级课程一体化理念，探索构建国家课程、地方课程、校本课程统筹推进的课程"立交桥"；三是着力于国家课程的创造性实施，组织开发了"导学精要"。

学本教学的课堂教学行为始于学生课内自学。基于自己多年的研究，龚雄飞给"自学"下了这样一个定义：所谓自学，是指有明确的教学目标、有深度的思维参与，且能够引发学习策略性反思的阅读实践活动。"自学"的核心在于必须诱导学生深度的思维参与，为了帮助每一个学生都实现"深度思维"和"高效自学"。这就需要开发适合学生学习的课程资源，"导学精要"正是适应"先学后教、互助展评"教学模式需要而开发的一种辅助性课程资源。

龚雄飞指出，真正意义上的导学，必须锁定学生学习的重点和难点，以问题呈现出来，引导学生带着问题开展自学、合作、展评。如果课堂纠缠于一些无关紧要的细枝末节开展所谓的自主、合作、探究，无论课堂外在形式多么热闹，最终对促进学生思维发展毫无裨益。他像一个高明的医生，这样的"把脉问诊"无疑切中了当今中国中小学课堂的"主要病症"：在中国的课堂上，中小学教师教学中随意的连问、简单的追问、习惯性的碎问充满了课堂，使课堂臃肿、杂乱、低效，缺乏智能含量和思维冲击力。如何医治这样的课堂"顽症"？他开出的药方是："主问题"设计策略。"主问题"即教学中锁定教学的重点和难点的核心问题，是深层次课堂活动的引爆点，在课堂学习中显现着"以一当十"的力量。

自学、互学、展学是围绕问题进行的，问题的质量决定了学习的深度和效果。只有围绕核心知识的重点、难点，确保学生学懂学透，才能凸显学科的特点、知识的重点、思维的聚焦点和学生能力生长点。龚雄飞打了一个精妙的比方：好的主问题设计，把教学中目标不明的"扫射"改变为瞄准目标的精准的"点射"，这样的教学所释放的能量，一定会让你感到惊讶。

于是，由区教师进修学院学科教研员牵头，全区骨干教师参与，他们开发出一套包括从小学三年级到高中所有年级的"导学精要"，成为重庆市第一套与"学本教学"相匹配的课程资源。"导学精要"的开发从"以学生学习为本、以学生发展为本"的核心理念出发，根据"功能导学化、导学问题化"的基本思路，按照"目标定向、学习探究、达标检测"的基本结构进行编排。"学习探究"部分是"导学精要"的精髓所在，强调紧扣学习目标，精心设计主干问题，引领学生自为研索，自求解决。自学仍不得解，则通过互学、展学和教师导学促其解决。

"导学精要"绝不同于传统的练习册和检测题，其价值在于给学生指引恰切的学习目标，并以问题为主线勾画出最简捷的"思维导图"，引领学生直奔重点和难点，迅即进入紧张有序的智力活动状态，为互学、展学做好充分准备，并把学生的学习引向围绕知识学习的重点和难点而进行的探究活动。"导学精要"开发是教师集体备课的一种新形式，是国家课程经由二次开发走向校本化——学本化的中介和桥梁。

(四)抱团取暖：让变革主体在奋进中共建"合作的文化"

理念和目标引领解决"朝哪里转"的问题，模式、标准和资源条件创设解决"根据什么转"的问题。那么，究竟"怎么转"呢？龚雄飞提出了"以教学转型促进教研转型、以教研转型引领教学转型"的行动策略。他说，科研是教研和培训的先导性实践，能助推教研和培训摆脱纯经验型的"低端循环"。教研是分散式的培训，培训是专题化的教研，两者的工作指向完全相同，培训的"蛙跳式"与教研的"跟进式"覆合，形成教师专业指导的持续推动力。经过精心策划，龚雄飞和他的同事们主要采取了课题引领、研训协同、以赛促改、捆绑发展四项策略。其中，"捆绑发展"是指建立中小学校际共同体，通过学校之间确立共同愿景、开展互帮互促、优化校本研修等举措，在解决课改难点问题时发挥"1+1＞2"效能的工作推进策略。

学本教学变革需要培育合作共享的课程文化，这个文化土壤就是适宜于生命生长的合作型教研文化和教学文化。传统的教研文化是一种封闭的文化，没有知识的交换，没有方法的交流，没有思想的交锋，各自为政，互不关涉，显然难以实现教学创新的需要；而新的教研文化就是要活跃思想，交流方法，丰富知识，密切人际关系，其公认的载体就是"学习共同体"。为促进城乡联动、强弱联动，沙坪坝区打破地域界限，将全区 86 所中小学按"组内异质、组间同质"的原则划分为 13 个校际发展共同体，要求每月召开一次联席会，合作中研究解决行动的问题。每个共同体都建立学科中心组和班主任中心组，发挥市区骨干教师的引领作用。

学生学习共同体建设更是每所中小学构建学本教学模式的"必修课"。龚雄飞指出，传统的教学文化由于生根于本质主义，热衷于标准知识、标准答案，总是以知识、技能的学习为旨归，是典型的师传生受的单向性传递文化，隐含了"师道尊严"和知识权威。在这样的文化浸染下的、秧田式的课堂里，学生就成为驯服的工具，就成为对知识行跪拜礼的教徒。而新的教学文化就是旗帜鲜明地把学生的发展、学生的自主学习放在中心位置，体现人的自然生长性与尊严，其最终的目的就是张扬学生的个性，培养学生的批判精神、创新能力，发展其人格品质。小组合作学习不仅仅是一种教学组织形式的变化，更是现代人格构建的需要，学生在合作共享中吸收知识，增长才干，积淀智慧，同时奉献真诚，共享成功，从而迸发出生命的舞蹈。这是一种具有现代精神和公民道德的文化。生长于斯的青少年儿童，"应然地"具有现代公民社会所要求的良好品质，与"立德树人"的教育本质高度契合。

"以学为本"的课堂教学实践把学生推向真正自由和自主的地位，是建立在解除人性的枷锁，让任何一个学生在课堂上都作为一个活生生的生命存在，在课堂学习生活中顺应人性进行的学习交往实践，并以合作的方式常态交流与思想砥砺，是教学改革上的道德和人性化的应然回归，是教学活动的文化自觉。

不到两年时间，沙坪坝区以"先学后教，互助展评"为基本特征的学本教学模式大面积成型，"学本式卓越课堂"初见成效：合作学习理念得到广泛认同，学生学习共同体建设不断加强；自主、合作、探究的新课程学习方式逐渐成为主流；教师逐步从台前退至幕后，成为学生学习的引导者和促进者；连普遍被认为"不能碰"的高中阶段和小学低段，也都在悄然发生着课堂转型，全区教育质量大面积提高，师生生命活力得到极大的彰显……

二、廿载探索：一段走向卓越的素质教育寻梦之旅

回溯龚雄飞走过的 20 年教育历程，也许能让我们找到他教育思想形成并发展的基本轨迹，并努力去触摸他"教育情结"的内在因由。

（一）汨罗崛起：湖南最年轻的全国模范教师

龚雄飞是从湖南汨罗——这个在 20 世纪末被媒体誉为"中国素质教育发源地"上崛起的"新生代"。1992 年，20 岁出头的龚雄飞走进湖南汨罗一中，任高中语文教师，不久升任常务副校长。凭着自身雄厚的文学素养和对语文教育的积极探索，他提出了"焦点式"语文教学模式并很快在湖南中语界崭露头角。1995 年 12 月，《人民教育》记者梁友君到他班上跟踪听课，他执教的课题是文言文《石钟山记》，记者在《大面积推行素质教育的探索》专题报道（《人民教育》1996 年第 2 期）中记述道：

"整个课堂，就像电视中播放的大学生辩论会一样，'正方'与'反方'激烈交锋，老师则起一些点拨、引导、归纳的作用。课后，我们问执教者为什么要设计这样一种教法，这位叫龚雄飞的 23 岁年轻教师告诉我们，与传统教法相比，这种教法至少有两点优势：第一是从'深度'上看，这种教法挑动了学生的'疑问神经'，要质疑、解疑，就得斟词酌句抠字眼。老师'告诉'他，他不见得'听进去'了；他自己去'钻'，往往更有力，更深。第二是从'广度'看，传统教法老师讲学生听，有的学生'听进去'了，也有的学生没'听进去'，有的只听了一半。现在以'疑'激'思'，发言的、不发言的都被吸引到这场辩论中来，都在动脑筋，钻问题。从这个意义上说，我们'面向全体学生'的目标，首先从教法上就落实了……"

从这些记述中，我们能感受到青年龚雄飞对教与学的关系以及学生学习方式选择上的前瞻性思考，甚至能依稀看出"先学后教，互助展评"的影子。熟悉他的人说，在他的教学中，你很少看到传统公式的"五环节"模式。他甚至把"教参"发给学生阅读解疑，自己则根据课文特点创造性地设计教学程序：有时是"按部就班"顺向推进，有时是"中间开花"辐射两头，有时则是"本末倒置"逆向溯源。他的众多公开课以其卓尔不群的独特气质，赢得了一致好评，甚至被专家评价为"代表了语文教学的发展

方向"。大刀阔斧的教学改革，使得龚雄飞逐渐成长为一个"明星级教师"：从1994年到1998年任教的语文科连续5年获得汨罗市教育质量评价第一名，被人称为"冠军专业户"；在职称评定中，龚雄飞连连破格，从中学二级、中学一级直到中学高级，一路破格，一路绿灯。2001年，当他被教育部、人事部评选为全国模范教师时，尚不到而立之年，成为当时湖南省最年轻的教育系统劳动模范。

(二)海口扬帆：海南最年轻的中学特级教师

2004年，海南作为全国首批高中课程改革试验区，正式启动改革实验。此时，龚雄飞作为人才引进到海南，任海口市教育研究培训院副院长，在高中课改的大潮中开始扬帆远航。一个个课题，一篇篇论文，一部部专著，一场场报告，使得龚雄飞声名远播。新课程有效教学、新课程校本教研、新课程学校规划、新课程背景下教师专业发展、新课程背景下班主任工作新策略、新课程背景下校长课程领导力培养……其教育研究与实践涉猎之广，其见解之独到超前，令人叹服。但课堂变革仍是他学术追求的主旋律。他深入学校听课200多节，全面归纳了全市高中语文课堂教学的问题，提出了改进教学的策略，撰写的《新课程背景下海口市普通高中语文课堂教学的反思》和《新课程背景下海口市普通高中语文课堂教学的重建》两篇论文均获2006年海南省论文评选一等奖。这一时期，他基本形成了自己比较系统的语文教育思想，提出了"语根教学论"，认为思维是语言之母，思想是语言之根，文化是语言之魂。"语根教学"有三层含义：

第一，语体之根——语言的物态元素；

第二，语意之根——语言的思维胚芽；

第三，语慧之根——语言的思想蓓蕾。

他认为语言不是文字符号依据一定规则(语文知识)的线性排列组合，学语文不是把文字积木推倒重来。因此语文教学必须走出单纯语文技术教育的误区，回归于"道"，着力于"根"。他由此提出"语根教学"的方法论——构建"语言、思维、思想"三位一体的"焦点教学"操作方法，基本操作范式就是"语言聚焦"与"思维沉潜"，这就把语文教学提高到了文化构建和生命构建的高度。2008年12月他选为海南省中语会第五届理事会副理事长，在海南中语界具有广泛的影响力。

作为海南省高中课程改革的领军人物，龚雄飞出版了教育专著四部，即《高中新课程教学改革问题与对策》、《高中新课程选课实施问题和对策》、《高中新课程评价改革问题与对策》、《新课程高考走向与学生评价改革》。这套丛书系来自我国高中课改实验区第一套系统观照和反思高中新课程实验的论著，成为很多省市教师培训的教学用书。

也就在这一时期，我国悄然启动了一场规模宏大的中小学教师"国培计划"。"国培计划"全称为"中小学教师国家级培训计划"，是教育部、财政部于 2010 年开始实施的旨在提高中小学教师队伍整体素质的重要举措。通过层层选拔，龚雄飞被教育部遴选为"国培计划"专家库首批专家。专著《高中新课程选课实施问题和对策》（修订版）经由内蒙古师范大学推荐，列入了教育部"国培计划"资源库首批推荐课程资源目录。

2006 年，龚雄飞被评选为海南省中学特级教师的时候，时年 35 岁，系当时海南省最年轻的中学特级教师；2009 年教师节，海口市教育局从 2 万多中小学教师中推出 4 名教育界的优秀代表号召全市教师学习，并在《海口晚报》上开辟"为师尊者，人之楷模"专版，其中就以《教研和课改实验的先锋》为题推介了他的改革事迹。

（三）山城追梦：重庆最年轻的教师进修学院院长

气象资料记载，2012 年重庆的夏季是 62 年来最短的节令，素以"火炉"著称的山城重庆，时有阵阵清风拂过。进入 7 月中下旬，在文化教育大区沙坪坝，教师进修学院里的人们更有一种清风拂面之感，大家期待已久的新院长龚雄飞，于 7 月 17 日翩然而至。年轻，帅气，谈吐不俗，富有教育情怀，是他带给人们的第一印象。不惑之年，成为重庆最年轻的教师进修学院院长，不过即便有些习惯于以挑剔眼光看人的教研员，也很快心悦诚服地接受了他。

之所以如此，是因为这位年轻的院长在走马上任之前，已经在重庆沙坪坝创造了一个不小的"教育奇迹"。2010 年龚雄飞转战山城接任重庆市首批重点中学——凤鸣山中学校长时，学校的教学质量正面临严重滑坡，教职工人心涣散，管理上一盘散沙。

于是，龚雄飞一手抓学校管理，以学校文化建设为切入口，凝聚人心，重构"凤翔九天、志存高远"的精神文化；一手抓课堂重建，将追求魅力课堂的"海南之梦"演化为具体的教学模式，即凤鸣山中学"四环导学魅力课堂"模式，并创造性地把学校文化融入教学模式之中。

他提出凤鸣山中学应秉持校名的深刻内涵，在继承与创新中提升学校文化。在学校新校区搬迁的过程中，他梳理并提升了学校文化，把打造精品化、高品位的"凤文化"作为凤鸣山中学新的追求。他首先对学校的理念文化进行提炼——

办学理念：群凤和鸣，铸魂育人

学校精神：凤翔九天，志存高远

育人目标：丹心雅意，雏凤清声

课程文化：天高地阔，凤举鸾翔

围绕凤文化的精髓，他进一步凝练和提升了学校的校训——至雅至慧，兼善兼真，并以校训为总纲设计出了"雅行教育"和"慧学课堂"的学校整体改革思路。"雅行教育"旨在关注孩子知识与精神的同步成长，关注孩子智慧与人格的同步发育，从而提升学校德育的功能。"雅行教育"分为"行为规范的养成教育、举止文雅的涵养教育、情趣高雅的心灵教育"三个层次，着力培养师生"文雅的言谈举止、儒雅的礼仪形象、优雅的行为规范"。他强调教师要有"三气"，即"大气"、"正气"、"儒气"，大气方能成大事，正气方能成正果，儒气方能成良师，教师"三气"合一，必能成大家；学生要有"三养"，即"在家有教养"，"在校有素养"，"在外有修养"。"雅行教育"的强力实施与践行，让凤鸣山中学越加风清气正，仿佛慢慢远离尘嚣，风景这边独好。

"慧学课堂"旨在改变传统讲授型课堂的低效和死板，着力于把课堂还给学生。龚雄飞同志相信学生是"天生的学习者"，要求教师教学以"一切为了学生、高度尊重学生、全面依靠学生"为根本宗旨，学生在教师的引导下自由开放地、自主探究地学习，让学习有合适的闲暇的气息，追求课堂学习中快乐的感受和体验，让学生在与知识的"相遇"中，把知识融入生命；让教师在"点化"学生的精神生命中也"点化"自己，让师生在魅力课堂中共同提升生命质量。

他由此设计了重庆市凤鸣山中学"四环导学魅力课堂"教学模式——

模式设计的四个步骤都定位于学生的"学"而不是老师的"教"，改革的基本思路是从教师知识传授型课堂向学生自主探究型课堂转变，激活思维，诱导自学，先学后教，不教而教，让课堂回归学生的世界，让课堂变成阳光灿烂、灵性生长、青春飞扬的舞台。

在龚雄飞的引领下，凤鸣山中学按照"一体化推进策略、双主体行动要求、三层次雅行教育、四环节魅力课堂"的整体设计思路，大力度整体性推进改革，要求每一位老师都依据"先学后教，学生主教；先练后讲，学生主讲"的操作要领，既要循规蹈矩遵循模式又要灵活变通超越模式，致力于"提高课堂学力、激发学习活力、增强教学魅力"。全校 80 个班级全面推进改革，就连高三、初三这样被公认的课改"禁区"都参与其中，其改革力度之大，被华南师范大学郭思乐教授誉为"走在了中国大都市重点中学之前列"。

改革的过程是艰难的。他身先士卒，不断深入课改的第一线，和同志们一起摸爬滚打，一起品尝课改中的酸甜苦辣。为了让老师把握"魅力课堂"的理念追求和操作要领，他循循善诱地讲、苦口婆心地讲、语重心长地讲；大会讲、小会讲、会前讲、会后讲；见缝插针地讲、和颜悦色地讲、铿锵有力地讲、斩钉截铁地讲。每天早晨 7：00，他总是准时出现在校门口，迎接师生，风雨无阻；每天晚上 11 点过后，直到学生们睡下，他才离开学校，同样风雨无阻。他每天坚持巡视校园，沉入课堂，召开会议，畅谈改革。老师们说他办公室的灯总是亮得最早，熄得最晚的。在他感染下，凤鸣山中学人心凝聚，政通人和，300 多教职员工紧追他改革的步伐，奋发有为，不断突破一个个难点，获得一个个成功，改革之火渐成燎原之大势。

在他的全心引领和强力带动下，学校改革开始爆发出惊人的能量，学校的声誉也逐渐得到了极大的提高，开始成为全市和全国教育同行关注的焦点：改革两年来，学校教育质量不断提升，高中 2011 级重点本科的升学率比上年提高 80％，高中 2012 级重点本科的裸分上线率比 2011 级继续提高 48％，创造了一个"关于高考升学的奇迹"；学校 100 多个学生社团蓬勃开展，艺术和体育绽放奇葩，学生们快乐成长，蓬勃发展。

汨罗崛起，海口发展，重庆追梦，龚雄飞身上发生着诸多变化，也沉淀着许多不变的信念与情怀。"从事有道德的教育，打造有魅力的课堂，追求有良知的高效，创建有文化的校园"，这正是一位教育家型校长的办学宣言。从一个班级、一所学校的成功，再到区域性的整体变革，他已为此准备了 20 年！基于自己教学生涯中课堂变革实践的切身体验，基于对我国长期以来基础教育异化现象的痛切反思，再到国际视野下的跨文化对比研究，龚雄飞对学本教学的理念与模式坚信不疑。

2013 年秋，龚雄飞赴美考察学习一个月，走过了十多所美国的中小学，他把考察的重点放在对美国课堂的近距离研究上。在那里，他除现场观课外，还对一些校长、教师和学生进行了采访，并将采访录像带回国内做进一步分析。他在笔记中写道：在美国，我真正感觉到什么是卓越的课堂。卓越的课堂是孩子们学习的"天堂"，他们在这里常欢乐，常活动，主动地探索，生命在蓬勃生长；劣质的课堂则是孩子们成长的"地狱"，他们在这里常悲哀，常恐惧，被动地接受，人格日渐萎缩。在这一点上，我们真应该好好学习美国的课堂……中国的课程改革进行了十几年，但始终难以改变课堂的惯性，难以打破保守的坚冰。在这一点上，我们真应该好好学习美国的课堂，需要大刀阔斧进行改革。

然而我国十多年的基础教育课程改革实践告诉人们：要转变教师几年乃至几十年在课堂上所形成的思维定式和行为习惯，真正把学习的自主权还给学生，谈何容易！对此，龚雄飞有着充分的估计。"面对课程改革中的困难，我们的选择是，坚定改革的意志，我们的坚定基于四点思考"，龚雄飞说："第一，只要我们选择的事情是正确的，再难也要做。困难和挑战不应该是拒绝做正确事情的理由；第二，课程改革目标的超越性衍生出改革过程的挑战性。一项不经历挑战、不面临困难的改革，本身一定是一场没有价值的游戏。课程改革面临的诸多困难，也许正反映出这场改革立意的高远；第三，困难让我们清醒，困难让我们谨慎，不能冒进，但不能不进。我们不能总是希望每天重复同样的过程，却期待一个不同的结果。没有被改变的过程，就不可能有被改变的结果；第四，课程改革的结构性矛盾和实践中的艰难只有在改革中适应，在实践中匹配，在行动中磨合，困难和问题只有在改革实践中才能克服和解决；改革者的智慧和勇气也只有在课程改革的风雨中才能得到提高得到验证。"

这，既是改革者的自励，也是对志同道合者的互勉。这位年轻的院长召唤着人们："新课程是一个挑战，是一个痛苦的蜕变，是一种破茧成蝶的挣扎，是一种否定之后的新的建构。这种新的挑战其实就孕育着新的解放：当教师群体的创造意识被挑战与波澜激发和唤醒后，那种生命的迸发才是教育最美的风景。……我们愿意和

2008 年 11 月受聘为内蒙古包头市高中课程改革首席顾问时与包头市
教育局副局长杨文政合影

所有的改革者、和真诚的教育人在关注脚下土地的同时，多一些仰望星空的追求，我们愿风雨同行，一起去追求那个关于大地与星空的梦想。"

三、且歌且行：一名影响中国的少壮派教育改革人物

龚雄飞是教育部"国培计划"第一、第二批专家库核心成员，北京师范大学、国家教育行政学院、西南大学和重庆第二师范学院特聘主讲专家，重庆市未来教育家培养对象，领雁工程专家组成员。近 10 年来，他的脚步已遍及大江南北，在全国讲学近五百场，不断地传播教育理想，不断地推广改革经验，所到之处，都会刮起一股小小的旋风，在全国中小学校长和教师中影响很大。

（一）服务本区：开凿教育创新的通道

在区内，每当课堂变革遭遇各种"瓶颈"的时候，"请龚院长讲一讲"成了许多学

校领导、老师的口头禅。释疑解惑，鼓劲打气，龚雄飞的一场报告下来，学校领导和老师们郁结于心的困惑冰释了，眉头舒展了，知道下一步该怎么做了。比如针对长期困扰人们的学生小组建设问题，龚雄飞会告诉你：小组规模——人数影响合作；分组方法——文化影响合作；成员分工——组织影响合作；座位调整——空间影响合作。他会通过亲自拍摄的大量中外课堂图片的对比分析，提出具体改进建议。如：为什么在美国的中小学课堂，合作学习好像不需要任何特别的技巧，一切自然而然，顺理成章，成为一种无所不在的学习文化呢？究其原因，是和美国中小学合作小组的规模3～4人有很大关系的。因此他建议：将我国课堂常见的6～8人组调整为3人组或4人组。不少学校照着做了，发现小组人数调整之后，确实更有利于学生合作学习的有效展开。

比如针对活动展学的有效性问题，龚雄飞会建议你：不仅要处理好教师的"讲"与"不讲"的关系，而且要处理好"教师的讲"与"学生的讲"的关系。如何处理好教师"讲"与"不讲"的关系呢？他提出教师"学本教学"三不教：第一、学生自学能学懂的教师不教；第二、学生自学有困难但"互学"能解决的教师不教；第三、学生自学有困难、"互学"依然有困难但"展学"中学生能解决的教师不教。如何处理"教师的讲"与"学生的讲"的关系呢？龚院长的建议是：教师的讲，主要是"引导性的追问＋关键性的提示"；学生的讲，主要是"思路性的阐释＋结论性的讲解"。

许多人都说，听龚院长的学术报告是一种享受。在凤鸣山中学和沙坪坝区教师进修学院，有老师喜欢把龚院长在工作例会上的讲话录下来带回家反复品味。而通过区内举行的各种教师培训，龚院长的崇拜者更不乏其人。前不久，在区中小学班主任培训班上，龚院长做了题为《班风建设：中小学班级管理的"软实力"建设》的讲座，重庆69中学的一位叫吴文碧的老师听了他的报告，在微博上留言："如沐春风，如饮鸡汤！"这是今天听了龚院长的讲座最直接的感受！那高深的理论，时尚的管理理念，引领我们在聆听中深入思考，内省自身；那生动的案例，鲜活的素材，幽默的语言，激发我们在笑声中重树理念，找寻方法。龚院长以其精湛的理论，独特的人格魅力征服了每一位学员，真是"听君一席话，胜读十年书"！

（二）领雁巴渝：播撒教育改革的种子

作为重庆市领雁工程专家组成员，龚雄飞经常走山区、访库区，深入课堂，为各地中小学进行学术指导。龚雄飞一开讲，总能给聆听他报告的老师们一种"非常解渴"的感受。2012 年 9 月 22 日，彭水县汉葭中学邀请龚雄飞为全校教师做了题为《开往幸福的教育专列——新课程教学改革的理想与行动》的专场报告。听完三个多小学的报告，县政府教育督导室主任周勇这样留言表达自己的感受："龚院长的报告，旨在提升全校教师的学习力、创新力、发展力，同时，也是对初中新课程实验课堂教学的一次有效探讨。汉葭中学领导班子和全体教师既然迈出了课改步伐，希望把这条'魅力课堂'改革之路走好，为全县基础教育改革树立榜样。"

应垫江县教委之邀，龚雄飞为垫江全县中小学校长作教育改革报告，引起巨大反响。垫江县一名片区教研员发来这样一条短信："尊敬的龚院长，您好！上次有幸聆听了您的讲座，收获颇多！在上学期，我们专门去县外观摩学习，那里的学校编排的导学案也有很多值得学习和借鉴的地方，但我个人觉得他们的导学案中习题太多了，而且习题的开放性也不怎么够、层次性也不明，我想这样下去孩子的思维还是得不到更好的发展。我也曾经到市外部分学校观摩过课堂教学，那边很注重培养孩子的自学能力，这点儿我很赞同，但他们主要是让孩子提前一天预习，上课时首先通过前一天发给学生的预习题单检查预习情况，可能由于孩子预习'到位'，所以每节课容量也很大。孩子们的预习习惯得到培养、自学能力得到提高必是一件大好事。可是，我觉得无论是预习单还是导学案，如果教师只是照搬习题或让孩子自学教材，未能设计几个关键性问题来点燃孩子思维的话，孩子的进步也仅仅是停留于知识这个层次而已。龚院长，我那天从您的精彩讲座得到了很多启发……"

仅以 2011 年、2012 年为例，他就先后应重庆江北、九龙坡、大渡口、北碚、渝北、巴南、江津、酉阳、南川、彭水、秀山、石柱、城口、涪陵、长寿、万州等区县教委或教研部门之邀讲学 30 多场。应西南大学、重庆第二师范学院、长江师范学院、重庆文理学院和重庆市教科院之邀，为全国中小学国家级骨干教师培训班、重庆市中小学骨干校长班做学术报告 20 多场。他的报告既具有宏大的视野和理论的高度，又具有鲜活的案例和实践的厚度，能够让理论落地，实践开花，常常能使接受培训的中小学校长和教师听完后深受启迪且欲罢不能，很多中小学校长和老师常常是听完他的第一场报告后，一定就会想方设法去听他的第二场报告。他常说："学术报告的魅力，关键不在口吐莲花式的表达技巧，而是你对教育的思考有多深刻，你的报告就有多深刻；你对教育的实践有多鲜活，你的报告就有多鲜活；你对教育

的感情有多真挚，你的报告就有多感人。"他
所做的《冲击高端：中小学魅力课堂的价值
追求与实践路径》、《学校文化与教育内涵》、
《决胜课堂：新课程有效教学的课堂重建与
教学问诊》、《立德树人：新课程有效教学的
价值关怀与生命高度》、《卓越课堂：新课程
教学改革的制度设计与教学创新》、《卓越班
级：从自能管理到自主学习》、《教育梦、中
国梦——走向卓越的学校变革路径》等一系
列报告在全国和全市教师中反响强烈。

2014 年 9 月，山东泰安举行的"龚雄飞教育报告会"

(三)影响中国：引领教育培训的潮流

　　龚雄飞的报告以旁征博引、妙趣横生、
环环相扣、激情飞扬著称。2012 年暑期，
"2012 影响中国·全国首届卓越校长高峰论
坛"在南京开幕，中国当今著名的中学校长几乎全部参加，龚雄飞作为西南地区的唯
一代表应邀登台作主旨演讲。他的报告条分缕析，高屋建瓴，妙语连珠，精彩纷呈，
犹如一场的思想盛宴，使人心情久久难以平静。会议简报中写道：如何深刻理解和
践行新课程理念，先行者进行了卓有成效的探索，我辈当聚众智，敢实践，勤总结，
巧提炼，努力探索特色学校新课程教学的新路子。

　　2014 年 4 月，龚雄飞应邀赴湖南衡阳作"中小学高效课堂构建与教学行为改进"
专题培训。培训结束第二天，他收到一位校长的短信："尊敬的龚院长：您好！我是
昨天在衡阳雁城宾馆坐在第一排穿粉红色衬衫听您讲课的一名校长。昨天我和我校
老师听您的课以后感触很深、受益颇多，您的报告让我们对课堂教学有了新的认识，
同时也让我感觉到课改对我们学校的重要性。我们学校是一所农村民办九年义务制
学校，现有学生 1500 多人，25 个教学班，50 名教师，虽然在当地颇受老百姓的信
赖，教学质量相对于其他学校也不错，但是教学方式却还是最传统的灌输式教学，
感觉老师上课和学生学习都很疲惫，而且两极分化的现象特别严重。一直以来我们

都想改变这一现状，无奈的是不知从何下手。昨天有幸听了您的报告，你们课改的成功经验和方法，给了我前进的动力和奋斗的方向。我昨晚回到家后我就在思考，观念我们是更新了，动力我们也有了，但是针对我们学校这种情况到底应该怎么改呢，我们具体应该怎么做呢？在我心里留下了一个很大的问号。所以我想让龚院长您给我们提一些意见帮助我们摆脱困境，走向您指的康庄大道。"

2014年4月，龚雄飞应江苏省教育学院之邀，赴河北省石家庄参加"2014影响中国·全国十大课改名校校长高峰论坛"，并在大会上做了题为《内外兼修：中小学学本教学的模式重构与资源重建》的主旨演讲，轰动全场。两天后一位校长发来的信息："龚院长您好，我教陈崎，是河北一所民办学校校长。前两天在石家庄听了您的报告，非常震撼，您对教育改革深刻的思考、全新的视角而又科学合理的论述和实践令我折服，顿生崇拜之心，想潜心向您学习……"

像这样的微博留言或手机短信，龚雄飞几乎每一场报告后都能收到一条或者几条。他把这些当作对自己的鼓励、奖赏和鞭策，探索不止，学习不止。他走到哪里，就把教育改革的智慧带到哪里，就把教育创新的正能量带到哪里，他就这样一路呐喊，一路前行，影响着中国数以万计的中小学教师与校长。他在国家教育行政学院的讲学被录制成7集系列报告，成为国家教育行政学院的网络培训资源。在百度中搜索"龚雄飞"的名字，网络上已有关于他在全国各地讲学的消息10万多条。2013年，他主持的市级重点课题"中小学魅力课堂的理论和实践研究"荣获重庆市人民政府第二届基础教育教学成果一等奖；2014年春天，龚雄飞又在沙坪坝区举办的首届"富民兴区贡献奖评选活动"中，综合群众投票、微博人气指数和专家评审结果，成为10名"富民兴区贡献奖"获得者之一，于2014年1月26日闪亮登上了颁奖台。组委会给他的颁奖词这样写道："'以学生学习为本，以学生发展为本'，作为重庆市区域深化课程改革的牵头人和引领者，研制了全国第一套系统的学本教学评价标准，以国际化的视野引领区域课程改革，为打造区域教育升级版作出了突出贡献，他就是区教师进修学院院长龚雄飞。"

在与龚雄飞近距离接触的过程中，我们都有这样一种感觉——他不是政治家，却有着政治家的深邃和大气；他不是梦想家，却有着梦想家的理想信念和创造激情；他不是实战家，却有着实战家攻坚克难的智慧和脚踏实地的作风；他不是冒险家，却有着冒险家勇于拼搏的精神和敢于亮剑的胆识。

"教育不仅要关注学生未来的发展，同样也需要关注他们当下的幸福，努力去追求教育过程的品质化和教育结果的优质化。让学生健健康康地成长，轻轻松松地学习，高高兴兴地生活，快快乐乐地成功，把学校建设成为能让师生诗意栖居的绿洲。"龚雄飞的这番愿景寄语正激励着他的同事、朋友和许许多多受过其熏陶感染的教育同人，一道去追寻卓越教育之梦。因为他深知，区域课改还在路上，中国课改还在路上，作为中国大地上"学本教学"的主要发起者和推动者，作为教育改革的呐喊者和教育智慧的传播者，他还将继续前行。

——记重庆市沙坪坝区教师进修学院院长龚雄飞的教育改革之路

本刊记者　毛　杰

（载《新教育》2014 年第 3 期）

第二节　课堂创新：区域教育"静悄悄的革命"

课堂教学改革是提高教育质量的主引擎。2012 年 7 月，重庆市教委出台《重庆市义务教育"卓越课堂"五年行动计划》，开启了基于课堂变革的教育内涵升级之路。三年来，重庆各区县"卓越课堂"建设风起潮涌、姿态各异、成效斐然，而沙坪坝区的"学本式卓越课堂"则是时代大潮中一朵独具特色、持续绽放的浪花。

2012 年 10 月，沙坪坝区在全市率先出台《沙坪坝区中小学"卓越课堂"五年行动计划》，创造性地提出"学本式卓越课堂"的概念，行政、业务、学校联动，管理、研训、行动一体，以课堂变革为突破口撬动区域教育整体变革。

他立意高远，却起笔微言。回归"学生学习为本、学生发展为本"的课堂变革理念，为教育培养创新人才找到了落地课堂的抓手——从人性的视角，指向学生创新培养的无限可能性；从文化的视角，培育师生合作共享的课程文化；从课程的视角，构建基于个性发展的课程体系。

他仰望天空，也脚踏实地。一年达标、两年补短、三年强基、四年提档、五年蜕变——从规范课堂到高效课堂，再到精品课堂，每一步都走得沉稳坚定。

他立足课堂，却功在课外。欲变革课堂，必先变革教师；欲变革教师，必先变革研训——科研统领、培训跟进、教研主攻，形成教师专业指导的持续推动力。

三年来，沙坪坝区以教育行动哲学为指南，立足"学本"，以课堂创新触摸教育的高度，推动区域教育"静悄悄的革命"，走上了课堂教学优质化、教师队伍专业化、教学管理科学化之路。自 2013 年以来，沙坪坝区连续两年高考重本率提升 30% 以上，学生更加主动活泼健康成长；2013 年，顺利通过国家义务教育基本均衡合格区评估验收，保持重庆市区县教育综合考评第一；2015 年，在"一师一优课"评比中，沙坪坝区教师课例获特等奖比例占全市 20.2%，一等奖获奖比例占全市 11.6%。重庆市"卓越课堂"五年行动计划还剩最后两年，各区县"卓越课堂"建设的进展，决定了全市"卓越课堂"建设所能达到的高度。

站在 2016 年的起点，回望沙坪坝"学本式卓越课堂"行动这三年所走过的路并展望其未来走向，或许能为行进中的"卓越课堂"建设，寻觅新的启示。

问题导向，理念先行

一场科学规划的区域课堂整体变革之旅

沙坪坝区是重庆市文化名区、教育大区，教育人口占全区人口的近 1/3。

2009 年，沙坪坝区出台内涵发展三年规划，确立了以推进中小学教学质量高位均衡为重点的教育内涵式均衡发展道路。2012 年秋，沙坪坝区又启动了新三年"教育内涵式均衡发展"规划工作。区教委主任肖长树表示："教育内涵发展需要一个牵一发而动全局的抓手，而建设'学本式卓越课堂'就是这样一个很好的抓手。"

沙坪坝区在继承区域传统、研判课改趋势、借鉴课改经验的基础上，在重庆市率先制发《沙坪坝区中小学"卓越课堂"五年行动计划》，对这场改革做出了高起点、高标准的顶层设计。

理念创新。明确提出"学本式卓越课堂"这一核心概念，倡导"学生发展为根本、学生学习为中心"的价值取向，坚持"以学论教、先学后教、多学少教、因学活教"的改革方向，指向学生自由自主地发展和创新素质的培养。

"'学本式'课堂就是针对'教本式'课堂存在的问题而提出的。"沙坪坝区进修学院院长龚雄飞告诉记者，"传统的讲授式教学是以对学生主体地位的不信任和不尊重为前提的，剥夺了学生充分发展的自由，是对大多数生命发展权的漠视。新课程视野下，课堂教学改革正致力于把学习的自由还给学生。我们力争通过五年的努力，使全区中小学课堂实现由教师讲授为中心向学生学习为中心的全面转型。"

　　模式建构。为将"学习"真正置于课堂的"中心"，沙坪坝区建构了"先学后教、互助展评"的区域性课堂教学基本模式，突出"自学"、"互学"、"展学"三个环节，以此规范中小学的"卓越课堂"行为。

　　要求注重学生自主学习的程度、合作学习的效度和探究学习的深度，呈现"当堂自学、同伴助学、活动展学、互动评学、教师导学"的课堂形态。在规范的基础上，鼓励各中小学结合学段、学科、课型、师生的不同特点，积极主动构建自己的教学模式，形成百花齐放的区域课堂教学模式群。

　　系统设计。以"学本"理念为导向，沙坪坝区对"卓越课堂"五年行动进行了科学设计。确立了以建设学校课程为核心，以变革教学方式为主线，以提高课程能力为重点，以加强教学研究为动力，以优化教育技术为手段，以强化学校评估为保障，整体推进、分步实施、重点突破、全面提升的工作思路和实施策略。

　　——整体推进。建立了区教委"主管"、中小学校"主办"、区教师进修学院"主导"、区政府教育督导室和区教育评估与监测中心"主评"、家庭和社会"主助"的组织机构和推进机制。在区教师进修学院设立"卓越课堂"工作小组办公室，负责总体策划，统筹实施。

　　——研究引领。充分发挥教学研究的引领作用，区教师进修学院设立"学本式卓越课堂行动研究"专项课题，组建区、片区、学校三级研究共同体，采取科研、教研、培训、评价一体化推进策略。

　　——分步实施。采取"3＋2"推进模式，"3"指前三年为全面达标阶段：建立"卓越课堂"行动共同体，采取点上突破、以点带面、重点帮扶、捆绑考核等策略，普遍达到"规范课堂"标准；"2"指后两年为巩固提高阶段：巩固"规范课堂"，培育"高效课堂"，追求"精品课堂"。

　　正是因为有了科学的顶层设计，三年来，沙坪坝区的"学本式卓越课堂"一步一个脚印扎实前行，有效推动了全区教育内涵式均衡发展。

研训一体，上下联动

一次文化引领的区域课改共同体再造

　　科学系统的顶层设计是推进课程改革的前提。然而，从区域性的课改设计到各中小学校和广大教师的理念认同和自觉实践，还有一段很长的路要走。作为连接教育行政部门和中小学教师的中间环节，沙坪坝区教师进修学院发挥着十分关键的作用。

龚雄飞院长敏锐地意识到，"学本式卓越课堂"要实现创新培育从理念向实践的转换，通过课堂教学模式的创新，超越传统的预成性教学，转向"以学为本"的生成性教学，需要培植有利于创新的文化土壤。这个文化土壤就是适宜于创新教育生长的新的研训文化与教学文化。而实现课改文化再造的理想载体，就是日本东京大学教授佐藤学提出的"学习共同体"。

正是基于这样的认识，沙坪坝从区域、校际、课堂三个维度构建区域课改共同体。

建设研训共同体。区教师进修学院提出构建"研修行一体"文化，以科研为统领、教研为中心、培训为主线，坚持以教学转型推进教研转型，以教研转型引领教学转型，促进区域教育的整体变革。

——科研统领。以市级课题"区域性构建学本式卓越课堂的实践研究"为龙头，下设 31 个区级规划课题和 1000 多个区级教师成长课题。课题研究投入 300 万元，为"卓越课堂"行动提供学术支撑。

——培训跟进。围绕课堂变革，密集开展各类专题培训。三年来，区级层面开办了近百个专题培训班。开设了"卓越大讲堂"，区教委主任肖长树三次开讲，并邀请市内外知名学者、专家、校长传经授道，不下 300 人次。所有的培训都指向问题解决。

——教研主攻。教研工作从"学科单线制"调整为"学科、共同体复线制"，教研员联系和指导校际共同体。自然片区教研重组为跨校共同体教研。学校围绕行动中的实际问题，开展校本教研活动，在问题解决中主动提高教师的课程能力。

在区教委领导下，教师进修学院精心策划并组织实施"卓越杯学科赛课"和"薄弱学科教师公开课展评"。前者侧重"树标杆"；后者旨在"补短板"。以赛课和展评课活动为引擎和载体，通过任务驱动下的研修跟进，督促每个教师积极行动起来，深入领会"学本式卓越课堂"的精髓，确保人人达标，个个过关。

建设校际共同体。将全区中小学组成 13 个组内异质、组间同质的校际共同体，每月召开一次联席会。每个校际共同体组建学科中心组和班主任中心组，发挥市区骨干教师引领作用，促进所有教师共同成长。

建设学生学习共同体。制定并实施了学生学习共同体建设的指导意见，引导中小学教师在课堂上确立学生的主体地位，培育小组合作学习文化，在合作互学中培养学生民主平等担当的公民意识，形成现代公民社会所要求的核心素养。

通过再造区域课改共同体的行动，沙坪坝形成了行政、研训、学校、教师、学生上下联动参与课改的机制，逐渐培育出以学为本、合作共享的课改文化。

评价导航，资源奠基

一条基于标准的区域课堂优化升级之路

龚雄飞院长认为："课堂教学要从低效走向卓越，仅有理念和情怀是不够的，还需要确立科学的评价标准，构建规范多元的教学模式，开发丰富实用的课程资源。"

研制评价标准。沙坪坝区在"学本式卓越课堂"行动中逐步研制出学本课堂的"通用标准＋学科标准"。各学科教研员和中小学根据"通用标准"，组织骨干教师创造性研制学科标准和学校标准，并将其应用于研究课、竞赛课和随堂课的评价实践中。目前共形成了 24 个学科标准，实现了从小学一年级到高中三年级所有学科的全覆盖，成为国内少有的系统化、本土化的新课堂评价标准。"这套标准较好地帮助一线教师克服了课堂教学评价实践中长期存在的'跟着感觉走'的弊端。"

构建模式群。一是前面提到的开放包容的基本模式。二是建构学科模式。如初中物理学科建构出了"自助——互助——师助"的"三助式"课堂教学模式。三是建构校本模式。经过"临模——入模——出模——创模"四个阶段，创造性构建高品质教学模式。以凤鸣山中学为例，学校根据"群凤和鸣，铸魂育人"的办学理念，提出了"四环导学魅力课堂"教学模式。重庆七中"168 问题导学"，上桥中学的"双主活力课堂"，实验一小"乐学、勤学、会学"的"三学"课堂，巴师附小的"三学三疑"课堂，五星小学的"星光课堂"等，呈现出和而不同的发展态势。

开发课程资源。课堂教学改革不仅仅教学方式的变革，还涉及课程资源的开发和课程体系的重构。为了提高学生当堂自学的有效性，沙坪坝制发了《学本式卓越课堂导学精要开发的指导意见》，开发出 26 本"导学精要"，引导教师对国家课程进行二度开发和校本化实施。"导学精要"按照"目标定向、学习探究、达标检测"的基本结构进行编排。沙坪坝区教师进修学院科研部主任何晓波告诉记者："它的价值在于给学生指引恰切的学习目标，并以问题为主线勾画出最简捷的思维导图，引领学生直奔重点和难点，为互学、展学做好充分准备。"

为了深度推进"学本式卓越课堂"建设，促进学习从"怎么学"到"学什么"的深度变革，沙区教师进修学院牵头制定了《沙坪坝区中小学课程建设指导意见》，组织全区所有中小学根据学校办学理念与育人目标，制定学校课程建设方案，构建基础型课程校本化、拓展型课程多元化、研究型课程自主化的中小学课程体系，构筑起基于学习者个体发展、最终指向创新培养的"课程立交桥"。

沙坪坝区还建立了"学本式卓越课堂"行动计划评估与资源网，开辟共同体、学校自主管理网页，动态上传更新"卓越课堂"行动的相关课程资源。

三载光阴漫漫，"学本"之心自岿然不动，"卓越"课堂已百花竞放。走进沙坪坝区中小学课堂可以看到，同学们主动思考，小组成员互学、讨论，妙语连珠；

展示学习成果，胸有成竹；老师们融入班级学习共同体，既是促进学生达到"最近发展区"的铺路人，也是不断提升自我的学习者。此时的课堂，是洋溢着生命激情的课堂，是教学相长的课堂，是饱含着幸福感的生命体验的课堂。

重庆市教委原副主任、市教育学会会长钟燕认为："沙区创造性地推出'学本式卓越课堂'建设，区内各学校为彰显学本特色各显其能、百花齐放，在全市起到了引领示范作用。"

"卓越课堂"是一种很高的立意，但需要很扎实的立足点。三年来，沙坪坝区以"学本式卓越课堂"为教育教学改革创新的突破口，通过整体规划、专业推动、行政保障、共同体构建等路径，实现了课堂教学"以学为本"的"静悄悄的革命"，激活了区域教育内涵式发展的新生态。

——重庆市沙坪坝区"学本式卓越课堂"行动进行时

文/本刊记者 孙 曙 张 磊

（载重庆市教科院主办的《今日教育》2016 年第 1 期）

第三节 "学本式卓越课堂"行动的区域特色

新课程实施以来，课堂教学生态发生了很大变化，成绩也是斐然的，但是，问题依然不少。针对现实问题，重庆市沙坪坝区基于本土课改经验，结合全市"卓越课堂"五年行动计划要求，开展了"学本式卓越课堂"行动计划，在理念浸润与实践探索的过程中，逐渐形成了鲜明的区域特色。在我看来，主要体现在以下几个方面。

一、以特色理念引导区域课改的顶层设计

绘制清晰、明确的改革路线图，是指引改革行动的第一要务。而科学、有效的路线图取决于切实可行、具有前瞻性的理念引领。沙坪坝区确立了"以学生学习为本、以学生发展为本"的理念，明确"3＋2"两步走推进策略，前三年转型升级，全面达标；后两年巩固提高，再上台阶。这样的顶层设计确保了"学本式卓越课堂"的有效推进。

二、以系统思维统领区域课改的实践行动

建大蓄水池，浇灌改革田。问题是项目设计的原点、难点是创新的起点。开发"导学资源库"与"数字化资源库"，这是沙坪坝区"卓越课堂"建设的一大亮点。其中，整合全区 200 多名市区骨干教师自主研发"城域网应用建设"，构建"一馆＋四库"资源建设，促进了"学本式卓越课堂"在"互联网＋"时代的快速和持续发展。

要统一性，也要个性。以学生发展为中心，构建卓越课堂模式群，提升课堂教学互动效果。沙坪坝区构建"先学后教、互助展评"的基本模式，解决了改革初期标

准化的问题，又鼓励并有效促进各学校开发与其现实情况相适宜的亚模式群，体现了统一性和灵活性相结合的工作原则。

规范加特色，评价拉动质量提升。评价对课堂教学改革具有导向规范作用，历来是课改的难点。沙坪坝区直面这一瓶颈，研制出了"通用标准＋学科标准"。这种覆盖全学段、全学科的系统评价标准，在全国算是一种创新。在制定了指导标准后，沙坪坝区开展了多形式、多层次的专题培训活动，实施了评价标准的学科化探索和校本化实践。这些举措不但有效地推动了评价指标的应用、调整和完善，也为教师的行动提供了标准要求，促进了课堂教学质量的提升。

三、以制度保障推动区域课改的持续发展

以管理为棋盘，保障课改走好每一步。管理是协调、统筹，也是保障。沙坪坝在区域管理层面，以教学规范管理为基点，以教师能力管理为核心，以教学质量评价为导向，制定规范，突出了固本强基的优点；学校层面，调整学校管理机构，将"自上而下的单向管理"转变成"上下互动的参与式管理"，形成了"管、培、导、评"联动的良性机制，体现了全区课改一盘棋的理念。引进现代化教学管理理念、硬件设备和软件系统，提升了教学管理的科学性和有效性。

以学术为引擎，提升课改专业水平。沙坪坝区采取了立体化的交流措施：一方面，积极参加各种课改联盟的教学、教研活动，与相关高等院校、科研院所开展学术交流；另一方面，引进不同性质的优质教育资源，开放区域教师教育的培训资源。这些举措为卓越课堂的理论研究与实践探索营造了良好的环境。

机遇总是给有准备的人。沙坪坝区"学本式卓越课堂"行动紧紧抓住了课改的机遇，直逼课改深度转型的要害进行探索，取得了良好的成效，其经验和做法具有积极的借鉴意义。

　　　重庆市第二师范学院副院长，重庆市人民政府督学、二级教授　万明春

　　　　　　（载重庆市教科院主办的《今日教育》2016 年第 2 期）

第四节 "学本教学"的价值初探

"学本式卓越课堂"（又称学本教学）是重庆市沙坪坝区在实施重庆市《义务教育"卓越课堂"五年行动计划》中的创新。经过三年的实践探索和行动研究，"学本式卓越课堂"体系逐渐丰满成熟，成效日益显著，影响力越来越大。本文试图对该成果的价值进行一些初步分析。

一、"卓越课堂"行动计划行之有效

重庆市《义务教育"卓越课堂"五年行动计划》实施之初，不少教师的心态是怀疑、困惑、观望。人们普遍以为"卓越"就是最好、最完美，"卓越课堂"就是最好、最完美的课堂。不少人认为，现在"高效课堂"、"有效课堂"都不是很多，都没实现，怎么可能实现卓越课堂？这无疑关系到对"卓越"的理解。

对卓越的解释很多，我比较认同如下的解释。卓越就是与众不同，超越一般。所谓与众不同，就是卓尔不群、卓尔不凡、出奇出新、有创新和有个性。所谓超越一般，就是不仅新，而且好，比一般的、普通、惯常的更好。按照这样的理解，"卓越"固然新且好，但并非最好，更非十全十美。因此，"卓越课堂"并不是高不可攀，不可企及，不可实现的。

我理解，重庆市实施《义务教育"卓越课堂"五年行动计划》，其根本目的是最大限度地激发广大教育工作者追求卓越的热情，燃起广大教育工作者创新的意识、创造的激情和改革的勇气，更新广大教育工作者的教育理念，转变广大教育工作者的教育行为，聚焦课堂"接地气"，从而全面推动和深化课程改革，全面促进义务教育优质均衡的发展。

三年来，沙坪坝全区 86 所中小学校全部参与到"学本式卓越课堂"建设的实践活动之中，申报、立项、开展市区多个层次、多个类别的相关课题研究；探索构建了"研修行一体化"区域研修文化，促进了教师研修培训的转型和改革；建构了教师组织、指导下的，以学生为主体，以"自学—互学—展学"为主线的卓越课堂。创造性地推动了全区"卓越课堂"五年行动计划的实施，全区义务教育学校课堂教学面貌发生了极大的改变，广大教师、学生教与学的积极性得到极大的释放，区域教育教学质量得到全面提高。事实证明，重庆市《义务教育"卓越课堂"五年行动计划》在沙坪坝区取得显著的实施成效，"学本式卓越课堂"建设功不可没。

二、"学本式卓越课堂"创新发展

"学本式卓越课堂"的提出和构建是对《重庆市义务教育"卓越课堂"五年行动计划》的丰富和发展，具有创新性。"学本"与"生本"不同，形似而神不似。"学本"绝不是对"生本"的简单模仿和借鉴。

沙坪坝区在对区域教育现状和相关理论进行剖析的基础上，融合核心理念和区域特色凝练出"学本式卓越课堂"的概念系统。其本质是促进区域课堂教学从"教本"向"学本"的转型，提高全区课堂教学整体质量，深入推进区域教育内涵式均衡发展。"学本式卓越课堂"是集课堂教学改革态度、过程、行动、结果于一体的集合性概念，沙坪坝区将其核心内涵拓展为"以师生学习为本、以师生发展为本"。师生都是课堂的主体，通过基于学习共同体的自主学习和互助学习，实现个体与团队的共同发展。

我理解"学本"概念要点有三：一是以学习者为本，即课堂教学改革要以教师和学生为本。这是"以人为本"理念在课堂中的体现和落实，也是学习主体的规定性。因为，教师和学生是课堂教学的共同主人，是学校师生学习共同体的平等成员，同为学习者。需要强调的是，"学本式卓越课堂"的主体、主人不仅仅是学生，还有教师，甚至还包括学生的家长。"学本"不同于"学生中心"片面强调"学生主体"，也不同于"教师中心"片面强调"教师主体"，也不简单混同于"双主"式。二是以学习为本。即基于学习，为了学习，在学习中。在学校里、课堂里，师生合作交往的根本目的是为了学习，为了成长。学习为本是师生在学校、在课堂的责任与使命所在，是学校、课堂功能之体现，是全民学习、终身学习社会的本质要求。"学本式卓越课堂"体现了师生主体的学习目的和责任，突出了课堂的学习属性和功能。三是以学习行为的转变为本。这是全面深化课程改革的任务和要求的规定。当一套与时俱进，符合教育规律，体现时代特征和国家意志的课程方案、教材、标准、制度确定之后，教师教的行为和学生学的行为的矛盾就上升为了课程改革中的主要矛盾。学习行为的转变就成为重中之重。学习行为看似简单，实质上体现和外显出的是学习主体及其主体间的态度、方式、方法和关系。

"学本式卓越课堂"中的教与学不是简单的、机械的、形而上、固定、静止的教或者学。"学本"之"学"不仅仅是指"学生"，而是涵盖学习主体、学习情态、知识、技能、方法、行为、路径的广义的"学"。同理，"学本式卓越课堂"中的"教"也是包括多元主体在内的教的情态、知识、技能、方法、行为、路径的广义的"教"。这就赋予人们耳熟能详的"以学论教、先学后教、多学少教、因学活教"以更丰富、更广阔、更深刻、更具生成性的意蕴，使之具有新的生命力。

三、"学本式卓越课堂"样板价值

作为教育教学改革实践和探索的一种新的样板，笔者不想用学术性、专业性的理论去分析论证"学本式卓越课堂"的理论价值和实践意义。笔者尝试运用党中央提出的"创新、协调、绿色、开放、共享"五个发展理念来探讨"学本式卓越课堂"对义务教育课程改革和发展的样板价值。

1. 创新精神。如前所言，"学本式卓越课堂"是对"卓越课堂"的创新和发展，"学本"是学习借鉴国内外多种教育教学理论与实践经验后的创新和发展。沙坪坝区没有囿于市教委文件要求的"卓越课堂"，不是机械盲从，更不是畏难抱怨，而是从本区的实际出发，积极主动地，创造性地实施落实"卓越课堂五年行动计划"，创新性地提出了"学本"思想和观点，引领了全区"卓越课堂五年行动计划"的实施与落实。他们的三年实践探索很好地体现了"卓越"的内涵：与众不同，超越一般，很好地体现了"不唯书，不唯上"的创新精神，符合创新的发展理念与要求。

2. 协调统筹。大面积的区域推进是各种改革的难点所在，教育教学改革也不例外。沙坪坝区"学本式卓越课堂"的实践通过协调统筹很好地解决了区域推进的难题。该区教育行政部门、教育督导部门、教科研机构和中小学校共同响应，四方联动，

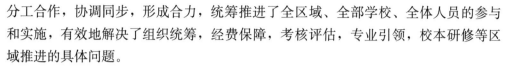

分工合作，协调同步，形成合力，统筹推进了全区域、全部学校、全体人员的参与和实施，有效地解决了组织统筹，经费保障，考核评估，专业引领，校本研修等区域推进的具体问题。

3. 绿色生态。一种符合教育教学规律的课堂教学改革实践应该是具有发展的可持续性和生态的和谐性的。在"学本式卓越课堂"建设的实践中，沙坪坝区制定了"卓越课堂"推进"两步走"战略，第一步，前三年100％达到"规范课堂"标准。第二步，后两年60％达到"高效课堂"标准、20％达到"精品课堂"标准。为完成这一战略，研制了教师教学能力考核机制：每年9月至12月开展全区大练兵。第一年"树样板"，举行优质课竞赛；第二、三年"补短板"，举行过关课展评，不合格教师需接受培训帮扶再考核。三年累计参加校级"练兵课"教师多达6032人，参加区级竞赛课和展评课教师达1123人。教师素质的提升，抓住了课堂教学质量提升中的"牛鼻子"，保证了课堂教学改革的生态和谐和可持续。

4. 开放包容。"学本式卓越课堂"建设体现了鲜明的开放包容特征。他们注重模式构建，但不唯"模式化"。区级层面提炼了区域的"先学后教、互助展评"教学模式，学科层面形成了区域"'学本式'卓越课堂"模式群，各个学校创生了多种校本教学模式。他们还基于学本立场科学有序地推进校本课程建设。举办了涵盖全区所有校级干部和中层干部的课程建设研修班，引导学校管理者充分吸纳、比较、鉴别各地课程建设的做法与经验，精心谋划学校课程建设的目标与策略，先后引入"自主识字同步读写""群文阅读""数学文化"等优质课程，并督促指导学校探索构建多样化、可选择的学本化课程体系。

5. 共享成果。沙坪坝区教师进修学院在"学本式卓越课堂"建设中，研制了1份区域"卓越课堂"评价通用标准和24份学科标准应用于小学到高中所有学科。他们组织开发、逐年修改的涵盖小学、初中、高中语文、数学、英语等9个学科的《导学精要》，免费提供给各校作为学生课堂学习支持系统的重要内容。他们从2014年开始探索建立新的学习质量监测机制，现在已由小学过渡到初中，2015年先后对小学语文、科学和初中物理、音乐学科进行了学习质量监测，既有力地支持了"学本式卓越课堂"的建设和研究，也体现了改革成果的共享性。

综上所述，"学本式卓越课堂"的价值不仅仅在于概念、模式、方式、方法上的创新，更在于为"卓越课堂"计划深入实施，为全面深化课程改革，树立了一个区域推进的样板，总结了新鲜的成功经验，研究成果符合"五大发展理念"。

重庆市教科院副院长，重庆市教育科学规划办常务副主任，市政府兼职督学

王纬虹

（载重庆市教科院主办的《今日教育》2016 年第 2 期）

第五节　龚雄飞：哥白尼式的教育革命者

龚雄飞，重庆市沙坪坝区教师进修学院院长，曾经是湖南省最年轻的全国模范教师，也曾经是海南省最年轻的中学特级教师。这个诞生于屈子行吟之所的教育改革者，仿佛一个披蓑戴笠的农人，执着地深根于教育的大地，并用歌者的音符，且行且吟地传播着教育金色的梦想。

作为教育部"国培计划"专家库成员，作为基础教育领域里的"师者之师"，400多场学术报告，记载了龚雄飞课程改革的艰辛历程，也展现了他作为教育学者的风范和"未来教育家"的情怀。

一、吐故破滞，躬身实践

——他用改革的行动追求教育的品质和教育培训的品位

2010 年，龚雄飞从海南省被引进到重庆沙坪坝区担任凤鸣山中学校长。凭着二十年在教育领域的积淀，他以大破大立的胆识推进学校课程改革，仅仅用了两年时间，就让该校发展成为闻名遐迩的课改典型。2012 年，组织上再次委以重任，任命他担任沙坪坝区教师进修学院院长。上任伊始，尚来不及拂去仆仆风尘，他就开始率领他的团队谋划一场更大的教育变局——以课堂教学改革为突破口的区域教育整体变革。他所主导的区域课程改革从五个方面展开，思路清晰而稳健。

一是理念确立，为区域中小学课堂转型装设"定向的罗盘"。

为了打造卓越的课堂，龚雄飞明确提出了课堂变革的主攻方向，提出了区域性创建"学本教学"战略构想。课堂教学由"教"为中心转向"学"为中心，被誉为"教育领

域哥白尼式的革命"。因此，龚雄飞将改革的理念确立为"两个为本"——"以学生的学习为本，以学生的发展为本"，坚持学本立场，以此奠定区域课堂变革的基本方向，并提出以教学转型推进教研转型，以教研转型引领教学转型，在教学转型和教研转型的良性互动中实现区域教育的整体变革的思路。

二是模式构建，在教师理念与行为之间架构"互通的立交"。

由于"学本式课堂"是对"教本式课堂"的革命性变革，所以需要构建一个基本范式。龚雄飞将其概括为八个字——"先学后教、互助展评"。这八个字的基本模式提出三种新的"学习方式"，即要求学生广泛开展"自学"、"互学"和"展学"，由此构建起一个以"学"为中心的课堂，激活思维，诱导自学，先学后教，不教而教，让课堂回归学生的世界，让课堂变成阳光灿烂、灵性生长、青春飞扬的舞台。

2015 年 4 月，陕西渭南举行的"龚雄飞教育报告会"

三是标准研制，让教师在课堂的迷途中找到"回家的路径"。

龚雄飞提出了"四维三学"的评价思路，即新课堂从"教学目标、教学过程、教学效果和教学特色"四个维度进行评价，突出"自学、互学和展学"三种基本学习方式，从教的行为与学的行为两个方面共设置了 36 个评价要点，形成"通用标准"；各个学科在此基础上根据本学科特点和学段特征求同存异，研制出"学科标准"，引导教师在课堂的迷途中找到"回家的路径"。

四是资源开发，帮学生在学习的跋涉中明晰"思维的导图"。

如何提高学生学习的有效性？解决策略是"导学精要"的开发与运用。龚雄飞带领他手下的教研员做了大量创造性的工作。"导学精要"的精髓所在，是强调紧扣学习目标，精心设计主干问题，并以问题为主线勾画出最简捷的思维导图，引领学生在"自学"中直奔重点难点，迅即进入紧张有序的智力活动状态，为互学、展学做好充分准备。

五是评价创新，为区域中小学课堂改革配置"飞翔的引擎"。

"评价是改革飞翔的引擎器。"龚雄飞喜欢用这句话强调教育评价的重要性。因此，他下决心改变单纯以纸笔测试评价学生学业的传统方式，突破口选择了小学。比如小学数学质量监测，将测试分为纸笔测试与学科综合能力测试两种，前者占70％，后者占30％，数学综合能力测试是这样进行的：以各学校各班级合作学习小组为单位（随机抽取 2～3 个小组），抽取一道数学题，给予学生 5 分钟"自学"与"互学"，然后每人 3 分钟依次进行"展示"与答辩，考评成绩经折算后计入学生总成绩。数学综合能力测试既考评了学生的数学知识、数学思维与数学学科素养，同时对学生的数学合作能力（能者教会不能者）、数学表达能力、交流沟通能力乃至于学生外在的仪容举止和内在心理承受能力等方面都进行了全方位的观测，增进了对学生数学综合素质的考查。"学业评价改革迈出的一小步，将推动区域课程改革迈出一大步。"龚雄飞如是说。

客观而论，今天我国的课程改革确实有许多问题，但人们常常会走向两个误区：要么怒目金刚地批判，要么不切实际地空谈，虽然快意却于事无补。龚雄飞的态度是：用改革的实践和行动来完善改革。他既立足改革实践，又长于传播教育的理想，一次次开启教育启蒙的篇章。教育改革和教育研修的意义或许并不在于穷尽真理，而在于逼近现实的存在，回归人和教育自身。

改革总是在困境中产生的，而困境却能塑造人坚韧不拔的性格。正是这些不惧艰难的改革，在不断地刷新着龚雄飞的人生坐标。教育改革和实践中产生的诸多的思考与智慧，又慢慢上升为教育的资源，成为一个个生命力迸发的专题报告；而这些专题报告，又反过来影响着课程改革，引领着改革者的成长和发展。

二、教育培训，冲击高端

——他用真诚的追求诠释教育的美丽和教育研修的魅力

作为"师者之师"，龚雄飞的教育报告深深地植根于课程改革和实践的沃土上。他崇尚改革和实践。他常说："学术报告的魅力，关键不在口吐莲花式的表达技巧，而是你对教育的思考有多深刻，你的报告就有多深刻；你对教育的实践有多鲜活，你的报告就有多鲜活；你对教育的感情有多真挚，你的报告就有多感人。"

作为教育部"国培计划"专家库第一批、第二批专家，近10年来，龚雄飞的教育培训几乎覆盖了全国所有的省份，也经常应邀赴国家教育行政学院、北京师范大学、陕西师范大学、西南大学、重庆第二师范学院等高等学府讲学，几乎每一次激情演讲，都会使参与培训的中小学校长和教师们深受启迪，深受感动。他的专题报告似乎有一种直达心扉的魔力，感染和影响着中国数以万计的中小学教师与校长。在百度中搜索"龚雄飞"的名字，网络上已有关于他在全国各地讲学的消息和评价10万多条。

2014年暑期在江苏洋思中学讲学后，与校长秦培元在一起

　　作为沙坪坝区教师进修学院院长，龚雄飞把更多的精力花在了对区内中小学干部和教师的专业引领上。他经常提起佐藤学的观点："21 世纪的学校是学习共同体学校。"基于此，他提出重构区域"研修行"一体化研修文化的战略构想，力争实现区域研修目的从外控向自觉发展、研修内容从研教向研学转向、研修方式从单研向群研过渡、研修方法从经验向实证转型、研修手段从传统向现代发展、研修机制从规范向创新发展、研修成效从求知向笃行延伸、研修领域从教学向课程拓展的整体转型。

　　为此，他带领进修学院干部教师致力于推动区域研修文化转型。从 2012 年开始，沙坪坝区以三年 1 个周期组织开展教师教学展评活动，2013 年"树标杆"，约半数教师参加学校、校际共同体和全区三级赛课，800 人次参加共同体复赛，360 人次参加区级决赛；2014 年、2015 年"补短板"，2014 年针对非语数外学科相对薄弱教师，1300 名教师上"练兵课"。473 名教师参加区级展评，合格率达 99%；2015 年针对语数外学科开展活动。而他自己更是亲自经常下到学校，去给老师们做指导，开展教育专题报告，为一线的校长和老师们释疑解惑、排忧解难。

　　龚雄飞的教育报告有两个明显的特点：既有上位的教育理论的支撑，更有实际的方法策略的聚合。关于教育培训的有效性问题，他有过精辟的论述，他说：教研是分散式的培训，培训是专题化的教研，培训的"蛙跳式"与教研的"跟进式"覆合，聚焦于教师实际问题的解决，由此形成教师专业发展的持续动力。因此，他的学术报告更多是关注教师的实际需要，努力传达一种改革的理想信念，传达一种建设性的改革策略，使教育培训回归到它关注教育实际问题解决的朴素追求上来。正因为如此，龚雄飞的每一次演讲，都力求冲击高端，都是对教育精神的一次又一次高扬，都是对教育问题的一次又一次反省。正是在这种时刻反省的教育精神和解决问题的智慧，不断引领着中小学校长和教师实现着心灵、心智的充盈和解放。在这里，教育研修报告已成为他解决实际问题、推动教育变革的主要途径。

　　记者手记：

　　改革是改革者的名片。我们呼唤改革。呼唤像龚雄飞这样把学习、思考、行动和教育言说融为一体，将思想者、改革者、传播者的多重角色融为一体的教育人。透过他的话语，你便能体悟他的所思，触摸他的所感，见证他的所为，因而亲切，因而感奋，因而付诸行动，这就是先行者的形象。

（载《师资建设》2015 年第 4 期）

第六节　转战山城　扬鞭再上鞍

龚雄飞，全国模范教师，特级教师，教育部"国培计划"核心专家，重庆市特级教师研究会常务理事。曾任海口市教研培训院副院长和重庆市重点中学凤鸣山中学校长，现任重庆市沙坪坝区教师进修学院院长兼实验中学校长。

近年来，山城重庆是一个不断制造故事的城市，而它的故事总能够在全国掀起轩然大波，产生一个又一个悬念。

同时重庆的教育也不断产生了影响全国的教育传奇，一拨拨来自全国各地的教育考察团飞抵重庆取经。究竟是什么吸引着这些教育考察团？是重庆的特色学校建设！这方面重庆已走在全国前列，成就了很多特色建设的经典品牌。重庆教育评估院的龚春燕院长是学校特色建设项目的主要推动者，他的教育专家品牌同时也被镶嵌上了"学校特色建设"的特定符号。

让山城教育故事精彩的还有另外一位"龚"姓的教育专家，他就是龚雄飞！他成名在汨罗，升华在海口，书写传奇将在重庆。2010 年，龚雄飞以人才引进方式被调入重庆市首批重点中学——凤鸣山中学担任校长，两年时间让学校产生了剧变，"慧学课堂"和学校文化建设让凤鸣山中学品牌也因为龚雄飞而蜚声全国；随即他调任沙坪坝区教师进修学院院长，开始了沙坪坝区"'学本式'卓越课堂"的整体推动。从此，山城重庆在全国教育江湖上开始了"龚氏双杰"的品牌新时代。

相对龚春燕温文尔雅的儒家风范，龚雄飞更显激情四射的文人气质。他在湖南汨罗的时候就在全国语文教学上崭露头角，他的课堂充满激情，有诗人的豪迈和才情，很受师生喜欢，也成为汨罗素质教育冉冉升起的一颗新星。为了寻找中国教育改革实验的更好平台，2004 年龚雄飞闯海南，其间，伴随着海南新课程改革，他在推动海口课改的同时也不断受邀到全国各地作关于新课程改革的报告，这时候他身上贴上了好多金色标签：全国模范教师、特级教师、教育部"国培计划"核心专家、海南省课程改革先进个人。他为海南课程改革做出了应有的贡献，海南课改也让龚雄飞这个品牌更加精彩。

龚雄飞所主导的课程改革既有战略高度和顶层设计，又有落地的具体措施。他既懂专业又懂运营策划，他既包容又非常执着坚守，有时圆滑却也很文艺，这与他教育人生的旅程很有关系。早年成名汨罗江畔，他既有着屈原式的民族教育抱负，身上又有龚家人一脉相承的文人血统。从湖南到海南，又到山城重庆，其间种种传奇经历，让人不免感叹：仁者乐山，智者乐水。

期待龚雄飞在山城缔造更多的教育传奇！

"中国少壮派教育专家"龚雄飞的山城故事

本刊记者　杜伟玲

题记：

龚雄飞，曾经是"中国最年轻的特级教师"、"最有作为的全国模范教师"之一，如今已是闻名教育界的作家，新课程有效教学的研究专家，近年来他在山城重庆创造了一系列的教育传奇，为此，本刊将为您独家解密。

大凡成功的人士总有他的成功之道。如今，担任重庆市沙坪坝区教师进修学院院长的龚雄飞，从业 23 年来，自湖南汨罗到海南海口，再转战重庆，从高中班主任到直辖市教师进修学院院长，他屡建奇功，以勇于拼搏和敢于亮剑的改革精神及创新意识，执着追求自己的教育梦想，书写着教育传奇。

山城故事一：

"凤文化"引领学校品牌发展

两年前，龚雄飞从海南空降凤鸣山中学担任校长时，它还是一所每年为高考能考上多少重点本科而伤透脑筋的学校。虽然它依然属于重庆市首批重点中学，但由于受优秀生源流失的影响，学校的发展始终是一波三折，艰难奋进。龚雄飞担任校长以来，在他的全心引领和强力带动下，学校改革开始爆发出惊人的能量，学校的声誉也逐渐得到了极大的提高，开始成为全市和全国教育同行关注的焦点：改革两年来，学校教育质量不断提升，高中 2011 级重点本科的升学人数比上一年提高 80%，高中 2012 级重点本科的裸分上线人数比 2011 级继续提高 48%，创造了一个"关于高考升学的奇迹"。

我们需要追问的是：这样的奇迹是如何创造的？他的回答是：向课程改革要质量，让改革释放"教育的爆破力"。我们发现，他所推行的课程改革，绝不是对传统教育的修修补补，而是在文化引领下所进行的"革命性变革"。

龚雄飞说："作为一所有思想、有理想的重点中学，它应该是灵魂诗意栖居的绿洲，这就决定了它应该是一块圣洁的领地。"在深入研究凤鸣山中学的优劣势后，他提出凤鸣山中学应秉持校名的理念追求，在继承与创新中提升学校文化。在学校新校区搬迁的过程中，他梳理并提升了学校文化，把打造精品化、高品位的"凤文化"作为凤鸣山中学新的追求。他首先对学校的理念文化进行提炼——办学理念：群凤和鸣，铸魂育人；学校精神：凤翔九天，志存高远；育人目标：丹心雅意，雏凤清声；课程文化：天高地阔，凤举鸾翔。

"法乎其上，得乎其中；法乎其中，得乎其下。"龚雄飞深谙其意，高屋建瓴地站在个人发展、教育发展和社会发展的结合点上来设计学校发展的路径。围绕凤文化的精髓，他进一步凝练和提升了学校的校训——至雅至慧、兼善兼真，并以校训为总纲设计出了"雅行教育"和"慧学课堂"的整体改革思路。他希望通过一场高端改革，引导全体教师"从事有道德的教育，打造有魅力的课堂，追求有良知的高效，建设有文化的校园"。

"雅行教育"旨在关注孩子知识与精神的同步成长，关注孩子智慧与人格的同步发育，从而提升学校德育的功能。它分为"行为规范的养成教育、举止文雅的涵养教育、情趣高雅的心灵教育"三个层次，着力培养师生"文雅的言谈举止、儒雅的礼仪形象和优雅的行为规范"。他强调教师要有"三气"，即"大气"、"正气"、"儒气"，大气方能成大事，正气方能成正果，儒气方能成良师，教师"三气"合一，必能成大家；学生要有"三养"，即"在家有教养，在校有素养，在外有修养"。"雅行教育"的强力实施与践行，让凤鸣中学越加风清气正，仿佛慢慢远离尘嚣，风景这边独好。

"慧学课堂"旨在改变传统讲授型课堂的死板和低效，着力把课堂还给学生。龚雄飞相信学生是"天生的学习者"，要求教师教学以"一切为了学生、高度尊重学生、全面依靠学生"为根本宗旨，学生在教师的引导下自主探究地学习，让学生有合适的闲暇时间，追求课堂学习中快乐的感受和体验，让学生在与知识的"相遇"中，把知识融入生命；让教师在"点化"学生的精神生命中也"点化"自己，让师生在魅力课堂中共同提升生命质量。

他由此设计了重庆市凤鸣山中学"四环导学魅力课堂"教学模式——第一步：情境自学——雏凤清声；第二步：合作互学——群凤和鸣；第三步：展示激学——凤举鸾翔；第四步：提升领学——凤翔九天。这四个步骤都定位于学生的"学"而不是老师的"教"，改革的基本思路是从教师知识传授型课堂向学生自主探究型课堂转变，激活思维，诱导自学，先学后教，不教而教，让课堂回归学生的世界，让课堂变成灵性生长、青春飞扬的舞台。

可以说龚雄飞对凤鸣山中学的改革，印证了"高考奇迹"只是学校卓越管理的必然结果之一。把每所学校建设成师生诗意栖居的绿洲是他教育管理的持久追求。

山城故事二：

"学本卓越课堂"促区域品牌腾飞

在重庆凤鸣山中学时，龚雄飞带领全校 80 个班级全面推进改革，就连高三、初三这样被公认的课改"禁区"都参与其中，改革力度之大，被华南师范大学郭思乐教授誉为"走在了中国大都市重点中学前列"。如今，在重庆市义务教育全面推行"卓越课堂"的大背景下，肩负重庆沙坪坝区教师进修学院院长重担的龚雄飞，继续倡导改革，提出了富有沙坪坝区特色的"'学本式'卓越课堂"建设，把它作为"率先实现现代化教育强区"的重要抓手。

他说，尽管过去十年课程改革取得了不错的成绩，但是，课堂上"以教代学"、"有教无学"的现象依然存在，课堂转型任重道远。因此，力争把全区中小学每一个课堂都建设成为教师乐教、善导、教好，学生乐学、善学、学好的精神港湾和温馨家园是最终的目标和愿望。

在笔者问到为什么要设计"'学本式'卓越课堂"时，他这样回答："'学本式'卓越课堂"建设是坚持"以学生学习为本、以学生发展为本"的价值取向所进行的教学改革，改革的基本目的是为了调整"教"与"学"的关系，引导中小学课堂从传统的以教师讲授为中心的课堂转向学生学习为中心的课堂。怎样才体现学为中心的特点？就是要构建"五学"课堂——"当堂自学、同伴助学、活动展学、互动评学、教师导学"，"学"居于课堂的核心地位，课堂一切活动以"学"为中心展开。

为了让理论落地实践开花，他设计并推行了区域性"学本式"卓越课堂的基本模式——"先学后教、互助展评"。这一模式既体现出开放兼容的特质，又具有鲜明的四大特点。

第一，强调"当堂自学"，避免因课外布置前置性练习而增加学生负担，体现"减负提质"的要求。

第二，强调"学然后导"，突出"因学利导"的教学功能与教师定位，让"教堂"回归"学堂"的本性，让"教师"回归"导师"的角色。

第三，强调"同伴助学"，突出课堂学习小组建设，改变传统课堂过分强调个体学习、个体竞争的弊病，倡导学生合作中的竞争，致力于培养学生协作性的人格特质。

2015年4月25、26日，在湖南湘潭市教育科研骨干班上作"学本教学"专题报告

第四，强调"活动展评"，突出学生思维才华的展示，为学生尽可能多地提供展示的平台和相互评价的机会，让课堂真正属于学生。

"'学本式'卓越课堂"建设体现了责任教育的价值，其核心文化是对学生的尊重，并能促进他们的发展。传统的讲授式教学所呈现的课堂生态和课堂文化，是以对学生主体地位的不信任和不尊重为前提的，实质上也就剥夺了学生充分发展的自由，是对大多数生命发展权这一基本人权的漠视。它致力于把学习的自由还给学生，在学生心灵中建立起一种学习者的尊严感和精神的执着。龚雄飞认为，教育如果不能给予受教育者发展的权利和心性的自由，不仅是不道德的，而且也是学校文化失落的表现。

关于如何推进"'学本式'卓越课堂"？他认为：第一，建设校本化教研机制。第二，建设区域性推进机制。第三，建设高效化指导机制。通过三大机制将课程改革落实到具体的层面。目前，沙坪坝区"卓越课堂"建设正大面积大力度推进，不到一年时间，不少学校已经开始出现全新的课程文化。从优质迈向卓越，这是重庆沙坪坝教育人心中的梦想。志存高远的沙区教育人，凭着梦想家的理想信念和激情，凭着实战家攻坚克难的智慧和脚踏实地的作风，凭着冒险家勇于拼搏的精神和敢于亮剑的胆识，努力践行课程改革，全力打造"卓越课堂"。一路走来，尽管荆棘丛生，艰辛不已，但意志坚定，探索不止。

龚雄飞觉得，卓越首先是一种精神状态，同时还是一个可以实现的理想。"'学本式'卓越课堂"表达的理想，代表了改革者的意志，体现了沙区教育的发展水平与理念高度，其目的是为了让师生"过一种幸福完整的教育生活"。在龚院长看来，教育精神、教育理念与教育特色正是通过课堂来表达的，当精神和理念表面的芳香散落后，学校真正的内涵就作为文化的根留在课堂上。如果说课程文化是教育世界里的蓝天，没有课堂表达的特色就等于蓝天没有太阳，就等于大海没有白帆。

山城故事三：

教育培训从山城辐射到全国

常言道性格决定命运。与生俱来的执着是龚雄飞天生的性格，在重庆凤鸣山中学推行课改时，老师们说他办公室的灯总是亮得最早，熄得最晚的。为了让老师把握"魅力课堂"的理念和操作要领，他煞费苦心。在他的感染下，凤鸣山中学人心凝聚，政通人和，改革之火终成燎原之势。

龚雄飞院长不仅在学校管理、课程改革、教育科研、中学语文教学研究等方面影响很大，而且在教师培训领域也具有很深的造诣和巨大影响力。他的教育报告涉及新课程有效教学、中小学文化建设、教师专业化发展、班主任管理策略等诸多方面，既具有宏大的视野和理论的高度，又具有鲜活的案例和实践的厚度，能够让理论落地，实践开花，常常能使接受培训的中小学校长和教师听完后深受启迪。很多中小学校长和老师常常是听完他的第一场报告后，一定会想方设法去听第二场。

他所作的《卓越课堂：新课程教学改革的理想与行动》、《内外兼修：中小学文化建设的思考与实践》、《决胜课堂：新课程有效教学的课堂重建与教学问诊》、《走向内涵：新课程有效教学的价值关怀与生命高度》等一系列报告在全国教师中反响强烈。在国家教育行政学院的讲学被录制成 7 集系列报告，成为国家教育行政学院的网络培训资源。在百度中搜索"龚雄飞"的名字，网络上已有关于他在全国各地讲学

2015年5月，石家庄长安区举行"学本教学"专题报告会

的消息4万多条。山东淄博市高青实验小学的焦学芹老师在听完他的报告后，撰写了《为你喝彩！龚雄飞》一文，文中如此评价他：你赢得了胜利和骄傲的资本，不是最令凡人仰慕的高考成绩，而是打开了那些生活在"被遗忘的角落"的乡镇孩子的心扉，给他们的美好未来叩响了门铃。

板凳要坐十年冷，文章不写一句空。他常说："学术报告的魅力，关键不在口吐莲花式的表达技巧，而是你对教育的思考有多深刻，你的报告就有多深刻；你对教育的实践有多鲜活，你的报告就有多鲜活；你对教育的感情有多真挚，你的报告就有多感人。"确实，他对教育的思考和实践是超乎常人的。一直走在新课程改革的最前列，他且思且行，且歌且吟，出版教育专著《高中新课程教学改革问题与对策》、《高中新课程选课实施问题与对策》、《高中新课程评价改革问题与对策》、《高中新课程高考走向与学生评价改革》四部，其中，《高中新课程选课实施问题与对策》成为教育部"国培计划"资源库首批推荐课程资源。也许，他在教育培训领域的"金字招牌"就是建立在他深厚的学术探索之上的，但凡接受过龚院长培训的中小学教师，在折服于其深厚的学术功底和精湛的培训艺术之外，无不称赞其执着深刻的探索精神和坚守理想的学术品格。

在现今物欲横流的年代，坚守教育理想需要勇气。他说："在市场经济条件下，为金钱选择事业无可厚非，但选择事业不为金钱则品位更高。"从教以来，他几乎是全部身心都扑在教育事业上。2009 年，他在写作《高中新课程高考走向与学生评价改革》一书时，资料几乎堆了半个屋子，他白天上班，晚上则进入思考和写作的状态，有将近一个月时间几乎每晚因文思泉涌而彻夜写作，差点累到病倒。可以说，他对教育的执着与专注，让他成为中国教育界德高、学渊的"少壮派"教育专家。

后记：

长相思

下海南，奔渝南，千里烟尘此关山，昨夜战犹酣。

山一环，水一环，山水连天几道弯？扬鞭再上鞍！

2012 年夏，龚雄飞调沙坪坝，改任院长之职。履新肇始，感慨颇多的他写了这首《长相思》。职务的升迁对这位教育界名人来说，只是战斗场地的转移。而今，这位颇具文人气质又激情四射的教育界响当当的人物，转战山城，在这个近年来不断制造故事的城市，继续演绎着一个个传奇。

本刊记者　王永江

（载《教育品牌》杂志 2013 年第 3 期）

第七节　沙坪坝："学本教学"撬动区域教育大变革

核心提示

撬动区域教育大变革，需要找寻一个牵一发而动全身的"抓手"。

沙坪坝区的选择是："学本教学"。

围绕一个"学"字做文章，区域教育行政部门、教研机构、中小学校组成行动共同体，把握国际教育改革发展趋势，站在国家繁荣和民族复兴高度，立足学生创新发展的无限可能性，实施研训变革、课堂转型与课程重构等改革举措，促进区域教育转型升级，让学校成为阳光灿烂、灵性生长、创新萌生、青春飞扬的舞台。

沙坪坝区"卓越课堂"行动历时两年，就顺利通过国家义务教育均衡合格区（县）评估验收，保持重庆市区县教育综合考评第一，成为全国课改联盟理事单位、全国目标教学副理事长单位、重庆市课改联盟副理事长单位、重庆市综合素质评价改革实验区，市级及其以上教师赛课获奖数量和等级全市领先，高考重点本科上线连续两年以 30% 的增幅攀升，学生更加主动活泼健康成长，教改项目获市政府教学成果一等奖、国家基础教育教学成果二等奖，由中国教育学会教育学分会举办的"全国目标教学与卓越课堂"研讨会将于 12 月 7—9 日在沙坪坝区召开……区域教育呈现出一片欣欣向荣的景象。

变革之一　从"研教"到"研学"　研训变革改变教师行走方式

何谓"学本教学"？沙坪坝区教师进修学院院长龚雄飞指出，"学本教学"是符合以学生为中心、以活动为中心、以学习为中心的现代教育观的教学。从教育价值上看，表现为学生的学习权力得到极大的尊重，从被动学习转向主动学习，培养学生自由的意志、合作的精神、开放的心态、创新的能力获得充分发展；从教学结构上看，突出了教师、学生、知识这三个基本要素的组合关系——以学定教的关系；从教学程序上看，优化了教学过程中各阶段、环节、步骤之间的相互联系，表现为一定的程序：自学——互学——展学。

从"以教为中心"的课堂向"以学为中心"的课堂转型，犹如给改革的杠杆寻找到了一个理想的支点，撬动了沙坪坝区教育的大变革。

20 世纪 90 年代，沙坪坝区就因区域实施目标教学管理而在全国独树一帜，为大面积提高中小学课堂教学质量创造了宝贵经验。新课改 10 多年来，沙坪坝区课堂教学改革不断深化，成果颇丰。但从整体来看，新课程所倡导的自主、合作、探究的学习方式尚未在中小学课堂大面积常态化呈现；从城乡之间、学校之间的比较而言，差距依然不小，区域教育内涵式均衡发展面临待解难题。正当此时，重庆市教委出台了《义务教育"卓越课堂"五年行动计划》。

在这一重大契机面前，沙坪坝区教育人给予了强力响应。在沙坪坝区教委的坚强领导下，这一设计第一时间得到区领导的首肯。2012 年 10 月，沙坪坝区在全市率先出台了《沙坪坝区中小学"卓越课堂"五年行动计划》，沙坪坝区教师进修学院对这场改革作出了高起点、高标准的顶层设计。

　　沙坪坝区教委主任肖长树说，为了促进教育内涵式均衡发展，实现"率先建成重庆市现代化教育强区"目标，需要一个牵一发而动全局的抓手，而建设"卓越课堂"就是这样一个很好的抓手。

　　沙坪坝区委教育工委书记彭刚说，教育不仅要关注学生未来的发展，也要关注学生当下的幸福，努力去追求教育过程品质化和教育结果的优质化，让学生轻轻松松地学习、快快乐乐地成功、健健康康地成长，这正是沙坪坝区"卓越课堂"行动的美好梦想。

　　转型，大势所趋！

　　转型，迫在眉睫！

　　作为重庆市首批教师进修学院、市级中小学教师培训基地、全国示范性区级教师培训机构，沙坪坝区教师进修学院肩负着不可替代的重要使命，同时也面临着凤凰涅槃式的艰苦抉择。

　　沙坪坝区教师进修学院以"进德修业、革故鼎新"为办学理念，提出坚持以教学转型推进教研转型，以教研转型引领教学转型，在教学转型和教研转型的良性互动中实现区域教育的整体变革。教研方式转型首先必须由"传统课堂"背景下的"研教"转向"卓越课堂"背景下的"研学"，真正为广大中小学教师提供更先进、更专业的引领。

　　围绕课堂变革主题，沙坪坝区聚合教研力量，科研、教研、培训、评估联动促使教师行为改变。

　　——科研统领。以市级课题"区域性构建'卓越课堂'的实践研究"为龙头，下设31个区级规划课题和300多个区级教师成长课题，在课题研究中提高参研教师的课程能力。

　　——培训跟进。围绕课堂变革，密集开展各类专题培训，进一步提高学校干部的课程领导能力、骨干教师的学术引领能力、班主任的班级管理能力和教师群体的课程实施能力。

　　——教研主攻。精心策划并组织实施"卓越杯学科赛课"和"薄弱学科教师公开课展评"。前者侧重"树标杆"，全区约有半数教师参加学校、校际共同体和区三级赛课，其中800人次参加校际共同体复赛，360人次参加区级决赛，145名获区一等奖的教师已成为区域推进卓越课堂的中坚力量；后者旨在"补短板"，全区共有1300余名教师上"练兵课"，430余名教师即将参加区级"展评课"活动，展评结果将与教师绩效工资挂钩。以赛课和展评课活动为引擎和载体，通过任务驱动下的研修跟进，实现教研的发展功能。

——同伴互助。建立"组内异质、组间同质"的13个校际研修共同体，每个校际共同体又组建若干个学科中心组和班主任中心组，市区骨干教师、优秀班主任担任中心组成员，组织开展校际学科和班主任研修活动。

——评估导航。在进修学院设立评估中心，组织对各中小学开展"卓越课堂"月度自评与学期总评，并对各个校际共同体实施"捆绑评价"。建立"'卓越课堂'评估与资源网"，作为"卓越课堂"专项评估与资源共建共享平台。

沙坪坝区教师进修学院充分发挥各部门教科研人员的专业引领作用，探索实践送训下校、课堂会诊、案例分享、视频会议等多种研修方式，深入教学一线，零距离接触教师，将"学本"理念及"学本教学"操作范式牢牢植入教师的心田。

"'学本教学'使我们经历了自我蜕变的过程，逐步实现了真正的'退位'，把学习时间和空间还给学生，让每一个学生得到真实有效的发展。"老师们如是说。

沙坪坝区的"学本教学"行动从改变广大教师的行走方式入手，让他们带着收获去分享、带着问题去探究、带着感悟再出发。

变革之二 从"教本"到"学本" 课堂转型促进学生主动发展

转变教师长期以来所形成的以教为主导的课堂组织形式与行为范式绝非易事，因此沙坪坝区提出了八字新教学范式："先学后教、互助展评"。

按照新范式上课，必须将"学"置于中心地位，遵循"自学—互学—展学"的螺旋式推进结构，坚守"以学定教、先学后教、多学少教、因学活教、生生互教"五条原则，真正让"教"服务于"学"，使课堂上的"学"呈现出"当堂自学、同伴助学、活动展学、互动评学、教师导学"五大特征。

标准制定让教师在课堂的迷途中找到"回家的路向"。

沙坪坝区采取"通用标准＋学科标准"的架构研制"学本教学"课堂评价标准：从目标、过程、效果和特色四个维度，突出自学、互学和展学三种基本学习形式，从教的行为与学的行为两个方面共设置了36个评价要点，形成"通用标准"；各个学科在此基础上根据本学科特点和学段特征求同存异，研制出"学科标准"。这套新课堂的评价标准一共有24个学科，从小学一年级到高中三年级实现了所有学科的全覆盖，成为我市新课堂"最系统的一套本土化的评价标准"。

　　走进沙坪坝区各中小学的课堂，总能看到这样的景象：在窗明几净的教室里，学生以小组为单位坐在一起，在老师的引导下组成"学习共同体"，一起探究问题解决问题，小组成员之间相互帮带，共同进步。

　　沙坪坝区覃家岗小学二年级的牟俊龙同学在日记中写道："我是一个阳光帅气的小男孩，我生活在一个充满欢乐的学校里。你要问我为什么这么开心，还得感谢我的组长——冉诗焱同学。活泼开朗的他对自己很严格，对我们也一样。我们合作学习生字的时候，他会一个一个耐心地教我们读，教完还会说'大家真能干'来鼓励我们。上书法课时，等我们都写完了，他会仔细地审查我们写的字，不好的会叫我们重写，所以我们这个小组书法获得的星星最多。上体育课跳绳时，他也会教我们怎样跳得更好。在他的帮助下，我们小组的成员不管是学习成绩还是跳绳成绩都提高不少。在这样的小组里学习，我们都很快乐！"

2009 年 8 月在吉林省通化市一中讲学

　　其实，学生的快乐时光常常更留驻在"展学"上。让学生将自学、互学之所得彰显出来以求得认同和强化，将自学、互学之所疑表达出来以求得指正或研讨，思维的碰撞点燃智慧的火花，智慧的积淀带来人格的升华，学生的生命活力在情智共生的课堂上得以无限绽放。因此，在沙坪坝区许多中小学的课堂上，"展学"仿佛是 40 分钟里学生所期待的一个"快乐节日"。传统课堂是"只有进气没有出气"的呼吸不畅的课堂，"学本教学"则由于重建了"呼吸系统"而彰显出生命的价值，因而才可能走向卓越。

变革之三　从"课堂"到"课程"　课程重构助推学校内涵发展

曾经，教材就是我们的世界；如今，世界是我们的教材。

去年，作为学生家长，重庆大学刘卫红教授曾到树人小学开办讲座，讲座开始前他特别说："我今天来的首要目的是见一见让我儿子丢掉游戏机，捧起历史书本的国史课王老师，向他鞠一躬，并说声'谢谢！'"

国史课是树人小学"宽广可选"课程设置的具体体现，家长称赞，学生喜欢，孩子对学习的渴求得到个性化满足。这也是沙区科学规划课程体系，积极构建学本课程"立交桥"的缩影。

为了深度推进"学本教学"建设，促进学习从"怎么学"到"学什么"的深入变革，沙坪坝区教师进修学院牵头制定了《沙坪坝区中小学课程建设指导意见》，组织全区 83 所中小学根据学校办学理念与育人目标，制定学校课程建设方案，致力于实现基础型课程校本化、拓展型课程多元化、研究型课程自主化的中小学课程体系。

把"教堂"变为"学堂"，自然要求把"教材"变为"学材"。

沙坪坝区首先着眼于国家课程的二度开发，搭建理想与现实的桥梁。根据"功能导学化、导学问题化"基本思路，区教师进修学院组织开发了 30 多个学科的《导学精要》。沙坪坝区的《导学精要》引起了全国各地不少教育同行的浓厚兴趣。观摩了沙区的语文课，成都市华兴小学涂小琴老师这样评价道："《导学精要》对每篇课文采用主问题式导学，线条清晰、流畅，一改以往的课堂上老师不停地问、学生不停地答的情景，学生在每个主问题的引领下，通过老师设计的由浅入深的两三个主问题，最后轻松解决整篇文章的重难点……"

"导学精要"只是由课堂变革引发课程创生系列举措中的一个点，像这样的"点"还有许多。

前不久，沙坪坝区教委在高滩岩小学举行了一场"自主识字与学校课程建设"现场研讨会，来自全国识字教学各大流派的专家云集于此。在观摩了一、二年级自主识字实验现场课后，李莉校长兴奋地介绍，通过对自主识字实验的引进创新，撬动了语文学科乃至高小整个课程体系的大变革，真正彰显了"七彩花开七彩园"的办学理念。

如今，沙坪坝区中小学课程建设正在形成一道道特色靓丽的风景线。课程重构犹如给学校注入了新鲜血液和源头活水，有效提升了学校的层次和内涵。

本报记者　周　珣

后　记

　　"学本教学"不仅改变了教研工作方式，改变了教师行走方式，改变了学生学习生活方式，也打开了家长们的心灵之窗。正如树人景瑞小学 2017 届学生孙浩铭家长所说："这种既开放又包容、既民主又合作的教学形式，不但会激发孩子们的学习兴趣和热情，培养孩子们观察思考、探索求知的学习习惯，也会培养孩子们的民主观、集体观。"沙坪坝区初步形成了以儿童的眼光看课堂、以世界的眼光看教育、以发展的眼光看学校的区域教育文化。

　　市教委巡视员钟燕多次莅临沙坪坝区，指导"学本式"卓越课堂建设，认为"沙坪坝区创造性提出'学本教学'模式建设思路，区内各学校为彰显学本特色各显其能、百花齐放，在全市起到引领示范作用"。

　　在这场深刻的课堂变革中，学生、老师、学校的变化赢来了家长和社会各界的"点赞"！这也将成为沙坪坝区中小学教育变革行动继续前行的动力，教育的变革最终又将深刻影响区域经济社会发展。

（载《重庆日报》2014 年 12 月 03 日第 008 版）